Hellmut Diwald

Deutschland einig Vaterland

Hellmut Diwald

Deutschland einig Vaterland

Geschichte unserer Gegenwart

Ullstein

1. Auflage Mai 1990
2. Auflage Oktober 1990

CIP-Titelaufnahme der Deutschen Bibliothek

Diwald, Hellmut:
Deutschland einig Vaterland: Geschichte unserer Gegenwart/
Hellmut Diwald. – Frankfurt/M; Berlin: Ullstein, 1990
ISBN 3-550-07662-2

Satz: Utesch Satztechnik GmbH, Hamburg
Druck und Verarbeitung: Ebner Ulm
Printed in Germany 1990
ISBN 3 550 07662 2

Inhalt

Ein Wort zuvor

Die deutsche Einheit kommt zur Zeit in Form. Wir sind Zeugen des gewichtigsten Ereignisses seit der militärischen Kapitulation Deutschlands im Mai 1945. Erst jetzt, mit der Wiederherstellung der deutschen Einheit, endet die Ära der Nachkriegszeit. Abgeschlossen wird damit auch die Geschichte des 20. Jahrhunderts, die geprägt war von den beiden Weltkriegen. Eine neue Epoche beginnt. Sie leitet das kommende Jahrtausend ein.

Diese weltgeschichtliche Zäsur nötigt den Historiker zu einem anderen Verhalten als den Politiker. Er wird, wenn seine Empfindungen nicht verkümmert sind, zwar vom Geschehen genauso stark berührt wie der Politiker, aber der politisch Verantwortliche ist zwangsläufig gebunden, wenn nicht geblendet, von den Entscheidungen, die er zu fällen hat. Das ist beim Historiker nicht der Fall: Distanzierung ist ein Grundelement der geschichtlichen Betrachtung. Ein Politiker, der sich die Kraft zur Entscheidung durch distanzierte Betrachtung lähmen läßt, verfehlt seine Aufgabe. Ein Historiker, der sich den prüfenden Blick durch seine Anteilnahme am Geschehen verstören läßt, verfehlt sie ebenfalls. Er ist nur dann gewissenhaft, wenn er die Vogelperspektive nicht verrät. Sein Geschäft ist die Sondierung, die Analyse der Fakten, die Darstellung der Ereignisse und eine Bilanz der Entwicklung. Das ist um so notwendiger, als sich in unserem politischen Raum die Legenden beständiger erweisen als die Tatsachen.

Der Politiker ist Mitgestalter des Geschehens. Er arbeitet aber nicht als Privatmann, sondern handelt im Auftrag derjenigen, die ihn gewählt und mit einem Mandat ausgestattet haben. Dieser Verantwortung müßte er sich in jedem Augenblick bewußt sein. Doch nicht nur die aktuellen Erfahrungen zeigen, wie schlecht es damit steht. Beispiele dafür durchziehen auch die ganze Geschichte unserer Gegenwart.

Zum Teil handelt es sich dabei um ein Problem des persönlichen Zuschnitts, des politischen Formats. Doch ebenso schwerwiegend ist der Mangel an geschichtlichen Kenntnissen und die Unfähigkeit, aufgrund historischen Wissens die unerläßlichen Folgerungen zu ziehen. In keinem Säkulum war es so einfach, sich von der Geschichte belehren zu lassen, wie in unserem Jahrhundert. Und in keinem Jahrhundert haben Politiker diese Möglichkeit sträflicher ignoriert. Sie mögen Vergeßlichkeit für ein Privileg halten und historische Ahnungslosigkeit als erfrischende Brise empfinden. Jeder vernünftige Mensch hält jedoch nicht Vergeßlichkeit, sondern Erinnerung für ein Privileg.

Die Zäsur unserer Zeit nötigt den Historiker auch wegen der vielen politischen Fehlentscheidungen zu einer unnachsichtigen Bestandsaufnahme. Darin besteht, anders als beim Politiker, seine spezifische Verantwortung. Der Historiker ist nicht Mandatar von Wählern. Er obliegt der Pflicht einer Information, die dem Detail die Ehre der Präzision zuteil werden läßt und die das Einzelgeschehen in den Zusammenhang des Geschichtsverlaufs bringt. Er verdeutlicht die Ereignisse aus ihren Abhängigkeiten, erklärt die Motive und Begründungen der Entschlüsse und zeigt die weiterwirkenden Folgen auf.

Für die Versäumnisse der Politiker von gestern müssen wir

heute geradestehen. Was sie heute verderben, dafür werden wir morgen büßen. Das hat jeden von uns, dem die öffentlichen Dinge, das Überindividuelle, die Geschicke unseres Gemeinwesens noch etwas besagen, zur Aufmerksamkeit und Wachsamkeit anzuregen; damit wir uns nicht eines Tages eingestehen müssen, daß Geschichtsinteresse zu den vernünftigsten Arten gehört, verrückt zu werden. In diesen Jahren, da Deutschland wieder zum einigen Vaterland wird, ist dies auch der Hauptzweck einer Geschichte der Gegenwart. Sie ist sowohl nüchterne Untersuchung als auch abwägende Analyse, sie hat sowohl kritische Wertung zu sein als auch kühl Konsequenzen zu ziehen.

Die Vergangenheit hat uns geprägt. Die Gegenwart mußten wir weithin erleiden. Die Ereignisse geben uns jetzt die Möglichkeit, wieder Boden unter die Füße zu bekommen und die Selbstfindung unseres Volkes mit seiner Selbstachtung eins werden zu lassen.

Würzburg, Ende Mai 1990 Hellmut Diwald

Weimar und das Joch von Versailles

Kein Friede, ein Waffenstillstand – Die Geburtsstätte des Nationalsozialismus – Das Zeichen an der Wand – Hitler bildet die Regierung – Die Republik wirft das Handtuch – Reif für den Untergang

Niemand wird heute noch die These verfechten, daß auch im zwanzigsten Jahrhundert vor allem die großen Persönlichkeiten das Geschehen bestimmen und die Geschichte gestalten. Demgegenüber steht die Tatsache, daß im gleichen zwanzigsten Jahrhundert, vor allem in seiner ersten Hälfte, herausragende politische Führer und Diktatoren an der Spitze der Staaten finden. Im Osten verwandelten Lenin und Stalin das alte Rußland in den Sowjetstaat. Die moderne Türkei wurde von Mustafa Kemal Pascha geschaffen. In Italien übernahm Benito Mussolini nach seinem »Marsch auf Rom« Ende Oktober 1922 die politische Führung; durch den Staatsstreich vom 5. Januar 1925 sicherte er sich diktatorische Vollmachten. Vier Jahre später verwandelte er Italien endgültig in einen Staat des Faschismus, in dem das Wort des Duce, des Führers, zwar nicht Gesetz, aber das autoritäre Regierungssystem unangefochten gesichert war.

In Spanien übte nach dem siegreichen Bürgerkrieg die Staatspartei der »Falange« unter General Franco bis 1975 eine ähnliche Herrschaft aus. In Polen riß Marschall Pilsudski im Mai 1926 durch einen Staatsstreich die Macht an sich, das Land erhielt ein autoritäres Regierungssystem, Pilsudski und sein »Obristenregime« lenkten die Politik. Nach seinem Tod 1935 übernahm ein Triumvirat sein Erbe. Präsident wurde Ignacy

Móscicki, die faktische Macht, nämlich die Führung der Armee, besaß Marschall Edward Rydz-Śmigly, die Außenpolitik bestimmte Oberst Józef Beck. Autoritäre Regimes gab es schließlich auch in Portugal, Rumänien, Bulgarien und Jugoslawien, in Griechenland führte General Joannis Metaxas 1936 nach einem Staatsstreich die Diktatur ein.

Weithin also bestimmen in Europa zwischen den beiden Weltkriegen autoritäre Politiker und Diktatoren die Regierungsform ihres Landes. Selbst Frankreich kann etliche Jahre nur durch Einschränkung von Parlamentsrechten und mit Hilfe von Notverordnungen das Schreckgespenst eines Bürgerkrieges bannen. Zweifellos läßt sich Adolf Hitler und der Nationalsozialismus in keine Parallele bringen, die von den Besonderheiten absieht, die sowohl für die Person als auch für die NS-Bewegung charakteristisch sind. Ebensowenig aber kann man die Tatsache unterschlagen, daß schon allein der europäische Hintergrund zwischen den beiden Weltkriegen die »Einmaligkeit« des Nationalsozialismus beträchtlich relativiert. In der ersten Hälfte des Jahrhunderts tendierte in Europa der Nationalismus unverkennbar zu autoritären Nationalregimes. Die Richtung wies zum Nationalfaschismus und schließlich zum Eurofaschismus. Diesen Umstand brachte der italienische Historiker Adriano Romualdi auf die kurze Formel, daß zwischen den beiden Weltkriegen »der Faschismus der Versuch war, den Nationalismus zu institutionalisieren«. Die Gesamtbilanz kommt nicht umhin, in der politischen Szenerie der Zwischenkriegszeit eine große Auseinandersetzung zwischen den faschistischen Bewegungen in ihrer europäischen Dimension mit den liberalen und demokratischen Regierungssystemen zu registrieren.

Die bestimmenden Momente der inneren und äußeren Situation Deutschlands nach dem Ersten Weltkrieg wurden durch die Versailler Vertragsregelungen geschaffen. In Versailles verhandelten aber nicht die Gewinner des Krieges mit den Verlierern über die Bedingungen eines Friedensvertrages. In Versailles hatten sich vielmehr die Sieger aufgrund ihrer militärischen Macht selbst zu Richtern ernannt. Sie erklärten die Besiegten zu Angeklagten und beschuldigten sie des größten Verbrechens der Geschichte. Gegen die Delinquenten wurde in Abwesenheit verhandelt. Sie erhielten keine Gelegenheit, sich zu verteidigen. Der Urteilsspruch wurde als Ultimatum überreicht.

Gewöhnlich werden die Friedensvereinbarungen von 1919 zwischen den Gegnern des Ersten Weltkrieges als »Versailler Vertrag« bezeichnet. Doch ein Vertrag kommt durch zweiseitige Verhandlungen zustande. Die 440 Artikel des Versailler Dokuments diktierten allein die Sieger. Die deutsche Regierung wurde durch ein Ultimatum zur Unterschrift gezwungen. Sie mußte im Artikel 231 ohne Diskussion und ohne jeden Vorbehalt unterschreiben, daß Deutschland samt seinen Verbündeten als Urheber des Krieges, den es den »alliierten und assoziierten Regierungen« aufgezwungen hätte, für alle Verluste und Schäden verantwortlich sei.

Die rechtliche Grundlage aller Verträge, auch von Staats- und Friedensverträgen, sind seit alters die Prinzipien der freien Übereinkunft und von »Treu und Glauben«. Der Rechtsgrundsatz von Treu und Glauben fordert von jedem ein Verhalten, das »von redlich und anständig denkenden Menschen unter gegebenen Umständen an den Tag gelegt würde«. Zweifellos drückt sich in einem Friedensvertrag auch die unterschiedliche Lage des Siegers und des Besiegten aus. Trotzdem – oder vielmehr gerade deshalb entbindet der erfolgreich beendete Krieg den Sieger nicht von der Pflicht, das Völkerrecht einzuhalten. Ein Friedensvertrag, dessen Abschluß durch Androhung oder Anwendung von Gewalt erzwungen wird, ist ungültig, weil eine derartige Nötigung das Völkerrecht gröblichst verletzt. Das galt 1919, das gilt 1990.

Der Versailler Friedensvertrag hat gegen fundamentale Rechtsprinzipien verstoßen. Die Sieger hielten es nicht einmal für nötig, auch nur den Anschein des Rechts zu wahren. Die Art, wie dieser Vertrag zustandegekommen war, der Kriegsschuldartikel 231 und ebenso die übrigen Umstände bis zur Stunde der Unterzeichnung waren der Grund, warum in Deutschland ausnahmslos die Versailler Regelung nur als »Diktatfrieden« bezeichnet wurde. Von einem Diktatfrieden sprachen im übrigen schon zur selben Zeit die kritischeren Köpfe unter den Siegern wie der US-Staatssekretär Robert Lansing. Das Diktat bestand nicht etwa nur darin, daß die Vertragsbedingungen nicht ausgehandelt, sondern aufgenötigt wurden. In Versailles wurde nämlich von den Siegern auch dekretiert, daß ausschließlich Deutschland und seine Verbündeten die Schuld am Ausbruch des Weltkrieges treffe.

Es handelte sich bei dieser Feststellung nicht um eine belanglose Beleidigung, moralische Disqualifizierung oder um die abstrakte Einstufung der Deutschen als eines Verbrechervolkes. Der Artikel 231 erhielt durch die Schuldzuweisung eine Begründungsfunktion: Aus ihm wurde die Berechtigung der Reparationen, der Annexion riesiger Gebiete, der völkerrechtlichen Diskriminierung des Deutschen Reiches abgeleitet. Er ist das Zentralstück des Versailler Vertrages, mit ihm wurde der VIII. Teil über die »Wiedergutmachungen« eingeleitet. Premierminister David Lloyd George, der bei der Pariser Friedenskonferenz die britische Delegation führte, bestätigte am 3. März 1921 auf der Londoner Konferenz über die Reparationen nochmals ausdrücklich: »Für die Alliierten ist die deutsche Verantwortung für den Krieg grundlegend. Sie ist das Fundament, auf dem der Bau des Vertrages von Versailles errichtet wurde. Wenn dies abgelehnt oder aufgegeben wird, ist der Vertrag zerstört.«

Aus dem Kausalzusammenhang, in den der Artikel 231 gestellt wurde, ergibt sich von selbst, warum sich von Anfang an der Kampf gegen die Vertragsbestimmungen auch als Kampf gegen die Schuldzuweisung, gegen die »Kriegsschuldlüge« entwickeln mußte. So wurde dieser Komplex in der offiziellen Sprachregelung der deutschen und österreichischen Regierungen schon in den zwanziger Jahren genannt; die Wiener Regierung hatte in Artikel 117 des Vertrages von Saint-Germain denselben Wortlaut unterschreiben müssen wie die Deutschen in Artikel 231.

Die Außenpolitik sämtlicher Regierungen des Deutschen Reiches zwischen 1919 und 1938 hatte dasselbe Hauptziel: die Revision von Versailles. Dieses Ziel wurde mit den unterschiedlichsten Methoden und auf allen denkbaren Wegen angesteuert. Die Hartnäckigkeit, mit der daran festgehalten wurde, bildete nichts anderes als den Versuch, dasjenige durchzusetzen, was die deutsche Regierung in Versailles bei korrekten Friedensverhandlungen durchgesetzt hätte. Das wurde bereits klar ausgesprochen von dem deutschen Außenminister Graf Brockdorff-Rantzau, nachdem ihm der Vertragsentwurf im Mai 1919 zugestellt worden war: »Er steht in schroffstem Widerspruch mit der vereinbarten Grundlage für einen dauerhaften Rechtsfrieden. Nahezu keine einzige Bestimmung des Vertragsentwurfes entspricht den vereinbarten Bedingungen, und der Entwurf fordert in territorialer Hinsicht die Annexion rein deutschen Gebietes und die Unterdrückung des deutschen Volkstums. Er bringt die völlige Vernichtung des deutschen Wirtschaftslebens. Er führt das deutsche Volk in eine in der Weltgeschichte bisher nicht gekannte finanzielle Sklaverei. Die Verwirklichung dieses Vertragsentwurfs würde für die ganze Welt ein neues Unglück bedeuten.« Marschall Ferdinand Foch – 1918 Oberbefehlshaber der verbündeten Heere in Frankreich – drückte seine Meinung über den Friedensvertrag kürzer aus: »Das ist kein Friede. Das ist ein Waffenstillstand für zwanzig Jahre!«

Die Geburtsstätte des Nationalsozialismus

Graf Brockdorff-Rantzau trat wenig später aus Protest zurück. Diesen Vertrag konnte er nicht unterschreiben. Kurz darauf entschloß sich auch die ganze deutsche Regierung zum Rücktritt. Bevor sich die neue Reichsregierung des Sozialdemokraten Gustav Bauer bereit erklärte, dem Ultimatum aus Paris zu folgen und zu unterzeichnen, ließ sie in Versailles eine Protestnote überreichen: »Die Regierung der Deutschen Republik hat aus der letzten Mitteilung der alliierten und assoziierten Regierungen mit Erschütterung ersehen, daß sie entschlossen sind, von Deutschland auch die Annahme derjenigen Friedensbedingungen mit äußerster Gewalt zu erzwingen, die, ohne eine materielle Bedeutung zu besitzen, den Zweck verfolgen, dem deutschen Volke seine Ehre zu nehmen. Durch einen Gewaltakt wird die Ehre des deutschen Volkes nicht berührt. Sie nach außen hin zu verteidigen, fehlt dem deutschen Volk nach den entsetzlichen Leiden der letzten Jahre jedes Mittel. Der übermächtigen Gewalt weichend, und ohne damit ihre Auffassung über die unerhörte Ungerechtigkeit der Friedensbedingungen aufzugeben, erklärt deshalb die Regierung der Deutschen Republik, daß sie bereit ist, die von den alliierten und assoziierten Regierungen auferlegten Friedensbedingungen anzunehmen und zu unterzeichnen.«

Zu den folgenschwersten Bestimmungen der Versailler Regelung gehörten zunächst die enormen Gebietsverluste, darunter auch beträchtliche Territorien, die rein deutsch waren und ohne Volksabstimmung anderen Ländern zugeschlagen wurden; das stand in klarem Widerspruch zu dem von US-Präsident Woodrow Wilson garantierten Recht der Selbstbestimmung. Es handelte sich vor allem um Elsaß-Lothringen, Westpreußen, Posen, Oberschlesien, das Memelland, Nordschleswig und das Hultschiner Ländchen in Nordmähren. Das Saargebiet und das linksrheinische Gebiet samt den Städten Köln, Koblenz und Mainz wurden zunächst für fünfzehn Jahre besetzt, die rein deutsche Stadt Danzig kam unter die Verwaltung des Völkerbundes. In den annektierten Gebieten lebten fast siebeneinhalb Millionen Deutsche.

In Österreich und dem Sudetenland hatten die Bewohner wiederholt ihren Willen erklärt, mit Deutschland vereinigt zu werden; sie beriefen sich dabei ebenfalls auf das Selbstbestimmungsrecht. Der Wunsch wurde abgelehnt, der Anschluß verboten. Italien hatte sich den Besitz Südtirols schon 1915 gesichert – als Gegenleistung für die Kriegserklärung an die Mittelmächte. Das linksrheinische Gebiet samt einem 50 km breiten Streifen rechts des Rheins wurden entmilitarisiert, die Wehrpflicht abgeschafft, das Heer auf 100 000 Mann reduziert, der Generalstab aufgelöst, die Luftwaffe verboten. Die gesamte Handelsflotte wurde konfisziert, ebenso alle deutschen Kabel und das deutsche Eigentum im Ausland, auch das private. Die deutschen Flüsse wurden internationalisiert. In Artikel 236 wurde bestimmt, daß das Wirtschaftsleben Deutschlands unmittelbar in den Dienst der Kriegsentschädigungen zu stellen sei. Die Summe für die Wiedergutmachungen wurde später nach zähen Beratungen, von denen die deutsche Regierung ebenfalls ausgeschlossen war, zunächst auf 223 Milliarden Goldmark festgesetzt. Als Zahlungsziel wurde das Jahr 1963 bestimmt.

Die Weimarer Republik stand vom Tage ihrer Geburt an unter der Oberhoheit der Siegermächte. Zweierlei wirkte sich dabei verheerend aus. Erstens hatten sämtliche Bestimmungen des Versailler Vertrages sowie alle Maßnahmen, die dazu dienten, die Durchsetzung der Bestimmungen zu sichern, Vorrang vor der Reichsverfassung. Die Sieger erklärten eigens in einer Urkunde vom 22. September 1919, daß alle Artikel der Weimarer Verfassung, die mit dem Versailler Vertrag kollidierten, ungültig seien. Die Souveränität des Staates war dadurch entscheidend beschnitten. Es handelte sich in allen entscheidenen Bereichen um eine radikale Minderung: bei der Gebiets- und Wehrhoheit, bei der Finanz- und Gerichtshoheit des Staates; die zahlreichen Sanktionsklauseln ermöglichten jederzeit eine militärische Intervention der Alliierten. Mit der Souveränität stand also auch die Verfassungsautonomie in Frage. Zweitens wurde dem deutschen Volk das Recht der Selbstbestimmung, wie es in den Vierzehn Punkten von Präsident Wilson feierlich verkündet, allen Völkern konzediert und als Basis des Friedens zugesichert worden war, verweigert.

In sämtlichen modernen Staaten mit einer demokratischen Verfassung wird die Regierung zum Repräsentanten des Volksganzen. Deshalb befindet sich die äußere Situation eines solchen Staates mit seinen inneren Verhältnissen in einem Bedingungszusammenhang, der nicht zu durchbrechen ist. So war es unausweichlich, daß sich die Versailler Regelungen massiv auf die innenpolitischen Zustände der Weimarer Republik und ebenso auf die Selbsteinschätzung der Deutschen auswirkten. Kein Vertrag der europäischen Geschichte, mit Ausnahme des Westfälischen Friedens von 1648, griff in die politische Wirklichkeit der Deutschen tiefer ein als der Vertrag von Versailles. Wenn man das Jahr 1919 mit der Lage des Deutschen Reiches nach 1945 vergleicht, kann man zwar nicht unberechtigt die damaligen Abmachungen und Artikel noch als »erträglich« bezeichnen. Nicht bestreiten läßt sich aber, daß mit Versailles und seinen fatalen Konsequenzen sämtliche Komplikationen und Ausweglosigkeiten der Weimarer Jahre zusammenhingen. Am sichtbarsten schlugen sie sich in den heillosen Kämpfen der politischen Parteien nieder. Versailles prägte den Alltag von Weimar. Versailles lieferte unerschöpflichen Stoff für die politischen Auseinandersetzungen, Versailles wurde zum Geburtshelfer des Dritten Reiches.

Geschichtliche Ereignisse und Entwicklungen lassen sich nicht verstehen, wenn ihre Voraussetzungen nicht erklärt werden. Das ist ein unverrückbares Grundprinzip der wissenschaftlichen Arbeit. Nur wenn man sich Versailles in seinem ganzen Ausmaß vor Augen hält, versteht man den kurzen Satz von Theodor Heuss, dem späteren Präsidenten der Bundesrepublik. Heuss gehörte der »Deutschen Demokratischen Partei« an und war von 1924 bis 1928 und von 1933 bis 1940 Mitglied des Reichstages. 1932 schrieb er in einem Buch mit dem Titel »Hitlers Weg« den Satz: »Die Geburtsstätte der nationalsozialistischen Bewegung ist nicht München, sondern Versailles.«

Gehörte diese Einsicht nicht auch zur Substanz von Philipp Jenningers verunglückter Gedenkrede? Niemand, der seiner Sinne mächtig ist und sich informiert, kann heute die tatsächlichen Verbrechen, die zwischen 1933 und 1945 begangen wurden, ignorieren. Aus volkspädagogischen Gründen mag es Politikern auch zweckmäßig erscheinen, nur aus der Perspektive der begangenen Verbrechen die gesamte nationalsozialistische Bewegung zu einer Verkörperung des schlechthin Bösen zu erklären. Mit solchen Motivationen aber hat Geschichtsforschung, die sich der Korrektheit und Objektivität verpflichtet weiß, nichts zu tun. So wie Theodor Heuss im Jahre 1932, so stellte 1949 der frühere sozialdemokratische Ministerpräsident Otto Braun fest: »Tatsächlich wurde im Mai 1919 in Versailles die Axt an die Wurzel der Weimarer Republik und die Giftsaat des neuen Nationalismus in den deutschen Boden gelegt. Sie brachte die Weimarer Republik zum Erliegen.«

Beide Feststellungen sind charakteristisch für die Konzentration eines geschichtlichen Sachverhalts auf seinen Kern. Ihre Bedeutung liegt nicht in der Vereinfachung, sondern darin, daß sie den Kontext wiedergeben, der allein den Fanatismus der Parteienkämpfe in Weimar verständlich macht. Unter dem Zeichen »Versailles« an der Wand steht die gesamte Außenpolitik der Weimarer Zeit, steht die Inflation, stehen die Putschversuche, steht die Besetzung des Ruhrgebietes im Januar 1923 durch französische und belgische Truppen, stehen die Auseinandersetzungen im Völkerbund und ebenso schließlich die verheerende Weltwirtschaftskrise. Jene Krise, die der NSDAP in den Sattel der Regierung half.

Das Trauma der zwanziger Jahre beruht nicht auf dem Verlust des Ersten Weltkrieges. Es entstand durch den Verlust von Deutschlands staatlicher und wirtschaftlicher Eigenverantwortung sowie durch den Verlust der politischen und moralischen Würde aufgrund von Versailles. Damit hängt auch alles zusammen, was sich vordergründig gegen die demokratische Regierungsform richtete. Es hängt nicht mit so etwas Mystischen wie einer unterstellten antidemokratischen Neigung der deutschen Volksseele zusammen. Eine Geschichte der Weimarer Zeit, die nicht an den Konsequenzen des Versailler Vertrages ausgerichtet ist, verfehlt die treibenden Momente des Geschehens.

Die KPD und die NSDAP waren eindeutig keine demokratischen Parteien. Sie hatten daraus nie ein Hehl gemacht, hatten es unzählige Male auf Tausenden von Veranstaltungen offen erklärt; jeder Bürger und Wähler konnte es in den Zeitungen lesen. Das mochte beide Parteien für demokratische und liberale Positionen von vornherein disqualifizieren. Doch sie waren als politische Parteien in der Republik zugelassen. Daran änderte auch nichts die Tatsache, daß Kommunisten und Nationalsozialisten erklärten, daß sie, wenn sie an die Regierung kämen, die parlamentarische Regierungsform beseitigen würden.

Hitler hatte schon 1921 den Parlamentarismus als dasjenige bezeichnet, »was die (NS-) Bewegung am schärfsten bekämpfen wollte«. In »Mein Kampf« erklärte er, die Bewegung sei wegen des Führerprinzips »antiparlamentarisch, und selbst ihre Beteiligung an einer parlamentarischen Institution kann nur den Sinn einer Tätigkeit zu deren Zertrümmerung besitzen«. In einer Rede in München nach den Wahlen vom 14. September 1930 verkündete er unverblümt: »Für uns ist das Parlament nicht Selbstzweck, sondern ein Mittel zum Zweck. Im Prinzip sind wir keine parlamentarische Partei; denn damit ständen wir im Widerspruch zu unserer ganzen Auffassung. Wir sind zwangsweise eine parlamentarische Partei, und was uns zwingt, solche Mittel anzuwenden, ist die Verfassung.« Und in einer anderen Rede, hohnvoll: »Wir Nationalsozialisten haben niemals behauptet, daß wir Vertreter eines demokratischen Standpunkts seien, sondern wir haben offen erklärt, daß wir uns demokratischer Mittel nur bedienen, um die Macht zu gewinnen, und daß wir nach der Machtergreifung unseren Gegnern alle die Mittel rücksichtslos versagen werden, die man uns in Zeiten der Opposition zubilligt.«

Der Vorwurf, Hitler und seine Leute hätten die Weimarer Republik hinterrücks gemeuchelt, geht ins Leere. Die Nationalsozialisten verkündeten von Anfang an, daß sie den Parlamentarismus exekutieren würden. Man hat sich dieses Faktum mit aller Nüchternheit und Kälte vor Augen zu halten. Jeder in der Weimarer Republik mußte sich darüber im klaren sein, welche Folgen es haben würde, wenn man die NSDAP wählte. Vor allem aber wußten es die Politiker und Abgeordneten. Klagen darüber, daß 1933 Hitler die »Macht an sich gerissen« hätte, wirken lächerlich.

Die NSDAP wurde gemäß den Wahlgesetzen der Weimarer Republik von der Bevölkerung gewählt. Im September erhöhte sich die Zahl ihrer Abgeordneten im Reichstag von 12 Sitzen auf 107. Sie wurde damit zweitstärkste Partei nach der SPD. Bei der Wahl im Juli 1932 wurde sie mit 13,7 Millionen Stimmen die weitaus stärkste Partei, sie errang 230 Sitze im Reichstag, stellte also 37 Prozent der Abgeordneten. Die Neuwahl im November 1932 brachte der NSDAP einen leichten Verlust, die Wahl im März 1933 ließ die Stimmen auf mehr als 17 Millionen ansteigen. Im Reichstag erhielten die Nationalsozialisten 288 von 674 Sitzen.

Ereignisse der Geschichte, mit denen die Nachwelt eine Zäsur verbindet, haben immer dazu gereizt, von den unterschiedlichsten Gesichtspunkten aus betrachtet und gedeutet zu werden. Dabei lassen sich zwei Hauptgruppen unterscheiden. Bei der ersten wird eine neue Seite der Geschichte aufgeschlagen, bei der zweiten fällt eine Tür ins Schloß. Die Gründung des Zweiten Deutschen Reiches am 18. Januar 1871 gehört zur ersten Kategorie, die Kapitulation der deutschen Wehrmacht am 8. Mai 1845 zur zweiten. Wie soll man nun den 30. Januar 1933 einordnen? Es handelt sich um den berüchtigten »Tag der Machtübernahme« durch Hitler. War er gleichbedeutend mit dem Zusammenbruch der Weimarer Republik? Richtig ist, daß Hitler und seine Partei die Regierungsverantwortung übernahmen. Im Reichstag saßen aber auch die Abgeordneten der anderen Parteien. Die NSDAP hatte keine absolute Mehrheit. Auch wenn der 30. Januar 1933 immer wieder als derjenige Tag bezeichnet wird, an dem die Weimarer Republik starb, trifft dies nicht zu. Es fand einfach ein Regierungswechsel statt.

Reichspräsident Hindenburg hatte sich im Januar 1933 von seinem Kanzler, dem fünfzigjährigen General Kurt von Schleicher, getrennt. Schleicher hatte vorgeschlagen, mit Hilfe einer befristeten Diktatur eine Regierungsbildung durch Hitler zu blockieren. Der Reichspräsident, absolut verfassungstreu, lehnte dies ab und nahm am 28. Januar 1933 die Demission Schleichers entgegen. Hindenburg hatte in diesen Tagen kaum noch politischen Spielraum. Er hätte nochmals Neuwahlen ausschreiben können, aber das wäre nur sinnvoll gewesen, wenn er den Termin hinausgeschoben und darauf spekuliert hätte, daß die Zahl der Wähler der NSDAP dank eines unerforschlichen Entschlusses des Schicksals zurückgehen würde.

Eine derartige Verschiebung wäre aber gegen die Verfassung gewesen. Zu einem solchen Verfassungsbruch war Hindenburg nicht zu bewegen. Das Verfahren hätte am Staatsstreich entlanggeführt. Von den Ratgebern Hindenburgs wurde diese Möglichkeit auch ernstlich diskutiert; doch der Präsident blieb verfassungstreu.

Wenn sich der Reichspräsident aber nicht dazu entschloß, hatte er keine andere Möglichkeit, als die neue Regierung entsprechend den Mehrheitsverhältnissen des Reichstages zu bilden, sich also an den Abgeordnetenzahlen der Parteien zu orientieren. Hält man sich an die faktische Situation und nicht an die wünschenswerte, so hatte Hitler mit seiner Feststellung recht, die in den letzten Monaten von ihm immer wieder zu hören war: daß er laut Verfassung als Führer der stärksten Partei schon nach den Wahlen 1932 den Auftrag hätte erhalten müssen, die Regierung zu bilden. Da Hindenburg entsprechend der Verfassung nicht anders entscheiden konnte und durfte, wäre es einem Verfassungsbruch gleichgekommen, Hitler nicht mit der Regierungsbildung zu betrauen.

Die ungezählten Behauptungen, daß der 30. Januar 1933 aufgrund einer Verschwörung, eines Komplotts, eines abgekarteten Spiels, einer heimtückischen Zerstörung der Demokratie oder ähnlich schnöde zustande gekommen sei, sind Phantasiegebilde. Ebenso unrichtig und irreführend, ja bewußt verfälschend ist es, von einem »legalistischen Abgleiten« in die Diktatur zu sprechen. Im Zusammenhang damit wurde auch unter anderem der Vorwurf erhoben, das Ende der Weimarer Republik sei das Ergebnis einer Führungsschwäche gewesen. In Wirklichkeit ließ die Konstruktion der Weimarer Verfassung gar nichts anderes zu, als was am 30. Januar 1933 zur Realität wurde. Die Regierung Schleicher hatte im Januar 1933 praktisch niemanden mehr hinter sich, sie war funktionsunfähig. Die Sozialdemokraten sahen gerade in diesem General die höchste Gefahr für die Verfassungsmäßigkeit der Republik, nicht aber in dem Führer der NSDAP, in Adolf Hitler. Wie die Lage bei der Regierungsübernahme durch Hitler eingeschätzt wurde, umriß ein so hochkarätiger SPD-Politiker wie Gustav Noske, damals Oberpräsident in Hannover, mit dem Satz: »Namhafte sozialdemokratische Führer versicherten seelenruhig, das bedeute keine große Gefahr für die Zukunft, denn dieser Kanzler werde niemals die erforderliche Zweidrittelmehrheit im Reichstage für eine Änderung der Weimarer Verfassung erhalten.«

Die Republik wirft das Handtuch

Hier haben wir den springenden Punkt. Zum einen gilt es festzuhalten: In der Weimarer Republik gab es Platz für politische Parteien jeden Zuschnitts. Es waren also auch Parteien möglich, die sich zwar ausdrücklich an die Verfassung hielten, die aber ebenso ausdrücklich die Abschaffung der parlamentarischen Demokratie als das wichtigste Ziel ihrer politischen Tätigkeit im Rahmen der Republik bezeichneten: die Kommunisten und die Nationalsozialisten. Der Vorsatz, die Grundordnung der Republik so zu ändern, daß es einer Aufhebung der Verfassung gleichkam, war in Weimar nicht verfassungswidrig. Es gab die Möglichkeit eines Volksentscheides und ebenso, aufgrund des Artikels 76, die Möglichkeit einer einschneidenden Verfassungsänderung auf dem Weg der Gesetzgebung.

Am 29. Januar 1933 endete in der »Frankfurter Zeitung« eine Analyse der politischen Situation mit der Frage: »Wer garantiert die Einhaltung der Verfassung, wer garantiert, daß Herr

Hitler wieder abgeht, wenn er gestürzt wird?« Sowohl damals als auch in der Geschichtsforschung nach 1945 bis heute findet sich eine Flut derartiger Überlegungen und Warnungen. Sie verfehlen den entscheidenen Punkt oder unterschlagen ihn. Damals stand es nicht zur Diskussion, ob Hitler zurücktreten würde, wenn seiner Regierung durch das Votum der Wähler das Vertrauen entzogen wurde und er damit keine Bestätigung mehr besaß. Er war zu Beginn des Jahres 1933 Führer der stärksten Partei. Deshalb kommt dem 30. Januar 1933 innerhalb des legislativen Rahmens der Republik keine besondere Bedeutung zu. In Hitlers erstem Kabinett befanden sich außer ihm nur zwei Minister seiner Partei. Die anderen Posten waren mit bürgerlich-konservativen Politikern oder parteilosen Männern besetzt.

Die Regierung Hitler besaß eine solide Reichtstagsmehrheit, und zwar als erste seit dem Sturz des Kabinetts des Sozialdemokraten Hermann Müller, der seit Juni 1928 an der Spitze einer Regierung der »Großen Koalition« gestanden hatte. Daß Hitler mit der Bildung einer Regierung beauftragt worden war, besagt auch, daß die anderen Parteien, die seit 1919 die Regierung gestellt hatten, 1933 am Ende waren. Sie gaben auf. Sie dokumentierten dies im März 1933 bei der Annahme des Ermächtigungsgesetzes.

Um es wünschenswert klar auszudrücken: Mit der Berufung Hitlers führte Reichspräsident Hindenburg die Regierung der Republik wieder in demokratische Geleise zurück. Die Präsidialkabinette von Brüning bis Schleicher, die von 1930 bis 1933 amtierten, waren lediglich durch den Artikel 48,2 über die Notverordnungen gedeckt. Die Regierung Hitler/Papen/Hugenberg vom 30. Januar 1933 dagegen war verfassungskonform, so wie es die Artikel 54 und 32 bestimmten: daß nämlich der Kanzler und seine Minister »zu ihrer Amtsführung des

Vertrauens des Reichstags bedürfen«. Für einen solchen Beschluß des Reichstages war einfache Stimmenmehrheit erforderlich. Dies war bei der Regierung am 30. Januar 1933 in einem offenkundigeren Ausmaß der Fall als jemals in der ganzen Ära der Weimarer Republik.

Später wurde immer wieder, mit einem Unterton des Entsetzens, der Vorwurf erhoben, man hätte doch wissen müssen, um was für eine Partei es sich bei der NSDAP gehandelt habe. Alle derartigen Vorhaltungen verfehlen den Kern der Sache. Es trifft auch nicht entfernt zu, daß Hitler und seine Parteigänger ein falsches Spiel getrieben, ihren Koalitionspartnern und den Abgeordneten Sand in die Augen gestreut, mit irreführenden Versprechungen oder treuherzigen Versicherungen die totale Macht erschlichen hätten. Die Zäsur, das Ende der Weimarer Demokratie und der Beginn der nationalsozialistischen Herrschaft fällt nicht auf den 30. Januar, sondern auf den 23. März 1933. An diesem Tag stimmte der Reichstag mit der überwältigenden Mehrheit von 441 Stimmen gegen 94 Stimmen der SPD dem Ermächtigungsgesetz zu.

Daß eine Partei, die nichts mit den Grundlagen der Weimarer Demokratie zu tun haben wollte, zur stärksten politischen Gruppierung werden würde, hatte niemand voraussehen können. Und daß dieselbe Partei von den anderen Parteien die Vollmacht erhielt, den Parlamentarismus abzuschaffen, war noch weniger vorauszusehen. Darin liegt das Fatale, Peinliche, das Erregende – ja auch eine Art historischer Zynismus dieser Sitzung des Reichstages am 23. März 1933.

Hitler konnte nur gemäß Artikel 76 der Verfassung die politische Verfügungsgewalt ohne Kontrolle der Opposition erhalten. Der Eingangssatz des Artikels hätte nicht kürzer sein können: »Die Verfassung kann im Wege der Gesetzgebung geändert werden.« Dazu war die Anwesenheit von zwei Dritteln aller Abgeordneten nötig, und von dieser Versammlung mußten ebenfalls zwei Drittel die Regierung zu verfassungsändernden Gesetzen ermächtigen. Die Abgeordneten des Reichstages stimmten am 23. März 1933 dafür, und zwar nicht nur mit zwei Dritteln, sondern mit vier Fünfteln aller Stimmen. Nur die SPD stimmte dagegen. Das aber änderte nichts daran, daß exakt dasjenige eingetreten war, was die Sozialdemokraten im Zusammenhang mit einer Regierung Hitler für ausgeschlossen gehalten hatten.

Reif für den Untergang

Alle Abgeordneten, die Hitler an diesem Tag Vollmacht erteilten, wußten erstens, daß die NSDAP mit dem Parlamentarismus brechen würde, und sie wußten zweitens, was die sechs Artikel dieses »Gesetzes zur Behebung der Not von Volk und Reich«, das am nächsten Tag erlassen werden sollte, bedeutete. Artikel 1 dekretierte: »Reichsgesetze können außer in dem in der Reichsverfassung vorgesehenen Verfahren auch durch die Reichsregierung beschlossen werden.« Das hieß nichts anderes, als daß Hitler das demokratische Urprinzip der Gewaltentrennung kassierte, also die Volksvertretung ausschaltete, und zu dieser Ausschaltung ihrer selbst wurde er von den Abgeordneten ausdrücklich ermächtigt.

Die meisten und wichtigsten späteren Gesetze Hitlers wurden aus dieser Ermächtigung abgeleitet, und zwar völlig korrekt. Auch unser Bundesverfassungsgericht in Karlsruhe konnte später nichts anderes tun als festzustellen: »Das Ermächtigungsgesetz schuf... mit der gebotenen verfassungsmäßigen Mehrheit...anstelle der bisherigen eine neue Kompetenzordnung, die sich nach innen und außen durchgesetzt hat.« Hitler wollte die Zustimmung der Abgeordneten zur Auflösung des Parteienstaates. Mit Ausnahme der Sozialdemokraten, die in den letzten Wahlen nochmals leichte Verluste hatten hinnehmen müssen, entschieden sich sämtliche Parteien für ein Ja. Die kommunistischen Reichstagsmandate waren zwar annulliert worden, doch selbst diese 81 Stimmen hätten zusammen mit den 120 der SPD nichts an dem Votum geändert. Das Drittel der Stimmen, das eine Ablehnung ermöglicht hätte, wäre nicht erreicht worden. Die Abgeordneten hatten freiwillig zugestimmt: Reinhold Maier genauso wie Ernst Lemmer, Männer der sogenannten ersten Stunde nach 1945, ebenso wie Hermann Dietrich, Minister in Weimar, Vizekanzler unter Heinrich Brüning, 1945 Mitbegründer der FDP, ebenso wie das Zentrum, die damalige Partei Brünings und Konrad Adenauers.

Der Führer der Bayerischen Volkspartei, Hans Ritter von Lex – nach 1949 Staatssekretär im Bonner Innenministerium, seit 1961 Präsident des Deutschen Roten Kreuzes – machte damals auf die Tragweite der Abstimmung vom 23. März 1933 aufmerksam, bevor auch er und seine Fraktion ihr Ja gaben; er sagte: »Dauer und Inhalt dieses Gesetzes haben in der deutschen Geschichte kein Vorbild.« Auch Theodor Heuss stimmte zu. Später lehnte er es ab, das Ermächtigungsgesetz als ein Ergebnis von Druck, Drohung, Furcht, Gutgläubigkeit oder Erpressung hinzustellen. Seine Begründung war merkwürdig: Das Ermächtigungsgesetz hätte »für den praktischen Weitergang der nationalsozialistischen Politik keinerlei Bedeutung gehabt«. Deshalb sei es belanglos gewesen, ob ihm zugestimmt wurde oder nicht. Welch gewaltiger Irrtum!

Die demokratischen Parteien der Weimarer Republik warfen im März 1933 einfach das Handtuch. Oswald Spengler meinte: »Das war kein Sieg, denn die Gegner fehlten.« Wilhelm Hoegner, einer der profiliertesten Sozialdemokraten und mutigsten Gegner der Nationalsozialisten – am 28. August 1945 von der Besatzungsmacht zum bayerischen Ministerpräsidenten ernannt –, charakterisierte das Ende der Weimarer Republik betont sachlich: »Wir leisteten keinen Widerstand. Wir warfen dem siegreichen politischen Gegner keine Prügel in den Weg. Wir waren reif für den Untergang.« Ähnlich Hjalmar Schacht, 1933 Reichsbankpräsident und Wirtschaftsminister: Die demokratischen Parteien »begaben sich ohne Not freiwillig jeden parlamentarischen Einflusses, ...ein Akt politischer Selbstentmannung, wie ihn die Geschichte der modernen Demokratie nicht noch einmal kennt«.

Traum und Trauma des Dritten Reiches

Ein Trümmerfeld – Nationale Erhebung – Schirmherr Hindenburg – Wunderbarer Wandel – Deutschland verläßt den Völkerbund – Die Souveränität des Reiches – Antisemitismus – Kirchenkampf – Heim ins Reich

Der lapidare Satz Oswald Spenglers, daß 1933 die Gegner gefehlt hätten, trifft zu. Und er trifft doch nicht zu. Nachdem das Reichtagsgebäude durch Brandstiftung in Flammen aufgegangen war, wurde die KPD verboten, wurden ihre Führer verhaftet. Für die übrigen Mißliebigen fand man weniger dramatische Wege der Kaltstellung. Gegner im Sinne Spenglers fehlten vor allem deshalb, weil niemand gewillt war, für Weimar zu kämpfen. Das galt selbst für die Sozialdemokratie. Der wirkliche, der eigentliche Feind der Republik war die aussichtslose Lage Deutschlands im Inneren und Äußeren. 1936 schrieb Duncan Sandys, der Schwiegersohn Winston Churchills: »Die meisten ausländischen Kritiker scheinen zu vergessen oder mit Absicht zu übergehen, von welcher Sinnlosigkeit und Rechtlosigkeit, von welchem Hader und welcher Bestechlichkeit, Erniedrigung und Zwecklosigkeit diese unrühmliche Seite deutscher Geschichte vom Waffenstillstand bis zum Erscheinen Hitlers gekennzeichnet ist.«

Die Geschichte des Dritten Reiches ist von Anfang an eine Geschichte schreiender Widersprüche und Gegensätze, eine zerfetzte Abfolge von gegenläufigen Impulsen. Die Jahre 1931 und 1932 tragen den Stempel eines unfaßlichen Elends und der völligen Hoffnungslosigkeit. Man kann nicht energisch genug hervorheben, daß die ausschlaggebende Phase des Nationalsozialismus in diesen Jahren beginnt und nicht erst 1933.

So ist die Geschichte des Dritten Reiches eine Geschichte der Arbeitslosigkeit, des Hungers, der Angst vor der Zukunft, ja schon vor der nächsten Woche, dem nächsten Tag. Eine Geschichte der Verzweiflung, der Armut, der Not, des Zorns, der Hilflosigkeit, der Ohnmacht, der bittersten Enttäuschung und der Empörung über »die Politiker«.

Die Geschichte des Dritten Reiches ist ebenso eine Geschichte des Aufbruchs, der Befreiung, Zustimmung und Zuversicht, der Begeisterung, der Gläubigkeit, der Opferbereitschaft und einer schier schrankenlosen Zukunftserwartung.

Ebenso ist sie eine Geschichte der Entrechtung, der Verfolgung, der Unterdrückung, der Abscheulichkeiten, der Verbote, des Schandbaren, der Rechtswillkür, des Verbrechens, der Unmenschlichkeit, des Folterns, der Morde.

Die Geschichte des Dritten Reiches ist ferner eine Geschichte der Illiberalität, der künstlerischen Borniertheit, der weltanschaulichen Einzäunung, der literarischen Verfemung, der dichterischen Gängelung, der Verordnungen, Richtlinien, Maßregelungen und Verbote, – nicht minder aber auch eines präzis geschlossenen Ausdruckswillens.

Sie ist vor allem auch eine Geschichte der Jugend, ihrer Begeisterung, ihres Glaubens, ihrer Opferbereitschaft, ihrer Lauterkeit, ihrer Kraft zur Selbstbehauptung und Disziplinierung, ihrer selbstlosen Haltung und ihrem Mut, Ideen und Ideale sowohl im individuell Persönlichen zu verwirklichen als auch in das Gemeinwesen zu übersetzen.

Nicht zuletzt ist die Geschichte des Dritten Reiches auch jene Angelegenheit, die in der Bezeichnung des ersten Kabinetts Hitlers umschrieben wurde. Es präsentierte sich als ein »Kabinett des nationalen Zusammenschlusses«. Begriffe wie Nation und innere Einigkeit waren in jenen Jahren alles andere als Floskeln. Es waren Termini von brennender Aktualität. Das zeigt sich freilich nicht in einer Perspektive, deren Sehstrahlen von den zerrütteten Grundlagen nach 1945 ausgehen. Es zeigt sich, wie alles Historische, zunächst nur in den zeitgenössischen Dokumenten, Reden, Fakten und beweiskräftigen Zeugnissen.

In seiner ersten Rede als Reichskanzler, die am 1. Februar 1933 im Rundfunk ausgestrahlt wurde, gab Hitler einen »Aufruf der Reichsregierung« bekannt. Hitler erklärte, die nationale Regierung werde es »als ihre oberste und erste Aufgabe ansehen, die geistige und willensmäßige Einheit unseres Volkes wiederherzustellen. Sie wird die Fundamente wahren und verteidigen, auf denen die Kraft der Nation beruht. Sie wird das Christentum als Basis unserer gesamten Moral, die Familie als Keimzelle unseres Volks- und Staatskörpers in ihren festen Schutz nehmen. Sie wird über Stände und Klassen hinweg unser Volk wieder zum Bewußtsein seiner volklichen und politischen Einheit und der daraus entspringenden Pflichten bringen.«

In der Zeit vor dem 30. Januar wurde Hitler stets vorgeworfen, er belasse es in seinen Reden bei bloßen Versprechungen und verfüge über kein konkretes Programm, um diejenigen Probleme zu lösen, die von den früheren Regierungen nicht gelöst werden konnten. Er sei doch nichts anderes, so meinte man, als der Bierzeltredner und Demagoge, der Mann, der mit Phrasen hantiere, der voller Pathos an die niedrigen Instinkte und Leidenschaften der Masse appelliere, der virtuos die Klaviatur der dumpfen Stimmungen beherrsche. Nun versprach Hitler in seinem »Aufruf der Reichsregierung« erneut: »Die nationale Regierung wird das große Werk der Reorganisation der Wirtschaft unseres Volkes mit zwei großen Vierjahresplänen lösen: Rettung der deutschen Bauern zur Erhaltung der

Ernährungs- und damit der Lebensgrundlage der Nation. Rettung des deutschen Arbeiters durch einen gewaltigen und umfassenden Angriff gegen die Arbeitslosigkeit.«

Mochte das insgesamt noch immer an die bekannten und oft gehörten Versprechungen anschließen, so war doch auch unverkennbar, daß sich die Nationalsozialisten mit größter Energie und Rücksichtslosigkeit darauf einrichteten, die kommenden Jahre an der Regierung zu bleiben. Als Hitler in die Reichskanzlei einzog, soll er versichert haben: »Hier bringt mich niemand mehr heraus.« Mußten aber nicht auf jeden Fall die kommenden Monate zu einem Kriterium werden, an dem die Prophezeiungen Hitlers geprüft wurden und er an seinen Leistungen gemessen? Die Sozialdemokraten und mit ihnen alle liberalen, gebildeten, intellektuellen, ohnehin jeglicher Politik indigniert abgeneigten Bürger waren der keineswegs unbegründeten Überzeugung: Laßt Hitler und seine Horden die Regierung übernehmen – in kürzester Zeit wird sich seine Unfähigkeit erweisen. Dann ist der Spuk vorbei.

Am 1. Februar 1933 gab Hitler eine feierliche Versicherung ab, die von allen Deutschen, selbst von Hitlers Gegnern, unterschrieben werden konnte: Die nationale Regierung würde »ihre höchste Mission in der Wahrung der Lebensrechte und damit der Wiedererringung der Freiheit unseres Volkes« sehen. Selbst wenn Hitler damit nur eine allgemeine Richtlinie der künftigen Außenpolitik skizziert hätte, wäre ihm der allgemeine Beifall sicher gewesen. Die Schlußsätze dieser Rede lauteten: »Die Parteien des Marxismus und seiner Mitläufer haben 14 Jahre Zeit gehabt, ihr Können zu beweisen. Das Ergebnis ist ein Trümmerfeld. Nun, deutsches Volk, gib uns die Zeit von vier Jahren und dann urteile und richte uns! Getreu dem Befehl des Generalfeldmarschalls (Hindenburg) wollen wir beginnen. Möge der allmächtige Gott unsere Arbeit in seine Gnade nehmen, unseren Willen recht gestalten, unsere Einsicht segnen und uns mit dem Vertrauen unseres Volkes beglücken. Denn wir wollen nicht kämpfen für uns, sondern für Deutschland!«

Ein Trümmerfeld

Die Endphase der Weimarer Republik, die durch die Weltwirtschaftskrise eingeleitet wurde, setzte mit dem Jahr 1930 ein. Die inneren Wirren in Deutschland deckten sich aber auch in bemerkenswerter Weise mit der Verschärfung eines allgemeinen Krisenbewußtseins, das sich nicht an nationale Grenzen hielt, auch wenn es sich am klarsten in Deutschland ausprägte. Oswald Spenglers vereinfachte These, wie sie sich in dem Titel seiner beiden Bände über den »Untergang des Abendlandes« ausgedrückt hatte, schien von der Entwicklung bestätigt zu werden. Im Jahre 1931 veröffentlichte der Philosoph Karl Jaspers sein Buch über »Die geistige Situation der Zeit«. Er stellte fest, daß nunmehr das Bewußtsein allgemein geworden sei, »daß es mit dem, worauf es eigentlich ankommt, nicht in Ordnung sei. Alles ist fraglich geworden; alles sieht sich in seiner Substanz bedroht. Wie sonst die Wendung geläufig war, wir lebten in einer Übergangszeit, so ist jetzt in jeder Zeitung von Krise die Rede. Man fragt nach dem tieferen Grund und findet die Staatskrisis; wenn die Weise des Regierens zu keiner entschiedenen Willensbildung des Ganzen führt und die Gesinnung der Zustimmung schwankt, schwankt alles.«

Die Analyse von Karl Jaspers wurde im Jahr darauf bestätigt und noch zugespitzt durch den international berühmten Romanisten Ernst Robert Curtius, der in dem Vorwort seines

Buches »Deutscher Geist in Gefahr« die beklemmend konkreten Sätze schrieb: »Die dreizehn Nachkriegsjahre, die hinter uns liegen, gewinnen in der Rückschau den Charakter eines bloßen Provisoriums. Wir sind im Begriff, alles zu liquidieren, was zwischen 1920 und 1930 mit dem Anspruch auf neue Geltung auftrat. Auch in der Politik hat uns das vergangene Jahr nur Scheinlösungen gebracht, die jetzt endlich als solche erkannt werden. Ob es sich um Reparationen oder um Abrüstung, um Planwirtschaft oder um Reichsreform, um das parlamentarische System oder um die deutsch-französischen Beziehungen handelt: Überall bietet sich das gleiche Bild – ein Trümmerfeld. Die vergangenen Jahre haben uns nichts hinterlassen als ein neues Wort für die nie erhörte Not, das gespenstische Wort von der Schrumpfung. Deutschland bebt in Krämpfen und wir haben nur die *eine* Hoffnung: Es muß besser werden, weil es nicht mehr schlechter werden kann.«

Mit Sicherheit ist Adolf Hitler das Buch von Ernst Robert Curtius unbekannt geblieben; er hat also das Wort von dem »Trümmerfeld« nicht von ihm entliehen. Dasselbe gilt für Karl Jaspers und seine Feststellung, »wenn die Weise des Regierens zu keiner entschiedenen Willensbildung des Ganzen führt und die Gesinnung der Zustimmung schwankt, schwankt alles«. Jaspers hatte damit, ungewollt und überaus prophetisch, so kurz wie nur denkbar eine Formel geliefert, die am besten erklärt, warum sich Hitler bis 1938 absolut sicher sein konnte, mit seiner Politik im Sinne des Volkes zu handeln. So unangenehm diese Tatsache für die Politiker damals und jetzt und ebenso für das Gros unserer Zeithistoriker sein mag, so wenig gibt es daran zu rütteln: Die Regierung Hitler führte zu »entschiedener Willensbildung des Ganzen«, und ebenso eindeutig weckten seine politischen Erfolge eine geradezu phänomenale »Gesinnung der Zustimmung«. Im übrigen sei daran erinnert, daß Karl Jaspers geradezu eine Verkörperung des ethischen Rigorismus darstellte und den Nationalsozialismus zutiefst verabscheute.

Nationale Erhebung

Die Geschichte des Dritten Reiches ist auch eine Geschichte derjenigen, die nichts mit dem Nationalsozialismus zu tun haben wollten, doch deren Hoffnungen und Wünsche durch die Politik Hitlers erfüllt wurden. Der Historiker Friedrich Meinecke hatte nach dem Umsturz von 1918 für diejenigen, die noch im Kaiserreich wurzelten, das Stichwort ausgegeben: »Ich bleibe, der Vergangenheit zugewandt, Herzensmonarchist und werde, der Zukunft zugewandt, Vernunftrepublikaner.« Das Engagement des Herzens ändert sich innerhalb weniger Jahre. Das Muster dafür liefert das 100 000 Mann-Heer der Reichswehr. Sie wurde durch ihren Schöpfer, General Hans von Seeckt, eine republikanische Armee ohne republikanischen Geist, aber mit einem nationalen Herzen.

Was in der Truppe offiziell durch die Heeresführung entwickelt und gefördert wurde, das spiegelte einen Prozeß, der auch außerhalb der Reichswehr stattfand. Jahr für Jahr nahm die Zahl derjenigen zu, die national empfanden und deshalb zunehmend Abstand von den republikanischen Parteien nahmen. Jahr für Jahr wurden die Stimmen kräftiger, die nach einer Stärkung der nationalen Kräfte verlangten. Anfang der dreißiger Jahre sahen schließlich weiteste Kreise auch des »gehobenen« Bürgertums die Rettung vor dem inneren Chaos nur noch in einer »Politik der nationalen Vernuft«.

Im Jahre 1925, beim Tode des ersten Reichspräsidenten Friedrich Ebert, hatte sich gezeigt, daß das deutsche Bürgertum nicht allen republikanischen Wortführern reserviert gegenüberstand. Selbst knochig konservative Kreise rühmten an dem Sozialdemokraten Ebert, daß er eine aufrechte, durch und durch anständige Persönlichkeit gewesen sei, ein außerordentlich »gesundes Nationalempfinden« besessen und sich dadurch respektvolle Sympathie auch bei Leuten gesichert habe, die ihn ursprünglich wegen seiner politischen Herkunft ablehnten. Friedrich Ebert war es auch, der 1922 das bekannte Lied Hoffmann von Fallerslebens »Deutschland, Deutschland über alles...« aus dem Jahre 1841 zur Nationalhymne des Deutschen Reiches erklärt hatte. Welche Umbrüche liegen zwischen diesem Entschluß des Sozialdemokraten Ebert und dem CDU-Ministerpräsidenten Lothar Späth, der seinen Kindern Ohrfeigen androhte, falls sie die erste Strophe des Deutschland-Liedes singen würden.

Wer das Schicksal der Weimarer Republik auf die NSDAP zuspitzt, muß das nationale Empfinden unterschlagen, das die Deutschen erfüllte, von den demokratischen Parteien aber ignoriert wurde. Dadurch kam es zu der fatalen Ineinssetzung», daß »national« sich zunehmend mit der Bedeutung »antidemokratisch« auflud. Nach der Entlassung des Reichskanzlers Heinrich Brüning im Mai 1932 übertrug Präsident Hindenburg dem langjährigen Führer des konservativ-monarchischen Flügels des Zentrums, Franz von Papen, das Amt des Kanzlers. Brüning war vom Reichstag toleriert worden, bei Papen war dies nicht mehr der Fall. Papen konnte sich aber auf sämtliche nationalen, und daß hieß im Jahr 1932 schon eindeutig: antidemokratischen Kräfte stützen. Die Weltwirtschaftskrise hatte dem autoritären Staats- und Dikaturgedanken entscheidende Impulse gegeben. So war es auch Papens Ziel, einen »Neuen Staat« zu etablieren, der autoritär geführt werden sollte. Papens Chefideologe Edgar Jung umriß drastisch die Voraussetzung dafür: Es gelte zunächst, die Republik »auszurotten«.

Die Verschmelzung von Rechts und Links, eine Gruppierung, die staatlich rechts und wirtschaftlich links ausgerichtet war, ein deutscher Sozialismus, der notfalls mit Hilfe einer Revolution durchgesetzt werden sollte und dessen Konzept erstmals schon um die Jahrhundertwende von Friedrich Naumann, dem geistigen Ziehvater von Theodor Heuss, entwickelt wurde – dieser ganze Vorstellungskomplex fand in den anhebenden dreißiger Jahren eine breite Resonanz. Das Übergewicht lag bei der Empfindung, daß die Nation endlich wieder »ihren Weg« finden müsse, so unklar im einzelnen auch bleiben mochte, was darunter zu verstehen war.

Der Publizist Hans Zehrer, damals außenpolitischer Redakteur der überaus seriösen »Vossischen Zeitung« und nach 1945 erster Redakteur der »Welt«, stellte 1928 fest: »Wir haben Parlamentarismus, Demokratie haben wir nicht.« Im März 1933 unterstrich er nochmals, daß nichts so notwendig sei wie ein autoritärer Staat auf der Basis des deutschen Sozialismus: »Es gilt, den Liberalismus in Staat und Wirtschaft, die beiden Zwillingsbrüder Parlamentarismus und Kapitalismus zu liquidieren.« Selbst entschiedene Republikaner mußten 1932 zugeben, daß die Gefahr, die sich mit der NSDAP verbinde, zwar überaus groß sei, daß sie aber verblasse gegenüber der Dynamik eines Nationalempfindens, von dem insbesondere die Jugend bis in die letzte Faser erfaßt sei. Deshalb bestand trotz der rüden, sich zunehmend brutalisierenden Parteikämpfe die entscheidende Frage in der Zeit Brünings nicht darin, welches Kabinett die bestehende Regierung ablösen würde, sondern es galt als »Schicksalsfrage für Deutschland«, ob sie fähig sein würde, die nicht zu unterdrückenden Kräfte des Nationalismus »fruchtbar zu machen«.

Eben dieser Versuch wurde von keiner der republikanischen und demokratischen Parteien seit 1918 unternommen. Sie überließen es den Nationalsozialisten. Die Weimarer Republik entwickelte kaum nationale Ambitionen. Deshalb hatte sie auch keinen Sinn für die ungeheure Brisanz des aufkeimenden Nationalempfindens, deshalb unterschätzte sie auch seine Gewalt. Und deshalb erklärte Hitler, kaum daß er zum Reichskanzler ernannt worden war, sein Koalitionskabinett stelle eine »Regierung des nationalen Zusammenschlusses« dar.

Schirmherr Hindenburg

Joseph Goebbels notierte zwar in seinem Tagebuch »Vom Kaiserhof zur Reichskanzlei« zum 30. Januar 1933: »Wir sind am Ziel. Die deutsche Revolution beginnt«, aber die Regierungsübernahme wurde als Beginn der »nationalen Erhebung« gefeiert, nicht als Anfang der nationalsozialistischen Revolution. Unter diesem Panier konnten sich die Deutschnationalen, die Konservativen, die Nationalsozialisten, das ganze national gestimmte Bürgertum und nicht zuletzt die Reichswehr zusammenfinden. Für die Öffentlichkeit verdichtete sich dies in der ehrwürdigen Gestalt des Reichspräsidenten Hindenburg. Mit seiner Persönlichkeit konnte zwanglos die gesamte nationale Vorstellungswelt verbunden werden. Und damit – paradoxer und tragischer Weise – auch jene Plattform, von der aus dieselbe Republik verabscheut wurde, deren Oberhaupt Hindenburg bis 1933 war und deren Verfassung er sich bedingungslos verpflichtet fühlte. Was konnte charakteristischer sein für den großen Wechsel, als daß Hindenburg der Reichswehr am 15. März 1933 wieder die schwarz-weiß-rote Kokarde verlieh, um – so lautetet die amtliche Begründung – »der inneren Verbundenheit der deutschen Wehrmacht mit den wieder erstarkten nationalen Kräften des deutschen Volkes auch seinen sichtbaren Ausdruck« zu geben.

Ob man schon damals oder erst nach 1945 den prachtvoll inszenierten »Tag von Potsdam« als unverfälschten Ausdruck einer Zeitstimmung oder als perfiden Kunstgriff Hitlers und seiner Leute bezeichnet: Es wäre unmöglich gewesen, einen symbolträchtigeren Ort und ein besseres Datum zu finden. Hitler und Goebbels hatten beschlossen, den neuen Reichstag nach den Märzwahlen 1933 in der Potsdamer Garnisonkirche zu eröffnen, und zwar am 21. März. In der Garnisonkirche befand sich der Sarg Friedrichs des Großen. Am 21. März 1871 war der erste Reichstag des »Zweiten Reiches« Bismarcks feierlich eröffnet worden. Das »Dritte Reich« knüpfte ostentativ beim friderizianischen Preußen und bei Bismarck an – mit einem mächtigen Staatsakt, mit Kränzen, Gottesdienst, alten und neuen Uniformen, mit Chorälen und Gepränge. Der »Tag der nationalen Erhebung« war ein Tag des Glanzes, der Ergriffenheit, des strahlenden Aufbruchs.

Wollte Philipp Jenninger bei seiner so gut gemeinten und so verunglückten Rede diese Erinnerungen beschwören? Hindenburg war in seiner alten Marschalluniform erschienen – neben ihm die Generäle und Admirale der Kaiserzeit, ebenso die Hohenzollernprinzen, Kronprinz Wilhelm in der Uniform der Danziger Totenkopf-Husaren. Der greise Reichspräsident hielt eine kurze Rede, drückte die Hoffnung aus, daß »der Geist dieser alten ehrwürdigen Stätte auf die heutige Generation übergehen und uns im Nationalbewußtsein zum Segen eines stolzen, freien und geeinten Deutschland zusammenschließen möge«. Nach ihm sprach Hitler. Er pries diesen Tag, an dem »die Vermählung vollzogen wurde zwischen den Symbolen der alten Größe und der jungen Kraft«. Nochmals beschwor er das Bild von der »nationalen Erhebung«, nochmals umriß er das Ziel seiner Regierung, das »große Reformwerk der Reorganisation des deutschen Volkes«, um dann zu versichern:

»Heute, Herr Generalfeldmarschall, läßt Sie die Vorsehung Schirmherr sein über die neue Erhebung unseres Volkes.«

Raffiniertes Schauspiel, Propaganda, Trick einer Schmierenkomödie? Wer damals in Potsdam und über den Rundfunk im ganzen Reich die Feier miterlebte, hatte das untrügliche Gefühl, einen ausnehmend glanzvollen Tag der deutschen Geschichte mitzuerleben. Zwei Tage später stimmte der Reichstag dem Ermächtigungsgesetz zu und besiegelte damit das Ende der parlamentarischen Demokratie.

Wunderbarer Wandel

Die Gewißheit, daß Hitlers Regierung an ihren Leistungen zu messen sein würde, bestätigte sich. Freilich anders, als erwartet. Im Februar 1933 wurden in Deutschland 6 047 289 Arbeitslose gezählt. Im Dezember 1933 war diese Zahl um rund zwei Millionen gesunken auf 4 059 055. Im Jahre 1936 war die Vollbeschäftigung erreicht. Was wie ein Wunder aussah, war nichts anderes als eine energische Fortsetzung der Konjunkturpolitik, die schon Brüning geplant und Papen vorbereitet hatte, – gestützt allerdings durch ein kaum rational zu erklärendes Vertrauen der Wirtschaft und des Volkes. Die Programme der Regierung, um Arbeit zu beschaffen, hatten ihren Schwerpunkt auf dem inländischen Markt, nicht im Außenhandel. Der Straßenbau wurde in einem unwahrscheinlichen Tempo angekurbelt, die Grundlagen der Selbstverwaltung des Handels und des Handwerks im Sinne des Ständeaufbaus gesichert, die heimische Landwirtschaft und das Bauerntum extrem gefördert, nicht zuletzt durch Erhöhung der Einfuhrzölle. Das war unvermeidlich, denn inmitten einer noch anhaltenden Depression der Weltwirtschaft war Deutschland auf seinem Eilmarsch zum Wohlstand dazu gezwungen, sich abzuriegeln.

Wer 1937 eine Bilanz der ersten vier Jahre ziehen wollte, um deren Frist Hitler in seiner Rede am 23. März 1933 vor dem Reichstag gebeten hatte, konnte nur den Kopf schütteln. Fakten sind das Fundament gesicherter Urteile. Es ist eine Tatsache, daß Hitler sich vom deutschen Volk gestützt wußte, und zwar jenseits aller Weltanschauungen. Es ist eine Tatsache, daß der Kardinalstaatssekretär Eugenio Pacelli, der spätere Papst Pius XII., im Juni 1933 erklärt hatte, »für einen frommen Katholiken in Deutschland sei es konsequent, ein Nationalsozialist zu sein«. Es ist eine Tatsache, daß der englische Kriegspremier und unerbittliche Feind Deutschlands in Versailles und den anhebenden zwanziger Jahren, Lloyd George, am 17. September 1936 im »Daily Express« die Sätze schrieb:

»Ich bin eben von einem Besuch in Deutschland zurückgekehrt. Ich habe jetzt den berühmten deutschen Führer gesehen und auch etliches von dem großen Wechsel, den er herbeigeführt hat. Was immer man von seinen Methoden halten mag – es sind bestimmt nicht die eines parlamentarischen Landes –, es besteht kein Zweifel, daß er einen wunderbaren Wandel im Denken des Volkes herbeigeführt hat. Zum erstenmal nach dem Krieg herrscht ein allgemeines Gefühl der Sicherheit. Die Menschen sind fröhlicher. Über das ganze Land verbreitet sich die Stimmung allgemeiner Freude. Es ist ein glücklicheres Deutschland. Überall habe ich das gesehen, und Engländer, die ich während meiner Reise traf und die Deutschland gut kannten, waren von dem Wandel tief beeindruckt. Dieses Wunder hat ein Mann vollbracht. Die Tatsache, daß Hitler sein Land von der Furcht einer Wiederholung jener Zeit der Verzweiflung, der Armut und Demütigung erlöst hat, hat ihm im heutigen Deutschland unumstrittene Autorität verschafft. Es ist nicht die Bewunderung, die einem Volksführer gezollt wird. Es ist die Verehrung eines Nationalhelden, der sein Land aus völliger Hoffnungslosigkeit und Erniedrigung gerettet hat. Er ist der George Washington Deutschlands, der Mann, der seinem Land die Unabhängigkeit von allen Bedrückern gewann.«

Heute mag man den Kopf schütteln über diesen Lobgesang, doch der »wunderbare Wandel« in Deutschland läßt sich mit einem Übermaß deutscher und ausländischer Zeugnisse bestätigen. Besonderen Eindruck machte das Lob Winston Churchills, der am 11. November 1937 in einer Rede versicherte: »Mag man Hitlers System verabscheuen und dennoch seine patriotische Leistung bewundern. Sollte unser Land einmal besiegt werden, so hoffe ich, daß wir einen ebenso bewundernswerten Vorkämpfer finden, der unseren Mut neu belebt und uns auf unseren Platz unter den Nationen zurückführt.«

Deutschland verläßt den Völkerbund

Was jeder Deutsche, auch der derjenige, der mit den innenpolitischen Maßnahmen nicht einverstanden war oder zu ihren Opfern gehörte, schon seit dem ersten Auftreten Hitlers begreifen konnte, war der Kampf gegen die Friedensverträge von Versailles und Saint-Germain. Von diesem Kampf, von der Revision der Pariser Regelungen des Jahres 1919 blieb Hitlers Außenpolitik bis zum Jahre 1938 bestimmt. Den Auftakt bildete seine leidenschaftliche »Friedensrede«, die er am 17. Mai 1933 vor den Abgeordneten des Reichstages hielt. Selbstverständlich stand auch hier die schonungslose Kritik an den Regelungen von Versailles im Zentrum. Hitler verknüpfte aber die Forderung, daß Deutschland endlich wieder volle Gleichberechtigung mit den übrigen europäischen Staaten zu gewähren sei mit der Versicherung, daß jeder militärische Konflikt vermieden werden müsse: »Der Ausbruch eines solchen Wahnsinns ohne Ende müßte zum Zusammenbruch der heutigen Gesellschafts- und Staatsordnung führen. Ein in kommunistischem Chaos versinkendes Europa würde eine Krisis von unabsehbaren Ausmaßen und nicht abzuschätzender Dauer heraufbeschwören.« Sämtliche Parteien billigten ausnahmslos die Grundsätze von Hitlers außenpolitischer Erklärung, auch die Fraktion der SPD im Reichstag. Selbst Paul Löbe stimmte zu, der im Juni 1933 zum Parteivorsitzenden gewählt wurde und als Alterspräsident 1949 in Bonn die konstituierende Sitzung des Bundestages leitete, – desgleichen Wilhelm Hoegner, der dann im Juli 1933 nach Österreich fliehen mußte.

In den Jahren 1933 und 1934 lernte das Ausland in Hitler einen Staatsmann kennen, der unermüdlich seinen Friedenswillen beteuerte. Allerdings pochte er ebenso vehement darauf, daß das Deutsche Reich nunmehr als gleichberechtigt anerkannt, das heißt, seine staatliche Souveränität wieder hergestellt werden müsse. Das bezog sich in erster Linie auf die Wehrhoheit. Im Versailler Vertrag war die Forderung nach vollständiger Abrüstung Deutschlands und der Reduzierung seiner Armee auf 100 000 Mann damit begründet worden, daß allein dies den »Anfang einer allgemeinen Beschränkung der Rüstungen aller Nationen« ermögliche. Die Mitglieder des Völkerbundes hatten in Artikel 8 des Vertrages zugesichert, erklärt und unterschrieben , »daß die Aufrechterhaltung des Friedens es nötig macht, die nationalen Rüstungen auf ein Mindestmaß herabzusetzen, das mit der nationalen Sicherheit und mit der Durchführung der durch ein gemeinsames Handeln auferlegten internationalen Verpflichtungen vereinbar ist«. Doch in dieser Richtung hatte sich seitdem so gut wie nichts bewegt, sieht man der Abrüstung Deutschlands und den endlosen Debatten in den Konferenzen des Völkerbundes darüber ab, wie, wann und ob die anderen Staaten ebenfalls abrüsten sollten.

Das Deutsche Reich war 1926 Mitglied des Völkerbundes geworden, hatte aber noch nicht die vorbehaltlose Gleichberechtigung zugestanden erhalten. Das drückte sich am deutlichsten in den Abrüstungskonferenzen aus, die in Genf stattfanden. Die deutsche Delegation wies seit der Teilnahme an den Beratungen immer wieder darauf hin, daß sich die Staaten dazu verpflichtet hätten, nach der vollständigen Abrüstung Deutschlands ihrerseits die Zusagen über die Rüstungsminderungen zu erfüllen. Dies sei nicht der Fall gewesen. Damit verweigere man hartnäckig dem Deutschen Reich sein natürliches und verbrieftes Recht auf gleiche Sicherheit. Im Sommer 1932 verließ die deutsche Delegation für etliche Monate die Genfer Abrüstungskonferenz, um einen legitimen Druck auszuüben. Deutschland besaß auch unstreitig das Recht dazu, die Konferenz endgültig zu verlassen.

Am 14. Oktober 1933 erklärte die Regierung Hitler, sie ziehe sich aus der Genfer Abrüstungskonferenz zurück und teilte den Austritt des Deutschen Reiches aus dem Völkerbund mit. Als Begründung führte sie in erster Linie das Scheitern der Abrüstungsverhandlungen an. Staatliche Gleichberechtigung bedinge einen Rüstungsgleichstand, – also entweder durch eine drastische Abrüstung aller Großmächte auf dasselbe Minimum, zu dem man Deutschland in Versailles gezwungen habe, oder Festsetzung eines bestimmten Niveaus, das auch Deutschland bei seinen Heeresstärken erreichen dürfe. Erst dann sei uneingeschränkte Souveränität des Reiches wiederhergestellt. Einen Monat später, am 12. November 1933, wurden Reichstagswahlen angesetzt. Sie waren mit der Frage gekoppelt, ob die Politik der Regierung, die zum Austritt des Reiches aus dem Völkerbund geführt habe, gebilligt werde. Fünfundneunzig Prozent der abgegebenen Stimmen erklärten sich mit dem Schritt der Reichsregierung einverstanden.

Erschwert wurde die Weigerung der Staaten, sich auf eine Abrüstung zu einigen, durch die höchst bedrohliche Haltung Polens und die russische Rüstung. Polen hatte wiederholt versucht, Frankreich zu einem Präventivkrieg gegen Deutschland zu überreden. Marschall Pilsudski hatte den letzten Vorschlag 1932 in Paris vorlegt. Daß dieser Plan nicht verwirklicht wurde, lag nicht an dem mangelnden Willen Warschaus, sondern allein an Frankreich. Polens Heeresstärke belief sich auf annähernd 300 000 Mann; es bestand, wie in allen Staaten, allgemeine Wehrpflicht. Polen konnte deshalb bei einer Mobilmachung sofort zweieinhalb Millionen Reservisten zu den Waffen rufen.

Die Souveränität des Reiches

Nach dem Austritt aus dem Völkerbund unternahm Hitler durch die Wiedereinführung der allgemeinen Wehrpflicht den ersten Schritt zur Realisierung des Rüstungsgleichstandes. Am 16. März 1935 wurde das »Gesetz für den Aufbau der Wehrmacht« erlassen, am 21. Mai das Wehrgesetz, das die Einzelbestimmungen zum Gesetz vom 16. März enthielt. Der erste Paragraph des Gesetzes vom 16. März lautete: »Der Dienst in der Wehrmacht erfolgt auf der Grundlage der allgemeinen Wehrpflicht.«

Die Einführung der allgemeinen Wehrpflicht wirkte im Ausland weder besonders überraschend, noch sonderlich beunruhigend. Man hatte damit gerechnet. Es gingen zwar von England, Frankreich und Italien Protestnoten ein, doch das zählte zu den Pflichtübungen des diplomatischen Verkehrs. Dasselbe gilt für die Resolution des Völkerbundes vom 17. April 1935 gegen das deutsche Wehrgesetz. Am schnellsten stellte sich Großbritannien um, auch öffentlich. Schon am 18. Juni 1935 schloß London mit Berlin ein Flottenabkommen und stimmte damit – entgegen den Festsetzungen von Versailles – in ureigenstem Interesse der deutschen Aufrüstung zu, und zwar ohne vorher mit den Völkerbundstaaten diesen Schritt zu beraten. Das Kernstück des Flottenabkommens war ein festes Verhältnis der Flottenstärken. Die Kriegsmarine beider Staaten hielt sich durch diesen Vertrag in einer Relation von fünfunddreißig für Deutschland zu hundert für England.

Für Frankreich bedeutete das eine zweite Niederlage. Die erste hatte es hinnehmen müssen, als Hitler am 26. Januar 1934 völlig überraschend für Europa mit Polen einen Nichtangriffspakt und Verständigungsabkommen schloß. Paris war so konsterniert, daß es sich als Reaktion dafür einsetzte, die Sowjetunion in den Völkerbund aufzunehmen. Der Zuwendung Frankreichs folgte ein offenes Werben um Freundschaft. Als Ergebnis wurde im Mai 1935 zwischen Frankreich und der Sowjetunion ein Militärabkommen geschlossen. Daß Rußland plötzlich als neuer Partner Frankreichs in die Vertragssysteme einbezogen wurde, bedeutete eine Verschiebung der Kräfteverhältnisse in Mitteleuropa, und zwar zu ungunsten Deutschlands.

Das französisch-russische Militärabkommen gab Berlin Anlaß zu einem Coup: Ausdehnung der Reichssouveränität auf sämtliche deutsche Gebiete. Hitler entschloß sich ohne Zögern, die bis dahin immer noch entmilitarisierte Zone des Rheingebietes wieder zu besetzen. Nachdem das Abkommen zwischen Paris und Moskau ratifiziert worden und damit völkerrechtlich verbindlich war, kündigte das Deutsche Reich am 7. März 1936 den Locarno-Vertrag aus dem Jahre 1925, in dem unter anderem die Entmilitarisierung des Rheinlandes vereinbart worden war. Am gleichen Tag wurde das Rheinland von der Wehrmacht besetzt. Im November 1936 wurde die Internationalisierung der deutschen Flüsse aufgehoben, also die Reichshoheit über die Wasserstraßen wiederhergestellt und damit die volle Reichssouveränität verwirklicht.

Mit der allgemeinen Wehrpflicht, mit dem deutsch-britischen Flottenabkommen und schließlich mit der Besetzung des Rheinlandes hatte die Regierung Hitler innerhalb von vier Jahren fundamentale Stücke aus dem Versailler Vertrag herausgebrochen. Am vierten Jahrestag seines Regierungsantritts, am 30. Januar 1937, legte er einen umfassenden Rechenschaftsbericht ab. Seine Außenpolitik rechtfertigte er mit der Entschlossenheit, das Unrecht von Versailles rückgängig zu machen. Dies sei gleichbedeutend mit der Wiederherstellung der staatlichen Gleichberechtigung Deutschlands. Dies habe er erreicht. Er hob hervor, daß von seinen Maßnahmen ausschließlich das Deutsche Reich betroffen worden sei. Kein anderer Staat und kein anderes Volk seien davon berührt oder gar dadurch geschädigt worden. Am Ende seines Rechenschaftsberichts erklärte Hitler in feierlicher Form die Unterschrift der deutschen Regierung von 1919 unter den Vertrag von Versailles als gelöscht, insbesondere unter den Art. 231, der Deutschland die ausschließliche Schuld am Ersten Weltkrieg aufgebürdet hatte.

Die größten Befürchtungen bei der Regierungsübernahme durch Hitler wurden bei den deutschen Juden geweckt. Noch heftiger waren die Reaktionen im Ausland. Schon im Februar kam es zu Übergriffen, Tätlichkeiten und auch blutigem Terror durch vereinzelte Gruppen der SA. Ebenso drohte sich die Pressehetze in den parteieigenen Blättern allmählich zu überschlagen. Hitler wandte sich aus leicht ersichtlichen Gründen scharf gegen alle Übergriffe. Die Polizei wurde angewiesen, jeden Willkürakt zu unterbinden. Über die antisemitische Einstellung der neuen Reichsregierung gab es nichts zu rätseln. Der ausländischen Presse genügte diese Tatsache, um hellhörig genug schon im Februar und März 1933 eine Entwicklung vorwegzunehmen, die zwar noch nicht eingesetzt hatte, aber Gelegenheit dazu bot, Deutschland hemmungslos anzuprangern. Der »Völkische Beobachter« und die anderen NS-Blätter blieben nichts schuldig.

Als sich schließlich in der ausländischen Presse die Meldungen über Pogrome häuften, erklärte Göring in seiner Eigenschaft als kommissarischer Innenminister in Preußen am 24. März 1933 vor der ausländischen Presse, daß die Gerüchte über Pogrome in Deutschland ohne jede Grundlage seien. Frederick M. Sackett, der US-Botschafter in Berlin, teilte seiner Regierung am 27. März mit, daß die »während des Umschwungs kurze Zeit vorgekommenen Ausschreitungen nunmehr als so gut wie beendet betrachtet werden könnten. Die deutsche Regierung habe diese Vorgänge mit ernster Sorge verfolgt und energische Gegenmaßnahmen ergriffen«.

Die beste Wirkung aber zeigte ein Artikel, der am 30. März 1933 in der »Centralsvereinszeitung«, der »Allgemeinen Zeitung des Judentums«, erschien. Unter dem Titel »Wir 565 000 deutsche Juden legen feierliche Verwahrung ein« hieß es unter anderem: »Eine zügellose Greuelpropaganda gegen Deutschland tobt in der Welt. Durch jedes Wort, das gegen unser Vaterland gesprochen und geschrieben wird, durch jeden Boykottaufruf, der gegen Deutschland verbreitet wird, sind wir deutschen Juden genauso tief getroffen wie jeder andere Deutsche. Nicht aus Zwang, nicht aus Furcht, sondern weil gewisse ausländische Kreise die Ehre des deutschen Namens lästern, das Land unserer Väter und das Land unserer Kinder schädigen, sind wir ohne Verzug dagegen aufgestanden. Vor dem Inland und dem Ausland haben wir die Lügenmeldungen über Deutschland und die neue Regierung gebrandmarkt.«

Danach aber wurde in dem Artikel »feierliche Verwahrung« gegen alle Vorwürfe eingelegt, die in Deutschland selbst gegen die deutschen Juden erhoben wurden: »Die deutschen Juden haben niemanden in Deutschland und in der Welt mittelbar oder unmittelbar zu schändlichen Verleumdungen oder gar zu irgendeiner Handlung gegen Deutschland veranlaßt.« Daß aber die Zukunft gleichwohl düster aussah, wurde am Ende ohne Illusionen ausgesprochen: »Mit Würde und mit Mut werden wir die mitleidlosen Maßnahmen Deutscher gegen Deutsche auf eigener Heimaterde zu ertragen wissen.«

Zwei Tage später kam es zu einem Boykott jüdischer Geschäfte im ganzen Reich. Treibend waren Goebbels und Julius Streicher, die widerlichste Figur des Nationalsozialismus. Weit schwerwiegender war das »Gesetz zur Wiederherstellung des Berufsbeamtentums vom 7. April 1933«. Aufgrund des Paragraphen 3 – des sogenannten Arierparagraphen – wurden »Beamte, die nichtarischer Abstammung sind«, in den Ruhestand versetzt. Einen gleichlautenden Paragraphen enthielt auch das »Gesetz über die Zulassung zur Rechtsanwaltschaft«. Goebbels sorgte dafür, daß auf kürzestem Wege auch im gesamten kulturellen Leben, in der Literatur und der Presse, dem Theater und Film, dem Musikleben und Rundfunk die Juden entlassen wurden. Die beispiellose Diskriminierung der Juden gipfelte in den »Nürnberger Gesetzen« vom 15. September 1935. Den Juden wurden sämtliche Rechte der Reichsbürger und Gemeindebürger abgesprochen. Sie wurden damit aus dem deutschen Volk ausgestoßen.

Kirchenkampf

Nicht allein mit der rücksichtslosen Ausschaltung aller politischen Gegner, mit dem radikalen Umbau des Staates von der parlamentarischen Demokratie zum autoritären Führerstaat, mit der Errichtung von Konzentrationslagern für alle, die faktisch oder vermeintlich gegen den Nationalsozialismus waren, – nicht allein mit diesen Maßnahmen verbindet sich alles, was Deutschland seitdem als »Trauma des Dritten Reiches« zu ertragen hat. Entscheidend war vielmehr die Entrechtung der Juden, ein Prozeß, der sich schließlich bis zur systematischen Ermordung steigerte. Für dieses Trauma war keineswegs allein der Rassenantisemitismus der Nationalsozialisten verantwortlich. Vielmehr gehörte zu den ungeheuerlichen Belastungen, die mit dem Dritten Reich zusammenhängen, auch das Verhalten der Kirchen. Nach Abschluß des Konkordats zwischen dem Deutschen Reich und dem Vatikan am 30. Juli 1933 beschränkte sich die katholische Kirche auf eine Distanz, bei der die Zustimmung gegenüber der Mißstimmung dominierte und die im großen und ganzen nur von vereinzelten Protestaktionen mutiger Priester durchbrochen wurde. Beispielhaft dafür war der Bischof von Münster, Clemens Graf von Galen.

Von einem tatsächlich aktiven Widerstand der Kirchen kann jedoch keine Rede sein. Ihre Sympathie für den Nationalsozialismus war nicht nur 1933 offenkundig. Niemand hatte den Bischöflichen Stuhl von Passau dazu gezwungen, in seinem Bistumsblatt am 20. April 1941 zu Hitlers Geburtstag auf der ersten Seite einen Artikel zu veröffentlichen, in dem es unter anderem hieß: »Als der Führer die Macht übernahm, war unser Vaterland ohnmächtig, der Willkür übermütiger Feinde ausgeliefert, verelendet und von innerem Zwist zerrissen und zerquält. Heute steht das Großdeutsche Reich als herrliche Heimat aller Deutschen, als führende Nation Europas fest und stark im Strom des Zeitgeschehens. Keine Epoche der deutschen Geschichte kennt, auf so kurze Zeit zusammengedrängt, größere Leistungen und stolzere Erfolge. Das alles ist in erster Linie des Führers Werk.« Abschließend faßt das »Passauer Bistumsblatt« seine Geburtstagswünsche zusammen »in einem Gebet, das wir vor Gottes Thron tragen: In Deiner Hand, o Gott, liegt die Herrschaft über alle Reiche und Völker der Erde. Segne unser deutsches Volk und senke uns tief ins Herz die Liebe zu unserem Vaterland. Segne besonders unseren Führer und Obersten Befehlshaber in allen Aufgaben, die ihm gestellt sind! Laß uns alle unter seiner Führung in der Hingabe an Volk und Vaterland eine heilige Aufgaben sehen, damit wir durch Glauben, Gehorsam und Treue die ewige Heimat erlangen im Reich Deines Lichtes und Deines ewigen Friedens! Amen.« Noch offenkundiger war, wie eine Flut von Dokumenten beweist, der evangelischen Kirche die Bitte aus den gläubigen Herzen gesprochen: »Gott segne den Führer!«

Vor diesem Hintergrund verdienen die aufwendigen Bemühungen der offiziösen Zeitgeschichtsforschung, die Basis des Kirchenkampfes gegen den Nationalsozialismus immer mehr zu verbreitern, unsere aufmerksame Nachsicht.

Das Ende des Ersten Weltkrieges hatte auch den Zusammenbruch der Habsburger Monarchie bedeutet. Kaiser Karl I. trat am 11. November 1918 zurück. Die »Provisorische Nationalversammlung« in Wien, die am 21. Oktober zusammengetreten war, nahm schon am nächsten Tag einstimmig ein Gesetz über die neue Staats- und Regierungsform an. In seinem Artikel 2 wurde festgestellt: »Deutsch-Österreich ist ein Bestandteil der Deutschen Republik.« Damit war ein Schlußpunkt gesetzt unter die Aussperrung der Deutschen Österreichs aus dem Deutschen Reich, das am 18. Januar 1871 im Spiegelsaal von Versailles proklamiert worden war. Sämtliche Abgeordnete in Wien erhoben sich von den Plätzen, als Staatskanzler Karl Renner, der führende Sozialdemokrat und Austromarxist, verkündete, daß es »gerade in dieser Stunde, wo es so leicht und so bequem und vielleicht auch so verführerisch wäre, seine Rechnung abgesondert zu stellen«, für Österreich nur den »Weg der eigenen deutschen Schicksalsgemeinschaft« geben könne. So selbstverständlich den Deutschen Österreichs die Vereinigung mit Deutschland erschien, so sehr verband sich damit für die Sozialdemokratische Arbeiterpartei eine Grundsatzfrage. Sie betrachtete die Vereinigung Österreichs und Deutschlands als den notwendigen Abschluß und die Vollendung der Revolution von 1918.

Am darauffolgenden Tag gaben auch die Sudetendeutschen, die deutschen Bewohner in Böhmen, Mähren und Österreichisch-Schlesien bekannt, daß sie sich und ihre Wohngebiete künftig als Teil des Deutschen Reiches betrachteten. Am 22. November 1918 wurde dann in Wien ein Gesetz über den Umfang, die Grenzen und die Beziehungen des neuen Gebildes verkündet. Das Territorium erstreckte sich, auf der Grundlage des Selbstbestimmungsrechtes, über »das geschlossene Siedlungsgebiet der Deutschen innerhalb der bisher im Reichsrat vertretenen Königreiche und Länder«; es wurde als Teil des Deutschen Reiches bezeichnet. Es handelte sich um die Alpenländer, einschließlich Südtirols, um Österreich selbst und um das Sudetenland.

Im Vertrag von St. Germain en Laye am 10. September 1919 wurde Österreich in Art.188 der Anschluß an das Deutsche Reich kategorisch verboten. Das entsprach demselben Verbot in Art. 80 des Versailler Vertrages mit dem Deutschen Reich. Über die Sudetendeutschen wurde ohne Konsultation entschieden. Am 4. März 1919 hatten Abertausende auf friedlichen Kundgebungen in Dörfern und Städten ihr Recht auf Selbstbestimmung gefordert. Tschechisches Militär schoß die Versammlungen zusammen, man zählte sechsundfünfzig Tote und ein Vielfaches an Verletzten.

Feierlich hatten die alliierten Sieger das Selbstbestimmungsrecht der Völker zur Grundlage der Neuordnung Europas erklärt. Die Deutschen in Österreich, in der neugegründeten Tschechoslowakei und in Südtirol lernten das Selbstbestimmungsrecht nur als gröblichste Verletzung, als eine Verneinung dieses Rechts kennen. Beide Staatsgebilde, sowohl Österreich als auch die Tschechoslowakei, trugen in der Zwischenkriegszeit das Brandzeichen, daß ihre Staaten nicht auf dem Fundament des Selbstbestimmungsrechts errichtet waren, sondern aufgrund einer Vergewaltigung des Selbstbestimmungsrechts des deutschen Volkes.

Am 12. März 1938 rückte die deutsche Wehrmacht in Österreich ein. Ausgelöst wurde die Maßnahme durch den neuen Bundeskanzler Seyß-Inquart, dem Nachfolger Kurt von Schuschniggs. Er bat in Berlin um Entsendung von Truppen. Amtlich wurde der Einmarsch, der zur Vereinigung Österreichs mit Deutschland führte, mit der Absicht begründet, »jeder Bürgerkriegsgefahr zu begegnen«. Die deutschen Soldaten überquerten die Grenze mit Fahnen und Musik; sie führten keine Munition mit sich. Die Bevölkerung begrüßte sie frenetisch, Österreich wurde vom größten Freudentaumel dieses Jahrhunderts erfaßt. Hitler traf am 14. März in Wien ein. Langsam fuhr er im offenen Auto durch die Straßen. Alle Kirchenglocken der Metropole läuteten. Als er auf den Balkon seines Hotels trat, schlug ihm von den Hunderttausenden auf dem Schwarzenbergplatz ein Orkan der Begeisterung entgegen.

Am 10. April 1938 fand die Volksbefragung über den Anschluß statt. Der Episkopat Österreichs erließ eine Erklärung: »Am Tage der Volksabstimmung ist es für uns Bischöfe selbstverständliche Pflicht, uns als Deutsche zum Deutschen Reich zu bekennen.« Man mag die Korrektheit der Volksabstimmungen im Deutschen Reich unter Hitler mit Fragezeichen versehen. Für den 10. April 1938 gelten keine Vorbehalte, auch wenn man die 99,73 Prozent Ja-Stimmen für unglaublich halten sollte.

Selbst Karl Renner, der nach dem Zweiten Weltkrieg 1945 zum ersten Bundespräsidenten der neugegründeten Republik Österreich gewählt wurde, hatte am 3. April 1938 erklärt: »Ich habe als erster Kanzler Deutsch-Österreichs am 12. November 1918 in der Nationalversammlung den Antrag gestellt und zur nahezu einstimmigen Annahme gebracht: Deutsch-Österreich ist ein Bestandteil der deutschen Republik. – Österreich gab am 12. November 1918 die würdige Antwort, indem es den Anschluß verkündete. Nun ist diese zwanzigjährige Irrfahrt des österreichischen Volkes beendigt, es kehrt geschlossen zum Ausgangspunkt, zu seiner feierlichen Willenserklärung vom 12. November zurück. Das traurige Zwischenspiel des halben Jahrhunderts 1866-1918 geht hiermit in unserer tausendjährigen gemeinsamen Geschichte unter. Als Sozialdemokrat und somit als Verfechter des Selbstbestimmungsrechts der Nationen, als erster Kanzler der Republik Deutsch-Österreich und als gewesener Präsident ihrer Friedensdelegation in St. Germain werde ich mit Ja stimmen.«

Die Vorbereitung des Anschlusses im Februar/März 1938 lag in den Händen Hermann Görings. Im Nürnberger Prozeß der Siegeralliierten wurde er deshalb von der Anklage bezichtigt, einen Angriffskrieg gegen Österreich geplant und durchgeführt zu haben. Göring lächelte ironisch, schüttelte den Kopf: »Einen Angriffskrieg führt man, wenn man schießt, Bomben wirft. Hier aber wurde nur eins geworfen, und das waren Blumen.« Auch die Sudetendeutschen warfen wenige Monate später Blumen, auch sie weinten wie die Österreicher vor Freude, Glück, Erleichterung, ja Erlösung. Im Jahre 1938 wurde die Tatsache annulliert, daß 1919 das Gewaltrecht der Sieger über das Selbstbestimmungsrecht triumphierte, daß beide Staaten, Österreich und die Tschechoslowakei, ihre Existenz einer Vergewaltigung des Selbstbestimmungsrechtes verdankten.

Wer einem Volk dieses Recht vorenthält, verletzt sein elementares Grundrecht. Diejenigen, denen es verweigert wird, leiden höchst konkret, körperlich spürbar, darunter. Das galt 1919. Das gilt 1990. Das galt und gilt für die Österreicher und Sudetendeutschen, für die Litauer, Letten und Esten, für die Palästinenser und die Schwarzen in Südafrika. Das gilt auch für alle Deutschen, denen Deutschland mehr ist als nur ein Wort.

In München kamen am 29. September 1938 auf Anregung Benito Mussolinis die führenden Staatsmänner Englands, Frankreichs, Italiens und Deutschlands zusammen. Auf der Grundlage eines Berichts, den Lord Walter Runciman – Lordpräsident des Staatsrates in London – auf Bitten der englischen Regierung nach wochenlangen Recherchen in der Tschechoslowakei erstellt hatte, wurde das Sudetenland an das Deutsche Reich abgetreten. Lord Runciman hatte in seinem Memorandum erklärt, er habe während seines Aufenthalts, seiner Gespräche mit zahlreichen Politikern, seiner Reisen durch die Tschechoslowakei die Erkenntnis gewonnen, daß das Sudetenland an das Deutsche Reich zu übergeben sei, und zwar im Zuge einer »unmittelbaren und drastischen Durchführung. Für mich wurde es selbstverständlich, daß denjenigen Grenzbezirken zwischen der Tschechoslowakei und Deutschland, wo die Sudetenbevölkerung in überwiegender Mehrheit ist, sofort das volle Selbstbestimmungsrecht gegeben werden soll. Jegliche Art von Plebiszit oder Referendum würde im Hinblick auf diese überwiegend deutschen Bezirke eine reine Formalität sein.«

Die vier Mächte hatten damit, untereinander in voller Übereinstimmung, im September 1938 territoriale Bestimmungen des Versailler Vertrages auf dem Verhandlungsweg revidiert; diese Möglichkeit war in den Friedensregelungen auch vorgesehen. Das Richtmaß für diese Revision lieferte das Recht auf Selbstbestimmung. Wer das hartnäckige Beharren der Sudetendeutschen und aller anderen Vertriebenen auf diesem Recht als Revanchismus diffamiert, ist kaum des Mitleids wert, das jedem zerebral schwächer Bemittelten aus christlicher Fürsorge gebührt.

Die frisierte Geschichte

Das Dritte Reich: unerschöpflich anregend – Im Würgegriff der kollektiven Schuld – Auschwitz: Symbol und Wirklichkeit – Präzise Auskünfte mit Pferdefuß – Die Schuld am Zweiten Weltkrieg – Der »Überfall« – Die Bestrafung des Besiegten

Keine Epoche ist von unserer Wirklichkeit im letzten Dezennium des Jahrhunderts so weit entfernt wie das Dritte Reich. Und keine Epoche präsentiert sich trotzdem seit Jahr und Tag so aktuell entmutigend und bedrückend wie das Dritte Reich. Die Lebensrealität in West- und Mitteldeutschland hat im Alltag nicht das geringste zu tun mit jener des Dritten Reiches. Da steht uns im Zweifelsfall die Tageswirklichkeit der Weimarer Republik erheblich näher. Das Faktum der parlamentarischen Demokratie verbindet uns mit der Zeit zwischen 1919 und 1933 intensiv genug, um die Frage, wie es mit dem Boden unter ihren Füßen stand und steht, zweitrangig zu machen. Daß die Akzente in Weimar und nach 1949 aufgrund der unterschiedlichen historischen Lage und Ereignisse miteinander kaum etwas zu tun haben, ist von banaler Selbstverständlichkeit.

Das Gesamtphänomen des Nationalsozialismus entwickelte nach 1945 bei den Nachbarvölkern und im weiteren Ausland eine verblüffende Anziehungskraft. Das galt für seine Erscheinungsformen mit ihrem Ausgriff ins Gigantische, für den rauschhaften Organisationswillen und die Organisation des Rausches. Das galt für den bis dahin noch nie gesehenen Umfang seiner Massenaufmärsche, seiner Disziplinierung riesenhafter Kolonnen, den suggestiv erregenden Rhythmen der Marschmusik, seinen offenkundigen Willen zu altrömischen

Formen und Symbolen inmitten der Moderne. Das alles ließ mehr als einmal auch unbeteiligte und ansonsten nachsichtig ironische Zeugen etwas von dem Glauben des Nationalsozialismus spüren. Auch die Weihehymnen und Chöre, die von den Jugendorganisationen des BDM und der HJ gesungen wurden, schienen eine Art magischen Kern des Lebens zu berühren. Von ihm bezog weitgehend das Dasein der jungen Nationalsozialisten den Sinn, und deshalb konnte die Person Hitlers auch so leicht in die mythisch überhöhte Gestalt des »Führers« verwandelt werden. Diesem Tatbestand gegenüber spielt es keine Rolle, ob man den Verwandlungsprozeß als Täuschung, Verführung, Manipulation oder mit anderen Vokabeln der Werbebranche kennzeichnet.

Das Dritte Reich: unerschöpflich anregend

Diese wie auch immer geartete und zu erklärende Realität des nationalsozialistischen Ausdruckswillens reizte nicht nur trotz, sondern zumeist gerade wegen der Begleiteffekte die Phantasie der zahllosen Betrachter bei uns wie im Ausland: der Begleiteffekte des unnachsichtigen Zwanges, des Terrors, der Brutalität der Gestapo, der Morde. Der unermeßliche Abscheu vor den Verbrechen wurde in fremdem Nacherleben, wurde literarisch, bildnerisch, in Spielfilmen und dann in zahllosen TV-Produktionen so extensiv ausgekostet, daß er bald den Rang einer künstlerischen Eigenständigkeit erhielt. Allen Beteuerungen zum Trotz, daß es allein darum gehe, aus sittlichen Gründen die Erinnerung an das Unmenschliche des Dritten Reiches wachzuhalten, wurden ganze Armeen von Schriftstellern und Regisseuren von der Grausamkeit der Verhöre, den Quälereien und Foltern zu vielfältigstem Schaffen angeregt. Es deckte über Jahrzehnte hinweg den unstillbaren Bedarf einer weltweiten Unterhaltungsindustrie und sicherte ihr höchste Profite.

Hebammen-Dienste leisteten dabei keineswegs in erster Linie moralisch-pädagogische Antriebe. Weit eher spiegelt sich darin in einer sozialpsychologisch durchaus begreiflichen Umkehrung das urbiblische Bedürfnis der Entlastung durch den Sündenbock, der am Versöhnungstag – beladen mit allen begangenen Sünden und Vergehen – in die Wüste getrieben wurde. Dieser letztlich nur theologisch zu erklärende Trend hält insbesondere in den Vereinigten Staaten, in England und vor allem in den Programmen des deutschen Fernsehens bis heute an.

Die Permanenz der Ineinssetzung aller und alles Deutschen mit dem Dritten Reich des satanisch Bösen läßt uns unterschwellig oder offen nichts anders sein als den zeitlosen »Nazi«. Auch dies gehört zu den unvergeßlichen Diensten der Zerknirschung, die uns unsere Befreier von 1945 und gegenwärtigen Freunde bis heute erweisen. Eine Aufschlüsselung des Anteils der TV-Sendungen, die sich auch heute noch mit dem Dritten Reich befassen, obgleich inzwischen ein Halbjahrhundert vergangen ist, stimmt nachdenklich. Die Statistik beweist, daß der »Antifaschismus« als Thema des öffentlichen Kulturbetriebes weit mehr ist als eine Vermarktungsfundgrube der Einfallslosen.

Soweit der durchgespielte Genuß des imaginierten Grauens nicht ausdrücklich alles Deutsche herabsetzen sollte, gehörte zu seiner fragwürdigsten Begleiterscheinung die Vermauerung des Nationalsozialismus und seiner Sockel. Er versteinerte dadurch zu einem Monument abgründiger Schandbarkeit, zusätzlich umgeben von grotesken Attitüden. Handgreiflich abstoßend tritt es ständig auf in der ätzend hochgespielten

Pathetik Hitlers, des Volkstribuns der Keller voll Bierdunst, der verrissenen Physiognomie des Massenredners, der sich selbst aufputscht zu jenen Höhepunkten, bei denen die faszinierten Interpreten und Spielleiter ebenso schaudernd wie lüstern angeregt das »Satanische« durch das Gesicht nach außen dringen sehen.

Mit dem wirklichen Hitler hat das nichts zu tun. Seine historische Bewertung und Abschätzung ist keine Frage von Sympathie oder Abneigung, ist auch nicht lediglich ein Problem moralischer Schuldsprüche. Wägt man die gewaltige Flut der Hitler-Literatur und -Filme ab, ist das Ergebnis nicht überraschend. Selbst die aus durchsichtigen Motiven hochgetriebene oder eigens geschaffene Widerwärtigkeit wird zu einem Zeugnis dafür, wie schwer es fällt, Hitlers Phänomenalität mit den gängigen Begriffen des geschichtlichen und psychologischen Arsenals beizukommen. Schon diese Tatsache allein dürfte noch geraume Zeit alle Versuche lohnen zu erklären, was den Nationalsozialismus und die autoritären Regimes in der ersten Hälfte des zwanzigsten Jahrhunderts hervorbrachte.

Die sogenannte »Auseinandersetzung« mit dem Nationalsozialismus, die bald durch die einmalig zeittypische Vokabel »Vergangenheitsbewältigung« ersetzt wurde, begann nach 1945 auf der Grundlage von begrenzten Textsammlungen und einer Auswertung, deren Absicht vorgegeben war. Wissenschaftlichkeit und wissenschaftliche Unanfechtbarkeit konnte diese Arbeit allenfalls wegen der systematischen Arbeitsweise geltend machen. Da andere Indizien fehlten, sollte man die Frage der möglichen und wirklichen Objektivität gar nicht erst aufwerfen. Die Bemühungen der amtlich sanktionierten Zeitgeschichtsforschung in Westdeutschland galten vordringlich dem Ziel, die abgrundtiefe Verwerflichkeit des Dritten Reiches zu dokumentieren.

Davon lebte die Autorität ihrer Veröffentlichungen. Daß es sich dabei nicht um Wissenschaft drehte, sondern um Gerichtsverhandlungen, verursachte den Zuständigen keine Gewissensnöte. Geborgen in ereignislos achtbaren Lebensverhältnissen nisteten sie staatlich dotiert, ausreichend möbliert, ansprechend genährt und kenntnisreich beglückt in der schauerlichsten Wunde des deutschen Volkes und hielten sie am Schwären. Soll man sich zu dem Fehlschluß völkerpsychologischen Unsinns hinreißen lassen und darauf schließen, es gehöre zu den Grundeigenschaften der Deutschen, in Situationen der Schwäche und Demütigung noch selbst die Schwächung und Demütigung zu steigern? Zeitgeschichtsforschung nach 1945 ließ nur die Verdammung gelten, nicht die Erklärung und schon gar nicht die Rechtfertigung.

So sind wir Deutschen seit 1945 nahezu in jeder Hinsicht festgeschmiedet an die Verbrechen des Dritten Reiches – an die tatsächlichen genauso wie an die angeblichen. Es gehört zu den Knebeln der »Vergangenheitsbewältigung«, daß es uns sogar heute, in den neunziger Jahren, verwehrt ist, Anklagen, Vorwürfe, Unterstellungen auf ihren Wahrheitsgehalt hin zu untersuchen. Jeder Ansatz dazu kann durch den plumpen Vorwurf einer »Verharmlosung« des Dritten Reiches oder noch umfassender durch die – mit einschlägigen Ergänzungen des Strafrechts gestützte – Behauptung, hier seien »neonazistische« Triebkräfte am Werk, umgehend abgewürgt werden. Was im Zweifelsfall auch schon für diese Feststellung gilt.

Die Stichworte des dazugehörigen Komplexes heißen »Kollektivschuld« und »Auschwitz«. Es sind Schlüsselbegriffe für unsere politische Unmündigkeit und ebenso für die Zerstörung des Selbstbewußtseins der Deutschen über Generationen hinweg. Sie erwiesen sich als Allzweckmittel. Bei ihrem Einsatz wurden die Siegermächte kräftig unterstützt von einer gewaltigen Zahl Deutscher. Es handelte sich allerdings dabei nicht um diejenigen Menschen, die es bis ins Innerste traf, als sie von den Verbrechen erfuhren, die während des Krieges begangen worden waren. Das Entsetzen und die Scham darüber lösten eine Fassungslosigkeit aus, die kaum ins Wort zu bringen war. Am wenigsten aber ging sie ein in jene öffentlichen Bekenntnisse, die seit 1945 für zahlreiche Gruppen buchstäblich zum täglichen Brot der öffentlichen Selbsterniedrigung wurden. Unter den verschiedenen Reaktionen darauf dominierte der Fatalismus. Denn damals wußten die Deutschen: Die Intensität der öffentlichen Schuldbekenntnisse derjenigen, die im Namen des deutschen Volkes gegen dasselbe Volk Anklage erhoben, stand allzu häufig in direktem Verhältnis zu ihrem beflissenen Engagement im Dritten Reich.

Im Würgegriff der kollektiven Schuld

Wer zwischen wirklicher und gespielter Reue zu unterscheiden versucht, bemüht sich um etwas Undurchführbares. Takt und Anstand verbieten, der gespielten Reue zu mißtrauen, solange sich die Mimikry nicht nachweisen läßt; auch wenn die Reste unserer feineren Instinkte häufig anderes nahelegen. Der Schluß freilich von der Empfindung und Überzeugung einzelner, daß sie sich auch verantwortlich fühlten für unmoralische oder kriminelle Handlungen, die nicht von ihnen, sondern von anderen Deutschen begangen wurden, – der Schluß von dieser Tatsache darauf, daß damit nicht nur sie selbst, sondern alle Deutschen schuldig wurden, ist unzulässig und niederträchtig. Exakt dies drückt der Begriff »Kollektivschuld« aus.

Kollektivschuld ist eine religiöse Kategorie. Sie stammt aus dem Alten Testament. Ihr magisch-theologischer Gehalt reicht über die persönliche Schuld eines Einzelnen weit hinaus. Innerhalb des alttestamentlichen Verhältnisses des Menschen zu Gott betrifft die kollektive Schuld auch denjenigen Menschen, der nichts begangen hat. Sie betrifft ihn deshalb, weil er zum Volk gehört. Die Übertragung der religiösen Kollektivschuld auf den politisch-staatlichen Bereich mag theologisch gerechtfertigt erscheinen, zumal denjenigen evangelischen Sprechern, die ihn nach 1945 so virtuos handhabten.

Konjunktur hatte er seltsamer Weise nur in den Quarantäne-Bezirken des besiegten Volkes, also dort, wo das Schweigen verordnet wurde, wo der kollektiv Angeklagte und ohne Verfahren schuldig Gesprochene zu Recht keine Möglichkeit erhielt, etwas zur Erklärung zu sagen. Zu Recht deshalb, weil jedes Wort, das er hätte zur Verteidigung sagen können, ein offenkundiges Zeichen für die Tatsache seiner Verstockung und jener Kollektivschuld war, deren man ihn bezichtigte.

Die Frage nach der Schuld an der Entstehung eines Krieges, verbunden mit der verordneten Sühne des Schuldiggesprochenen, stammt in ihrer Form aus dem Ersten Weltkrieg. Bei seinem Ausbruch 1914 existierten keine geltenden Rechtsnormen, anhand derer ein Entschluß zum Krieg oder die Verantwortlichkeit von Staatsmännern für einen Krieg als völkerrechtliches Vergehen festgelegt gewesen wäre. Obwohl deshalb rückwirkend eine solche Schuld nicht begründet werden konnte, wurde sie gleichwohl von den Siegern den Verlierern aufgebürdet, und zwar allein kraft ihres Sieges. Spätestens seit dem Versailler Vertrag muß kriegführenden Mächten im zwanzigsten Jahrhundert bewußt sein, daß Sieg oder Niederlage darüber entscheiden, wen die Schuld an einem Krieg trifft, – unbeschadet der Tatsache, daß auch bei Kriegsbeginn 1939 der Krieg als politisches Mittel noch nicht geächtet war, unbeschadet auch der Tatsache, daß die Feststellung der »Kriegsschuld« kein Problem der wissenschaftlichen Klarstellung der historischen Forschung, sondern nichts weiter als eine Form des Dekrets der Sieger ist. Einen Krieg zu führen, mag generell als verwerflich eingeschätzt werden. Die Führung eines Krieges wird aber erst dann zu einem der schändlichsten Verbrechen, wenn er verloren wurde.

Die Kategorie der Kriegsschuld war in der Fassung, die sie im und nach dem Ersten Weltkrieg erhielt, etwas Neues. Sie disqualifizierte den unterlegenen Gegner sittlich-moralisch, und zwar ohne Einschränkungen. Er wurde in einen Verbrecher verwandelt. Das bezog sich nicht nur auf die kriegführende Regierung, sondern auf das ganze Volk des Gegners. Nichts zeigt so scharf die Ablösung des alten klassischen Kabinettskrieges durch den umfassenden Volkskrieg. Im Zweiten Weltkrieg setzte sich dafür die Vokabel »totaler Krieg« durch. Die Kriegsschuld erweiterte sich zur Kollektivschuld. Die Sieger standen auf der Seite des Guten, mit ihnen waren die Heerscharen der Engel. Sie führten eine Kreuzzug gegen das Böse. Die Konsequenzen dieser Verschiebung sind folgenschwer. Bis zum Epochenbruch des Versailler Vertrages blieb über die Dauer des Krieges hinweg für die verfeindeten Partner ein Mindestmaß an unantastbaren Normen erhalten. Das garantierte den Fortbestand einer gemeinsamen Grundlage. Auf diesem Fundament beruhten dann auch die Verhandlungen über den Frieden, der nach Beendigung des Krieges abzuschließen war und mit dem sich Sieger und Unterlegener neu arrangierten. So war die unverzügliche Rückkehr zu einer Friedensordnung möglich, die alle beteiligten Staaten umfaßte, und zwar ohne prinzipielle Minderung der Souveränität, der völkerrechtlichen genauso wie der moralischen.

Der Erhalt einer Ordnung jenseits des Krieges, die sowohl

Sieger wie Verlierer umfaßte, war die grundlegende Voraussetzung der Friedensverträge. Für den Sieger bestand das Plus des gewonnenen Krieges darin, daß er größere Sicherheit gewann, daß seine Einbußen, die durch den Krieg entstanden waren, weitgehend ausgeglichen wurden und sich seine Möglichkeiten der Selbstentfaltung vergrößerten. Der Verlierer wurde zwar zur Kasse gebeten, behielt aber stets einen ausreichenden Boden für seine staatliche Restitution und Regeneration. Das galt selbst für den so ausnehmend harten Friedensschluß von Tilsit 1807 zwischen Frankreich und Preußen. Seit die Ägide des neuzeitlichen Völkerrechts angebrochen war, bestand das Wesen des Friedensvertrages, soweit es den militärisch Unterlegenen betraf, vor allem in der Unantastbarkeit seines Rechtes auf staatliche Existenz und Souveränität.

Den früheren Kriegen fehlten schließlich auch die modernen Vernichtungsabsichten, die dazu führten, daß die Sieger den Krieg im Kleid des Friedens, also außerhalb des Militärischen, weiterführten. Vor diesem Hintergrund waren die Versailler Regelungen, die Deutschland betrafen, und ebenso die Abmachungen von St. Germain en Laye und Trianon, denen Österreich und Ungarn zustimmen mußten, keine Friedensverträge, sondern Siegerdekrete. Immerhin wurde nach dem Ersten Weltkrieg noch eine gewisse Form gewahrt. Nach dem Zweiten Weltkrieg war dies bei dem Hauptbeschuldigten Deutschland nicht mehr der Fall. Die staatliche Existenz des Reiches wurde territorial vernichtet, dem Völkerrechtssubjekt »Deutsches Reich« die Handlungsfähigkeit genommen und ein Friedensvertrag mit Deutschland bis heute nicht abgeschlossen. Daß dies auch nicht beabsichtigt war, stand für die Alliierten schon während des Krieges fest. Präsident Roosevelt sprach es aus: »Einen Friedensschluß wird es nicht geben, sondern nur einen Erlaß der Großen Vier.«

Die beispiellose Entrechtung und systematische Ermordung der Juden während des Krieges durch die deutsche Führung ist eine Tatsache. Doch diese schlichte Feststellung ist für die Notwendigkeit, den Tatbestand selbst exakt zu klären, unzureichend. Ihr Aussagegehalt reicht nicht weiter als etwa die Feststellung, daß es im Jahre 1939 zu einem Krieg zwischen Deutschland und Polen kam.

Nun gibt es aus der Geschichte des Dritten Reiches keinen Fragenkomplex, der sich einer genauen Erforschung durch deutsche Historiker so heillos entzieht wie das grauenhafte Schicksal der Juden während des Krieges. Das Bonner Grundgesetz garantiert zwar die Freiheit von Forschung und Wissenschaft. Eine Reihe von einschlägigen Urteilen und Verurteilungen empfiehlt jedoch, sich weder dem Risiko auszusetzen, durch eine entsprechende Themenwahl die Freiheit jener Grundrechte einer Probe aufs Exempel zu unterziehen, noch sich dem nicht minder großen Risiko auszusetzen, auch nur andeutungsweise gegen das 21. Strafrechts-Änderungs-Gesetz vom 13. Juni 1985 zu verstoßen und eine Anklage wegen Beleidigung zu provozieren.

Das bedeutet die Tabuierung gerade jenes Fragenkomplexes der Zeitgeschichtsforschung, der wie kein anderer im Zusammenhang mit der insgeheim nach wie vor aufrecht erhaltenen These von der Kollektivschuld das deutsche Volk belastet wie kein anderes Ereignis. Gerade deshalb müßte ihm aber die größte Aufmerksamkeit gewidmet werden. Es ist das wichtigste deutsche Thema dieses Jahrhunderts, soweit es unser historisches Selbstverständnis betrifft. Sollte bei seiner Ummauerung die Überlegung eine Rolle gespielt haben, daß die Ergebnisse einer sachlichen Erforschung möglicherweise die theologische Verankerung unserer kollektiven Verschuldung beeinträchtigen könnten?

Das Stigma des deutschen Volkes heißt »Auschwitz«. Zur Zeit spricht nichts dafür, daß es zutunlich sei, in eigener Sache die Konzentrationslager des Dritten Reiches zu einem Sujet der Untersuchung zu machen. Es bleibt aber auch eine Tatsache, daß Geschichtsschreibung nicht zu einem Dienstleistungsunternehmen zwecks Verbreitung größtmöglichen Wohlbehagens oder anderer Gefühle degradiert werden darf. Deshalb lassen sich präzise Fragen nicht durch die gängigen Bekundungen des Abscheues oder moralische Verdikte beantworten. Nichts zu ändern ist bis heute an der Feststellung, die schon vor einem Jahrzehnt im Zusammenhang mit wissentlich falschen Behauptungen in der Literatur getroffen wurde: »Man beutete eines der grauenhaftesten Geschehnisse der Moderne durch bewußte Irreführungen, Täuschungen, Übertreibungen für den Zweck der totalen Disqualifikation eines Volkes aus.«

Diese Feststellung löste bei einer wortführenden Gruppe der im Dienst der Umerziehung arbeitenden Zeithistoriker und Publizisten um so hellere Empörung aus, je besser sie wußten, daß der beschriebene Sachverhalt zutraf. Ebensowenig war zu bestreiten, daß im Zusammenhang mit den Bezeichnungen »Gesamtlösung« oder »Endlösung« die Ereignisse, die sich in den Jahren seit 1941/42 abgespielt hatten, »trotz aller Literatur in zentralen Fragen noch immer ungeklärt« sind. Ungeklärt sind etwa die vielen Fragen, die sich einerseits mit Auschwitz als einem riesigen Betrieb der Rüstungsindustrie, speziell der Kohlehydrierung und der Produktion von Kunstkautschuk, und andererseits mit Auschwitz als einem Vernichtungslager stellen. Dasselbe gilt für die gegenläufigen Ziele und Kompetenzen der SS-Führung wie dem Reichssicherheits-Hauptamt und dem Wirtschaftsverwaltungs-Hauptamt.

Die ethische Dimension der verbrecherischen Diskriminierung der Juden macht es noch immer für einen Deutschen nahezu unmöglich, den Sachgehalt der Ereignisse unbetroffen nüchtern zu behandeln. Die Beweggründe, die Verantwortlichkeiten, die Formen des Mordens lassen sich mit der wissenschaftlichen Objektivität kaum in Deckung bringen. Sowohl von innen her, als auch von außen aufgrund anderer Interessen befindet sich alles, was mit »Auschwitz« zusammenhängt, unter einer weitestgehend juristisch gefestigten Abschirmung.

Unbestritten aber bleibt es, um wenigstens ein oder zwei der brennenden Fragen deutlich zu machen, warum die westlichen Alliierten im Jahre 1943 den deutschen Vorschlag ablehnten, 70 000 Juden aus Bulgarien freizugeben. Wir wissen nur, daß bei der Konferenz zwischen Roosevelt, Churchill und Eden in Washington der britische Außenminister zu bedenken gab: »Das europäische Judenproblem ist sehr schwierig, und wir sollten mit einer Offerte, die bulgarischen Juden aufzunehmen, sehr vorsichtig sein.« Eden befürchtete nämlich, daß als Folge einer positiven Entscheidung Hitler zusätzlich vorschlagen würde, auch polnische und deutsche Juden aufzunehmen, und dies könne dann, wie Eden unterstrich, nach einem Präzedens wie den bulgarischen Juden nicht mehr abgelehnt werden.

Ungeklärt sind auch die Hintergründe eines Projekts der SS-Führung im Jahre 1944. Es handelte sich um den Tausch von »einer Million Juden gegen Lastwagen«. Ungeklärt sind die Umstände, die zu der Frage Lord Moyne's, des stellvertretenden britischen Staatsministers im Nahen Osten gehörten: »Was soll ich mit einer Million Juden tun?«. Ungeklärt ist die Frage, warum der damalige stellvertretende Außenminister der Sowjetunion, Andrej Wyschinskij, in einer Geheimmitteilung das Veto Moskaus gegen alle weiteren Verhandlungen der USA über dieses Projekt einlegte. Ungeklärt ist der Umstand, warum »Auschwitz« in den Nürnberger Prozessen keine zentrale Rolle spielte und warum das Lager von den Russen viele Jahre gesperrt blieb. Ungeklärt ist auch die Frage, warum die westlichen Alliierten, trotz genauer Luftaufklärung, nicht die Transportwege nach Auschwitz bombardiert haben.

Solche Fragen, und dazu eine Fülle ähnlich dringlicher, werden solange ungeklärt bleiben, solange die einschlägigen Akten und beschlagnahmten Dokumente, die insbesondere von Frankreich, Polen und der Sowjetunion nicht freigegeben sind, unzugänglich bleiben. Prüfung von Quellen zum Zweck zuverlässiger Information hat nichts mit einer Relativierung des sittlichen Urteils zu tun. Auch nichts mit dem hinterhältigen Vorwurf, schon eine sachgerechte Schilderung der Entwicklung des Dritten Reiches sei eine »Verharmlosung« des Nationalsozialismus.

Präzise Auskünfte mit Pferdefuß

Schließt die unbestreitbare und von keinem erstzunehmenden Menschen bestrittene Ungeheuerlichkeit der Verbrechen, die im Dritten Reich begangen wurden, eine sachliche Diskussion aller Umstände, die zu den Verbrechen gehören, aus? Schon daß man in Deutschland dazu gezwungen ist, überhaupt eine solche Frage zu stellen, charakterisiert den unerträglichen Zustand, in dem wir uns befinden. Kann und soll das unauslotbare Ausmaß des Verwerflichen der Judenverfolgung im Dritten Reich zu einer Grenze erklärt werden, die wir Deutschen, als Betroffene, nicht berühren dürfen, wenn es um seine weitestmögliche Klärung geht?

Nur der ungehinderte Griff zu den Quellen und die Möglichkeit, Ergebnisse der Quellenarbeit ohne Einschränkungen bekanntzumachen, kann ein Optimum an Gewißheit vermitteln. Unterschiedliche Darstellungen und Interpretationen der Ereignisse lassen sich nicht anders diskutieren und klären als mit Hilfe der Quellen und in einer Atmosphäre der Freiheit, vor allem der Freiheit von Nötigung. Der britische Historiker David Irving hat die deutschen Historiker als Feiglinge bezeichnet, weil sie es nicht wagen würden, in denjenigen Fragen, die wirklich brisant sind, Farbe zu bekennen. Irving hat leicht reden. Wäre er ein Deutscher der Bundesrepublik, dann hätte er schwerlich noch Gelegenheit, einen Artikel zu veröffentlichen, geschweige denn ein Buch.

An der Instrumentalisierung der im Dritten Reich begangenen Verbrechen zu Lasten der Deutschen ist nichts zu bezweifeln. Dieses Vehikels kann man sich bis zum Rand der Erpressung bedienen. Mit dem Argument »Auschwitz« läßt sich die Diskussion jeglicher Fragen, die uns elementar betreffen, umgehend abwürgen. Es handelt sich um einen Freibrief für mehr als seltsame Schlußfolgerungen, bei denen trotz ihrer Seltsamkeit, um nicht zu sagen Niedertracht, keine Entgegnung möglich erscheint, ohne sich schweren Verdächtigungen auszusetzen. So wenn sich der Schriftsteller Günter Grass im Februar 1990 voll sittlicher Empörung nur deshalb gegen die Einheit Deutschlands aussprach, weil der deutsche Einheitsstaat Bismarcks zu Auschwitz geführt habe. Woraus sich ergebe, daß die Einheit Deutschlands erneut ein Auschwitz zur Folge haben müsse. Mit dieser Moral lassen sich selbst die Grundkenntnisse eines Proseminars über Logik aus den Angeln heben.

Wie gut das Instrument der Nötigung funktioniert, zeigt auch die verschreckte Reserve, in die sich unsere Politiker und wir mit ihnen begeben, sobald Fragwürdigkeiten der Nahostpolitik zur Sprache kommen. Das deutsche Schuldbewußtsein, inzwischen institutionalisiert, ist ein probates Mittel, andere Interessen gegen unsere eigenen Interessen durchzusetzen. Es läßt sich im Inneren genauso gut einsetzen wie in der Außenpolitik. Dazu wäre nicht einmal der Freimut eines ehemaligen Botschafters Israels in Bonn nötig gewesen, der öffentlich erklärt hatte, die Deutschen wären verpflichtet, aufgrund ihrer Schuld *jede* Politik Israels zu unterstützen, ob sie nun rechtens sei oder nicht. Wie sehr wir Gefangene der Willfährigkeit sind, mit der wir die Hypostasierung unserer »Schuld« zugelassen haben, zeigt sich in der Unbekümmertheit, mit der jetzt unsere Nachbarn rund um die Windrose ihre Entschlossenheit kundtun, bei der deutschen Einigung mitzusprechen.

Die Schuldthese muß heute, da nach der Hinwendung zu unserer Geschichte auch der Weg zur Wiederherstellung Deutschlands nicht mehr zu blockieren ist, zwangsläufig neu aufgerollt werden. Wenn es entschieden sein dürfte, daß nur Einzelpersonen oder allenfalls Regierungen eine Schuld für kriminelle Handlungen zu tragen haben und nicht ganze Völker, dann soll auch nicht mit dem weit schwammigeren Begriff einer »kollektiven Verantwortung« oder »Haftung« in Gedenkreden oder bei Staatsbesuchen weiter an den Monumenten unserer Demütigung gebaut werden.

Während der vielen Jahre seit 1945 ist es uns fast schon selbstverständlich geworden, auch noch unsere Enkel mit der säkularisierten Erbsünde geschlagen zu sehen, daß sie keinem integeren Volk angehören. Diese Absurdität steckt selbst in der plattesten der Allerweltsbegründungen, mit der bei uns stereotyp jede politische Nachgiebigkeit und Minderung des Selbstbewußtseins gerechtfertigt wird: daß Deutschland den Zweiten Weltkrieg verursacht und verloren hätte.

Nichts spricht dafür, das Dritte Reich und Hitler, die nationalsozialistische Bewegung, ihre Ursprünge und Ziele, ihre Leistungen und ihre Verbrechen im Halbdunkel der Mystifikation des Schrecklichen zu belassen. Wir müssen, so schwierig und riskant dies auch noch immer sein mag, nicht zuletzt deshalb auf präzisen Informationen beharren, weil eine verzerrte Sicht des Dritten Reiches gleichbedeutend ist mit einem verzerrten Selbstverständnis. Wer die Weimarer Republik und das Gesicht des Dritten Reiches nur als Produkt der Maskenbildner und politischen Friseure kennt und sich damit zufrieden gibt, ist verantwortlich für die Zerstörung elementarer Grundsätze – gewollt oder unbeabsichtigt.

Die Schuld am Zweiten Weltkrieg

Die Musterbeispiele dafür sind um so bedeutsamer, als inzwischen schon allein die Diskussion des Pro und Kontra bestimmter Ereignisse gerichtsnotorisch werden kann. So etwa die Diskussion der Umstände, die zum Zweiten Weltkrieg führten. Vorab wurde durch einen unserer international anerkannten Politologen die Leitlinie festgelegt: »Wer die Alleinschuld Deutschlands für den Ausbruch des Zweiten Weltkrieges in Frage stellt, entzieht der Nachkriegspolitik der Bundesrepublik den Boden.« Die Alleinkriegsschuld Deutschlands fand sich schon in der Vier-Mächte-Erklärung der Sieger vom 5. Juni 1945, mit der sie die deutsche Staatsgewalt übernahmen; es hieß darin: »Deutschland, das für den Krieg verantwortlich ist, ist nicht mehr fähig, sich dem Willen der siegreichen Mächte zu widersetzen.«

Sämtliche Bundesregierungen waren vom Fundament des Bonner Grundgesetzes getragen und mußten ihre Politik daran ausrichten. Wer mithin dieser Politik »den Boden entzieht«, stellt die Verfassungsmäßigkeit der Bundesregierungen in Frage. Dies wiederum muß den Staatsanwalt und das Bundesverfassungsgericht auf den Plan rufen. Zweifel an der Alleinkriegsschuld Deutschlands sind verfassungsfeindlich. Die Logik ist schlüssig. Dementsprechend liegen bereits Urteile vor, mit denen Publikationen, die aufgrund einer Vielzahl von Dokumenten die Alleinschuld Deutschlands oder Hitlers in Frage stellten, indiziert wurden. Die Beschlüsse stützten sich nicht auf gegenteilige Dokumente oder Fachgutachten von Historikern. Es hieß lediglich: »Die Alleinschuld Hitlers sei offenkundig, und für die Offenkundigkeit dieser Tatsache bedürfe es keines Beweises.«

Historische Forschung muß bei uns politische Vorbedingungen erfüllen. Abgesehen von dem Verstoß gegen die grundsätzliche Trennung von Politik und Recht, degradiert sich eine Zeitgeschichtsforschung, die derartige Auflagen akzeptiert, zu einem Vollzugsgehilfen politischer Zielsetzungen. Es überrascht kaum noch, daß ein solches Institut die schon allein die Diskussion der Kriegsschuld-These als »unzulässiges neonazistisches Unterfangen« charakterisiert hat.

Für uns wird es endlich Zeit, die Behauptung, daß sich die Wahrheit aus den Waffen ergibt, nicht mehr hinzunehmen. In der Geschichtsforschung jedenfalls brauchen wir uns nicht dem Joch zu beugen, daß den Siegern andere Wahrheitskriterien zustehen als den Verlierern. Dafür sollte allein schon der Hinweis auf den Hitler-Stalin-Pakt 1939 genügen. Obwohl die Tatsache selbst seit fünfzig Jahren aller Welt bekannt war, konnte es sich die Sowjetregierung bis vor kurzem leisten, nachdrücklich die Existenz des geheimen Zusatzprotokolls über die Aufteilung der Ostgebiete zu bestreiten. Daß nicht nur Hitler, sondern auch Stalin in Polen einmarschiert ist und jenes Territorium annektiert hat, das Polen entgegen den Regelungen nach dem Ersten Weltkrieg dem durch den Bürgerkrieg geschwächten russischen Reich entriß, wird fast immer verschwiegen. Nicht anders sieht es mit der sowjetischen Besetzung des Baltikums aus. Vor diesem Hintergrund gewinnt die gegenwärtige Entwicklung von Litauen, Lettland, Estland ihr eigentliches Gewicht.

Um es nochmals so klar wie möglich zu sagen: Es geht darum, daß wir uns künftig keine Diskussion jener historischen Fragen, die mit dem Dritten Reich und dem Zweiten Weltkrieg zusammenhängen, verbieten lassen – selbst wenn man sich dabei so tückische Attribute wie »faschistoid« oder »neonazistisch« einhandelt. Das sollte man wegen der historischen Wahrheit in Kauf nehmen, zumal die Zeiten, da sich unsere Geschichtsschreibung kritiklos der westalliierten Sicht angebiedert hat, abgelaufen sind.

Diese Beflissenheit hatte schon vor Jahren den amerikanischen Historiker Harry Elmer Barnes von der Columbia University in New York den Kopf schütteln lassen: »Obwohl eindeutig auf dokumentarischer Grundlage bewiesen worden ist, daß Hitler nicht verantwortlicher – wenn überhaupt verantwortlich – für den Krieg von 1939 gewesen ist als der Kaiser es 1914 war, stützte man sich nach 1945 in Deutschland auf das Verdikt der deutschen Alleinschuld, das von der Wahrheit genauso weit entfernt liegt wie die Kriegsschuldklausel des Versailler Vertrages. – Das Kriegsschuldbewußtsein (nach 1945) stellt einen Fall von geradezu unbegreiflicher Selbstbezichtungssucht ohnegleichen in der Geschichte der Menschheit dar. Ich jedenfalls kenne kein anderes Beispiel in der Geschichte dafür, daß ein Volk diese nahezu wahnwitzige Sucht zeigt, die dunklen Schatten der Schuld auf sich zu nehmen an einem politischen Verbrechen, das es nicht beging – es sei denn jenes Verbrechen, sich selbst die Schuld am Zweiten Weltkrieg aufzubürden.«

Kein ernstzunehmender Historiker jenseits unserer Grenzen verschwendet noch viel Zeit, sich mit dieser politischen Zweckthese zu beschäftigen. Der französische Politologe Raymond Aaron zuckte schon in den fünfziger Jahren die Achseln: »Wenn man die beiden Weltkriege als Bestandteile eines einzigen und gleichen Ganzen betrachtet, so wird man sich nicht auf das ‹Ewige Deutschland› berufen dürfen, sondern auf die tragische Verkettung von Ursachen und Wirkungen. Alle Alleinschuldthesen, welche die deutsche Nation anklagen oder den Kapitalismus beschuldigen, sind kindisch.«

Das gilt auch für den Angriff auf Polen. Daß neben den Problemen Österreich und Tschechoslowakei auch die polnische Frage bereinigt werden müsse, darauf wurde Hitler schon 1937 von dem stellvertretenden britischen Außenminister und Lordsiegelbewahrer Viscount Halifax bei einem Besuch in Berchtesgaden aufmerksam gemacht. Nüchterne Politiker waren sich damals darüber einig, daß – wie Harry Elmer Barnes zusammenfaßte – »Hitlers Forderungen an Polen in den Jahren 1938-39 die am wenigsten drastischsten, ja die großzügigsten waren, die er im Rahmen seines Planes einer friedlichen Revision des ungerechten Versailler Vertrages seit 1933 gestellt hatte«. Barnes bezeichnet Hitlers Forderungen als »die angemessensten, die er während seiner ganzen Regierungszeit an irgendein Land richtete. Sie waren weit konzilianter, als Stresemann und die Weimarer Republik es je in Betracht gezogen hatten.« Ein Experte wie Stefan T. Possony, Direktor der »Hoover Institution on War, Revolution and Peace« an der kalifornischen Stanford University scheute sich nicht, in denselben Jahren kühl zu bemerken, daß »Kriegsschuld« als ein völkerrechtlich judiziabler Tatbestand überhaupt nicht existiert.

Nicht das Abwägen von Schuld oder Unschuld des einen oder der anderen ist der springende Punkt, sondern allein die Klärung von Tatbeständen und Ereignissen. Dies ist aber nur jenseits von Rechtfertigungen und Anklagen möglich. Nicht die moralische Frage hat den Historiker zu beschäftigen. Sie ist für die Darstellung des Sachverhalts ohne Belang. Auch Sympathie oder Abneigung darf der Geschichtsschreibung nicht die Feder führen. Diskussionen über Kriegs- oder Kollektivschuld, Auseinandersetzungen unter Historikern über die Einmaligkeit von Verbrechen oder über ihre mögliche Vergleichbarkeit stehen denjenigen zu, die den individuell-sittlichen Maßstab als Meßlatte auf ein ganzes Volk übertragen. Dergleichen fällt nicht in die Kompetenz des Geschichtsforschers. Wohl aber muß er das Recht haben, die Darstellung von Sachverhalten zu überprüfen. Er muß die Freiheit besitzen, sich mit den Fakten selbst zu beschäftigen.

Der »Überfall«

Zu den langlebigsten Legenden des Zweiten Weltkrieges gehört die Vorgeschichte des deutschen Angriffs auf die Sowjetunion am 22. Juni 1941. Von der Eroberung des »Lebensraums im Osten« für Deutschland über den ideologischen »Existenzkampf gegen den Bolschewismus« bis hin zu den Hitler unterstellten Welteroberungsplänen und der »Ausbreitung der germanischen Herrenrasse« wurde jedes Argument mobilisiert, um auch diesen Angriff in die Reihe der kriminellen Exzesse Hitlers und des Dritten Reiches einzuordnen. Die Literatur dazu ist kaum noch zu überblicken, noch weniger sind die Schlußfolgerungen aufzulisten, die aus diesem »Überfall« des hemmungslos aggressiven Deutschlands auf die friedliebende, ahnungslose und treu zu den Abmachungen des Hitler-Stalin-Paktes stehende Sowjetunion gezogen wurden. Schlußfolgerungen, die bis heute die allgemeine Meinung des russischen Volkes über die Deutschen prägen.

Stalin hatte alles Interesse daran, diese Version zu verbreiten und die in der Tat fürchterlichen Leiden Rußlands im Zweiten Weltkrieg ausschließlich den Deutschen aufzubürden. Damit wurden die russischen Entscheidungen in Jalta und Potsdam sowie die Behandlung Deutschlands in den Jahrzehnten nach 1945 bis in unsere neunziger Jahre gerechtfertigt. Die Begründungen Hitlers und der deutschen Führung für den Angriff auf Rußland wurden als Heuchelei abgetan. Hitler habe, so lassen sich die gängigen Darstellungen in den deutschen Schulbüchern und in fast allen anderen Büchern über das »Unternehmen Barbarossa« zusammenfassen, – Hitler habe schon in »Mein Kampf« den Angriff auf Rußland gedanklich vorbereitet. Endgültig sei der Plan während des Jahres 1940 gereift. Die Begründungen Hitlers, die er in seiner Rundfunkrede nach Beginn des Angriffs vortrug, seien Vorwände und Lügen gewesen. Die Behauptung, er hätte mit seinem Präventivschlag einem russischen Angriff zuvorkommen müssen, sei an den Haaren herbeigezogen gewesen.

Ob für den Präventivkrieg Hitlers allein die Gespräche mit dem sowjetischen Außenminister Molotow am 12. und 13. November 1940 in Berlin den Anstoß gaben, oder ob es die Geheimgespräche zwischen der Sowjetunion und den USA waren, von denen Hitler informiert wurde, oder ob die Meldungen über die Umrüstung der Roten Armee den Ausschlag gaben oder gegeben haben sollen: Sämtliche Überlegungen dieser Art treten in den Hintergrund gegenüber der Tatsache, daß sich Hitler nach dem Molotow-Besuch dazu entschloß, den Krieg gegen die Sowjetunion als unvermeidlich anzusehen und entsprechend vorzubereiten.

Die These von Hitlers Präventivkrieg schien lange Zeit mehr spekulativ-logische Argumente für sich zu haben als handfeste Beweise. Die Forschung ignorierte selbst Stalins Rede vor Offizieren der Moskauer Frunse-Akademie am 5. Mai 1941, deren Inhalt bis in einzelne Wendungen übereinstimmend von vier gefangenen sowjetischen Offizieren bestätigt wurde: »Der Plan des Krieges ist bei uns fertig. Flugplätze sind gebaut, Landeplätze und Flugzeuge der 1. Linie befinden sich schon dort. Alles zur Bereinigung der rückwärtigen Gebiete ist getan, alle fremden Elemente sind entfernt. Folgerung: Im Laufe der nächsten zwei Monate können wir den Kampf mit Deutschland beginnen. Es besteht ein Friedensvertrag mit Deutschland, aber das ist nur eine Täuschung oder eher ein Vorhang, hinter dem wir offen arbeiten können.«

Bei dem anschließenden Bankett im Georgs-Saal des Kreml erläuterte Stalin, was nunmehr unter »Friedenspolitik« zu verstehen sei: »Es ist Zeit zu verstehen, daß die Losung der Friedenspolitik des Sowjetstaates schon ihre Rolle ausgespielt hat. Das ist eine Defensivlosung, mit welcher es der Sowjetunion gelungen ist, ihre Grenzen im Norden und im Westen ein wenig vorzuschieben und eine Reihe von baltischen Ländern mit 30 Millionen Bevölkerung zu erhalten. Das ist auch alles. Damit ist es jetzt zu Ende.« Stalin schloß mit der Versicherung: »Es ist Zeit einzusehen, daß nur eine entscheidende Offensive, nicht aber eine Defensive zum Sieg führen kann.«

Auch der Versicherung hochrangiger Sowjetoffiziere, daß Stalin den Angriff auf das Deutsche Reich für den Sommer 1941, vermutlich für August/September, geplant habe, wurde von der Forschung kein Glauben geschenkt. Divisionskommandeur Oberst Wladimir Bojersky teilte dies, nachdem er im Frühjahr 1942 in Gefangenschaft geraten war, bei seiner Vernehmung mit. Bestätigt wurde seine Aussage durch Generalleutnant Andrej Wlassow, der 1942 im Wolchow-Kessel gefangen wurde.

Inzwischen ist die Frage des Präventivangriffs auf Rußland endgültig entschieden. Ein ehemaliger hochrangiger sowjetischer Geheimdienst-Offizier hat in den letzten Jahren in mehreren Veröffentlichungen unter dem Namen Viktor Suworow mit zahlreichen Dokumenten bestätigt, daß der Aufmarsch der Roten Armee um den 10. Juli 1941 abgeschlossen sein sollte, um den Angriff zu beginnen. Die sowjetischen Truppenbewegungen unterlagen der höchsten Geheimhaltungsstufe, die räumliche Verteilung der Strategischen Staffeln war eindeutig offensiv und keineswegs als Vorsorge wegen eines befürchteten Angriffs Hitlers gedacht. Mit den Worten des sowjetischen Generalmajors Andrej Sinowjewitsch Naumow, der ebenfalls in Gefangenschaft geraten war: »Der Gedanke, daß Deutschland von sich aus und schon so bald die Initiative ergreifen würde, sei offensichtlich keinem der militärischen und politischen Führer der Sowjetunion in den Kopf gekommen.« Als er von einem seiner Truppenführer telefonisch informiert wurde, daß seine Einheit von deutschen Soldaten beschossen würde, habe er ihn angefahren, »er wäre wohl nicht ganz nüchtern und sehe Gespenster«.

Das strategische Offensivkonzept Stalins erklärt auch zu einem Gutteil die verblüffenden Erfolge der deutschen Truppen im Sommer 1941. Sie mußten keine Verteidungsstellen durchbrechen, sondern sie durchstießen den sowjetischen Aufmarsch. Die Gliederung von Divisionen für eine Offensive unterscheidet sich in allen wesentlichen Punkten von derjenigen, die sich zur Abwehr eines gegnerischen Angriffs vorbereiten. Viktor Suworow weist auch darauf hin, daß die gigantischen Armeen, die an der russischen Westgrenze aufmarschiert waren, nur noch kurze Zeit verpflegt werden konnten.

Es war beabsichtigt, die Ernährung aus den eroberten Gebieten Polens und Rumäniens zu bestreiten. Neben den Bodentruppen hatte Stalin zwei Millionen Fallschirmjäger und Luftlandetruppen bereitgestellt.

Vier Jahrzehnte nach der Anklage in den Nürnberger Prozessen, daß Hitler und die führenden Persönlichkeiten des Dritten Reiches wiederholt Angriffskriege geplant hätten, lieferte der sowjetische Experte einen Kommentar, dem nichts hinzuzufügen ist. Der wie ein Felsbrocken auf Deutschlands gebeugtem Rücken lastende Imperativ: »Von deutschem Boden darf nie wieder ein Krieg ausgehen« muß ergänzt werden durch die ebenso kategorische Forderung, daß auch von russischem, französischem, britischem und amerikanischem Boden »nie wieder ein Krieg ausgehen« sollte.

Die Bestrafung des Besiegten

Die Ironie der Weltgeschichte fügte es, daß England und Frankreich ihrerseits einen Angriff auf die Sowjetunion beschlossen hatten, noch bevor Stalin dem Angriffskrieg gegen Deutschland den letzten Schliff der Planung gab. Am 16. Juni 1940, fünf Wochen nach Beginn des Frankreichfeldzuges fiel einer Vorausabteilung der 9. Panzerdivision in der Stadt La Charité an der Loire ein Spezialgüterwagen in die Hand. Er enthielt Aktenschränke aus Stahl, der Inhalt entpuppte sich als sensationell. Es handelte sich um Geheimpapiere, sie enthielten den sogenannten »Südplan«: den detailliert ausgearbeiteten Plan der alliierten Generalstabschefs, vom Nahen Osten aus mit Bomberstaffeln in rollendem Einsatz innerhalb kurzer Zeit die sowjetischen Erdölfelder im Kaukasus in ein Flammeninferno zu verwandeln. Anschließend sollten die französischen Truppen in Syrien in einer Stärke von 150 000 Mann das Unternehmen zu Lande abschließen. Die Operation war für Ende Juni/Anfang Juli vorgesehen. Wegen des Frankreichfeldzuges, der am 10. Mai 1940 begann, fand der englisch-französische Überfall auf die Sowjetunion nicht statt.

Unter dem Gesichtspunkt des Begriffs der »Kriegsschuld« und der Folgen, die in unserem Jahrhundert daraus abgeleitet wurden, bleibt nur ein einziger Schluß möglich: Das Verbrechen, einen Krieg zu beginnen, läßt sich nur dadurch überbieten, daß man ihn verliert. Hinweise der Besiegten auf die Schuld, die Vergehen, die Verbrechen derjenigen, denen sie unterlegen sind, gehen ins Leere: Hinweise auf die Massenmorde aus der Luft, Hinweise auf Dresden, Hiroshima oder Nagasaki, auf die grauenhaften Ereignisse im Osten Deutschlands 1944/45 und bei der Vertreibung. Sie stehen dem Verlierer als der nunmehr als kriminell disqualifizierten Partei nicht zu. Ja, sie wirken erschwerend, da sie als »Aufrechnen«, mithin als zusätzliche Zeugnisse der Verworfenheit des Unterlegenen gewertet werden. Wer des naiven Glaubens ist, daß die Gebote der Sittengesetze und die Prinzipien des Rechts unteilbar sind, verkennt die Bedingungen, die zu den Charakteristika der beiden Weltkriege gehören.

Der Sieger schreibt nicht nur die Geschichte, sondern diktiert auch die Verurteilung und sorgt für den Vollzug der Strafe. Die Kriegskonferenzen der Alliierten bereiteten die betreffenden Maßnahmen vor. Die Feinarbeit begann 1945. In Jalta wurde die Neuordnung des Erdballs beschlossen und der erste Gerichtsspruch über Deutschland und die Deutschen gefällt. Abgesehen von der Aufteilung der Interessensphären in Europa und dem Fernen Osten wurden auf der Krim-Konferenz vom 4. bis 12. 2. auch die Grundzüge für die Politik des besetzten und aufgeteilten Deutschlands festgelegt.

Nachdem im Text der Schlußerklärung darauf hingewiesen wurde, daß das deutsche Volk »den Preis seiner Niederlage« nur selbst erhöhen würde, falls es seinen hoffnungslosen Widerstand fortzusetzen versuche, erklärten Churchill, Roosevelt und Stalin: »Es ist unsere unbeugsame Absicht, den deutschen Militarismus und Nazismus zu zerstören und sicherzustellen, daß Deutschland niemals wieder imstande sein wird, den Frieden der Welt zu zerstören. Wir sind entschlossen, alle deutschen bewaffneten Kräfte zu entwaffnen und aufzulösen; für ewige Zeiten den deutschen Generalstab auseinanderzubrechen, welcher des öfteren die Wiederauferstehung des deutschen Militarismus betrieben hat; ... alle Nazi- und militaristischen Einflüsse von den öffentlichen Ämtern und vom kulturellen und wirtschaftlichen Leben des deutschen Volkes zu entfernen und in gemeinsamer Übereinstimmung andere Maßnahmen in Deutschland zu treffen, welche für den künftigen Frieden und die Sicherheit der Welt notwendig sein könnten. Es ist nicht unsere Absicht, das deutsche Volk zu zerstören, aber nur wenn der Nazismus und Militarismus ausgemerzt sein werden, wird es Hoffnung für ein anständiges Leben für die Deutschen und einen Platz für sie in der Gemeinschaft der Völker geben.«

Im letzten Satz dieses Dokuments erklärten die Unterzeichner, daß der Sieg in diesem Kriege samt der beschlossenen Organisation der Vereinten Nationen die größte Gelegenheit aller Zeiten sein würde, um in den kommenden Jahren die notwendigen Bedingungen für das höchste Ziel der Menschheit zu schaffen: einen sicheren und dauernden Frieden, in dem – wie es am 14. August 1941 in der Atlantik-Charta formuliert worden war – »alle Menschen in allen Ländern ihr Leben frei von Angst und Not leben können«.

Soll man sich angesichts der mehr als einhundertfünfzig

Kriege seit 1945 damit bescheiden, daß der Mensch immer groß in seinen Vorhaben und minder groß in der Durchführung war, weil dies sein Elend und seinen bedauerlichen Liebreiz ausmacht? Solchen Weisheiten nachsichtig zuzustimmen, fällt schwer, wenn man die Gesprächsprotokolle der drei Kriegsalliierten in Jalta liest oder die Verstümmelungsziele des Morgenthau-Planes bedenkt und seine Auswirkung in der amerikanischen Besatzungspolitik.

Umerziehung: Entree in die Gemeinschaft der Friedfertigen

Ein Volk im Widerstand – Sich in der Lüge einrichten – Die Demuts-Desperados – Cui bono – Wem dient es?

Die Sieger des Zweiten Weltkrieges begannen unmittelbar nach der militärischen Besetzung Deutschlands mit den praktischen Maßnahmen, das deutsche Volk von den verwerflichen Einflüssen zu reinigen, die es bis auf den Grund verdorben hatten. Durch diese Entschlackung unseres Denkens und Desinfektion unseres Inneren, durch diese »Charakterwäsche«, deren Motive und Details Caspar von Schrenck-Notzing gültig beschrieben hat, sollten auch wir wieder Hoffnung schöpfen können auf »ein anständiges Leben und einen Platz in der Gemeinschaft der Völker«, wie es in Jalta beschlossen worden war. Was das konkret hieß, ergab sich aus den Maßnahmen selbst. Denjenigen, die keine Schlußfolgerungen zu ziehen vermochten oder wollten, zumal Verstockten, die bei den Besatzungsoffizieren um genauere Auskünfte ersuchten, wurden prompt die erforderlichen Erläuterungen geliefert.

Auf der Konferenz der Regierungschefs der drei Siegermächte in Potsdam wurden die Beschlüsse von Jalta präzisiert. Das Potsdamer Schlußprotokoll, am 2. August 1945 veröffentlicht, enthielt die Grundsätze für die Behandlung Deutschlands unter der Kontrolle der USA, der Sowjetunion, Englands und Frankreichs. Es ergingen folgende Richtlinien: »Das deutsche Volk fängt an, die furchtbaren Verbrechen zu büßen, die unter Leitung derer, welche es zur Zeit ihrer Erfolge offen gebilligt hat und denen es blind gehorcht hat, begangen wurden. Der deutsche Militarismus und Nazismus werden ausgerottet, und die Alliierten treffen nach gegenseitiger Vereinbarung in der Gegenwart und in der Zukunft auch andere Maßnahmen, die notwendig sind, damit Deutschland niemals mehr seine Nachbarn oder die Erhaltung des Friedens in der ganzen Welt bedrohen kann. Die Alliierten wollen dem deutschen Volk die Möglichkeit geben, sich darauf vorzubereiten, sein Leben auf einer demokratischen und friedlichen Grundlage von neuem wiederaufzubauen. Wenn die eigenen Anstrengungen des deutschen Volkes unablässig auf die Erreichung dieses Zieles gerichtet sein werden, wird es ihm möglich sein, zu gegebener Zeit seinen Platz unter den freien und friedlichen Völkern der Welt einzunehmen.«

Die Hauptsätze der Krim-Deklaration wurde folglich im Potsdamer Protokoll weitergeführt. Die einzelnen Maßnahmen waren als »Politische Grundsätze« in zehn Punkten zusammengefaßt. Die Umgestaltung Deutschlands und seiner Bewohner betraf zum einen die materielle Vernichtung und Beseitigung jeglicher Industrie, die der Kriegsproduktion dienen konnte, zum anderen die charakterliche Umpolung der Deutschen. So hieß es in siebenten Punkt: »Das Erziehungswesen in Deutschland muß so überwacht werden, daß die nazistischen und militaristischen Lehren völlig entfernt werden und eine erfolgreiche Entwicklung der demokratischen Ideen möglich gemacht wird.« Um welche Art der demokratischen Bürgerrechte es sich handelte, wurde in Punkt 10 deutlich: »Unter Berücksichtigung der Notwendigkeit zur Erhaltung der militärischen Sicherheit wird die Freiheit der Rede, der Presse und der Religion gewährt.«

Damit war die Zensurpflicht der Besatzungsbehörden präzis umrissen. Sie wurde von den urdemokratischen Gehilfen, die sich plötzlich zuhauf in Deutschland fanden, gewissenhaft und zuverlässig durchgeführt. Es kam zwar nicht zu solchen Aktionen wie der öffentlichen Bücherverbrennung nach Antritt der Regierung Hitler am 10. Mai 1933 auf dem Opernplatz in Berlin, dafür wurden in allen Bibliotheken eigene Räume für gefährliche Literatur freigemacht. Die Bücher erhielten einen Stempel und kamen hinter Gitter.

Die Sekretion bezog sich nicht nur auf die offizielle NS-Literatur, sondern erfaßte auch die gesamte Dichtung, soweit sie unter die Potsdamer Richtlinien fiel. Das betraf etwa auch Waldemar Bonsels' Kinderbuch aus dem Jahre 1912 »Die Biene Maja und ihre Abenteuer«; die Kämpfe zwischen den Bienen und Hornissen wirkten auf die bildsamen Gemüter der Kinder unheilbar militarisierend. Wie gesinnungsfest die von den USA gründlich vorbereitete und durchgeführte Charakterwäsche in Deutschland betrieben wurde, läßt sich an der Tatsache ablesen, daß jenseits des großen Teiches nichts an Kriegsverherrlichung zu finden ist: nicht in der Literatur, den Illustrierten, den Comics, den Filmen, dem Fernsehen. Wo der unerschöpflich scheinende Strom an einschlägigen Erzeugnissen, der sich seit Jahrzehnten nach Westdeutschland ergießt, seine Quellen hat, ist ein Geheimnis, das einfallsreiche Köpfe baldmöglichst enträtseln sollten.

Die Frage, wie in den verschiedenen Besatzungszonen die »demokratische und friedliche Grundlage« aussehen sollte, auf der die Deutschen einen neuen Staat aufzubauen hatten, war keiner Diskussion würdig. In West und Ost herrschten Vorstellungen, die sich gegenseitig rundweg ausschlossen. Stalin hatte schon während des Krieges versichert, daß die Sieger nicht nur das eroberte Land besetzen, sondern auch ihr System mitbringen würden. Dasselbe galt für die Westalliierten.

Die Umerziehung, mit deren Hilfe die Deutschen dereinst als würdig befunden werden sollten, wieder in den Kreis der friedliebenden Völker aufgenommen zu werden, begann in der sowjetischen Besatzungszone mit der Verhaftung sämtlicher Persönlichkeiten, die auch nur andeutungsweise dem Dritten Reich offiziell verbunden waren. Ebenso wurden sämtliche »Kapitalisten« erfaßt, sofern sie nicht bündig nachweisen konnten, daß sie Gegner des Nationalsozialismus waren; desgleichen schalteten die Behörden sämtliche Adligen und Besitzbürger aus. Die Verhafteten wurden in Konzentrationslager gebracht, teils mit, zumeist aber ohne Verfahren hingerichtet, unübersehbar viele Verurteilte nach Rußland deportiert. Der Prozeß der Umerziehung in der Besatzungszone der Sowjets verlief brutal, ohne Skrupel und ohne Zeitvergeudung; es war ein kurzer Prozeß.

Anders sah es in den westlichen Besatzungszonen aus. Die Anweisungen wurden bereits im Dezember 1944 ausgearbeitet und in einem Handbuch zusammengefaßt, für das Generalleutnant W.B. Smith, der Chef des Stabes General Eisenhowers, verantwortlich war. Es sollte die amerikanischen und britischen Einheiten »mit der notwendigen Politik und Belehrung über ihre Aufgaben und Verantwortlichkeiten bei der Besetzung Deutschlands« versehen. Das Kernstück war der Abschnitt über die »Non Fraternisation«. Der Begriff wurde in Paragraph 629 jedem verständlich definiert: »Non Fraternisation ist die Vermeidung des Sich-Einlassens mit Deutschen in allen Arten von Freundschaft, Leutseligkeit oder Vertraulichkeit, weder im einzelnen noch in Gruppen, weder im amtlichen noch im nichtamtlichen Umgang.«

Die US-Behörden, so wurde weiter ausgeführt, würden

diese Politik als notwendig betrachten, um über das Verhältnis zwischen Besatzung und Bevölkerung keine Mißverständnisse aufkommen zu lassen und die Bemühungen der Deutschen »zu verhindern, die Ziele unserer Eroberung zu vereiteln«. Im amtlichen Umgang mit Deutschen hätten die alliierten Personen gerecht, aber entschieden zu sein. Aus ihren Worten und ihrer Haltung müsse klarwerden, »daß sofortiges Befolgen von Befehlen und Anordnungen gefordert und erzwungen wird«. Alle amtlichen Kontakte zu Deutschen seien auf ein Mindestmaß zu beschränken, es dürfe »keine Bewirtung ‹amtlich› oder in anderer Weise geben«. Es sei verboten, deutsche Wohnungen zu betreten, »mit Deutschen zu trinken; ihnen die Hand zu geben; mit ihnen zu spielen oder Sport zu treiben; Deutsche auf der Straße, in Theatern, Gasthäusern, Hotels oder irgendwo zu begleiten; mit Deutschen zu diskutieren oder zu argumentieren, insbesondere über Politik oder die Zukunft Deutschlands.«

Die Bestimmungen über die Entnazifizierung waren in der berüchtigten »Direktive JCS 1067« enthalten, jenem wirksam gebliebenen Teil des perversen Morgenthau-Planes. Präsident Roosevelt hatte die Direktive am 23. März 1945 gebilligt, der gesamte Text wurde am 17. Oktober 1945 veröffentlicht, die Anweisung blieb bis zum 14. Juli 1947 in Kraft. Neben der Versicherung in Ziffer 4 b, daß Deutschland »nicht besetzt wird zum Zweck der Befreiung, sondern als eine besiegte Feindnation«, wurde in Ziffer 6 und 7 die Entnazifizierung und Entmilitarisierung geregelt. Die US-Militärregierung arbeitete dafür detailfreudige Verfahren aus und erließ dazu am 5. März 1946 ein eigenes Gesetz. Durch Vermittlung des Alliierten Kontrollrates wurden die Bestimmungen für alle Besatzungszonen verbindlich.

Den höchsten Ruhm in der ersten Phase der Umerziehung

errang der »Fragebogen« der US-Militärregierung. Die 136 Fragen, die peinlichst genau beantwortet werden mußten, sollten den Behörden, die für die mentale Umwandlung der Deutschen verantwortlich waren, ein Röntgenbild der geistigen Struktur der Befragten liefern, um ihnen die juristisch-pädagogischen Maßnahmen zu ermöglichen. Deutschland machte auf diesem Wege erste Erfahrungen mit den Irrtümern und Fehlspekulationen einer vulgarisierten Psychoanalyse. Es gab fünf Kategorien von Betroffenen: Hauptschuldige, Belastete, Minderbelastete, Mitläufer und Entlastete. Erfaßt wurde die ganze Bevölkerung, für die Aburteilung waren Spruchkammern zuständig. Die Strafmaße reichten von einer zehnjährigen Gefängnishaft über Geldbußen bis zu Aberkennung des Wahlrechts.

Da zunächst jeder betroffen war, wurde nicht seine frühere politische Position, Beziehung oder Haltung zum Nationalsozialismus ausschlaggebend, sondern von Belang für seine private Zukunft wurde einzig und allein, daß er nachweisen konnte, ein Gegner des Dritten Reiches gewesen zu sein. Auf diesen ersten Coup der Umerziehung reagierte die Bevölkerung mit Zorn, Hohn und jenem unterdrückten Zynismus, der sich bis heute als eine der besten Eigenschaften der Deutschen dieses Jahrhunderts erwiesen hat. Konnten sie, die damals geschunden, millionenfach heimat- und brotlos in Trümmern lebten, mit derartigen Zumutungen wie der Umerziehung anders fertigwerden?

Die offene Empörung hielt sich in der allgemeinen Apathie und dem täglichen Kampf gegen den Hunger in Grenzen. Die Spruchkammern waren alles andere als dazu angetan, nachhaltige Eindrücke von dem demokratischen Weg in die Gemeinschaft der friedfertigen Völker zu vermitteln. Vor allem wurden sie das sicherste Mittel, um jene Zerknirschung zu verhindern, die sie bewirken sollten. Nur in den seltensten Fällen waren sie mit erfahrenen Juristen besetzt, denn praktisch alle Richter und Anwälte waren im Dritten Reich zwangsläufig Mitglied irgendeiner NS-Organisation gewesen; sie hätten sonst keine Zulassung erhalten. Außerdem waren die Spruchkammern das vorzüglichste Mittel für Abertausende von Beisitzern, sich umgehend demokratische Reputation zu verschaffen.

Die Entnazifizierung schlug in Deutschland nicht dem Geist der Demokratie eine Bahn durch das satanische Nazigestrüpp, sondern sie förderte den Geist des Denunziantentums, des abstoßenden Vergnügens am Quälen von verschreckten und hilflosen Menschen. Das Mißtrauen gegen demokratische Gerechtigkeit und Rechtsprinzipien wurde noch beträchtlich durch einen Umstand erhöht, den die Leiter der Umerziehung hätten voraussehen können. Die Flut der Fragebögen löste eine fast ebenso mächtige Flut von Entlastungs-Bescheinungen aus; diese ebenso sarkastisch wie trefflich charakterisierten »Persilscheine« hielten der Nichtswürdigkeit der Fragebögen die Waage. Sie wurden fast durchweg von jenen Glücklichen, die eine politisch weiße Weste besaßen, aus Gefälligkeit ausgestellt, aus Mitleid oder aus der so undemokratischen Überzeugung vom Widersinn der Entnazifizierung und der Spruchkammerverfahren.

Die »Persilscheine« bewiesen allerdings auch, was kein Mensch für möglich gehalten hätte: daß nämlich die wirklichen, waschechten, unverfälschten Nationalsozialisten eine verschwindend kleine Gruppe gewesen waren. Das Gros des deutschen Volkes dagegen befand sich nahezu geschlossen im »Widerstand« gegen das Dritte Reich, in der inneren Emigration, im inneren Widerstand, im erbitterten Kampf des lautlosen, geknebelten Geistes. In dieser beispiellosen Opposition hielten die Deutschen zwölf Jahre durch, ebenso unbeugsam wie entsagungsvoll und unsichtbar. Gegen den Nationalsozialismus gewesen zu sein, war nach 1945 im Zeichen der Entnazifizierung und Umerziehung keine demokratische, politische, moralische, religiöse Gewissensfrage, sondern eine nackte Frage des Überlebens.

Die Tapfersten des unsichtbaren Widerstandes arbeiteten dadurch aktiv gegen Hitler und das Dritte Reich, daß sie Posten in der NS-Hierarchie und Führungsämter übernahmen; war »Aktivität« nicht möglich, dann arbeiteten sie weniger exponiert, »um Schlimmeres zu verhüten«. So sammelten sich viele der nach 1945 demokratisch herausragenden Publizisten bei den Mitarbeitern des intellektuellen Renommierblattes von Joseph Goebbels, der Wochenzeitschrift »Das Reich«, die seit 1940 erschien. Studiert man die Liste der Namen, ist die Vermutung schwer zu unterdrücken, daß der NS-Propagandaminister journalistisch bereits der Demokratie nach 1945 vorgearbeitet hat, ohne es zu bemerken. Die literarische Tarnung im Nationalsozialismus, die Brillanz des »Zwischen-den-Zeilen-Schreibens« jener Autoren, die dann das Gesicht unserer Demokratie prägten, war nicht zu überbieten. Erst als das Dritte Reich nicht mehr existierte, konnten sie ihren Antifaschismus offen bekennen. Was verdanken wir diesen Opportunisten und Rittern der doppelten Moral? Eine Gesinnungs- und Gewissenskatastrophe.

Ein klassisches Beispiel der unerschrockenen Haltung in höchsten Ämtern des Dritten Reiches bot Ernst Freiherr von Weizsäcker. Er befand sich seit 1920 im diplomatischen Dienst der Weimarer Republik, wurde 1922 Konsul in Basel, dann Botschafter in Kopenhagen, Geschäftsträger in Oslo und von 1933 bis 1936 im Dienst des Dritten Reiches in der Schweiz. 1937 wurde er zum Ministerialdirektor ernannt und 1938, nach der Ernennung Joachim von Ribbentrops zum Außenminister,

Staatssekretär im Auswärtigen Amt und damit zweiter Mann im Ministerium der Berliner Wilhelmstraße. 1943 wurde er bis zum Kriegsende Botschafter beim Vatikan. Die Alliierten verhafteten ihn 1947 als Kriegsverbrecher und verurteilten ihn im sogenannten Wilhelmstraßen-Prozeß zu sieben Jahren Haft. Weizsäcker wies vergeblich darauf hin, daß er als Mann des Widerstandes zwar Hitlers Außenpolitik vertreten, sie aber auch mißbilligt habe. Den Ehrenrang eines SS-Brigadeführers habe er lediglich aus dekorativen Gründen angenommen. Ähnlich liegt der Fall jenes bekannten Politologen, der die Alleinschuld Deutschlands am Ausbruch des Zweiten Weltkrieges nicht zur Disposition gestellt hatte, da sonst der Nachkriegspolitik die Grundlage entzogen werde. Er war Mitglied der SS, – nicht der Waffen-SS. Als Begründung gab er nach 1945 an, er sei von der SA verfolgt worden und habe sich dieser Bedrohung durch Eintritt in die SS entzogen.

Die Spruchkammern gingen nach Gründung der Bundesrepublik im Jahre 1949 in westdeutsche Zuständigkeit über. Am 12. Dezember 1950 empfahl der Bonner Bundestag den einzelnen Ländern, die Entnazifizierung abzuschließen. Das letzte Schlußgesetz wurde am 15. Dezember 1954 in Bayern erlassen zu einer Zeit, da die Westalliierten schon längst beschlossen hatten, die Bundesrepublik wieder aufzurüsten, also der Entmilitarisierung eine Remilitarisierung folgen zu lassen. In Westdeutschland wurden insgesamt 6 080 000 Menschen von der Entnazifizierung betroffen. In der Sowjetzone wurden lediglich 800 000 Mitglieder der NSDAP überprüft; 500 000 dieser Gruppe verloren ihren Arbeitsplatz. Die große Zahl derjenigen, die man in den Westzonen als Mitläufer eingestuft hätte, wurden als demokratisch geläutert betrachtet, wenn sie sich energisch und für jedermann sichtbar zur Politik der sowjetischen Besatzungsmacht und der SED bekannten.

Daß die Umerziehung keineswegs nur eine hochmoralische Bemühung darum war, aus den verdorbenen Deutschen gesittete Demokraten zu machen, wurde von den Verantwortlichen für die Umerziehung selbst zugegeben. Umerziehung war nichts weiter als Fortsetzung der Kriegspropaganda mit den Mitteln des psychischen Terrors. Nicht nur durch die zweckpolitische Taktik, das schon solange vergangene Dritte Reich den Deutschen präsent zu erhalten, verharren wir bis heute im Status der von Besiegten von 1945. Die Re-Education trägt noch weit mehr dazu bei. Sie stabilisiert intellektuell und geistigpolitisch die entwürdigende Lage der Deutschen in der staatlichen Zerstückelung und Ohnmacht, sie hält die Mauern um unser Bewußtsein auch dann noch aufrecht, wenn die äußeren Mauern schon längst zertrümmert und abgetragen sind. Nichts ist zur Zeit wichtiger, als die mächtigen Befestigungen, in denen unser Bewußtsein und Urteilsvermögen gefangen ist, endlich zu schleifen.

Der Publizist Denis Sefton Delmer, der von 1941 bis zum Kriegsende die englische Rundfunkpropaganda leitete und journalistisch die rechte Hand Churchills war, bestätigte im Mai 1945 dem international berühmten Anwalt und Professor für Völkerrecht, Friedrich Grimm: »Seit Monaten betreibe ich das, was Sie richtig geschildert haben: Greuelpropaganda – und damit haben wir den totalen Sieg gewonnen.« Als Grimm erwiderte, daß es jetzt, im Frieden, damit vorbei sei, schüttelte Sefton Delmer den Kopf: »Nein, nun fangen wir erst richtig an! Wir werden diese Greuelpropaganda fortsetzen, wir werden sie steigern, bis niemand mehr ein gutes Wort von den Deutsche annehmen wird, bis alles zerstört sein wird, was Sie in anderen Ländern an Sympathien gehabt haben, und bis die

Deutschen selbst so durcheinander geraten sein werden, daß sie nicht mehr wissen, was sie tun!« Sefton Delmer zeichnete mit professioneller Sicherheit jenen Weg vor, auf dem sich die Kriegspropaganda der Alliierten von gestern für die Deutschen in die historische Wahrheit von morgen verwandelte.

Der Eingriff in die Geistesverfassung, die Gesinnung und Bewußtseinsstruktur über viele Jahre hinweg, die vollständige Umpolung des Inneren eines ganzen Volkes war ein Unterfangen, das einmalig in der Geschichte ist. Der führende US-Publizist Walter Lippmann war ebenso offenherzig wie Sefton Delmer: »Erst wenn die Kriegspropaganda der Sieger Eingang in die Geschichtsbücher der Besiegten gefunden hat und von der nachfolgenden Generation auch geglaubt wird, kann die Umerziehung als wirklich gelungen angesehen werden.« Wie rasch diese Fremdbestimmung in Deutschland in der Öffentlichkeit und in den Medien Boden gewann, zeigt sich besonders daran, daß es seit Jahrzehnten Brauch wurde, sie nicht mehr als Fremdbestimmung zu registrieren. Sie läßt sich dem Einzelnen nur noch über einige Haarnadelkurven der Beweisführung deutlich machen.

Wenn die »richtige« politische Meinung nicht nur als öffentlich sanktioniert gilt, sondern tatsächlich sanktioniert ist, beginnt es, mit der Bereitschaft, eine eigene Meinung oder gar bessere Sachkenntnis zu demonstrieren, kritisch zu werden. Arnold Gehlen, der markanteste Kopf der philosophischen Anthropologie, Sozial- und politischen Philosophie in unserer Zeit, hielt im Jahre 1969, nach etlichen praktischen Erfahrungen, sein Urteil nicht spröde zurück: »Schließlich und nicht zuletzt sind da die Sieger der Geschichte, die jeweils ihren Ideenvorrat, der mitgesiegt hat, durchdrücken und deren Handlanger jeden verbellen, der unerwünschte Dinge sagt. So kann nur ein Don Quichote heute die Alleinschuld Deutschlands an den letzten drei Kriegen seit 1870 bestreiten. Geradezu herausgesagt werden dürfen nur Obszönitäten, hier ist die Schriftsprache aus den Gossen erheblich bereichert worden. Das alles zusammen ergab schon seit langem den Verdacht, daß die Phrase bis in die Organisationszentren des Bewußtseins zurückschlägt, und daß man ungestempelte Einsichten und Wertungen in das herrschende, verständliche Vokabular nicht mehr einbringen kann.«

Und auch nicht mehr einbringen will, denn die Notwendigkeit, sich aus beruflichen, familiären, persönlichen, politischen Gründen demjenigen anzupassen, was als öffentliche Meinung gilt, wird zu einer unumgänglichen Sozialregulation. Der Samen dafür wurde im ersten Jahrzehnt nach 1945 verschwenderisch in die zerwühlte Erde Deutschlands gelegt. Der Samen ging auf. In Westdeutschland haben wir auch geerntet. Wir sind zu der Figur geworden, in die Winston Churchill den Deutschen der Zukunft verwandelt sehen wollte: fett und impotent.

Oder war diese Metamorphose nur der Ausdruck eines keineswegs ernst gemeinten Zynismus? Gilt dies auch für Arnold Gehlen, der berüchtigt war für die Kälte seiner Beweisführungen? Er beschloß 1969 sein Werk über »Moral und Hypermoral« mit der seltsam anrührenden Klage: »Teuflisch ist, wer das Reich der Lüge aufrichtet und andere Menschen zwingt, in ihm zu leben. Das geht über die Demütigung der geistigen Abtrennung noch hinaus, dann wird das Reich der verkehrten Welt aufgerichtet... Der Teufel ist nicht der Töter, er ist Diabolos, der Verleumder, ist der Gott, in dem die Lüge nicht Feigheit ist wie im Menschen, sondern Herrschaft. Er verschüttet den letzten Ausweg der Verzweiflung, die Erkenntnis, er stiftet das Reich der Verrücktheit, denn es ist Wahnsinn, sich in der Lüge einzurichten.«

Seit den Arbeiten des besten Kenners der Materie, Caspar von Schrenck-Notzings sind Täuschungen nicht mehr möglich. Schrenck-Notzing hatte schlüssig nachgewiesen, daß es sich bei der Umerziehung »nicht um eine Belehrung, eine Art politischen Unterrichts handelte, sondern um einen sozialpsychologisch untermauerten Eingriff in unbewußte Seelenbereiche mit dem Ziel, einen vermeintlichen deutschen Volkscharakter zu ändern«. Die praktische Umerziehung hatte unterschiedliche Phasen. Die Ära der Entnazifizierung war für die Betroffenen, die mit Räumarbeiten, Berufsverbot, Entlassungen oder Geldbußen bestraft wurden, zwar hart, hatte aber kaum etwas mit dem zu tun, was als innere Umpolung beabsichtigt war.

Die Eingriffe in die Mentalität der Erwachsenen fruchteten nur dem Anschein nach. Umdenken, Einsicht oder gar jenes Glaubensphänomen, das mit »Läuterung« umschrieben wird, ließen sich nicht nachweislich erfassen. Die Generation derjenigen, die 1933 soeben volljährig wurden, befand sich nach 1945 in einem Verhältnis zum Dritten Reich, dessen Charakteristika weder in der Besatzungszeit noch heute verbindlich auszumachen sind. Ihre Haltung wurde klassisch für jene Großgruppe, für die man später, etwas hilflos, den Ausdruck »schweigende Mehrheit« fand. Von den Morgenstunden der schweigenden Mehrheit berichteten Richard Tüngel und Hans Rudolf Berndorff ausnehmend lebendig und ironisch; der eine war Mitbegründer und erster Chefredakteur der »Zeit«, der andere nach dem Zusammenbruch '45 Reporter bei der britischen Nachrichtenagentur »German News Service«. Tüngel und Berndorff packten ihre Erfahrungen unter den Besatzungsmächten, ihr Wissen von den Dingen, die damals verhandelt, geplant, verhindert und entstellt wurden, in ein dickes

Buch. Es erschien 1958, nach Abschluß des ersten Jahrzehnts der Besatzungspolitik, der Titel sagt alles: »Auf dem Bauche sollst du kriechen...«! Die Nachfolger Tüngels und Berndorffs krochen nicht mehr auf dem Bauch. Aber sie schrieben so.

Den öffentlichen Markt beherrschte das Wort »Vergangenheitsbewältigung«; es handelte sich um eine von der Herabsetzung her konzipierte Seelenvokabel. Die unübersehbare Zahl der Druckwerke, die zu ihr gehören, läßt weder auf die Substanz, noch auf ihre Wirkung zu schließen. Unersetzlich war das Abschleppseil der Umerziehung für diejenigen, die sich aus politisch-opportunen Gründen der neuen Witterung akklimatisierten und prompt des Segens ihrer immerwährenden Anbiederung teilhaftig wurden. Das Stichwort für unsere Desperados in Demut war schon eineinhalb Jahrhunderte zuvor ausgegebenen worden. Als der große Historiker und Diplomat Barthold Georg Niebuhr sehen mußte, wie tief sich viele seiner Landsleute vor Napoleon und seinen Soldaten verbeugten, schrieb er seufzend: »Es ist doch ein schreckliches Volk, die Deutschen. Tritt man ihnen in den Hintern, so messen sie den Winkel, unter dem der Tretende das Bein aufhob.«

Im Zweiten Weltkrieg nahm Ernst Jünger schon einiges von der Situation der Besatzungszeit vorweg: »Nach Kriegsende wird die Zeit der Stiefelputzer kommen.« Ähnlich schrieb Gottfried Benn den Gralshütern der deutschen Niedertracht ins Stammbuch: »Das Abendland geht nicht zugrunde an den totalitären Systemen, sondern an dem hündischen Kriechen seiner Intelligenz vor den politischen Zweckmäßigkeiten.« Eben dies aber garantierte den Erfolg der Umerziehung. Zum einen wurden von den Interessenten die Medien durchsetzt, zum anderen wurde dasjenige systematisch betrieben, was Walter Lippmann als unerläßlich bezeichnet hatte: die Veränderung der Schulbücher.

Der Prozeß der Umerziehung riß bis heute nicht ab. Für den Traditionserhalt im Sinne der Sieger sorgten in erster Linie diejenigen, die in der NS-Presse, im Rundfunk, in den Film-Ateliers die Weisungen der Reichskulturkammer umgesetzt und anschließend in den Propaganda-Kompanien den Krieg mit Frontberichten kommentiert und überstanden hatten. Je enger ihre Bindungen an das Dritte Reich waren, um so engagierter traten sie nach 1945 als Demokraten auf. Ihr Erfolgsrezept war einfach und effektiv. Es bestand in der unbedingten Loyalität nur sich selbst gegenüber; das schloß jede andere Loyalität aus.

Deshalb waren sie umgehend bereit, die Reste von Selbstachtung zugunsten neuer Positionen, Posten und Pfründe aufzugeben. Es war durchaus im Sinne der Besatzungsbehörden, daß die schmiegsamen Nutznießer des NS die demokratischen, westlich-liberalen Bekundungen insbesondere darin sahen, eine untrüglich feine Nase für jedwede Art von verkapptem Nazismus zu besitzen; sie kannten sich schließlich durch ihre frühere Arbeit in dem Terrain am besten aus. So schwärmten sie zuhauf in den Zeitungen, Zeitschriften, Illustrierten, in die Redaktionen des Rundfunks, in die Nachtprogramme und Gesprächsrunden der Fernseh-Anstalten.

Mochte das auf schlichtere Gemüter zumindest unappetitlich wirken, so verdient es doch Respekt, wie gründlich sich eine persönliche NS-Vergangenheit durch rüstigen Antifaschismus tilgen ließ. Der beste Kenner dieses Areals, Armin Mohler, meinte zu dem Bewältigen der eigenen Vergangenheit auf Kosten anderer: »Das Widerlichste an jenem ‹Abschießen› ist, daß es mit Vorliebe von Leuten gepflegt wird, die angesichts ihrer eigenen Vergangenheit besser schweigen sollten. – Unzählige Erfahrungen dieser Art haben bereits bestimmte psychologische Reaktionen zur Gewohnheit werden lassen.

Wenn uns jemand schon in der ersten halben Stunde der Bekanntschaft von seiner angeblichen Widerstandstätigkeit im Dritten Reich erzählt, so fragen wir uns unwillkürlich, ob er damals wohl SS- oder Amtswalter-Uniform getragen hat. – Wonach fällt eigentlich die Entscheidung, wer bewältigen muß und wer nicht? Die Frage läßt sich klar beantworten. Wer sich dem Konformismus der Wohlstandsgesellschaft unterordnet, dessen Vergangenheit existiert nicht mehr, und wenn sie von riesigen braunen Flecken überzogen wäre.«

Der wirksamste Gesinnungshebel bestand in der zur Schau getragenen Moralität. Inzwischen besitzt dieses Instrument durch sein unablässigen Gebrauch zwar nichts mehr von der tödlichen Schärfe des ersten Nachkriegsjahrzehnts, aber es ist immer noch dazu geeignet, ein vernünftiges Argument ins ethische Abseits zu stellen. Vom Mai 1945 bis über den Beginn der fünfziger Jahre hinaus brodelten in Deutschland die Selbstvorwürfe, moralischen Verstörungen, Erklärungsversuche, Gewissenserkundungen, brodelte Scham, Trauer, Fassungslosigkeit. Die intensivste Erschütterung fand sich dort, wo Deutsche unter sich waren und keine Rücksicht nehmen mußten auf die Sieger und die millionenfach aus dem Untergrund des unsichtbaren Widerstandes auftauchenden Demokraten.

Das öffentliche Geschäft mit den Selbstanklagen betrieben andere. Sie betrieben es intensiv genug, um den Verdacht zu nähren, daß es sich bei diesen Jahr für Jahr nicht abreißenden Selbstgeißelungen um Kompensationen eines persönlichen Mangels an Erschütterung handeln müsse. Das öffentliche Geschäft der Reue, Sühne, Buße hält bis heute an. Es gehört ebenfalls zu jenen Mauern, die unser Volk daran hindern, aus dem Gefängnis, in dem sich unser Bewußtsein seit 1945 befindet, auszubrechen. Unsere Großväter konnten noch schlichtweg trauern. Die Erschütterung verschloß ihnen den Mund. Nicht so jene Praezeptoren der deutschen Verkommenheit, die gar nicht wußten, was Schmerz, Elend und Trauer heißt, sondern die das Fließband der »Trauerarbeit« zum Rollen brachten und die samt ihrer geschulten Nachfolger noch immer bemüht sind, es in Bewegung zu halten.

Cui bono – Wem dient es?

So fronen sie unermüdlich in Trauerarbeit. Gestützt von stets offenkundiger Selbstzerknirschung verbreiten sie ihren Glauben an die deutsche Miserablität in Artikeln, die zwar nicht in Sternstunden der Einsicht entstanden, aber dem Geist der Zeit entsprachen. Wer könnte es wagen, solche Manifestationen der öffentlich-wohlfeilen Reue in Zweifel zu ziehen, selbst wenn sie im Dienst politischer Bildungsinstitutionen oder der Auflagenhöhe von Wochenblättern stehen? Deshalb bleibt es bei der nüchternen Feststellung, daß sich hier mit professionellem Witz die Frechheit der Zunge mit der Freiheit des Bürgers gleichsetzt.

Zu den bestens ausgeklügelten Schachzügen gehört die Ausweitung der NS-Verdammung zum allgemeinen Antifaschismus. Dies deckte sich mit der Propaganda der SED in Mitteldeutschland. Es brachte auch jene Sozialdemokraten, die nicht mehr von Schumacher, Ollenhauer und Erler geprägt waren, in Tuchfühlung mit der offiziellen DDR, nicht aber mit den Deutschen jenseits von Elbe und Werra.

Bei uns, in der Bundesrepublik, ließ sich im Namen der antifaschistischen Moral jede Entstellung rechtfertigen. Ihr Wertsiegel wurde zu einer demokratischen Gütemarke obersten Ranges. Um sich politischer Unantastbarkeit auf dem

Fundament sittlicher Integrität zu versichern, war nichts anderes nötig, als sich antifaschistisch zu geben. Aus diesem Grund befand sich alles, was um differenzierte Betrachtungsweise bemüht war, in der Defensive. Ein Antifaschist war per se »edel, hilfreich und gut«. Schon ein leiser Zweifel daran, daß das Merkmal des Antifaschismus jemandem zur Untadeligkeit verhelfen könnte, brachte den Skeptiker in Gefahr, zu einem Faschisten gestempelt zu werden.

Männerstolz vor Zeitungsthronen ist weder berufsfördernd noch familienfreundlich. Ein Volk, das innerhalb von vier Jahrzehnten seine Kräfte darin erschöpfte, die beiden größten Kriege der Weltgeschichte zu verlieren, kann nur durch Anpassung überleben. Lassen wir einmal die beamteten und selbsternannten Umerzieher beiseite, die unseren Weg durch das persönliche und gesellschaftliche Dasein mit Vexierspiegeln begleiten, in denen man so vieles sieht, nur nicht sich selbst: So berechtigt der Ärger über den Wirtschaftswunder-Deutschen ist, der nur seinen Wohlstand, sein Auto, seinen Urlaub und sein Übergewicht im Auge hat, so verständlich ist seine Distanzierung vom politischen Handeln und die Abwehr politischen Engagements.

Handeln läßt sich nur, wenn die Rücken nicht gekrümmt und die Hände frei sind – um nicht zu sagen die Herzen. Das wurde den Deutschen seit 1945 verwehrt, und zwar in einem elementaren Sinn. Ausgelöst wurde es durch die Umerziehung und dann massiv gefördert durch den Auseinanderfall der Kriegsallianz zwischen den Vereinigten Staaten und Sowjetrußland. Ihr weltpolitischer Gegensatz wurde zu Lasten Deutschlands ausgetragen. Der Erdball wurde erneut, so wie schon in den beiden Kriegen, in Gut und Böse aufgeteilt; nur die Akzente waren anders. Der Westteil Deutschlands mußte sich der NATO unterwerfen, Mitteldeutschland verwandelte sich in ein militärisches Glacis Moskaus. Bis zum Jahre 1949, als zwei gegensätzliche Staatsbildungen auf deutschem Boden entstanden, waren wir *ein* Volk. Erst vierzig Jahre später, im Herbst 1989, erinnerten die Deutschen östlich der Elbe lauthals daran, daß wir noch immer *ein* Volk sind. Sie skandierten mit einem ungeheuren Widerhall das Bekenntnis »Deutschland einig Vaterland«.

Wurden wir durch die Umerziehung in Menschen verwandelt, die moralischen Mindestanforderungen genügen? War es ihr zu danken, daß wir 1973 – wenn auch mit dem Vorbehalt, der in den diskriminierenden Feindstaatenklauseln Art. 53 und 107 festgeschrieben war – für würdig befunden wurden, in die UNO und damit in den Kreis der friedlichen Völker aufgenommen zu werden? Die praktischen Erfahrungen in der Politik, die zumeist auf kargen Zynismus hinauslaufen, treten selbstredend vor den großen Gesten zurück, mit denen Menschheitsideen an Feiertagen pflichtgemäß zu beschwören sind. Davor verblaßt auch die Überzeugung der Dichterin Marie von Ebner-Eschenbach, daß »die größten Feinde der Freiheit die zufriedenen Sklaven sind«. Ebenso tritt die Frage in den Hintergrund, ob sich die Bundesrepublik als eine Demokratie erwiesen hat, die jedweden Extremisten abhold ist, – oder ob die Bundesrepublik schlichtweg im Westen für den Westen erzogen wurde und die DDR unter der Pflegschaft Moskaus stand.

Bleibt als Fazit, daß sich die Deutschen seit 1945 von Grund auf verändert haben, gründlicher verändert, als es die Präzeptoren erhofft hatten. Die Westdeutschen jedenfalls sind im Schnitt unsentimental, nationalem Kitsch abhold, unempfänglich für Pathos, besitzen wenig Gemeinschaftssinn und viel Geschäftssinn. In politicis fehlt das Selbstwertgefühl, die demokratische Zuverlässigkeit ist letztlich nur ein Indiz des

Desinteresses. Daß unverändert eine beträchtliche Anfälligkeit für Autoritäres oder Faschistisches bestehen soll, ist ein Zweckbild ausländischer Interessenten und inländischer Kritiker, die den mangelnden Scharfblick durch Vorurteile ersetzen. Kein Zweifel, daß der Westdeutsche unterschwellig bei den Wahlen nicht nur gerne ein berechenbarer Urnengänger wäre, sondern auch ein politisch befaßter Mensch. Dazu aber fehlt ihm die Möglichkeit der Orientierung. Sie kann sich nicht entwickeln, wenn die Erziehungsprogramme der Kultusministerien und Schulen seit Jahrzehnten die kritische Haltung dem politischen Gehalt überordnen.

So bleibt es bei der schier schrankenlosen Ausdauer des Deutschen, seiner demokratischen Disziplin, seinem Ordnungswillen, seiner Fähigkeit zu industriell-wirtschaftlichem Erfolg und technologischer Spitzenleistung. Er ist sachlich, tolerant aus Indifferenz, rational, geistig-kulturell nur aus gesellschaftlichen Gründen interessiert. Handelt es sich dabei um Anzeichen eines substantiellen Mangels, der zu Menschen gehört, die sich der gesicherten Pension nähern oder sich trotz aller Betriebsamkeit schon darin befinden? Dies alles akzeptiert: Charakteristisch für uns ist nicht, daß wir kein Interesse daran haben, unseren Fähigkeiten einen geistigen Ausdruck, eine begründete gesellschaftliche Form und politischen Nachdruck zu geben. Charakteristisch ist, daß wir nicht mehr in der Lage sind, uns als Deutsche, als ein Volk mit eigenen Rechten und Selbstbehauptungswillen einzuschätzen.

Uns nützt das nichts, es nützt aber den anderen. Sie lassen sich dadurch das Wort des französischen Dichters Paul Claudel bestätigen: »Die Deutschen, ‹Verirrte zwischen Slawen und Galliern›, haben überhaupt kein Gesicht.«

Das Rückgrat der Lizenzparteien

Im Dienst der Besatzung – Die Weichen nach Westen – Deutsches Menschenmaterial – Die SPD wird bieder-bürgerlich – Unsere Drehtüren

In Jalta hatten die Alliierten für den Tag, an dem das Deutsche Reich militärisch zusammenbrechen würde, einen Text für die Unterzeichnung vereinbart, der auch die politische Kapitulation des Reiches einschließen sollte. Die Forderung der »bedingungslosen Kapitulation« war der Ausdruck ihres Kriegsziels. Am 7. Mai 1945 hatten für die drei Wehrmachtsteile Generaloberst Alfred Jodl, Generaladmiral Hans Georg von Friedeburg und General Wilhelm Oxenius in Reims die Gesamtkapitulation der Deutschen Wehrmacht unterzeichnet. Dasselbe wurde wenig später von Generalfeldmarschall Wilhelm Keitel, Generaloberst Hans-Jürgen Stumpf und Admiral von Friedeburg im Sowjetischen Hauptquartier in Berlin-Karlshorst wiederholt. Die Abmachungen, die unterzeichnet worden waren, hatten einen rein militärischen Charakter. Der Text bezog sich nur auf die militärische Situation. Das entsprach der seit langem üblichen Gepflogenheit, nach der die Kapitulation der Streitkräfte keinerlei politische Regelungen enthalten und ihnen vorgreifen konnten.

Am 23. Mai 1945 wurde die letzte Deutsche Reichsregierung, an deren Spitze Karl Dönitz stand, von der Alliierten Kontrollkommission für abgesetzt erklärt und ihre Mitglieder verhaftet. Damit war von den Siegern nicht das Deutsche Reich ausgelöscht, sondern lediglich die oberste Regierungsgewalt übernommen worden. Kraft militärischer Gewalt hatte der Alliierte Kontrollrat ein rechtliches Niemandsland geschaffen und sich darin eingenistet. Am 5. Juni erließ er die »Berliner Erklärung«. Darin dekretierten die Sieger: »Deutschland unterwirft sich allen Forderungen, die ihm jetzt oder später auferlegt werden.« Das hieß: Wir, die Sieger, unterwerfen Deutschland allen Maßnahmen, die wir anordnen – jetzt oder später. Dieses »Später« beginnt in unserer Zeit, im Jahre 1990. Das Deutsche Reich besteht entsprechend den Grundsätzen des Völkerrechts bis heute weiter; es ist lediglich handlungsunfähig.

Als die Westdeutschen in den sechziger Jahren bei einer der üblichen Umfragen nach ihren Erinnerungen ausgehorcht wurden, gab die Mehrheit gleichlautend an, die schrecklichsten Jahre ihres Lebens seien diejenigen der Besatzung zwischen 1945 und 1949 gewesen, mithin die ersten Jahren unserer »Befreiung«. In welcher inneren Verfassung sich das Deutsche Volk befand, kümmerte die Sieger herzlich wenig. Sie begannen unverzüglich damit, in den ausgehandelten Besatzungszonen zielsicher das Terrain des künftigen politischen Lebens zu vermessen und die Grundsteine zu setzen. Am zügigsten kam man in der sowjetischen Besatzungszone Mitteldeutschland voran. Die elf Männer der Gruppe Ulbricht, die man aus Rußland eingeflogen hatte, wurde vom ersten Tag an aktiv.

Im Dienst der Besatzung

Walter Ulbricht, ehemaliger Reichstagsabgeordneter der KPD in der Weimarer Republik, war zweiundfünfzig Jahre alt. Für ihn war die Zerschlagung Deutschlands jener Triumph, dem er zwölf Jahre entgegengefiebert hatte. Unverzüglich begann er mit der Organisation, dem Aufbau der Stadt- und Bezirksverwaltungen. Schon am 10. Juni 1945 ermöglichte ein Erlaß der sowjetischen Militäradministration die Bildung von politischen Parteien und Gewerkschaften in der Besatzungszone. Am darauffolgenden Tag wurde die KPD wieder ins Leben gerufen, kurz darauf schlossen sich die Neugründungen der SPD, der Christlich-Demokratischen und der Liberal-Demokratischen Partei an. In den westlichen Besatzungszonen hatten bis zum Ende desselben Jahres auch die SPD, CDU – in Bayern die CSU –, die FDP sowie die KPD ihre Lizenzen erhalten. Gemeinde- und Kreistagswahlen fanden Anfang 1946 statt. Landtagswahlen wurden in den Westzonen erst Oktober/November 1946 abgehalten.

Deutschland war in diesen Monaten sowohl sichtbar als auch in übertragenem Sinn ein einziges Trümmerfeld, ein Areal der Verzweifelten, Gebrochenen, simpel ums Überleben Kämpfenden und jener unvergänglichen Stehaufmännchen, die selbst aus einem Chaos und Inferno das Beste zu machen wissen, – für sich selbst zu machen wissen. So unerquicklich diese Fähigkeit auch sein mag, so sicher steht es fest, daß auch Konjunkturritter ein Indiz für die Kraft des Volkes sind. In Zeiten des totalen Umbruchs läßt sich an der Zahl der Ratten ablesen, wieviel Substanz noch vorhanden ist.

In der Sowjetzone hatte Walter Ulbricht vorzügliche Arbeit geleistet. Am 21. und 22. April 1946 fand im Admiralspalast in Ost-Berlin eine Tagung der KPD und SPD statt. Die SPD-Führung war mit Hilfe der sowjetischen Besatzungsmacht mürbe gemacht worden; sie hatte die mißliebigen Opponenten in der Partei ausgeschaltet und erklärte sich nun durch die Stimme ihres Führers Otto Grotewohl bereit, mit der KPD zu einer einzigen Partei zu verschmelzen, der »Sozialistischen Einheitspartei«. Es war das erklärte Ziel Ulbrichts, dieser Vereinigung auch in den westlichen Besatzungszonen zum Erfolg zu verhelfen.

Während des Krieges war allerdings vom Parteivorstand der SPD, den emigrierte Sozialdemokraten gebildet hatten, jede Zusammenarbeit mit der von Stockholm aus betriebenen Agitation der Kommunisten unter der Führung Ulbrichts abgelehnt worden. So war es auch kein Wunder, daß die erst kürzlich neugegründete SPD der Westzonen den erzwungenen Beschluß in Ost-Berlin vehement attackierte. Führend bei dem innerparteilichen Widerstand gegen eine Fusion mit den Kommunisten war Kurt Schumacher. Er hatte von 1933 bis 1945, abgesehen von einer kurzen Unterbrechung 1943, in Konzentrationslagern verbracht. Am 10. März 1946 wurde er zum Vorsitzenden der westzonalen SPD gewählt. Schumacher erklärte, daß es die Sozialdemokratie ablehne, Blutspender für den geschwächten Körper der KPD zu spielen: »Wenn die Sozialdemokratie der westlichen Zonen jetzt nachgeben wollte, dann wäre die Sache der Demokratie in Europa und die Möglichkeiten einer wirklich unabhängigen sozialistischen Internationale auf lange Zeit hin verspielt. Die deutsche Arbeiterklasse und alle Menschen, die jetzt gewillt sind, sich der Sozialdemokratie geistig und politisch anzuschließen, sind uns einfach zu schade darum, das bloße Instrument einer fremden Außenpolitik zu sein. Sie alle denken nicht daran, für eine Siegermacht zu optieren; denn das würde heißen, daß sie damit gegen alle Siegermächte votieren würden.«

Ahnte Schumacher, daß er damit schon ein Schlüsselwort für die kommenden Jahre ausgesprochen hatte? Vorahnungen konnten bald durch die Auseinandersetzungen zwischen den Gründern der CDU und Konrad Adenauer bestätigt werden. Adenauer war im März 1946 zum Vorsitzenden des Landesverbandes Rheinland der CDU in der britischen Besatzungszone gewählt worden und spielte seitdem die führende Rolle. Er wandte sich scharf gegen die Absicht, Berlin zum Sitz der Parteiführung zu machen. Zum einen, weil er bereits entschlossen war, die Westzonen zu einem eigenstaatlichen Gebilde zu machen, zum anderen, weil Berlin die Verkörperung Preußens war; und Adenauer haßte Preußen kaum weniger, als er Rußland haßte.

Im Frühjahr 1946 erklärte er dem CDU-Mitbegründer und späteren Minister Ernst Lemmer, daß die sowjetisch besetzten Gebiete Deutschlands abzuschreiben seien. Deshalb sei es »der vernünftigste Weg, vorerst mit den westlichen Siegermächten in geordnete Beziehungen zu kommen. Ein demokratisches Deutschland sei identisch mit den staatlichen und gesellschaftlichen Verhältnissen der Westalliierten, die im übrigen daran interessiert sein könnten, Deutschland (so meinte er) etwa in den Grenzen des Reiches Karls des Großen wiederherzustellen«. Wer die Grenzen des Karolingischen Reiches auf einem historischen Atlas betrachtet, muß sich eigene Gedanken bei diesem Konzept Adenauers machen. Gemeint hatte er ein klerikales Kleineuropa.

Der Schweizer Generalkonsul in Köln teilte schon in einem Bericht vom 1. August 1945 seiner vorgesetzten Dienststelle am Schluß der Informationen »streng vertraulich« mit, »daß ich zu wissen glaube, daß Herr Dr. Adenauer sich eifrig darum bemüht, die sogenannte Rheinlandzone durch Einbeziehung der Gebiete bis Hannover zu einem lebensfähigen Staatsgebilde zu machen«. Jeder, der Adenauer und seine politische Karriere kannte, wußte von seinen separatistischen Anstrengungen in der Weimarer Republik. Adenauer war 1920 Präsident des Preußischen Staatsrat geworden und konzentrierte seitdem seine politische Energie darauf, die Rheinprovinz aus dem preußischen Staatsverband herauszulösen und in eine autonome Republik zu verwandeln. Die Separatistenbewegung im Rheinland brach zusammen, als Reichskanzler Stresemann den passiven Widerstand im Ruhr-Kampf gegen die Franzosen einstellen ließ.

Adenauer wurde zu einer beispiellosen und beispiellos eindrucksvollen Verkörperung der westdeutschen Konformitätspolitik. Er sprach nicht nur für die Partei der Christdemokraten, sondern er verkörperte sie mehr als ein volles Jahrzehnt. Unvergleichlich war seine Anpassungselastizität, verbunden mit einem äußerlichen Starrsinn, der freilich nur seine Bewunderer über Adenauers völlige Ergebenheit gegenüber der US-Besatzungsmacht hinwegtäuschte. Kaum jemals hatten sich die persönlichen Vorstellungen und Überzeugungen eines Politikers so nahtlos mit den Interessen und Absichten einer Besatzungsmacht gedeckt. Das bittere Wort vom »Bundeskanzler der Alliierten«, das Kurt Schumacher in einer Debatte dem Regierungschef entgegenschleuderte, mochte beleidigend sein; in der Sache traf es den Kern. Der britische Unterstaatssekretär William Mallet bestätigte 1950: »Adenauer ist wahrscheinlich der beste Kanzler, den wir kriegen können.«

Adenauer besaß die Gabe, sich seinen Wählern als aufrechter, unbeugsamer Mann vorzustellen und hinter diesem Bild sein bedingungsloses Ja zu Amerika zu verdecken. Sein begrenzt dosiertes Vokabular erlaubte ihm die Kühnheit, die kompliziertesten Sachverhalte in einer erschreckend einfachen Form auszudrücken und bei seinen Zuhörern den Anschein zu erwecken, das Wirrwarr des politischen Geflechts würde sich genauso einfach auseinanderlegen lassen, wie es der Bundeskanzler schilderte. Selten hat ein Politiker so gut die Kunst beherrscht, mit wenigen Worten viel zu behaupten und noch mehr zu verschweigen.

Die »Freie Demokratische Partei« wurde erst im Dezember

1948 gegründet. Ihre Traditionen waren kaum weniger gewichtig als diejenigen der anderen politischen Parteien. Vor allem aber trat die FDP auch das alte Erbe der gegensätzlichen Strömungen innerhalb des Liberalismus an. In der Bundesrepublik wirkte sich das zu ungunsten ihrer parteipolitischen Profilierung aus. Obwohl sich ihr mehrfacher Wechsel von einem Koalitionspartner zum anderen durchaus mit einer Wahrung von grundsätzlichen Positionen der Liberalen begründen ließ, blieb ihr das absprechende Etikett des »Umfallens« nicht erspart. Die Folge war eine Spaltung der Partei in den auslaufenden sechziger Jahren, der Schwenk der Freidemokraten zur Sozialdemokratie und ihrer Ostpolitik der siebziger Jahre und ein Jahrzehnt später wiederum das Einkurven in das Lager der Christdemokraten.

Ein wirklich liberales Profil und damit die klare politische Kontur blieb der Partei bis heute erspart. Die Freidemokraten halten ein vorzügliches Gleichgewicht zwischen sozialer Marktwirtschaft, Wahrung der Eigeninitiative und unternehmerischen Verantwortung. Politisch aber, sieht man von dem Gemeinplatz der »Freiheit« ab, den alle Parteien heute auf ihre Fahnen – soweit sie welche besitzen – schreiben, auch die Kommunisten, – sieht man also von diesem Gemeinplatz ab, so versichert die F.D.P. glaubwürdig, daß die Liberalen notwendig seien. Sie würde viel gewinnen, wenn es ihr gegeben wäre zu sagen, warum und wofür sie auch heute noch nötig seien.

Neben der jovialen Bildungsbürgerfigur des ersten Bundespräsidenten Theodor Heuss waren die markantesten Köpfe der FDP Thomas Dehler und Reinhold Maier. Auch der Jurist Dehler war ein Mann der Weimarer Zeit. Zwischen 1946 und 1956 war er FDP-Landesvorsitzender in Bayern, seit 1949 in Bonn Bundesjustizminister, überwarf sich aber 1953 mit Adenauer wegen dessen Westpolitik, trat zurück, nahm 1956 den Bruch der Koalition in Kauf und die Spaltung der FDP. Nach der Wahlniederlage 1957 legte er zugunsten Reinhold Maiers den Parteivorsitz nieder. Dehler repräsentierte überzeugend den nationalen Liberalismus in seiner Partei, eine Gruppierung, die sich erst ein Jahrzehnt später von den Freidemokraten endgültig abtrennte.

Reinhold Maier, ebenfalls Jurist, Politiker der Weimarer Zeit und fast ein Jahrzehnt älter als Dehler, wurde 1945 von der US-Besatzungsmacht zum vorläufigen Ministerpräsidenten Württemberg-Badens ernannt und dann durch die späteren Wahlen in seinem Amt bestätigt. Auch Maier widersetzte sich leidenschaftlich der Adenauerschen Devotionspolitik gegenüber dem Westen. 1960 gab er aus Altersgründen den Bundesvorsitz der Partei ab, blieb aber Ehrenvorsitzender.

Die Weichen nach Westen

Daß es der Politik Adenauers und der Christdemokraten an Klarheit gemangelt hätte, wurde niemals beanstandet. Wohl aber nahmen es die opponierenden Parteien nicht hin, daß der Kanzler dieselbe Politik als den einzigen Weg bezeichnete, um jenes Ziel zu erreichen, zu dem der Weg offensichtlich nicht führte. Tatsächlich interessierte ihn die Einheit Deutschlands nicht. Aber er wußte, daß nach außen hin das Gegenteil zu behaupten war. Wer Adenauer vorsichtig darauf hinwies, daß er damit nur Illusionen nähre, den musterte er freundlich: »Illusionen. Meinetwegen nennen Sie es Illusionen. Vielleicht haben Sie ja recht. Aber was glauben Sie wohl, was für eine Rolle Illusionen in der Weltgeschichte spielen.«

Was in den Parlamentsdebatten und Wahlreden der fünfziger Jahre offen ausgesprochen und in den Blättern des Umfelds der Christdemokraten bestritten wurde, mußte 1986 der fünfundachtzigjährige Hermann Josef Abs, langjähriger Chef der Deutschen Bank und einer der engsten Vertrauten Adenauers, nicht mehr verheimlichen. Er bestätigte, was Adenauer schon Ernst Lemmer versichert hatte: »Entscheidend war die Frage der Freiheit, die nur mit der Garantie des Westens gelöst werden konnte. Adenauer hat sie viel größer geschrieben als die Frage der Wiedervereinigung. Wenn ich es ganz offen darstellen soll, und ich glaube, anders miteinander zu reden, hat keinen Zweck, so hatte er als ein in Köln geborener Rheinländer eine natürliche Abneigung gegen das preußische Berlin. Daraus ist manches zu erklären, zum Beispiel auch, daß er keine übertriebene Eile an den Tag legte, sofort nach Berlin zu reisen, als dort 1961 die Mauer gebaut wurde.«

Adenauers Visionen hatten sich rasch in Grundsätze der rheinländischen CDU verwandelt. Josef Hermann Dufhues, damals einer der einflußreichsten Christdemokraten, stellte schon im November 1948 auf einem Empfang das Verhältnis zur sowjetischen Besatzungszone klar: »Seien wir doch ehrlich: Alles, was jenseits der Elbe und Werra geboren ist, das sind doch sowieso halbe Russen!« Das hielt sich an die Richtschnur Adenauers aus dem Jahr 1946: »Wir müssen unter allen Umständen erstreben, das politische Schwergewicht Deutschlands, das so lange in Berlin gelegen hat, von Berlin fortzuverlegen, selbst wenn Berlin nicht von Russen besetzt wäre.« Seit jenen Jahren sind die Konstanten der politischen Optionen in der Bundesrepublik das einzig wirklich Berechenbare. In den achtziger Jahren verkündete ein historisch vermeintlich geschulter Kanzlerberater, daß jeder in der DDR, der etwas auf sich hielt, bis 1961 die Gelegenheit wahrgenommen hätte, in die Bundesrepublik zu gehen. Was drüben geblieben sei, gleiche dem Schrott, und darauf könne man verzichten.

Die Objektivität gebietet es festzustellen, daß den politisch zugelassenen, mit einer Lizenz der Besatzungsmacht nobilierten Parteien nicht viel Spielraum blieb. Die Dekrete der Militärbehörden über die Gestaltung des besetzten deutschen Gebiets waren von langer Hand vorbereitet. Selbst die föderative Gliederung wurde von den Siegern keineswegs deshalb angeordnet, um einer Tradition unserer Geschichte Rechnung zu tragen. Walter Lippmann erklärte am 10. Mai 1946 in der »New York Tribune«, Deutschland solle ein Bund von zehn oder elf Staaten mit Selbstregierung werden. Dies sei der einzige verfassungsmäßige Aufbau, in dem die Deutschen frei leben könnten, ohne ihre Nachbarn zu bedrohen.

Die einzige Partei, die keinen Spielraum benötigte, war die Partei Adenauers. Offenkundig wurde dies bei den Vorbereitungen der Gründung der Bundesrepublik. Anfang Juli 1948 bekamen die elf westdeutschen Regierungschefs von den Militärgouverneuren die »Frankfurter Dokumente« überreicht. Sie enthielten die Richtlinien der westlichen Besatzungsmächte für das staatliche Gebilde, das aus der Taufe zu heben war. Die Herren versammelten sich eine Woche später oberhalb von Koblenz. Da es sich um routinierte Politiker und Juristen handelte, stießen sie sich vor allem an dem Wort »Verfassung«. Ein Grundsatzprogramm war aber nötig. Immerhin war den deutschen Wählern klar, daß ein Staat, der seine Gründung an eine Verfassung band, ein eigenständiges Gebilde darstellte, einen separaten Staat.

Die Weimarer Reichsverfassung war auch während des Dritten Reiches nie außer Kraft gesetzt worden. Sie wurde auch nach dem Ende des Zweiten Weltkriegs formell nicht aufgehoben. Da nach herrschender Übereinkunft in einem Verfassungsstaat die Nation und ihr Wertgefüge verwirklicht sind, hätte die Verabschiedung einer Verfassung 1949 schon das

Eingeständnis einer Teilung der Nation bedeutet. So offen aber wagten damals selbst die Befürworter nicht, einer Spaltung Deutschlands das Wort zu reden. Deshalb entschied man sich für die Bezeichnung »Grundgesetz«. Reinhold Maier: »Das neue jungfräuliche Wort vermochte so schön trügerisch von der Realität jener Tage wegzuführen.«

»Schön trügerisch« führte das meiste der Bonner Politik in den nächsten Jahren von den Realitäten hinweg. Selbst Jakob Kaiser, der christliche Gewerkschaftsmann in Berlin und Widerpart Adenauers innerhalb der CDU, gab im Frühjahr 1949 seine Bemühungen, der Besatzungspolitik zum Trotz die Einheit Deutschlands zu wahren, auf und nahm ebenfalls die Schiene, deren Weiche nach Westen gestellt war: »Einer muß in einem westdeutschen Kabinett die deutsche Sache vertreten.« Ein Vertrauter Jakob Kaisers kommentierte diese Schleife ebenso resigniert wie prophetisch: »Es sind eben doch nur die Gescheiterten der Weimarer Republik. Es geht ihnen nicht um Deutschland, es geht ihnen um Aktivismus und eigene Macht. Es ist schade, aber so kommen wir aus dem Dilemma nicht heraus. Vielleicht muß alles noch viel schlimmer werden, ehe die Deutschen erkennen, daß eine Neuauflage der damals auf Grund gesetzten Weimarer Republik keine Lösung sein kann.«

Die erste Wahl zum Bonner Bundestag am 14. August 1949 ergab für Adenauers CDU samt den der SPD abgeneigten Parteien eine deutliche Mehrheit. Die Berliner »Tägliche Rundschau«, das Organ der sowjetischen Militärverwaltung, wurde von diesem Wahlergebnis zu einer Prophezeiung bewogen, die unbeabsichtigt auch an die eigene Adresse gerichtet war: »Das deutsche Volk wird bald durch praktische Erfahrung begreifen lernen, daß der westdeutsche Staat eine Kolonie des amerikanischen Imperialismus, die Bundesregierung ein Spielball in der Hand der Hohen Kommissare und die

Bonner Verfassung nur ein Deckmantel für ein rücksichtsloses Besatzungsregime mittels des Besatzungsstatuts ist.« Adenauer wurde am 15. September mit einer Stimme Mehrheit zum Bundeskanzler gewählt. In einem Interview skizzierte er die Linie seiner künftigen Politik: Deutschland gehöre der westlichen Welt an, deshalb sei es vordringlich, die Beziehungen zu den westlichen Staaten allmählich zu verbessern. Was das Problem der deutschen Einheit angehe, könne in nächster Zukunft nichts unternommen werden, da es im wesentlichen von den Beziehungen zwischen den westlichen Alliierten und der Sowjetunion abhängig sei.

Dieses »Es kann nichts unternommen werden« hing seitdem als Spruchband über der Bonner Deutschlandpolitik. Als im Herbst 1989 die Regierenden am Rhein von dem konsterniert wurden, was die Deutschen in der DDR unternommen hatten, konnten sie nach dem ersten Schock nur noch rheinselig taumelnd von einer Wendung zur anderen sich selbst verspotten: »Unvorbereitet, wie ich mich habe...«.

Die Sowjetunion hatte 1949 in ihrer Protestnote an die anderen Alliierten gegen die Errichtung der Bundesrepublik mit ihrer Feststellung recht, auch wenn sie kaum ein Recht dazu hatte: »Die Bildung einer Separatregierung für die Westzonen Deutschlands kann man nicht anders bezeichnen als die Vollendung der Politik der Spaltung Deutschlands, die von den Regierungen der USA, Großbritanniens und Frankreichs im Laufe der letzten Jahre in Verletzung des Abkommens von Potsdam betrieben wurde, laut dem diese Staaten gemeinsam mit der Sowjetunion die Verpflichtung auf sich genommen haben, Deutschland als einheitliches Ganzes zu betrachten und zu seiner Umgestaltung in einen demokratischen und friedliebenden Staat beizutragen.« Der Protest endete mit dem Hinweis, daß der westdeutsche Seperatstaat dazu führe, den

Abschluß eines Friedensvertrages mit Deutschland in unzulässiger Weise hinauszuzögern.

Deutsches Menschenmaterial

Auch die Sowjetnote war aber nur ein Beitrag dazu, um »schön trügerisch« von den Realitäten hinwegzuführen. Die vier Siegeralliierten hatten schon während des Krieges ihr Kriegsziel, die Aufteilung Deutschlands, dokumentiert. Die Sowjetunion sah es 1949 jedoch als zweckmäßig an, die Verantwortung dafür auf andere Schultern zu laden. Sie hatte um so mehr Grund dazu, weil ihr Adenauer und die Politik der CDU dabei Schützenhilfe gab. Das Boshafte der Sachlage bestand in jener Heuchelei, die bis heute bezeichnend für die Knebelung Deutschlands ist: Sowohl die Westalliierten als auch die Sowjets betonten ebenso unentwegt wie ihre jeweiligen deutschen Vasallen, daß allein *ihre* Politik zur Einheit Deutschlands führe, eine Politik, die aber de facto die Spaltung Deutschlands von Etappe zu Etappe vertiefte, weil es ihren Nachkriegsinteressen diente.

Die offiziell von Adenauer mit so beruhigender Unaufrichtigkeit verkündete Politik war bis an das Ende seiner Amtszeit genauso »schön trügerisch« wie diejenige der Bonner Regierungen bis heute, gleichgültig, ob sie christdemokratisch waren oder sozialliberal. Als sich nach Gründung der NATO im April 1949 abzeichnete, daß eine Verteidigung Europas, wie sie von den Westalliierten für nötig befunden wurde, ohne deutsche Soldaten nicht möglich war, verklang bei ihnen urplötzlich alle Empörung über den »deutschen Militarismus«. Sir John Slesser, der Stabschef der britischen Luftwaffe, stellte am 29. Oktober 1950 betreten fest: »Wir brauchen deutsche

Soldaten, denn ohne die Hilfe der Deutschen kann Westeuropa nicht verteidigt werden.« Die Remilitarisierung Westdeutschlands war bei den amerikanischen Militärs schon kurz nach Gründung der NATO ein nüchtern diskutiertes, wenn auch zunächst absolut geheim gehaltenes Thema. Die – zur Zeit noch nicht veröffentlichte – Geschichte der »Joint Chiefs of Staff«, der »Vereinigten Stabschefs« der USA, stellt für Ende 1949 wörtlich fest: »*Eine* Quelle hatte die NATO noch nicht angezapft: Westdeutschland.«

Die Politiker in Washington zögerten allerdings noch Monate. Doch die Militärs drängten, und sie wurden unterstützt von John McCloy, dem US-Hochkommissar für Deutschland. Als ihn das State Departement um seine Meinung bat, riet er am 18. Juli 1950 dringend, die Deutschen in die Lage zu versetzen, im Ernstfall auch zu kämpfen. Wenn dies nicht der Fall sei, würden »wir damit auch ein Potential an Menschenmaterial verlieren, das uns im Kriegsfall von großem Nutzen sein und von den Sowjets mit Sicherheit gegen uns eingesetzt werden kann«.

Das Ende der vielen Überlegungen, Bedenken und Pläne zeichnete sich dann in einem Geheimpapier des State Departement vom 1. Februar 1951 ab. In dem Memorandum wurden die politischen Probleme mit erfrischender Deutlichkeit umrissen. Da sich Amerika in einer Situation befinde, »in der wir die Deutschen fragen müssen, unsere Verbündete zu werden«, seien Konzessionen unvermeidbar. Doch die künftigen Zugeständnisse seien »eher auf den Zwang der Verhältnisse zurückzuführen als auf unseren eigenen freien Willen. Diese Situation beleuchtet mit aller Schärfe das Problem, auf welche Weise Deutschland in der Auseinandersetzung mit der Sowjetunion am besten so eng an den Westen gebunden werden kann, daß die Bundesrepublik unwiderruflich der Sache der freien Nationen verpflichtet wird, ohne daß wir uns in ähnlicher Weise verpflichten, die Rückgewinnung der ehemaligen Ostgebiete zu unterstützen«.

Die Einbindung der Bundesrepublik in die Politik der westlichen Siegermächte wurde also von ihnen mit dem »Zwang der Verhältnisse« begründet. Ihr Hauptproblem bestand darin, deutsche Soldaten zu gewinnen, ohne deswegen das Problem der Einheit Deutschlands im Sinne der Deutschen lösen zu müssen. Kurz gesagt: Die heute bis zum Überdruß beschworene »Wertegemeinschaft« mit dem Westen war von Anfang an keine Gemeinschaft der Werte, sondern einen Gemeinschaft der Gewehre. Folgerichtig sahen sich die Westalliierten dazu genötigt, im Juli 1951 den Kriegszustand mit Deutschland als beendet zu erklären. Sie mußten das Gesicht wahren, – obgleich die Widersprüche zwischen der Praxis und dem Recht inzwischen auch dem Dumpfesten klargeworden waren, so daß niemand mehr etwas dabei gefunden hätte, wenn deutsche Soldaten – Kriegszustand hin, Kriegszustand her – in eine westliche Militärallianz geholt worden wären.

Die SPD wird bieder-bürgerlich

Zu den aktivsten Mitarbeitern Schumachers gehörte Erich Ollenhauer. Er hatte seit 1933 die emigrierten Sozialdemokraten im Exil organisatorisch zusammengehalten, wurde in England während des Krieges von der Labour Party unterstützt, kehrte 1946 nach Deutschland zurück und wurde Stellvertreter des Parteivorsitzenden. Ollenhauers größte Befähigung war die Organisation. Er verlieh der SPD die Stabilität ihres Parteiapperates, er war ein guter, aber kein begnadeter Redner. Was Schumacher an Leidenschaft besaß, äußerste sich bei Ollenhauer als biedere Langatmigkeit. Führend war Ollenhauer auch im programmatischen Bereich. Das galt speziell für den Weg der SPD zum Godesberger Programm. Als Schumacher im August 1952 verstarb, wurde Ollenhauer fast automatisch sein Nachfolger. Er stand bis zu seinem Tod im Dezember 1963 an der Spitze der sozialdemokratischen Opposition im Bundestag.

Obgleich Ollenhauer in Bonn Fraktionsführer der SPD war, blieb er im Bundestag etwas im Schatten Fritz Erlers, des außen- und militärpolitischen Sprechers der Sozialdemokraten. An dem intelligenten, fast bilderbuchgleich integren Erler läßt sich der beachtliche Wechselweg der SPD mit am besten studieren. Erler war wie Schumacher und Ollenhauer ein entschiedener Gegner der militärischen Einbindung der Bundesrepublik in den Westen. Für ihn war es logisch, was die Unionspolitiker nicht begriffen, weil sie es nicht begreifen wollten: daß die Remilitarisierung die Spaltung Deutschlands zementieren und die Einheit auf die lange Bank der Unabsehbarkeit schieben mußte. Im Parteivorstand der SPD, dem Erler seit 1956 angehörte, arbeitete er dem Godesberger Programm und damit der Veränderung der SPD von einer Arbeiterpartei in eine Volkspartei vor. In dieser Zeit wurde Erler schließlich auch zum Befürworter der Bonner NATO-Bejahung.

Ob der Verzicht auf nationale Optionen, denen Erler solange und so eindrucksvoll im Parlament das Wort geredet hatte, aus taktischen Gründen vorgenommen wurde, läßt sich schwer entscheiden. Der SPD gelang es, sich mit der Reformkurve des Godesberger Programms von der marxistischen Grundlage der Partei nach außen hin zu distanzieren. Die Väter dieses Wechsels waren Ollenhauer, Erler, Wehner und Willy Brandt. Die Kehre gelang so vorzüglich, daß man glauben konnte, sie wäre echt. Die Rechnung ging auf, die Wähler wurden, wenn schon nicht hinters Licht, so doch an die Urnen geführt. Die Rechnung bezahlten sie später, als die Sozialliberalen für ihre Reformen im Inneren in die vollen Kassen griffen. Wen bekümmerte es, daß der Elan der neuen Regierung Brandt/Scheel ein wenig an die Bemerkung eines der weniger löblichen Päpste erinnerte: »Jetzt, da Wir das Pontifikat errungen haben, wollen Wir es auch genießen.«.

Wer sich von der Biegsamkeit des Rückgrats unserer Politiker einen Eindruck verschaffen will, sollte die Wahlreden der Sozialdemokraten in den sechziger Jahren nachlesen, insbesondere jene, in denen sie um die Stimmen der Vertriebenen warben. Es handelt sich geradezu um Lehrstücke jener Zweckmäßigkeit, für die das Recht nur der Sattel eines Pferdes ist, über dessen politische Rösselsprünge die Wähler immer wieder neu erstaunen. Am 17. August 1951 hatte Kurt Schumacher in der Westberliner Messehalle erklärt: »Die deutsche Sozialdemokratie hat 1945 als erster Faktor Deutschland und der Welt erklärt: Die Oder-Neiße-Linie ist unannehmbar als Grenze. Ich erkläre weiter: Keine deutsche Regierung und keine deutsche Partei kann bestehen, die die Oder-Neiße-Linie anerkennt. Wir lehnen es ab, uns in die Politik des National-Verrats und des Verrats an den Menschheits-Ideen durch die Kommunisten, durch die pseudobürgerlichen Satelliten in der Zone und durch die Sowjets verstricken zu lassen.«

Mit demselben Aplomb versicherte der SPD-Vorstand in einem Schreiben an die Schlesier anläßlich ihres Deutschland-Treffens im Juni 1963 in Köln: »Breslau, Oppeln, Gleiwitz, Hirschberg, Glogau, Grünberg, das sind nicht nur Namen, das sind lebendige Erinnerungen, die in den Seelen von Generationen verwurzelt sind und unaufhörlich an unser Gewissen klopfen. Verzicht ist Verrat. Wer wollte das bestreiten. 100 Jahre SPD heißt vor allem 100 Jahre Kampf um das Selbstbestimmungsrecht der Völker. Das Recht auf Heimat kann man nicht für ein Linsengericht verhökern. Niemals darf hinter dem Rücken der aus ihrer Heimat vertriebenen und geflüchteten Landsleute Schindluder getrieben werden. Der Wiedervereinigung gilt unsere ganze Leidenschaft. Wer an diesem Feuer sein kleines Partei-Süppchen zu kochen versucht, kann vor dem großen Maßstab der Geschichte nicht bestehen.«

Dieses Manifest trug auch die Unterschriften Wehners und Brandts. Im Jahr darauf, als sich die SPD mit der neuen Visitenkarte einer Volkspartei schon rüstig zu den Bonner Regierungssesseln durchschlug, beteuerte Herbert Wehner nochmals: »Die einseitige Grenzziehung entlang der sogenannten Oder-Neiße-Linie und die damit verbundene Annexion deutschen Gebiets ist für uns Sozialdemokraten nicht rechtskräftig.«

Vier Jahre später mußte man einen anderen Wehner kennenlernen. Er hatte in der großen Koalition unter Kurt Georg Kiesinger das Ministerium für gesamtdeutsche Fragen übernommen. Als er bei einem Treffen der Pommern in Köln auf die deutsche Frage zu sprechen kam, ertönten Zwischenrufe: »Verzichtspolitiker«, ja auch »Landesverräter«. So geplant spontan, wie er jahrelang im Bundestag seinen besonderen Explosions-Stil gepflegt hatte, reagierte er auch in Köln. Zitternd vor Erregung: »Ich fühle mich stets meinem Ministereid verpflichtet, das Beste für Deutschland herauszuholen«, sowie: »Ich bin vaterländisch!«.

Als Fraktionsführer der SPD in der Zeit der sozialliberalen Ostpolitik umriß er seine vaterländischen Empfindungen, indem er von »dem so schrecklich schwierigen Verhältnis« sprach, das zwischen dem west- und dem mitteldeutschen Staat bestand. Ausländische Betrachter sahen es anders. Am 13. Dezember 1970 schrieb der Pole Janusz Stefanowicz, stellvertretender Chefredakteur, in der Wochenzeitschrift »Kultura«: »Als mich in Bonn der Minister für innerdeutsche Beziehungen Franke empfing, war ich geradezu überrascht von der Überzeugungskraft, mit welcher er bewies, daß sein Ministerium gänzlich aufgehört hat, sich mit Diskussionen über die Wiedervereinigung zu befassen, sondern seine ganze Tätigkeit darauf konzentriert, die Bürger der Bundesrepublik Deutschland mit der positiven Wahrheit über das Leben in der DDR bekanntzumachen.«

Unsere Drehtüren

Die Unionspolitik orientierte sich seit 1955 an der Hallstein-Doktrin; nach ihr besaß die Bundesrepublik den Anspruch auf völkerrechtliche Alleinvertretung Deutschlands. Die Sozialliberalen lösten die Hallstein-Doktrin ab durch das »besondere Verhältnis« zur DDR und begründeten damit ihre Ostpolitik. Seit dieser Zeit befanden sich die Sozialdemokraten für zwei Jahrzehnte auf jenem Trampelpfad, auf dem die DDR als »Realität« anerkannt und die Einheit verloren gegeben wurde zugunsten der »kleinen Schritte« und »menschlichen Erleichterungen«. Es handelte sich, wie die Ergebnisse lehrten, um kleine Schritte auf der Stelle und um Erleichterungen, die weder menschlich waren noch irgendwelche Erleichterungen brachten. Sie gingen unterwegs zu den Deutschen in der früheren DDR, für die sie gedacht waren, irgendwo verloren. Oder waren »die da drüben« nur undankbar und nahmen keine Notiz von den »Erleichterungen«? Warum strömten sie also 1989/90 zu Abertausenden nach Westdeutschland?

Das Deutschland der Präambel des Grundgesetzes, von dem in Bonn so viele Jahre bei öffentlichen Veranstaltungen gesprochen wurde, existierte nur auf den Zungen. Als Elsaß-Lothringen nach dem Kriege 1870/71 verloren war, galt für alle Franzosen: »Nie davon sprechen, immer daran denken!« Die bestallten Redner in Sachen Deutschland stülpten die Empfehlung um: »Nie daran denken, immer nur davon sprechen«, um nicht zu sagen: ». . . nur davon schwätze«. Was Wunder, daß sie mit dem, was sie jahraus jahrein als »Deutschlandpolitik« praktiziert hatten, unsterblich blamiert wurden.

Erinnert sich noch der ehemalige Bundespräsident Scheel an seine Rede zum Tag der deutschen Einheit vor wenigen Jahren, als selbst für ihn die Sozialliberalen nur noch eine vage Erinnerung darstellten? In dieser Rede bestätigte er, daß die Einheit kein Thema sei: »Haben wir nicht andere Sorgen?« Selbst bei der Freiheit sei etliches zu relativieren. Man könne auch ohne »Menschenrechte, wie wir sie verstehen«, recht gut leben, ja in mancher Hinsicht sogar besser. Seien doch die sozialen Errungenschaften in der DDR so vorzüglich, daß viele der Deutschen drüben nicht darauf verzichten wollten. Sie würden sich zwar insgesamt »nicht sehr wohl fühlen«, aber der Friede, so wie er dank des Status quo gesichert sei, stehe über all dem.

Daß Deutschlandpolitik nichts anderes sein könne als Politik der »kleinen Schritte« und der »menschlichen Erleichterungen«, wurde nach den Sozialliberalen auch von den Unionspolitikern übernommen. Das bahnte sich bereits 1972 an, als sich die CDU/CSU-Bundestagsfraktion bei der Schlußabstimmung über die beiden Ostverträge der Stimme enthielt. Kritiker bezeichneten damals den Gegensatz zwischen dem leidenschaftlichen »Nein« in den Debatten und der Stimmenthaltung als »Zwei-Zungen-Geschwätz« der CDU-Führung. Der einzige wesentliche Unterschied zwischen Union und Sozialdemokratie bestand darin, daß die SPD offen um Gespräche mit der SED buhlte und die Union etwas weniger offen war. Denn Kredite in Milliardenhöhe zur Stützung des schon damals stets am Rand des Bankrotts einherschlingernden DDR-Regimes gaben die einen wie die anderen. Beide Parteien hielten sich an eine Devise, die nur auf dem Boden eines Gemeinwesens entstehen kann, das wirtschaftlichen Wohlstand zum obersten Sittengebot erhebt: Entspannung durch Spenden.

Die »deutsche Frage« bezeichneten Bonner Politiker bald als eine internationale Lästigkeit. Als die Sozialliberalen abgelöst wurden von der neuen Koalition der Unionsliberalen, konnte die SPD unverhüllt Farbe bekennen. Noch in der Mitte des Jahres 1989 verspottete die SPD mit ihrem Ehrenvorsitzenden an der Spitze die »Lebenslüge Wiedervereinigung«, der sich die Bundesrepublik hingebe. Mehr als eine »transnationale Kooperation« der beiden Staaten war in dem Fernrohr, das sie in die Zukunft des Jahres 2010 oder 2020 richtete, nicht zu erblicken.

Für die Sozialdemokratie war die Existenz der beiden Staaten um Bonn und Pankow endgültig. Oberbürgermeister Nospers von Saarlouis sprach 1987 nicht nur wegwerfend von der »Chimäre der Wiedervereinigung«, sondern rügte den »imperialistischen Charakter« der Präambel des Grundgesetzes, in der die Wiederherstellung Deutschlands zum zwingenden Gebot der bundesrepublikanischen Politik erklärt wird. Er war sich darin einig mit einem der wortführenden SPD-Genossen, dem zeitweiligen Justizminister Jürgen Schmude, der schon 1986 gefordert hatte, die Präambel des Bonner Grundgesetzes wegen der Forderung der Wiederherstellung Deutschlands zu streichen. Für Berlins Regierenden Bürgermeister Momper, der nie ein Hehl daraus gemacht hatte, wie sehr ihm das »gefährliche Wiedervereinigungsgerede« gegen den Strich ging, gab es am 30. August 1989 keinerlei Zweifel daran, daß wir »weiterhin von der Zweitstaatlichkeit Deutschlands ausgehen müssen«.

Besonders fundierte Kenntnisse und ungewöhnliche Weitsicht hatte stets Egon Bahr demonstriert, einer der Architekten der Ostverträge und seit zwei Jahrzehnten SPD-Experte in deutschen Sachen. Noch am 2. Oktober 1989 empfahl er, daß »man aufhören solle, im Sinne der Staatlichkeit über die deutsche Einheit zu reden«. Er hatte schon im Dezember 1988 gewarnt: »Wer die deutsche Frage aufwirft, stört Europa. Rückkehr ist nicht mehr offen.« Im September 1989 sah er seine Zukunftsaussicht bis zur Jahrtausendwende durch die Entwicklung bestätigt: »Kein Mensch hat Zeit oder Lust, in der Zwischenzeit die deutsche Frage zu lösen. Das sind alles neue Spinnereien.« Als die »Spinnereien« längst dem SED-Regime den Boden unter den Füßen weggezogen hatten, blieb er – an dem gradiosen 9. November 1989, als die Grenzen geöffnet wurden – dank seiner untrüglichen Erfahrung bei seiner Prognose: »Wiedervereinigung ist kein Thema.«

Noch tiefer sahen dank ihres professionell analytischen Blicks die SPD-Politikwissenschaftler. Einer ihrer namhaftesten erklärte: Die Leugnung jeglicher deutschen Identität sei die Grundlage des politischen Bewußtseins der Bundesrepublik. Damit sprach er nur aus, was mehr oder weniger verschleiert bis zum Sommer 1989 geradezu regierungsamtlich war. Wenn Begriffe wie Nation und Volk nicht aus Gründen des Zeitgeistes zum alten Eisen geworfen wurden, dann waren sie zumindest auf dem Altar der westeuropäischen Integration zu opfern. Dem Zeitgeist verhalf am 12. Juni 1989 der SPD-Politiker Gerhard Schröder zur Sprache: »Nach 40 Jahren Bundesrepublik sollte man eine neue Generation in Deutschland nicht über die Chancen einer Wiedervereinigung belügen. Es gibt sie nicht.« Das war noch elegant ausgedrückt neben dem Epigramm des Chefredakteurs einer unserer auflagenstärksten Illustrierten vom 17. August desselben Jahres: »Wer gar von gesamtdeutschen Visionen faselt, macht sich mitschuldig. Die Wiedervereinigung ist ein Schlagwort von vorgestern. Wir aber brauchen sie nicht.« Gebraucht wird sie aber für den Absatz des Blattes, deshalb wurden die Fühler gleich im November 1989 in die andere Richtung ausgestreckt.

Noch weniger benötigte die deutsche Einheit der Redaktionschef jener Wochenschrift, von dessen weltpolitischem Weitblick sich seit Jahren ein Gros der Bundesintellektuellen das Horoskop stellen läßt. 1987 konstatierte er höhnisch, wir würden »im Widerspruch zwischen dem Wiedervereinigungspathos, das unter Buchsbäumen blüht, und dem politisch Möglichen in der realen Welt« leben; mit den Buchsbäumen meinte er die Umrahmung der Sonntagsredner. Am 23. Juni 1989 erfuhr die Leserschaft: »Wer heute das Gerippe der deutschen Einheit aus dem Schrank holt, kann alle anderen nur in Angst und Schrecken versetzen.« Wie gut, daß das Gerippe nicht die auf Westintegration fixierten Bundesbürger oder gar die Bonner Offiziellen dem Schrank entrissen hatten. So stehen sie bei NATO-Tagungen und in Europas Planungszentrale Brüssel in demokratisch weißer Weste da: Wir waren's nicht, es waren unsere Schwestern und Brüder da drüben, die haben das Gerippe hervorgeholt!

Eine deprimierende Auflistung. Soll man sie ergänzen durch weitere Positionsbestimmungen? Es genügt schon, an die Warnung von Berlins CDU-Chef Eberhard Diepgen vom 7. Oktober 1989 zu erinnern, daß die »Wiedervereinigungsrhetorik bei der DDR-Bevölkerung nur Ängste auslöst.« Das war, es läßt sich kaum fassen, an dieselbe Bevölkerung gerichtet, die seit Wochen ohne die geringsten Ängste in Leipzig, Dresden, Ost-Berlin mit Kerzen gegen Knüppel demonstrierte.

Noch weniger ist allerdings die Gelenkigkeit unserer Politiker zu fassen. Da hatten sie viele Jahre erklärt, die deutsche

Einheit sei kein Thema, wer sie künstlich hochspiele, gefährde den Weltfrieden und verhindere den westeuropäischen Zusammenschluß. Kategorisch hatte im Juni 1987 die SPD in einem deutschlandpolitischen Papier den Auftrag des Grundgesetzes, nach Einheit in Freiheit zu streben, verworfen. Die Teilung auf Dauer müsse bejaht werden. Die Deutschen hätten zu erkennen, daß die Normalität der anderen europäischen Nationen, die staatliche Einheit, für sie nicht gelten dürfe. Jetzt aber, da die Deutschen im Osten uns Deutsche im Westen zur Normalität wachgerüttelt hatten und der Einheit entgegen aufgebrochen waren, beeilt sich das Regierungs-Bonn, diese Einheit als *seine* Politik durch die Jahre seit 1949 auszugeben. Was drüben ein Wendehals sein mag, ist bei uns eine prächtig geschmierte Drehtür des Duckens – wieder einmal vor der »Realität«. Ob man nun das Umkippen des illusionären »Wandels durch Annäherung« zu einem »Wandel durch Wind-Wechsel« bestaunt oder seinen Ohren nicht traut, wenn man die neuen Reden hört und ebensowenig seinen Augen, wenn man sie zur Bestätigung nachliest: Politiker mögen glauben, daß sich an ihre Sprüche von gestern das Volk morgen nicht mehr erinnert. Das mag bei Nebensächlichkeiten verständlich, ja berechtigt, weil unvermeidlich, sein.

Doch für Grundfragen, die uns, das Volk, elementar betreffen, gilt das nicht. Sie disqualifzieren die Gelenkigkeit, mit der von einer Position zur strikt entgegengesetzten Position gesprungen wird, zu blankem Betrug. Wenn die Wahrheiten von gestern nunmehr als Seifenblasen zu bezeichnen sind: Wer garantiert uns, daß sich bei den vorgeblichen Wahrheiten von heute nicht morgen dasselbe zeigen wird?

Diese Nutzanwendung gilt es zu ziehen, wenn wir jetzt Mahnungen zur »Mäßigung« aus jenen Kreisen hören, die in den letzten Jahrzehnten nur Hohn für die sogenannten »Ewiggestrigen« und ihrem Festhalten an Deutschland übrig hatten. Jene Kreise, denen einer der SPD-Vordenker aus dem Herzen sprach, als er die Sehnsucht der 17 Millionen Mitteldeutschen nach Einheit als schlechthin »widerwärtig« bezeichnete. Seit nahezu einem halben Jahrhundert war unser Volk brutal zerspalten. Und jetzt hören wir die Mahnungen, umgeben von gepflegten Molltönen aus der Villa Hammerschmidt, alles müsse mit Maß und Würde und Anstand und Geduld geschehen, die Einheit dürfe nur durch langsames Zusammenwachsen erreicht werden. Nichts ist so dringlich, wichtig, vernünftig, als die Einheit so schnell wie möglich zu verwirklichen. Wird uns demgegenüber der betuliche Bedacht nicht nur deshalb empfohlen, damit auch der schwerfälligste unserer Politiker trotz seiner Schäden am Rückgrat auf den fahrenden Zug nach Deutschland aufspringen kann?

Benebelnder Bluff: Freiheit statt Einheit

Nichts prüfen, was aus Moskau kommt – Diesbezügliche Sonntagsgebete – Der Hebel Antikommunismus – Ehrenerklärung für KZ-Wächter – Der Hebel Freiheit

Konrad Adenauer konnte schon eingangs der fünfziger Jahre die Parole ausgeben, daß die westeuropäische Integration Vorrang vor der deutschen Einheit habe. Der Kanzler begründete diese Rangordnung mit der Behauptung, aus dem westeuropäischen Zusammenschluß würde sich die Einigung Deutschlands als zwangsläufige Frucht ergeben. Unterstützt wurde er dabei von US-Hochkommissar John McCloy, der die anhebende Politik der Stärke mit einer offiziellen Illusion national schmackhaft machte. Am 17. Dezember 1951 erklärte er vor dem Landtag in Stuttgart, daß die Partnerschaft der Bundesrepublik mit den freien Völkern des Westens der einzige Weg sei, um die deutsche Einheit zu erreichen. Der geistig-moralische Druck, der von der europäischen Integration mit Sicherheit zu erwarten sei, würde unweigerlich die Trennungslinie in Deutschland beseitigen.

Auch diese Verheißung gehörte zu den vielen Botschaften der Nachkriegszeit, die so »schön trügerisch« wirkten. Lediglich Kurt Schumacher und die damalige SPD bezeichneten solche Thesen als indiskutabel. Doch die Opposition drang nicht durch. Alle Warnungen wurden in den Wind geschlagen, obgleich auch innerhalb der Unionsparteien und der übrigen parteipolitischen Gruppierungen mehr als genug Deutsche sich der Wiederbewaffnung widersetzten. Immerhin waren die Gegenstimmen eindrucksvoll genug, um die westlichen Besatzungsmächte zur Eile zu treiben. Anfang November 1951 einigten sich die Hochkommissare mit dem Bundeskanzler über den Generalvertrag, mit dem das Besatzungsstatut abgelöst werden sollte.

Die Sowjetunion reagierte auf die Hektik der Westmächte am 10. März 1952. Sie ließ den Vertretern der westalliierten Sieger in Moskau eine Note überreichen. Angefügt war der Entwurf eines Friedensvertrages für Deutschland. Die Sowjetregierung bot darin nichts weniger an als die Wiederherstellung Deutschlands als eines einheitlichen Nationalstaates. Die zentrale Regierung an der Spitze sollte aus freien Wahlen hervorgehen. Am Aufbau dieses demokratischen Staates konnten sich auch alle ehemaligen Soldaten und Mitglieder der NSDAP beteiligen; Diskriminierungen wegen der jüngsten Vergangenheit werde es nicht geben. Außerdem wurde der Abzug sämtlicher Besatzungstruppen innerhalb eines Jahres, nachdem der Friedensvertrag in Kraft getreten sei, garantiert. Ebenfalls zugesagt wurde die Aufstellung eines nationalen Heeres, dessen Umfang Deutschland eine selbständige Verteidigung ermöglichen würde, sowie eine Rüstungsproduktion, deren Kapazität dem Bedarf der deutschen Truppen zu entsprechen habe. Ein derart wiederhergestelltes Deutschland werde in die Vereinten Nationen aufgenommen.

Die Sowjetregierung verband mit ihrer Offerte eine einzige Bedingung: Deutschland müsse sich verpflichten, »keinerlei Koaltion oder Militärbüdnisse einzugehen, die sich gegen irgendeinen Staat richten, der mit seinen Streitkräften am Krieg gegen Deutschland teilgenommen hat«. Gemäß der damaligen Lage und den Absichten der Westalliierten bedeutete das die militärische Neutralität Deutschlands.

Moskau war also bereit, das ostzonale Regime Walter Ulbrichts und der SED zu opfern. Die Westmächte waren völlig überrascht. Sie informierten noch am selben Tage die Bundesrepublik. Die Alliierten waren davon überzeugt, daß Stalin sein Angebot ernst meinte. Die Note vom 10. März bewies, welche schwerwiegenden Konsequenzen der Kreml mit der Westintegration der Bundesrepublik verband. Um dies zu verhindern, war Stalin zu größeren Konzessionen bereit, als sich die Westmächte hatten vorstellen können. Was sich in ihrer Perspektive als »Neutralisierung« Deutschlands darstellte, das bedeutete vom Osten aus gesehen nichts anderes, als daß ein bewaffnetes, durchaus zur Selbstverteidigung befähigtes Deutschland zwischen die Blöcke geschoben werden sollte.

Die USA, treibend bei der Remilitarisierung, hatten sich gründlich über die Sowjetregierung getäuscht. Sie täuschten sich ebenso gründlich in der Person Konrad Adenauers. Die Amerikaner rechneten zwar mit der Willfährigkeit des Kanzlers als eines Sicherungselementes ihrer Absichten, aber sie waren doch verblüfft, mit welcher Lässigkeit Adenauer die Note als einen »Fetzen Papier« beiseite schob. Damit waren sie aller Sorgen ledig, daß den Deutschen ihre eigenen Interessen näherstehen könnten als die US-Interessen. Die Entscheidung Adenauers bedeutete, daß er auch durch kein gewissenhaftes Abklopfen des Gehalts der sowjetischen Note die Unannehmlichkeit auf sich nehmen wollte, Stalins Angebot als ernstgemeint bestätigen zu müssen.

Moskau war ebenso verblüfft. Adenauer, der als Regierungschef für die Westdeutschen sprechen konnte – gleichgültig, ob damit nur einundfünfzig Prozent der Bevölkerung gemeint waren – , schätzte tatsächlich die Westbindung der Bundesrepublik für wichtiger ein als die Wiederherstellung Deutschlands. Schon am nächsten Tag, am 11. März 1952, erklärte der Kanzler den Hochkommissaren, daß die Stalin-Note nichts an der Politik seiner Regierung ändern werde. Bonn war also nicht einmal bereit, das Angebot in der üblichen Weise auf einer Konferenz durch Analysen, Beratungen und Rückfragen zu prüfen. Adenauer versicherte den Alliierten, er hätte sich vorsorglich mit seinen Ministern auf eine gemeinsame Version der Presse gegenüber geeinigt. Das sei nötig gewesen, denn in der Stalin-Note würden doch einige verführerische Elemente stecken, die sich auf weniger gut informierte Bürger mißlich auswirken könnten.

Adenauer wollte folglich die Note nur taktisch behandeln: Der Kanzler war nicht einmal willens, sich davon zu überzeugen, ob das, was in dem Schriftstück gesagt war, auch so gemeint war – oder eben nicht gemeint war. Damit aber verzichtete er bewußt darauf zu klären, ob aufgrund der Stalin-Note tatsächlich die Chance bestand, Deutschland wiederherzustellen. Diese Fragwürdigkeiten fielen schon damals den meisten Zeitgenossen und Beteiligten auf.

Stattdessen drängte Adenauer mit aller Macht und Hast auf die Unterzeichung des Deutschland-Vertrages samt dessen Kernstück, dem Generalvertrag. Kurt Schumacher hatte am 22. Mai 1952, vier Tage vor der Unterzeichnung, klipp und klar erklärt: »Wer diesem Generalvertrag zustimmt, hört auf, ein guter Deutscher zu sein.« Die Sowjetregierung hatte am 9. April ihr Angebot vom 10. März nochmals wiederholt. Am 24. Mai erklärte sie in einer dritten Note, daß es ein unüberwindliches Hindernis für die Wiederherstellung Deutschlands sei, wenn der Deutschland- und Generalvertrag von Bonn unterzeichnet werde. Doch nichts konnte Adenauer daran hindern, den Vertrag zu unterschreiben.

Am selben Tag, dem 26. Mai 1952, begann die sowjetzonale Regierung mit der Absperrung der innerdeutschen Grenze. Heute steht aufgrund der Akten fest, daß Stalin keinen Bluff im Sinne hatte. Selbst Präsident Gorbatschow berief sich darauf, daß schon Stalin für die Wiederherstellung Deutschlands gewesen sei; er habe das mit seinen Noten des Jahres 1952 bewiesen. Die Tatsache, daß man dies heute eindeutig feststellen kann, gehört nicht zu den Triumphen von der Art, die sich auskosten lassen.

Bei dem »Rhöndorfer Gespräch« am 26. März 1982, das dreißig Jahre nach der Stalin-Note nochmals Adenauers Entscheidung rechtfertigen sollte, kam etliches ans Licht. Der einflußreiche CDU-Abgeordnete Johann Baptist Gradl, der Jakob Kaiser nahegestanden hatte, bestätigte: »Ich sage heute noch: Wir hätten am Verhandlungstisch miteinander reden sollen. Wir hätten die Sowjets aus Deutschland herausbekommen können. Und was besonders schmerzt: Die Lage war noch längst nicht so verfahren wie heute.« Der frühere Bundeskanzler Kurt Georg Kiesinger erkundigte sich in dem Gespräch irritiert: »Warum sind die Fraktions-Protokolle dieser Zeit unauffindbar?« Sicher ein Zufall. Hatte Kiesinger vergessen, daß die glücklichsten Zufälle diejenigen sind, die man selbst arrangiert?

Wenn gleichwohl noch immer von einer apologetischen, unionspolitisch ausgerichteten und transatlantisch verseuchten Geschichtsschreibung behauptet wird, es hätte sich bei Stalins Offerten nur um sowjetische Irreführungen gehandelt, so kann kein Verfechter dieser Ansicht darauf verweisen, daß sich seine Behauptung auf eine gründliche Prüfung der Moskauer Angebote durch Bonn stützen könne. Bis heute gibt es nur eine Antwort auf die mehr als berechtigte Frage, warum denn diese Prüfung nicht vorgenommen wurde: Adenauer konnte es nicht riskieren, eingestehen zu müssen, daß die Wiederherstellung Deutschlands möglich war. Das hätte seine Westpolitik zusammenbrechen lassen.

Diesbezügliche Sonntagsgebete

Wenn Adenauer ihre Grundlage sichern wollte, mußte er alle Register ziehen, um den Westdeutschen die Überzeugung einzuflößen, daß sich Westintegration und Wiedervereinigung nicht ausschlossen, auch wenn das Gegenteil auf der Hand lag. Es wurde von der Zukunft bestätigt. Ebenso sollte niemand in der Bundesrepublik den Verdacht hegen, daß es sich bei den Entscheidungen in den fünfziger Jahren um die Interessenpolitik der Siegeralliierten handeln könnte. Heute ist das kaum zu fassen. Hatte doch John Foster Dulles, US-Außenminister und engstens mit Adenauer befreundet, in jenen Jahren laut verkündet: »Wir treiben in Europa keine deutsche Politik, wir treiben in Europa keine französische Politik, wir treiben in Europa amerikanische Politik!«

Trieben Adenauer und die Union damals oder gar jemals deutsche Politik? Das britische Blatt »News Chronicle« spottete am 27. Juni 1959: »Adenauer, ein Katholik und Rheinländer, ist zuweilen westlicher als der Westen. Neutralisierung, dieses unschuldig klingende Wort, das viele Deutsche und Ausländer verlockte, hat keinen Reiz für ihn. Um es zu vermeiden, ist er bereit, viele Opfer zu bringen, selbst eine Verlängerung der deutschen Spaltung.« Die englische Zeitung vermied jeden Hinweis darauf, wie schwer es doch verantwortungsgebeugten Politikern falle, Opfer zu bringen, die nicht zu eigenen Lasten gehen, sondern zu Lasten ihres Volkes.

Drei Monate zuvor hatte sich die US-Wochenschrift »The

News Leader« eine entsprechende Feststellung erlaubt: »Während Konrad Adenauers Regierung ebensowenig wie einer ihrer Alliierten willens gewesen ist, einen wirksamen diplomatischen Schritt für die deutsche Wiedervereinigung zu tun, ist sie aus innenpolitischen Gründen natürlich nicht in der Lage, auf diesbezügliche Sonntagsreden zu verzichten.«

Im Ausland zweifelte niemand daran, daß es zu Adenauers speziellen Fähigkeiten gehörte, unentwegt von »Wiedervereinigung« zu sprechen und ebenso unentwegt an der Integration der Bundesrepublik in den Westen zu arbeiten, um dadurch alle Möglichkeiten für Deutschlands Einheit zu verschütten und allenfalls nur noch vage Hoffnungen auf irgendeinen Tag jenseits der Horizonte zuzulassen. So schrieb die »New York Times« einen Monat nach Stalins Angebot: »Den Deutschen wurde jetzt die Wahl angeboten zwischen der Vereinigung ihres geteilten Landes und der Vereinigung eines Teiles ihres Landes mit dem Westen – wobei eben die letztere Alternative bedeutet, daß Deutschland auf unübersehbare Zeit geteilt bleibt, es sei denn, daß irgendwelche unvorhersehbaren Umstände das ganze Weltbild verändern.«

Das Gewicht von Stalins Angebot aus dem Jahre 1952 hat bis heute nichts von seiner Dimension verloren. Es ist kein nebensächliches Faktum einer lang zurückliegenden Geschichte geworden. Es hat bis heute nichts an Sprengkraft verloren – bis heute, da sich vor unseren Augen in der Tat »das ganze Weltbild« ändert. Für Moskau verbindet sich mit dem Konzept der Stalin-Note eine feste Konstante der Deutschlandpolitik. Das wurde hinreichend deutlich bei der Diskussion, ob und unter welchen Bedingungen das geeinte Deutschland noch als Mitglied dem Militärpakt der NATO aus den Altväterjahren des Kalten Krieges angehören solle – zu einer Zeit, da die Tage des Warschauer Paktes schon gezählt sind.

Adenauers Politik legte die Richtung der Unionspolitik auf Jahrzehnte hin fest – bis heute. Trotz der deutschen Revolution des Herbstes 1989 zwingt die Bonner Regierung noch immer die deutsche Einheit in die Westbindung und unter den Helm der NATO-Allianz. Die Altparteien sind hypnotisch fixiert auf den Fortbestand dieser Fessel. Sämtliche Staaten des Ostens sind seit Jahren einer ungeheuren Veränderung unterworfen. Ein radikal neues Verhältnis zur Wirklichkeit und den Beziehungen der Staaten untereinander hat sich durchgesetzt. Doch auf die politische Sicht der Union, der SPD und der Liberalen hat das kaum abgefärbt. Ihnen gilt ein total antiquiertes Konzept nach wie vor als eine Bedingung der Zusammenführung des west- und des mitteldeutschen Staates.

Die Gründe dafür liegen auf der Hand. Selbständiges politisches Denken und entschiedenes Handeln im Dienst derjenigen Interessen, die für unseren Bestand von Gewicht sind, hat es in Bonn und bei den Lizenzparteien seit Jahrzehnten nicht mehr gegeben. Wer seinen Körper nicht bewegt, verfällt dem Muskelschwund. Wer sein Gehirn dem Ruhestand überläßt, wird geistig unvermögend. Als die deutschen Restgebilde Bundesrepublik und DDR unter die Direktive des Westens und des Ostens gestellt wurden und die Siegerstaaten ihre Rivalität auf dem Rücken des Verliererstaates austrugen, wurden den Deutschen die Handschellen der West- und Ostpolitik angelegt. Das wurde den Bonner Parteien zur zweiten Natur.

Für die zeitliche Verewigung über vier Jahrzehnte hinweg sorgten zwei einfache Hebel. Auch sie erhielten ihre Grundform in der Schmiede des großen Kanzlers Adenauer. Beide waren so einfach zu handhaben, daß der Erfolg von vornherein sicher war. Der erste Hebel war der Antikommunismus. Dieses

Werkzeug ließ sich in Westdeutschland um so leichter handhaben, als es sich dabei um eine Weiterführung der Kriegskonstellation gegen Sowjetrußland handelte. Wer darin nichts von Antibolschewismus oder Nationalsozialismus sehen wollte, konnte sich mit urdemokratischen Begründungen helfen. Nachdem Präsident Roosevelts unbegreifliche Vertrauensseligkeit gegenüber Sowjetrußland, die Churchill kriegsbedingt kräftig unterstützt hatte, in die Narrenkiste des geschichtlichen Vergessens gestopft worden war, identifizierten die USA ihren demokratischen Way of life mit dem Antikommunismus. Selbst Präsident Ronald Reagan sprach von der Sowjetunion Michail Gorbatschows als dem »Reich des Bösen«.

Der Antikommunismus war außerdem für die westdeutschen Lizenzparteien ein Universalgerät der Profilierung. Die Kommunisten hatten die Weimarer Demokratie genauso bekämpft wie die Nationalsozialisten. Die Bonner Parteien verknüpften ihre Neugründung mit ihren Traditionen aus der Weimarer Zeit. Folglich war die KPD genauso ein Feind wie die NSDAP. Beide Bewegungen wurden unter dem Begriff des Totalitarismus zusammengespannt. Wer sich damals gegen den Nationalsozialismus, den Faschismus und den Kommunismus äußerte, konnte sich darauf verlassen, als Demokrat anerkannt zu sein. Dieses Verfahren erleichterte es auch jenen Nationalsozialisten, die trotz ihrer Karriere im Dritten Reich oder als Mitläufer nichts weiter gewesen waren als ausgekochte oder harmlose Konjunkturritter, in dem neuen Boden der abendländisch-christlichen Demokratie Wurzeln zu schlagen.

Im Orginalton Konrad Adenauers: »Die Zielsetzung der Politik der Sowjetunion ist eindeutig und klar. Sie geht hin auf die Beherrschung Europas durch Sowjetrußland. Rußland hat von jeher eine stark panslawistische Ausdehnungspolitik getrieben und eine Ausdehnungstendenz gehabt. Dieser Drang ist durch den Übergang zur kommunistischen oder besser zur totalitären Staatsform und Diktatur außerordentlich gesteigert worden. Seien wir uns darüber klar, daß dort im Osten der Feind des Christentums sitzt. Hier handelt es sich nicht nur um politische, sondern auch um geistige Gefahren. Hier in Europa liegt die Gefahr für die Welt, auch für die Vereinigten Staaten.«

Das sorgsam gepflegte Trauma der sowjetischen Bedrohung entwickelte sich durch Bonn zu einer Norm der Politik. Adenauer leitete daraus die Konsequenzen seiner Außen- und Innenpolitik ab. Selbst vordergründige, nebensächlich erscheinende Entschlüsse konnte er auf diese Weise mit einer politischen Argumentation der Nullebene begründen: mit der sittlich unpersönlichen, abstrakten Verpflichtung, abendländische Güter und Werte höchsten Ranges vor der Vernichtung durch den Osten zu bewahren: »Ich halte es für erforderlich, daß die Politik sich an den geistigen Werten der christlich-humanistischen Weltanschauung orientiert.«

Nie wirkte Adenauer überzeugter von seinen eigenen Beteuerungen, als wenn er die fürchterliche Gefahr beschwor, die sich mit allen Unternehmungen der Sowjets verband. Das geschah so eintönig regelmäßig, wie er beteuerte, daß seine Politik nur der Einheit Deutschlands diene. Adenauer war offensichtlich schon in jenem Lebensalter, in dem man sich nicht mehr daran erinnerte, daß Eltern ihr Kind aus Selbstschutz solange quängeln lassen, bis sie das Quängeln nicht mehr hören. Auch Adenauer wiederholte seine Positionen bis zu seinem Rücktritt 1963 so beharrlich, bis es keine Zweifel mehr gab: Die Gefahr aus dem Osten in ihrer groben Form existierte nur deshalb, weil sie eine Zwangsvorstellung Adenauers, wenn nicht seine eigene Erfindung war. Ihre Haupteffekte waren die abstützende Motivierung der Unionspolitik und ebenso die Hilfe bei der Profilsuche aller politischen Parteien nach 1945. Hier hatte selbst die SPD dem Kanzler Adenauer viel zu verdanken.

Der Antikommunismus hatte seine hilfreichste Funktion als Alibi für Ideenflaute. Armin Mohler meinte in einer seiner brillanten Analysen, daß sich auch die Konservativen – »Wir feinen Konservativen« – seit »ihrem Neuanfang nach 1945 im Grunde auf nichts eingelassen haben – zum mindesten auf nichts, was wirklich an die Nieren ging. Sie wollten immer draußen bleiben, darüber stehen. Sie wollten bei denen sein, die recht haben – und das hieß damals: Sie wollten zu den Siegern gehören. Die auf Burke getrimmten Konservativen im welfischen Nordwesten sahen ihre Heimat in England, die Abendländer im Süden sahen sie in Rom oder allenfalls um die Hofburg. Dann tauchte ja auch rechtzeitig die Unverbindlichkeit ›Europa‹ auf, die zu nichts verpflichtete. – So begnügten sich die Konservativen eben damit, schöne Ideen zu haben – etwa wie der Staat aussehen soll, wie die Kultur. Die Wirtschaft war schon gar kein Thema, denn da kam ohnehin nur die freie Marktwirtschaft in Frage. Und dann wußte man ja gottseidank, *wogegen* man war. Man war gegen den Kommunismus – was wiederum zu nichts verpflichtete, da die Schutzmacht USA ja ebenfalls dagegen war und das Aufkommen einer starken kommunistischen Partei in Westdeutschland schon durch den Anschauungsunterricht der roten Satrapen jenseits der Zonengrenze verhindert wurde.«

Einem Volk, das sich in so desolatem Zustand befand wie das deutsche nach 1945, ließen sich leicht diejenigen Stützen einziehen, die den Wünschen der Sieger entsprachen. Daß sich damit auch mindere Instinkte kräftigten wie politischer Zynismus, gespielte Demutsgestik, grober Wille, sich zum Zweck des Überlebens auch schäbiger Mittel zu bedienen – das wurde prägend. Wer es heute der Bundesrepublik verübelt, daß sie auf industriell-ökonomischem Gebiet ein Gigant sei, sich aber politisch wie ein geprügelter Hund verhalte, hat recht. Die Siegerstaaten – und welcher Staat in Europa hätte nicht zu ihnen gehört? – legten größten Wert darauf, daß sich die Bundesrepublik so verhielt. Wer sich diese Tatsache durch die Nachkriegsgeschichte und die deprimierend zeitgenössischen Argumente in den Reden der Abgeordneten nicht bestätigen lassen will oder kann, der erhält zur Zeit ausreichendes Anschauungsmaterial. Welcher Staat außer Andorra meldet gegenwärtig nicht seine Rechte darauf an, bei der deutschen Einigung mitsprechen zu müssen?

Die Lizenzparteien konnten nichts Besseres tun, als sich beständig auf der Seite der Sieger zu wissen, selbst wenn sie dabei die Verachtung derjenigen, die ihren Sinn für Haltung noch nicht eingebüßt hatten, in Kauf nehmen mußten. Im Prinzipiellen deckten sich die Parteiprogramme weitgehend mit dem Katalog der Grundrechte des Bonner Grundgesetzes. Die Sicherung dieser in den neunzehn Artikeln beschriebenen Rechte richtete sich durchweg nach außen. Bei der Textfassung war – im Gedenken an die Weimarer Republik – alles auf Abwehr eingestellt. Man dachte unentwegt an eine Situation, die allenfalls zu Beginn der dreißiger Jahre, nicht mehr jedoch nach 1945, gegeben war. Das Schlagwort aus den späteren

Jahren »Bonn ist nicht Weimar« traf zu, aber Bonn war im Schatten von Weimar entstanden. Das lähmt bis heute die Vordenker unserer Parteien. Sie wissen ausnahmslos, wogegen sie sind. Auf die Frage aber, wofür sie sind, gibt es als prompte Antwort nur »für die Freiheit« – eine Allerweltsvokabel, denn welcher Mensch auf dem Erdball wäre heute nicht dafür?

Seit 1945 datiert eine Epoche, in der die moralische Stilisierung in der Öffentlichkeit als unerläßlich gilt. Sobald die politische Entwicklung zu einem Wechsel der Gegner und der Allianzen führt, verändern sich auch die Sittlichkeitsbegriffe der Parteien. General Eisenhower, der voller Glauben den »Kreuzzug in Europa« gegen die verdammungswürdigen Deutschen führte und entschlossen war, das Laster des deutschen Militarismus mit der Wurzel auszurotten, berichtigte unter dem Aspekt des Antikommunismus seine moralischen Bewertungen. Die Verfügbarkeit und zweckbedingte Anwendung ethischer Normen ist bei uns seitdem so selbstverständlich geworden, als würde es sich um den Wechsel von Waschmitteln handeln. Alarmierend ist weniger die Tatsache selbst als vielmehr die Gleichgültigkeit, mit der sie hingenommen wurde. Und hingenommen wird.

Seit die Menschen über Gut und Böse nachdenken, gilt als Grundübereinkunft, daß die Sittlichkeit nicht disponibel ist. Natürlich kennen wir alle unseren Machiavelli und wissen, daß es zwei Formen der Moral gibt: Die eine wird gepriesen und nicht angewandt, die andere wird angewandt aber nicht gepriesen. Daß sich jedoch beide mixen und als Cocktail schlürfen lassen, das lehrte die Nachkriegszeit. Talent dazu besitzt jeder Barkeeper.

Davon, daß sich vor allem die dienstfähigen Männer Westdeutschlands wegen der historischen Verworfenheit dieser

Nation der demokratischen Resozialisierung und Umerziehung zu unterwerfen hatten, wollte General Eisenhower jetzt nichts mehr wissen. Deshalb wurde den Deutschen ein Wechselbad verordnet: Der Mohr muß seine Schuldigkeit jetzt tun, der Mohr soll kommen. Eine Mohrenwäsche war angebracht. Eisenhower hatte auf Bitten von Präsident Truman im Dezember 1950 den Oberbefehl über die Alliierten Streitkräfte in Europa übernommen. Auf einem Werbefeldzug durch die europäischen Hauptstädte gab Eisenhower im Januar 1951 seine berühmt gewordene, moralisch zutiefst anrüchige Ehrenerklärung für den deutschen Soldaten ab.

Fällig gewesen wäre sie 1945. Sechs Jahre später trug sie ohne die geringste Scham ihren Zweckcharakter zur Schau. Politiker der Bundesrepublik und die ehemaligen Generäle der Deutschen Wehrmacht, Hans Speidel und Adolf Heusinger, wurden in das Haus von US-Hochkommissar John McCloy gebeten. Dort hatte Eisenhower die Stirn, ihnen Auge in Auge zu versichern: »Lassen wir das Gewesene gewesen sein. Deutschland soll seinen Platz verdienter Gleichberechtigung erhalten. Das gilt auch für den deutschen Soldaten, der, wie ich hoffe, einmal mit den Soldaten der übrigen westlichen Welt zusammenstehen wird. Ich will keine ›Hessen‹ unter mir haben. Ich glaube auch nicht, daß der deutsche Soldat im letzten Krieg seine Ehre verloren hat.« Von welchen Soldaten sprach General Eisenhower? Gab es andere Soldaten als diejenigen der Deutschen Wehrmacht, die sich von KZ-Wächtern nur quantitativ unterschieden, wie der Minister für Arbeit und Sozialordnung der jetzigen Bundesregierung bekundet hatte?

Die Entscheidung für den Westen ließ sich aus dem Antikommunismus ohne weiteres ableiten. Zusammen mit den Grundpositionen Adenauers und der Unionsparteien entwickelte sich daraus ein politisches Credo. Sozialismus, Marxismus, Bolschewismus waren Todfeinde der christlich-abendländischen Werte, der individuellen Menschenwürde, der allgemeinen Menschenrechte und der Freiheit. Die Kirchenväter der Bewahrung des Abendlandes vor den finsteren Bedrohungen aus dem Osten wurden nicht müde, dies unentwegt zu betonen. Diejenigen Werte, die in Sowjetrußland galten, hatten sich demnach die Vernichtung der Freiheit zum Ziel gesetzt, – jener Freiheit des Individuums und damit seiner Würde, die auf dem christlichen Naturrecht beruhte.

Die immer wieder beschworene und bewußt unter Feuer gehaltene Bedrohung der Freiheit durch Sowjetrußland und den Osten brachte die magische Formel »Freiheit statt Einheit« zur Welt. Sie ist noch heute das Seezeichen des Bonner Westkurses. Sobald sich politische Möglichkeiten der Einheit Deutschlands abzeichneten, die auch nur mit einer angedeuteten Lockerung der Westbindung verbunden zu sein schienen, wurde die Karte »Freiheit statt Einheit« als Joker ausgespielt. Die Stalin-Note? Die Bundesrepublik stand vor der Wahl, sich für die Einheit oder die Freiheit zu entscheiden. Die Wiederaufrüstung? Die Bundesrepublik mußte die Freiheit gegen die Bedrohung aus dem Osten verteidigen und deshalb auf die Einheit verzichten. Bonn als Mitglied der NATO? Die Freiheit der Bundesrepublik sei allein durch dieses Militärbündnis zu sichern, deshalb könne die Einheit nur innerhalb der NATO verwirklicht werden. Die Formel »Freiheit statt Einheit« wurde nicht eingehämmert. Sie wurde auf die Repetitionsebene tibetanischer Gebetsmühlen gehoben. Heute interessiert nicht mehr in erster Linie, welche tatsächlichen Beweise für die Formel »Freiheit statt Einheit« in den fünfziger Jahren vorhanden waren. Nicht vergessen sollten wir allerdings, daß die westlichen Siegeralliierten unter der Führung der Vereinigten Staaten die Bundesrepublik als eine Figur auf dem Schachbrett ihrer vitalen Interessen benützen, – genauso wie Sowjetrußland die DDR benützte. Die Freiheit in Westdeutschland war immerhin groß genug, um die meisten darüber hinwegzutäuschen, daß wir tatsächlich ein besetztes, ein unfreies Land sind. Selbst Adenauers Freund Abs fand dafür die Bezeichnung »größtes Ohnmachtsland der Welt«.

Was bei uns nicht mit rüder Redlichkeit ausgesprochen wird, das ist im Ausland zu lesen – so in der »Washington Post« vom 26. Januar 1989: »Die Gründung des westdeutschen Staates geschah unter der Vorspiegelung, daß die westlichen Besatzungsmächte, nämlich Frankreich, Großbritannien und die Vereinigten Staaten, mit den Deutschen das Ziel der Wiedervereinigung Deutschlands in absehbarer Zeit teilten. Dieser Täuschungsversuch ist auch im Grundgesetz von 1949 enthalten, welches besagt, daß die Bundesrepublik nur ein Provisorium sei. In ihrem Herzen wissen die Deutschen, daß die Westmächte zusammen mit der Sowjetunion Maßnahmen gegen die deutsche Wiedervereinigung getroffen haben, weil das Reich dadurch Europa, wie einst, dominieren könnte. Die Deutschen müssen aber vortäuschen, das nicht zu wissen, so daß ihre Handlungen mit den falschen westlichen Versicherungen übereinstimmen. Dadurch ist es soweit gekommen, daß der Gebrauch von absoluten Unwahrheiten, die jedermann zu glauben vorgibt, zu dem alltäglichen Standard politischen Handelns in Westdeutschland gehört.«

Die Rumpfgebilde des Deutschen Reiches wurden Spielsteine auf dem Gefechtsfeld des Ost-West-Konflikts. Aus der Sicht Washingtons stellte sich das Problem »Freiheit oder Einheit« überhaupt nicht; allenfalls dort, wo mit der Botmäßigkeit der Deutschen nicht unbedingt zu rechnen war. Dann allerdings eignete sich dieser blendende Bluff bestens, alle Diskussionen abzuwürgen. Es fällt schwer, bei einem kühlen Überprüfen der damaligen Konstellationen und politisch-militärischen Absichten die Vermutung zu unterdrücken, unsere politischen Parteien hätten sich insgeheim auf die Devise festgelegt: Wir wollen sein ein einzig Volk von Lügnern.

Bezeichend ist die langanhaltende Wirkung von »Freiheit statt Einheit« als Rechtfertigung der unterschiedlichsten Entscheidungen. Nunmehr zeichnet sich jedoch immer deutlicher ab, daß die Floskel ausgedient hat. Das konnte seit Gorbatschows Umgestaltung Sowjetrußlands jeder erkennen. Deutschland, seine Spaltung, sein geographisch gegensätzliches Vasallentum, das Problem seiner Einheit waren jahrzehntelang ein Problem der Konfrontation der Westalliierten und des Ostblocks, ein Problem des Kalten Krieges, ein Problem der Militärbündnisse. Daß Deutschland, seine Spaltung, sein Vasallentum, seine Einheit in erster Linie unser ureigenes Problem ist, das wurde der Welt im Herbst 1989 demonstriert. Jetzt ist an der Zeit, uns darauf zu besinnen, daß sich Freiheit nur auf der Basis der nationalen Rechte und einer eigenen gesellschaftlich-ökonomischen Grundordnung verwirklichen läßt – die Freiheit des einzelnen Menschen und diejenige seines Gemeinwesens. Kein Volk der Erde kann demokratische Freiheit verwirklichen, wenn es nicht seine Einheit verwirklicht. Das sollte unverrückbar gelten, auch wenn die Altpolitiker von jenen Generationen, die nicht mehr die ihren sind, unbeugsam erwarten, sie würden dem verwitterten Geßlerhut »Freiheit statt Einheit« weiterhin die Reverenz erweisen.

Die gestohlene Geschichte

Ein tausendjähriges Sündenregister – Preisgeben – oder nichts preisgeben – Kein Widerspruch aus Bonn – Unser Schrebergarten-Pluralismus – Geschichte ohne Geschichtsbild?

Die Jahre 1989 und 1990, die in Europa nicht nur einen Schlußpunkt hinter die Zeit seit 1945 setzen, sondern auch das zwanzigste Jahrhundert abschließen, liefern uns bemerkenswerte Lehrstücke in politicis. Betroffen, unwillig, irritiert müssen sich die Nachbarn rund um Deutschland damit abfinden, daß unsere Einheit durch keine Macht der Welt aufzuhalten ist. Unter den europäischen Politikern hat aber bis jetzt noch kaum jemand wahrgenommen, daß die Beseitigung des innerdeutschen Stacheldrahtes zwischen Lübeck und Hof nicht nur die Wiederherstellung Deutschlands einleitet, sondern auch die Restitution jenes Europas, dessen Einheit auf dem Terrain des Kalten Krieges zwischen den USA und Sowjetrußland vernichtet wurde.

Statt daß die europäischen Völker diese Tatsache wie eine Erlösung feiern und rühmen, werden sie und ihre Regierenden von ganz anderen Sorgen bewegt. Sorgen, die gänzlich überflüssig sind, wenn sie sich die Mühe machen würden, die Verbeugungen unserer politischen Repräsentanten vor ihnen ernst zu nehmen. Ihr Mißtrauen, daß es sich dabei nur um Schauspielerei handeln und »die Deutschen« damit lediglich ihre Großmachtgelüste kaschieren würden, ist abwegig. Nein, die Sprecher unserer Parteien und die Meinungsbildner in den Medien meinen es ernst, meinen es ehrlich mit ihrer Unterwürfigkeit. Sie sind kaum infiziert von jenen Begriffen, die zum Arsenal der Selbstachtung aller Völker auf diesem Erdball gehören: Gemeingeist, Liebe zur Heimat, Wahrung des Rechtes, Verkörperung nationaler Würde, Selbstsicherheit, Wahrung der Interessen, Ineinssetzung mit dem Volk, mit der Geschichte, mit dem Vaterland Deutschland. Das lebt allenfalls insgeheim im Herzschlag unserer Politiker. Es lebt aber voller Kraft in den Deutschen selbst. Diese Tatsache gibt den Sorgen unserer Nachbarn ihre Grundlage.

Da sind sie nicht müde geworden, uns einzuhämmern, daß sich solche Elemente bei uns in ihr Gegenteil verkehren. Als Beweis wurde uns ständig unsere Geschichte vorgehalten. Ebenso beständig wurde von den Abgeordneten und in der wenn nicht maßgeblichen, so doch maßgerechten Presse seit Jahr und Tag versichert, daß wir uns bis in alle Ewigkeit der »westlichen Wertegemeinschaft« angehörig fühlen würden – jenem Westen also, der Grundnormen des Volkes und Staates hochhält, uns aber das Recht abspricht, dasselbe zu tun. Wie stolz sind andere Völker auf ihre Nation, wie selbstverständlich ist ihnen ihr Nationalgefühl. In unseren Schulbüchern dagegen, in unseren Erziehungs- und Parteiprogrammen findet sich nichts dergleichen. Wenn es sich aber nicht umgehen läßt, gelegentlich trotz allem von unserem schemenhaft gewordenen Nationalgefühl zu sprechen, erhält es die kugelsichere Weste eines Adjektivs. Nationalgefühl ist bei uns nur erlaubt, wenn es sich um »geläutertes« handelt.

»Geläutertes Nationalgefühl«. Man muß dieses Wort so bedachtsam auskosten wie den Schluck einer Spätlese. Mit Gefühl bezeichnen wir Phänomene des individuell-persönlichen Erlebens: Freude, Angst, Wut, Liebe, Trauer, Hoffnung, Zorn. Das Wesentliche an Gefühlen ist ihre Unmittelbarkeit, die von keinerlei Intellektualität durchsetzte Erregung, die

Intensität, mit der sie uns erfassen. Eine »geläuterte« Wut hat nichts mehr mit Wut zu tun, sondern allenfalls mit abklingendem Ärger. Eine »geläuterte« Hoffnung ist Verzicht. In einer »geläuterten« Liebe ist die Liebe schon vorbei. Ein »geläutertes Nationalgefühl« schließlich ist weder national noch ein Gefühl.

Weshalb sollte deutsches Nationalgefühl geläutert sein? Wer uns dies als einzig vertretbares Nationalgefühl konzedierte, der meinte eine Reinigung von trüben Beigaben, eine Desinfektion. Wo der Unrat zu suchen und zu finden war, das hatten uns die Sieger von 1918 und 1945 eindringlich mitgeteilt; wir mußten dem zustimmen. Die Entschlossenheit, mit der uns die Schuld zugewiesen wurde, ließ den amerikanischen Historiker Harry Elmer Barnes darauf aufmerksam machen, »wieviel Mut und Charakter zu jedem Versuch gehört, Hitlers einmalige Schuld anzuzweifeln. Wenn sich nämlich dieses Grunddogma nicht aufrechterhalten läßt, wird der Zweite Weltkrieg zum größten Verbrechen der Geschichte, das zur Hauptsache auf England, Frankreich und den Vereinigten Staaten lastet. Je deutlicher die Schrecken und Folgen des Zweiten Weltkriegs hervortreten, desto notwendiger braucht man Hitler als Sündenbock.«

Ein tausendjähriges Sündenregister

Nationalgefühl ist von sogenannten schlechten Beigaben nicht zu befreien, ist nicht zu desinfizieren und keimfrei zu machen. Diese Erkenntnis gilt hierzulande nichts. Da aber jedes Gefühl eine elementare Erregung darstellt, ist beispielsweise Zorn ohne Aggression undenkbar. Das Primärmoment der Erregung, das aus dem Unbewußten kommt, gehört zum Begriff des Gefühls; es bildet seinen Kern.

Das solche Empfindungen die Normalmaße sprengen können, weiß jeder. Haß läßt sich bis zum Amoklauf steigern. Ein Rachegefühl kann sich in den Schwur einer ganzen Familie verwandeln und als Blutrache durch Generationen fortpflanzen. Nationalgefühle können sich bis zu der Überzeugung eines ganzen Volkes steigern, zu den Auserlesenen der Welt zu gehören. Die Texte der meisten Nationalhymnen bieten dafür Aufschlußreiches. Sie stärken damit aber nicht nur die Überzeugung, daß die Hybris eine Tochter der Extravaganz ist, sondern zeigen auch die außerordentliche Bindekraft des Nationalen. Nichts ist so verständlich und selbstverständlich wie der Nationalstolz.

Dem Nationalgefühl der Deutschen wurde in diesem Jahrhundert von ihren Kriegsgegnern exakt dasjenige angelastet, was in ihrer eigenen Geschichte vorherrscht. Die angebliche Neigung der Deutschen zur Übersteigerung hört sich etwa aus französischem Mund seltsam an. Oder rühmen sich etwa die Deutschen, Angehörige einer »Grande Nation« zu sein? Sind wir umgeben mit dem geschichtlichen Heiligenschein der »Gloire«? Tragen wir der Menschheit die Fackel der »lumiére« und »raison« voran, auf daß sie sich nach dem Umfang unserer Fußstapfen bemißt? Haben wir als Kolonialmacht die Völker in Afrika und Asien wie Ungeziefer behandelt? Oder findet sich bei uns und nicht in England die Genugtuung darüber, daß sich die Briten mit Kanonen und Kriegen und Hunderttausenden von hingeschlachteten Eingeborenen zur unbestrittenen Weltmacht durchgekämpft und mehr als ein volles Jahrhundert den Erdball beherrscht hatten?

Eine solche Liste ist ebenso endlos wie unsinnig. Genauso unsinnig wie die Tatsache, daß wir uns von diesen Nachbarn dazu zwingen lassen, in den Spiegel unserer eigenen Geschichte wie in ein zeitloses Sündenregister zu blicken. Wir sind weit davon entfernt, uns ein Richteramt über die Geschichte anderer Völker anzumaßen. Doch jetzt ist es an der Zeit, uns für unsere eigene Geschichte endlich als allein zuständig zu erklären. Man kann es nicht eindringlich genug betonen und wiederholen mit aller Leidenschaft und Härte: Die deutsche Geschichte gehört uns Deutschen. Uns und nur uns und niemand anderem als uns. Wer sie verzerren, verstümmeln, nach seinen eigenen Interessen zurechtbiegen oder uns gar entwenden will, dem sollten wir diejenige Antwort geben, die schon seit 1945 fällig ist.

Die Architekten der Umerziehung waren gründliche Leute. Seit 1943 galt die Reeducation bei den Westalliierten als eine beschlossene Sache. Das allgemeine Ziel wurde in einer Aktennotiz umrissen: »Wir werden die gesamte Tradition auslöschen, auf der die deutsche Nation errichtet wurde.« Deshalb verkoppelten sie die Behauptung, daß die Deutschen beide Weltkriege vom Zaun gebrochen hätten, mit einer Verurteilung der ganzen deutschen Geschichte. Bahnbrechend wirkte dabei das Buch des Schriftstellers Louis Nizer »What to do with Germany – Was sollen wir mir Deutschland machen?«

Nizer, der in New York lebte, war 1902 in London geboren worden. Seine Bücher »New Courts of Industry« (1934) und »Thinking on Your Feet« (1940) hatten ein durchschnittliches Echo. Anders die Schrift »What to do with Germany«, sie wurde ein Bestseller. Kein Buch in dieser Zeit heizte die Stimmung der Amerikaner gegen Deutschland besser an. Nizer zeigte seinen Lesern, daß es sich bei der deutschen Geschichte um ein einzigartiges Horror-Gemälde handelte. Man könnte über diese Karikatur im Dienst der Kriegspropaganda lächeln, wenn sie nicht so ernst genommen worden wäre. Um Dummheit konnte es sich bei dem Verfasser nicht handeln; er hatte einfach das richtige Gespür dafür, was den Haß der Amerikaner am besten schüren und gleichzeitig ihre eigene Unvergleichlichkeit bestätigen konnte.

Louis Nizer schildert unsere Geschichte als einen ununterbrochenen Mordanschlag auf die Kultur. Nicht erst seit Bismarck oder Kaiser Wilhelm II., sondern – man faßt es kaum – schon seit der Schlacht von Adrianopel im Jahre 378 nach Christus. Die Westgoten, die dem Druck der Hunnen gewichen und ins Oströmische Reich gezogen waren, besiegten bei Adrianopel Kaiser Valens. Was heißt Westgoten – für Louis Nizer sind es Deutsche. In diesem Jahre 378 hätten »die Deutschen die lateinische Kultur zerschlagen. Sie machten den Krieg zu ihrem Beruf. Wo sie hintraten, starb die Kultur ab.« Die Blutbahn unserer Geschichte führt in diesem US-Aufriß über Karl den Großen, der als echter Deutscher »jedes Jahr einen Krieg führen mußte« zu Friedrich Barbarossa im zwölften Jahrhundert, »der den Frieden erdolchte«, zu dem Hohenstaufen Friedrich II., den schon Paul Winkler 1943 in seinem in New York erschienenen Buch »The Thousend Years Conspiracy. Secret Germany behind the Mask« scharfsinnig, wenn auch ohne viel Mühe, als den ersten Nazi ausfindig gemacht hatte.

Louis Nizers Buch, das der spätere Präsident Harry S. Truman jedem Amerikaner zur Lektüre empfahl, ließ General Eisenhower in einer Auflage von 100 000 Exemplaren drucken und in der US-Army verteilen. Die GI's und Offiziere benötigten für ihre schwierige Besatzungstätigkeit in Deutschland so verständliche Erläuterungen wie Louis Nizers Fazit: »Der Nazismus ist keine neue Theorie, die aus den Ungerechtigkeiten des Versailler Vertrages oder aus wirtschaftlicher Not entstanden ist. Er ist ein Ausdruck der deutschen Aspirationen, die in allen Jahrhunderten ihren Ausdruck fanden.«

Die benötigte Brücke von der Kriegsproganda zur Friedensarbeit der Umerziehung wurde von dem Pragmatiker und damaligen US-Hochkommissar John McCloy geschlagen. Der versierte Finanzfachmann merkte sachkundig an, daß sich die kritische Prüfung und Neuorientierung der deutschen Geschichte nicht auf das Dritte Reich beschränken dürfe, sondern zumindest bis auf Bismarck zurückgreifen müsse. Die Empfehlung fand bei den inländischen Schöpfern des »geläuterten« Geschichtsbildes ein zustimmendes Echo. Zu ihnen gehörten nur selten sachkundige Historiker, dafür um so beflissenere Demokraten. Die Abhandlungen, die der Generallinie von Luther über Friedrich den Großen zu Bismarck und Hitler wie Suchhunde einer Fährte folgten, waren kaum noch zu zählen. Sie dienten durchweg nicht der historischen Wahrheit, sondern der bewußten Zurichtung auf Kosten unserer Geschichte.

Die Ergebnisse lagen schon nach wenigen Jahren vor, in Geschichtsbüchern, denen unsere Anpassungs-Apostel die Druckerlaubnis erteilt hatten, – in preisgekrönten Abhandlungen, in regelmäßigen Dossiers von Zeitschriften, in Sendungen des Rundfunks und des Fernsehens. Uns ist nicht mehr bewußt, daß gerade die Medien, die von der Zuversicht leben, die öffentliche Meinung wiederzugeben, bis heute das Prägezeichen der Umerziehung tragen. Die Sieger hatten den öffentlich-rechtlichen Anstalten bei ihrer Genehmigung diese politisch-pädagogische Direktive als Auflage mitgegeben. Was aber den Deutschen in der DDR wegen der Aufdringlichkeit der offiziell verkündeten Ideologie immer gegenwärtig blieb, das wurde dem Bundesdeutschen als »freie Meinung« vermittelt, bis er es schließlich verinnerlicht hatte.

Die deutsche Geschichte, so wurde von den vielen Volkspädagogen entdeckt, erwies sich als ein kompletter Abweg, als ein unsäglicher Marsch von Verbrechern in den größten Verbrecherstaat der Menschheitsgeschichte, ins Dritte Reich.

Einer unserer Politikwissenschaftler stellte fest, daß schon Konrad Adenauer »die Erfahrungen der fehlgeleiteten deutschen Geschichte Orientierungspunkte seiner Politik« geliefert hätten. Ebenso verkündete der Bundespräsident am 8. Mai 1985 in seiner vom Ausland mit so viel anzüglichem Beifall quittierten Rede, daß jenes Datum »das Ende eines Irrwegs deutscher Geschichte« bedeutet habe.

Die Kombination der Singularität der KZ-Verbrechen mit der abscheulichen Einmaligkeit des deutschen Geschichtsverlaufs war gesichert. In diesem Nest wurde auch das Ei des vergleichsweise sachlicheren Begriff des »deutschen Sonderweges« ausgebrütet. Die Umerziehung hatte in die Gefilde der Geschichtsschreibung mit der kaum verhüllten Anweisung ihren Einzug gehalten, daß sich die historische Forschung der fehlgeleiteten, abartigen Geschichte der Deutschen zwecks demokratischer Erziehung zu mündigen Bürgern anzunehmen habe. Was bei Autoren wie Louis Nizer oder Paul Winkler dank ihrer Hemmungslosigkeit noch mit Amüsement zu lesen war, geriet in den Händen jener Historiker, die sich nicht dem geschichtlich Korrekten, sondern dem demokratisch Konformen verpflichteten, zu jenem feinen Gift, dessen Wirkung auf der unmerklich ansteigenden Dosierung beruht.

Die meisten Geschichtsforscher hielten sich allerdings zurück. Die Gründe dafür fanden sich in den Jahren zuvor. Obwohl diese Reserve mehr Takt verriet als der demokratische Selbstbezichtigungseifer anderer Kollegen, lief die Haltung in beiden Fällen darauf hinaus, daß die Bundesbürger in einer Existenzfrage vom Gros ihrer Historiker im Stich gelassen, ja verraten wurde. Das erinnerte wohl nur irrtümlich an Alfred Kerrs Bemerkung über Thomas Mann im Jahre 1913: »Ein feines, etwas dünnes Seelchen, dessen Wurzel ihre stille Wohnung im Sitzfleisch hat.«

Der Vorgang hatte seine Parallele in der radikalen Demontage der deutschen Industrie, die in Jalta und Potsdam beschlossen worden war und das deutsche Produktionsniveau auf mehr als fünfzig Prozent des Standes von 1938 senken sollte. Während die Industrie-Demontage in der Bundesrepublik Ende 1950 eingestellt wurde, setzte sich die Demontage unseres Geschichtsbildes noch mehr als ein volles Jahrzehnt fort. Damit aber endet auch die Analogie. Denn im Gegensatz zum Neuaufbau der demontierten Industrie war aufgrund der besonderen Bedingungen des Geschichtsunterrichts an den Schulen und der langen Nachwirkung der Eingriffe in die Historiographie ein ähnlicher Neuaufbau nicht möglich. Voraussetzung dafür wären radikal veränderte Initiativen gewesen. So verbuchte gerade im Bereich der Geschichte die Umerziehung ihre bemerkenswertesten Erfolge.

Die Diskriminierung des deutschen Charakters ließ sich mit Hilfe einer tausendjährigen Geschichte weit nachhaltiger durchführen als mit den zwölf Jahren des Dritten Reiches. Selbstachtung ist bekanntlich dann am leichtesten zu rauben, wenn sie nicht groß ist. Wie aber sollte politische Selbstbejahung denkbar sein, wenn ihr Fundament, die Geschichte des Volkes, zerstört war? Für Arnold Gehlen reichte die Kunst, jemanden geistig wehrlos zu machen, von der Lüge bis zur Diffamierung. Deshalb hätte die internationale Konvention über die Verhinderung und Unterdrückung des Verbrechens des Völkermordes vom 9. Dezember 1948 auch einen geistigen Völkermord anerkannt und in Art. II b definiert als »schweren Angriff auf die physische *oder geistige* Integrität einer Gruppe«. Dieser Begriff, so ergänzt Gehlen, »umfaßt natürlich die Traditionen und Überlieferungen eines Verbandes ebenso wie ihre Ehre, und ein Volk gewaltsam von seiner Geschichte abzutrennen oder zu entehren, bedeutet dasselbe, wie es zu töten«.

In den sechziger Jahren erhob sich unversehens ein allgemeines Klagen über das Schwinden eines Mindestmaßes an Geschichtskenntnissen und über die Zerstörung des historischen Bewußtseins der Deutschen. Das Gezeter erschien freilich jedem, der die Etappen der Geschichtsdestruktion seit 1945 kannte, unverständlich. Hatte man uns doch zielstrebig unsere Geschichte gestohlen.

Es geht beileibe nicht darum, ob sich ein Volk im Glanz seiner Geschichte sonnt oder aalt, auch nicht darum, ob es dank dessen, was vielleicht als eine Überlast des Verwerflichen quält, seine Geschichte als betrüblich empfindet. Es geht darum, ob es die Geschichte überhaupt zur Kenntnis nimmt. Geschichte hat viele Bedeutungen und Effekte. Sie ist aber gerade in und für die Demokratie die Basis der politischen Zentralbegriffe. Die Demokratie ist selbst ein Stück Geschichte, eine Geschichte der letzten zweihundert Jahre. Ihre Geburtsstunde war die Erklärung der allgemeinen Menschen- und Bürgerrechte am Ende des 18. Jahrhunderts.

Da die Geschichte die Grundlage auch unserer Demokratie ist, kommt alles darauf an, daß die Geschichte stimmt. Dabei ist am wichtigsten, sie von den bewußt diffamierenden Interpretationen freizuhalten. Seit 1871, der Gründung des Zweiten Deutschen Reiches, war Europa auf Deutschland konzentriert. Seitdem konnte mit der Rache Frankreichs – das immerhin selbst den Krieg gewünscht und erklärt hatte – und dem verhaltenen Zorn Großbritanniens gerechnet werden. Eine starke Kontinentalmacht auch in Europa, zumal eine Industrie- und Wirtschaftsmacht, die im Wettbewerb überall die englische Konkurrenz ausstach, warf die traditionell von London aus gesteuerte Gleichgewichtspolitik über den Haufen.

Tragisch an dieser Neuordnung war, daß sie zugleich diejenige Minimalform der nationalen Selbstbestimmung darstellte, zu der im neunzehnten Jahrhundert alle Völker strebten, insbesondere diejenigen, die eine Demokratie als Staats- und Gesellschaftsform verwirklichen wollten. Dem Deutschen Reich Bismarcks und Kaiser Wilhelms II. ein Großmachtstreben vorzuwerfen, ist deshalb in mehrfacher Hinsicht historische Falschmünzerei. Man hatte dem französischen Politiker Clemenceau, dem sein Haß auf alles Deutsche zu großem Format verhalf, das Wort in den Mund gelegt: »Es gibt zwanzig Millionen Deutsche zuviel auf der Welt.« Man kann es drehen und wenden, wie man will: Es gibt für so viele unserer Nachbarn, die heute von uns offiziell als »Freunde« hofiert werden, schon seit dem Wiener Kongreß, aber jedenfalls mit Sicherheit seit 1871 zu viele Deutsche auf der Welt. Der britische Botschafter in Berlin, Sir Neville Henderson, präzisierte 1939 das Problem: »Deutschland ist ein mächtiges großes Land. Achtzig Millionen fleißige und disziplinierte Deutsche werden immer ein lästiger Faktor in der europäischen Politik und Wirtschaft sein.«

Wäre wirklich das Recht jedes Volkes, sich als Nation in einem eigenen Staat und mit einer eigenen Gesellschaftsform zu formieren, ein demokratisches Hauptziel, dann hätten die anderen Völker jubeln müssen, als es den Deutschen gelang, mit Hilfe Bismarcks den kleindeutschen Nationalstaat zu schaffen. Vergessen war plötzlich die großartige Unterstützung, die seit Herder alle Nationalbestrebungen der kleineren Völker von uns erhalten hatten. Soll man heute soweit gehen und sagen, daß das Recht der nationalen Selbstbestimmung, das nur in einem gemeinsamen Staat zu realisieren ist, uns deshalb nicht zusteht, weil unsere Bevölkerungszahl zwanzig Millionen zu hoch ist? Die Frage ist nicht abwegig. Die Kommentare unserer Nachbarn bestätigen es in diesem Jahr mehr denn je: Schon die Bundesrepublik war im Europa der Wirtschaftsgemeinschaft aufgrund ihrer Bevölkerungszahl und ihrer Erfolge zu übermächtig. Käme es nicht vielen Erwartungen unserer ausländischen »Freunde« entgegen, wenn sich bei uns die Ehe als eine Institution zur Pflege des Geburtenrückgangs durchsetzen würde?

Die historische Entwicklung wird nachhaltig von demographischen Momenten geprägt. Diese Tatsache wird bei unserer Geschichte inmitten Europas meist unterbewertet. Die Bevölkerungszahl der Deutschen läßt sich aber weder hinwegdisputieren noch unterschlagen. Mit ihr hängen auch die Effekte jener Eigenschaften zusammen, die zu unserer Wirtschaftskraft, dem Standard der Industrie, zur technischen Innovation, der Hochwertigkeit unserer Produkte geführt haben. Das muß man hinnehmen.

Nicht hinzunehmen ist es deshalb, daß wir uns dem Ausland gegenüber noch immer in der verduckten Nachkriegshaltung gefallen, uns quasi bei jeder Gelegenheit dafür entschuldigen, daß es uns gibt. Als dürfte der Deutsche nur mit schlechtem Gewissen lachen. In einer Sendung des Zweiten Deutschen Fernsehens wurde zwar von einer Expertin für deutsche Schändlichkeit die Hoffnung geäußert, daß die Deutschen dank der sinkenden Geburtenrate bald aussterben würden, da unser Volk wegen seiner Verbrechen den Anspruch auf ein Fortleben verwirkt hätte. Wenn solche Erwartungen weniger hämisch und hochgemut auch auf sich selbst bezogen wären, könnten sie an Don Vincente Campo Elias erinnern, den Mitstreiter und General Bolivars, der im Unabhängigkeitskrieg Lateinamerikas verzweifelt gestöhnt hatte: »Ich möchte alle Spanier vernichten und dann mich selbst erschießen, damit nicht ein einziger von dieser verfluchten Rasse übrigbleibe«.

Eine greifbare Frucht der amtlich geförderten Absage an unsere Geschichte war das seltsame Erschrecken, als in der ersten Hälfte der achtziger Jahre das Honecker-Regime damit begann, sich der ganzen deutschen Geschichte zu bemächtigen und sie in Besitz zu nehmen just zu der Zeit, da mehr und mehr Menschen in Westdeutschland darüber nachzudenken begannen, was es wohl mit einer Gesellschaft auf sich hat, die ihre Vergangenheit für einen Abwasserkanal hält. Die SED entdeckte das Begriffs-Dreieck »Gesellschaft, Nation und Geschichte«. Es ging ihr nicht mehr um den Anspruch auf ihre sozialistische Tradition, die so viele Jahre als grundlegend für den »Arbeiter- und Bauernstaat« gegolten hatte. Es ging ihr auch nicht nur um das, was sie schon früher unter dem Etikett »beste Traditionen« für sich als Erbe reklamiert hatte. Auf Historikerkongressen, Kolloquien und Tagungen in Mitteldeutschland wurde es wiederholt ausgesprochen. Es ging um die ganze deutsche Geschichte.

Damit begann eine ganz neue Phase. Der Öffentlichkeit wurde sie zum ersten Mal in einem Blitzlicht verdeutlicht durch die Neubewertung des Wittenberger Reformators während der Vorbereitungen für das Lutherjahr 1983. Bis dahin galt Thomas Müntzer, der Gegenspieler Martin Luthers und Revolutionär in Thüringen, als die revolutionäre Leitfigur. Luther dagegen zählte nur zu Beginn der sogenannten »frühbürgerlichen Revolution« zu den Progressiven. Wegen seiner »obrigkeitsergebenen, fürstenfrommen Haltung« habe er bald »jede Form der reaktionären Gewaltanwendung gegen die progressiven Kräfte« gerechtfertigt. Damit sei er zum Hauptverantwortlichen dafür geworden, daß – wie Karl Marx geschrieben hatte – »der Bauernkrieg, die radikalste Tatsache der deutschen Geschichte, an der Theologie scheiterte«.

Auf einer Tagung des »Rates für Geschichtswissenschaft der

DDR« in Berlin im April 1982 wurden im Gegensatz dazu Müntzer und Luther ganz anders gewertet: »Gemessen an ihrem Beitrag zum gesellschaftlichen Fortschritt sind beide als führende Repräsentanten der frühbürgerlichen Revolution anzusehen, stehen beide in der fortschrittlichen Klassenlinie der Geschichte des deutschen Volkes.« In den offiziellen »Thesen über Martin Luther«, die in einer Arbeitsgruppe zum Lutherjahr 1983 formuliert wurden, trat Luther als »Wegbereiter der großen geistigen und politischen Auseinandersetzungen« auf. Jetzt wurde er »zu den großen Persönlichkeiten der deutschen Geschichte von Weltgeltung« gerechnet, und deshalb würde »das von ihm hinterlassene progressive Erbe« gepflegt.

Einer ähnlichen Revision wurde die Wertschätzung König Friedrichs II. von Preußen unterzogen. Er galt seit den achtziger Jahren auch in der Geschichtssicht der SED wieder als Friedrich der Große. Wenig später wurde sogar der bis dahin von allen Marxisten verabscheute altmärkische Junker Bismarck, das Urbild eines Reaktionärs, als großer Staatsmann und überragende Persönlichkeit gewürdigt.

In solchen Neufärbungen lag System. Erich Honecker hatte zwar schon 1973 in dem Bericht des Politbüros an die 9. Tagung des ZK der SED festgestellt: »Die Deutsche Demokratische Republik ist heute die staatliche Verkörperung der besten Traditionen der deutschen Geschichte.« Doch ein Jahrzehnt später wurde nicht mehr getrennt zwischen guten und verwerflichen Traditionen. Die Grenze zwischen ihnen deckte sich ziemlich genau mit der Grenze zwischen West- und Mitteldeutschland. Hatte Honecker früher beteuert: »Von der Geschichte werden wir nichts preisgeben, was es an Positivem zu erhalten und zu pflegen gibt, was den humanistischen und revolutionären Traditionen entspricht«, so wurde nunmehr von der deutschen Geschichte so gut wie nichts mehr ausgeklammert.

Seitdem ging es »um die Gesamtsicht der ganzen deutschen Geschichte«. Der damalige DDR-Minister für Kultur, Hans-Joachim Hoffmann, verwies programmatisch »auf die Notwendigkeit, das kulturelle Erbe in seinem ganzen Umfang und in seiner Vielfalt zu nutzen«. Vor ihm und beträchtlich früher, nämlich schon im Dezember 1980, hatte Kurt Hager, der Sekretär des ZK der SED, auf einer Konferenz in Berlin gefordert, das Bild der Geschichte des deutschen Volkes und der DDR geschlossen auszuarbeiten und zu verbreiten, »ein Geschichtsbild, das sich auch komplizierten, widerspruchsvollen Vorgängen stellt und nichts, weder Perioden noch Personen, ausklammert«.

Damit wurde der Zugriff auf die gesamte Geschichte des deutschen Volkes offiziell gefordert und gerechtfertigt. Gleichzeitig aber wurde etwas verlangt, was in Westdeutschland wie Katzenmusik klingen mußte: Es wurde verlangt, diese Geschichte als *Nationalgeschichte* zu sehen. Die SED-Führung und die fachgebundene Historie in Mitteldeutschland machten sich auf, die gesamte deutsche Geschichte als Erbe in Besitz zu nehmen. Die SED erwartete und verlangte von den Historikern, daß sie in Zukunft »die dialektische Einheit der sozialen und nationalen Komponente historischen Geschehens mehr und gründlicher« zu beobachten hätten. Damit hatte das SED-Regime das Selbstverständnis der Geschichte seines Rumpfstaats als einer Nationalgeschichte deklariert. Führende Historiker betonten nunmehr, daß dies »genau in jene Richtung weist, in der sich unser Geschichtsbild in erster Linie ausprägen wird«.

Daran schloß sich eine der größten Provokationen, die in dem ideologischen Hin und Her zwischen Bonn und Ost-

Berlin denkbar war. In aller Gelassenheit wurde darauf hingewiesen, daß das Konzept der DDR als einer Nationalgeschichte verlange, »auch für zurückliegende Geschichtsabschnitte von den eingetretenen historischen Resultaten auszugehen, sie im Engelsschen Sinn zu akzeptieren, ohne sie – soweit sie uns von den reaktionären Kräften auferlegt wurden – damit zu billigen«. Eine solche Haltung hatte nichts mehr mit dem doktrinären Staats-Marxismus zu tun. Die sachgebundene Geschichtsforschung geht heute überall in der Welt »von den historischen Resultaten aus, ohne sie damit zu billigen«.

In Westdeutschland, wo die Gleichgültigkeit der Geschichte gegenüber durch die unterschiedliche Einstellung in den Bundesländern und ihrer Kulturhoheit geradezu grundgesetzlich gesichert war, wurde nicht entfernt begriffen, was dies bedeutete. Zu Zeiten der Hallstein-Doktrin und des Bonner Anspruchs auf »Alleinvertretung« konnte das keuchende Bemühen der DDR, ihre Existenz als Ergebnis eines schmalen, künstlich aufgefütterten, revolutionär-progressiven Traditionsstranges der deutschen Geschichte mit Herablassung betrachtet oder vielmehr ignoriert werden. Jenseits aller Diskussionen des Für und Wider in Sachen der deutschen Geschichte gab es für Bonn nur *eine* deutsche Geschichte. Darin erschien die Existenz der DDR als ein von der sowjetischen Besatzungsmacht arrangiertes Mißgeschick.

Demgegenüber stellte 1984 Kurt Hager für die SED fest: »Einen wichtigen Platz im historischen Selbstverständnis der sozialistischen deutschen Nation nimmt die Tatsache ein, daß der Sozialismus in der DDR tief in der deutschen Geschichte verwurzelt ist. Er setzt die besten Traditionen der deutschen Geschichte fort. Die sozialistische Deutsche Demokratische Republik ist das Ergebnis der gesamten deutschen Geschichte, aller Klassenkämpfe und Entwicklungen.« Die Führung des

Regimes war während der gesamten vierzig Jahre ihrer Existenz nie in der Lage gewesen, die unglaubliche Kluft zwischen ideologischer Selbstdeutung und Wirklichkeit zu schließen. *Doch für die Stützung des Selbstbewußtseins der Mitteldeutschen wurde durch die Mobilisierung des Geschichtsbewußtseins ungleich mehr getan als bei uns.* Daß dies eines Tages, im Jahre 1989, auf die SED zurückschlagen würde, konnte niemand voraussehen. Es gehört zu den vielen Ironien, die den Gang der Geschichte säumen, daß sich die SED hohe Verdienste um die Bewahrung der deutschen Geschichte und damit für das Einheits- und Selbstbewußtsein ihrer Bevölkerung erworben hat – ohne damit auch nur entfernt jene Kräfte stärken zu wollen, die sich 1989 durchsetzten.

Die DDR konnte damals mit Recht und kaum verhülltem Hohn darauf hinweisen, daß die gleichzeitigen Bemühungen in Westdeutschland, in Büchern und Ausstellungen die »Geschichte der Bundesrepublik« als Erfolgsbilanz vorzustellen, nur beweisen würden, daß die Bundesrepublik »ihren eigenen Weg gegangen« sei; dies eben habe die SED seit Jahr und Tag behauptet. Als Ergebnis sei nichts anderes herausgekommen als die »Geschichte der BRD im Sinne einer kapitalistisch-imperialistischen Nationalgeschichte«. Dies hieß jenseits der Polemik: Die BRD und die DDR hätten ihre jeweils eigene Geschichte samt einem spezifischen Geschichtsbild. Der Unterschied bestehe darin, daß die DDR nichts von der deutschen Geschichte ausklammere, während das Geschichtsbild der Bundesrepublik geprägt sei vom Kapitalismus und Imperialismus.

Dagegen ließ sich nur schwer etwas einwenden, vor allem weil von Bonn einer solchen Auslegung niemals widersprochen wurde und eine Reihe von Erklärungen diese Deutung der DDR unterstützten. So wenn es ein Bundesminister im

April 1983 ausdrücklich begrüßte, »daß patriotisches Gefühl in diesem Land wieder« wachse, doch müsse dieses Gefühl prowestlich bleiben – was ja wohl nichts anderes als das Kunststück bedeutete, die lotgenaue Ausrichtung einer Senkrechten nur insoweit zu begrüßen, als sie sich nach einer Seite hin verbiege.

Unser Schrebergarten-Pluralismus

Beim Gegensatz zwischen der BRD und DDR war nicht die West- oder Ost-Einbindung entscheidend, auch nicht, daß das SED-Regime nach außen hin seine vierzigjährige Geschichte mit demselben Stolz überblickte wie die Bundesrepublik. Entscheidend war vielmehr die Vehemenz und Sicherheit, die Entschlossenheit und Festigkeit, mit der sie sich als sozialistische Nation präsentierte und international Jahr für Jahr an Reputation gewann – gleichgültig, wie ihrer Bevölkerung dabei zumute war, gleichgültig, daß die wirtschaftliche Situation von Jahr zu Jahr kläglicher wurde. In der Bundesrepublik dagegen beließ man das Thema der Nation sowohl grundsätzlich als auch im Verhältnis zur DDR in einer Zone der Fragwürdigkeit. Das führte schließlich dazu, daß das Wort »Deutschland« nur in Sportberichten ohne faschistischen Beigeschmack auszusprechen war.

Vor allem wurde die Unvereinbarkeit der beiden Gesellschaftssysteme ausgeweitet auf das Verhältnis zwischen West- und Mitteldeutschen und dadurch wissentlich die nationale Geschlossenheit zersetzt. Die Bevölkerung der DDR zeigte sich demgegenüber bemerkenswert immun; das gehörte zu den unbeabsichtigten Nebeneffekten des amtlich geförderten Stolzes. Ganz anders sah es wiederum in der Bundesrepublik aus.

Im Herbst 1982 konnte auf der 6. Jahrestagung der »Western Association for German Studies« in den USA einer unserer Historiker, für den seit Jahren alles Nationale nichts weiter war als eine Leiche im Schrank der Deutschen, voller Genugtuung feststellen, daß die Annahme »von einer noch bestehenden gemeinsamen nationalen Identität in der BRD und der DDR« nur noch eine Fiktion sei. Daß sich bei solchen Historikern das Verhältnis zum Geschick der Deutschen nicht als Positionsbestimmung äußern kann, wird nicht verwundern. Noch weniger kann es wundern, wenn von solchen Experten seit dem Herbst 1989 nichts mehr zu hören war.

Derartigen Behauptungen wurden von einer wortführenden Gruppe der westdeutschen Historiker um so bereitwilliger assistiert, als sie schließlich selbst seit vielen Jahren kräftig daran mitgearbeitet hatten, um ein solches Auseinanderdriften zu fördern. Beabsichtigt war damit letzten Endes auch, dem umfassenden Begriff des »Deutschen Volkes« seinen stützenden Grund zu entziehen.

Von der SED wurden bis zuletzt Westdeutschlands Historiker ohne Unterschied als Gruppe der »bürgerlich-kapitalistischen Geschichtsschreiber« zusammengefaßt. Das ergibt sich zwanglos aus der Perspektive des Marxismus/Leninismus. Eine solche Geschlossenheit fehlt aber in der Bundesrepublik. Aus der amtlichen Sicht der DDR mußten die westdeutschen Geschichtsforscher unterschiedslos unter dem Dach des bürgerlichen Spätkapitalismus versammelt werden, ohne Rücksicht auf die tatsächlichen Verhältnisse. In der Bundesrepublik aber existierte nur ein einziger Faktor der »Einheitlichkeit«: das Prinzip des Uneinheitlichen, der Pluralismus unbegrenzt vieler Gruppen. Er gilt hierzulande als das tragende Element der demokratischen Ordnung; sie darf sich deswegen mit dem Attribut »freiheitlich« schmücken.

In der Geschichtsforschung wirkt sich diese Gruppenautonomie, die alle denkbaren Gegensätze umfaßt, als Kaleidoskop der Perspektiven aus. Das bedeutet den Verzicht auf Einheitlichkeit, – insbesondere den Verzicht auf ein Geschichtsbild, das wenigstens in den Grundzügen einheitlich wäre. So verdanken wir dem Pluralismus eine Geschichtsforschung des farbenprächtigen Riesengartens mit unzähligen gepflegten Beeten, betreut von hervorragenden, international gerühmten Spezialisten – und überall nistet der wohlbegründete Verdacht, daß sich dabei die Perspektive der deutschen Geschichte auf den Horizont der Gartenzwerge reduziert, die in den fünfziger Jahren an den Rabatten ihrem fröhlichen Geschäft nachgingen und zu den erfolgreichsten Exportartikeln der Bundesrepublik gehörten. Nichts ist so vielfältig, so bunt wie die Geschichte. Doch ein Pluralismus, dem der Grundkonsens fehlt, ist bestenfalls ein Blumenstrauß ohne Vase. In der Regel ist er aber nur ein Plural des Konformismus.

Die Vielfalt wird bei uns durch die Kulturhoheit der Länder garantiert und verewigt. Selbst in einer kleinen Stadt können die Geschichtsbücher von Schule zu Schule wechseln. Da aber, wie es der Historiker-Philosoph Wilhelm Dilthey formulierte, die Schule eine »gesellschaftliche Veranstaltung« ist, zeigt sich an der Schule das Gesicht der Gesellschaft.

Der westdeutschen Gesellschaft fehlt jedoch ein charakteristisches Gesicht. Statt dessen besitzt sie zahllose Masken. Gefragt sind mithin die Maskenbildner. Nur wenige Bundesländer behielten ohne Unterbrechung die Geschichte als selbständiges Unterrichtsfach bei. Dazu kamen die Probleme der kontroversen Darstellung, dazu kam die Sackgasse des exemplarischen Unterrichts. Wer in einem so grundsätzlichen Bereich wie der Geschichte den Zusammenhang und die Kontinuität zugunsten einer »freiheitlichen Vielfalt« auseinanderschlägt, betreibt praktische Anarchie. Die Geschichte unseres Volkes ist keine Inseratenwiese, auf der nach Tarif jede Meinung annoncieren kann. Niemand widersprach, als einer unserer bekannteren Sachbuch-Autoren in einer Nebenbemerkung unseren »geschichtsfeindlichen Unterricht« an den Pranger stellte.

Demgegenüber wurde schon vor einem Jahrzehnt auf dem DDR-Kongreß der Historiker in Berlin allgemein »das gewachsene Bedürfnis nach historischer Bildung« registriert und daraus der Schluß gezogen, noch mehr als schon bisher die »Qualität des Geschichtsunterrichts in der sozialistischen Schule zu erhöhen«. Kein Zweifel, daß auch bei uns das Bedürfnis nach Geschichte – ein Elementarbedürfnis des Menschen im europäischen Kulturkreis – ungebrochen existiert und vom erwachsenen Leser gestillt wird. Das beweisen die Verkaufserfolge geschichtlicher Sachbücher. Daß dies trotz des geschichtsfeindlichen Unterrichts der Fall ist, spricht für den Instinkt des Lesers und gegen jenen der verantwortlichen Minister.

Geschichte ohne Geschichtsbild?

Die unterschiedlichen Darstellungen in West- und Mitteldeutschland hatten wiederholt die Frage provoziert, wem denn nun eigentlich die deutsche Geschichte gehören würde. Die Antwort ist denkbar einfach. Die deutsche Geschichte gehört allen Deutschen, gleichgültig, in welchem Staatsverband sie leben oder leben müssen. Damit ist aber auch gesagt, daß sie für unser Volk und für jeden einzelnen dieses Volkes in einem elementaren Sinn das Bezugssystem garantiert: für die Einbindung in das Gemeinwesen, für die Zusammengehörigkeit und das Wissen davon, für das Selbstverständnis und vor allem für den Staat selbst, – sofern er mehr sein soll als ein Garant für Arbeit und Lohn, Kranken- und Rentenversicherung, Kindergärtenplätze und Sterbegeld.

Gelegentlich und fast zaghaft angesichts soviel eigenen Mutes rührte sich auch in der Bundesrepublik die Hoffnung, daß es auf die Dauer nicht bei der eingefahrenen Beliebigkeit zahlloser Geschichtsdeutungen bleiben könne. Dann würde sich möglicherweise auch die westdeutsche Geschichtsforschung »auf längere Frist als staatstragend erweisen«. Dies sei um so wünschenswerter, als bislang »noch kein voller Konsens über die Legitimität und den Sinn unseres Staates insbesondere für die Jugend erreicht worden« sei – so schrieb ein westdeutscher Historiker im »Preußenjahr« 1982.

In dieser Richtung wurde amtlich, das heißt mit Hilfe des Geschichtsunterrichts, nichts bewegt. Aber es bewegte unverändert die Nachdenklicheren, es bewegte unser Volk, es bewegte in erster Linie die vielen Millionen, die aufgrund des Zuschnitts der Medien-Information nicht repräsentativ zu Wort kommen. Trotzdem erfahren wir von ihrem Denken, Empfinden, Wollen in einer Reihe von Befragungen so zuverlässiger Forschungsstätten wie dem Institut für Demoskopie in Allensbach. Unseren Abgeordneten, die häufig nach der Wahl vergessen, daß sich die Verbindung zwischen ihnen und den Urnengängern nicht auf den Stimmzettel beschränkt, sollten derartige Erhebungen aufmerksamer studieren als die Kommentare ihrer Zeitungen.

Genaugenommen läuft eine pluralistische Darstellung der Geschichte auf eine Tautologie hinaus, auf einen weißen Schimmel. Das Eigentliche der Geschichte ist gerade ihre Vielgestaltigkeit, ist das ebenso reiche wie verwirrende Ineinander sämtlicher Antriebe, Auslöser, Wirkkräfte, Bestrebungen, in denen sich das Dasein des Menschen und sein Zusammenleben ausdrückt.

In der Geschichtsschreibung hat es sich zwar eingebürgert, die rote Linie der historischen Entfaltung entlang der politischen Ereignisse zu ziehen, aber diese Gewohnheit hat sich nicht als Prinzip durchgesetzt. Die jeweiligen Formen des religiösen Glaubens, der Kunst, der Sitten und Gebräuche, des Musizierens, der sozialen Beziehungen, der Erotik, der Familiengliederung und so fort gehören genauso dazu. Dies allein ist gemeint, wenn von Pluralismus der Geschichte die Rede ist, – sinnvoll die Rede ist.

Aus diesem Ineinander der historischen Ausdrucksformen entsteht ein Geschichtsbild. Ein solches Bild benötigt einen vorgegebenen Unterbau. Wenn dies nicht so wäre, gäbe es nur eine einheitliche historische Sicht. Kurz gesagt: Jedes Volk, jede Nation hat ihr eigenes Geschichtsbild, ein unverwechselbares, typisches, geschlossenes Geschichtsbild. Dieses Bild, und nur dieses Bild, entsteht durch Pluralismus der historischen Sicht. Sowohl das Geschichtsbild als auch die pluralistische Perspektive gehen von demselben vorgegebenen Fundament aus.

Pluralistisch ist selbstverständlich auch das Nebeneinander der verschiedenen Voraussetzungen. Die Geschichte zwischen dem Wiener Kongreß 1814/15 und der Gründung des Zweiten Deutschen Reiches 1871 sieht von der deutschen Warte ganz anders aus als von französischer oder italienischer. Betrachtet man die Vielfalt der national gebundenen Geschichtsdarstellungen – übrigens nicht nur des neunzehnten Jahrhunderts –, so erkennt man sofort, was »Pluralismus« in der Geschichte nur heißen kann. Auch eine gesamteuropäische Geschichte ist pluralistisch. Aber wenn sie mehr sein soll als die Bündelung der verschiedenen National-, Staats-, Reichsgeschichten, dann muß sie sich ebenfalls auf ein einheitliches Fundament stützen.

Amerikaner, Engländer, Franzosen, Italiener, Spanier, Portugiesen, Russen besitzen ein einheitliches Geschichtsbild. Es ist unabhängig von den politischen Parteien. Auch für uns Deutsche existiert ein solches Geschichtsbild. Allerdings existiert es seit 1945 nicht mehr im Geschichtsunterricht, nicht mehr bei den professionell tätigen Historikern, nicht mehr im Bewußtsein des Volkes. Man hat es uns gestohlen. Zunächst mit dem Werkzeug der Umerziehung, dann mit einer verfeinerten Weiterentwicklung, dem über der Bodenlosigkeit schwebenden Pluralismus.

Heute gibt es für unsere Existenz und unser Bewußtsein, sofern es sich nach vorn zu orientieren versucht, nichts Wichtigeres, als die Einheit unseres Volkes innerhalb eines staatlichen Neubaus zu vollenden und dadurch auch die Nation wieder sichtbar zu machen. Dazu aber gehört, daß wir unser Geschichtsbild von den Tüchern befreien, mit denen es verhängt wurde. Von den schwarzen Tüchern der Trauer, von den us-britisch-trikolor changierenden der Westsieger, von den roten des Marxismus, ja selbst von schwarz-weiß-roten und schwarz-rot-goldenen Tüchern unserer Vergangenheit und Gegenwart. Denn unser Geschichtsbild ist – so wie dasjenige aller anderen Völker – ein Bild, das sich nicht aus der Deutung der Gegenwart ergibt, sondern die Deutung der Gegenwart ermöglicht.

Westinfiltration – Westintegration

Deutsch-jüdische Symbiose – Normales Leben – Unbekümmert im Niemandsland – Freizeit, die ich meine – Kultur ist Profil – Große Weltausstellung – Ketten verbinden – Das eigene Schicksal

Die ersten Jahre nach der militärischen Kapitulation 1945 waren für Deutschland die katastrophalsten des Jahrhunderts. Und doch fand in denselben Jahren eine gewaltige Horizonterweiterung statt, insbesondere bei den Jüngeren. Die restriktive Kulturpolitik des Nationalsozialismus und die zwangsläufige Abschnürung Deutschlands während des Zweiten Weltkrieges hatten zu einer weitgehenden Isolierung geführt. Wenn überhaupt, dann besaß das Wort Befreiung einen greifbaren Sinn in der Domäne der Kultur. Die Bekanntschaft jener Literatur und Malerei, Musik und Filmkunst, Plastik und Dramatik, Philosophie und Psychologie, von der Deutschland zwölf Jahre so gut wie abgeschnitten war, bewirkte eine Weltveränderung. Bahnbrechend bei dieser neuen Aufklärung und Bewußtseinserweiterung wirkten die beiden Tageszeitungen der amerikanischen und britischen Militärregierung, »Die Neue Zeitung« und »Die Welt«. Die Verdienste der Feuilleton-Redaktionen bei der Vermittlung des ungeheuren Reichtums ganzer Sektionen der Weltkultur sind kaum zu überschätzen und gehören zu den wenigen Lorbeerkränzen der endenden vierziger Jahre.

Was uns heute bis zur Banalität als selbstverständlich erscheint, empfand man damals als Schock. Es handelte sich um einen überaus heilsamen Schock, der den Aberhunderttausenden, deren Feingefühl nicht gänzlich zerrüttet war, im Inferno der Nachkriegsjahre das Überleben erleichterte. Nicht einmal in Kurzfassung wäre es möglich, auch nur die wichtigsten Fakten und Namen zu erwähnen, die damals in Deutschland zum ersten Mal zu lesen und zu hören waren – Fakten und Namen, die jenseits der Grenzen praktisch jeder Schüler der höheren Schulen kannte.

Das allgemeine Klima nach 1945, das total durchsetzt war von der Trostlosigkeit endlos scheinender Leiden, war ebenso durchsetzt von einer unglaublichen Bereitschaft, die physische Existenz mit Hilfe der »brotlosen« Künste über Wasser zu halten. Viele Monate gab es, zwecks kollektiver Bestrafung, pro Kopf nur eintausend Kalorien Lebensmittel-Marken. Es gab keine Kohle im Winter, deshalb wurden in den Rathäusern Scheine ausgegeben, die es Familien gestatteten, einen genau bemessenen Baum des Stadtwaldes als Feuerholz zu schlagen, – es gab fast nichts, um das Leben über den Zustand des Vegetierens zu heben, aber es gab verschwenderisch »Kultur«.

Der glänzendste Nebeneffekt der Umerziehung bestand darin, daß für den Zeitungs-, Broschüren- und Buchdruck – sofern dank einer politisch weißen Weste die Lizenz erteilt worden war – ausreichend Papier zur Verfügung stand. Schlechtes Papier, gewiß, aber genügend Papier. Die Deutschen hungerten, betrieben Schwarzmarktgeschäfte, stahlen, betrogen, sammelten Kippen, logen, biederten sich an, froren, hatten keine Seife, aber sie konsumierten Kultur, saßen in Konzertsälen, eingewickelt in Decken, froren in Theatern, durch deren Dächer Schneeflocken trieben, blätterten mit klammen Fingern die Seiten um von Romanen Thomas Manns, Hemingways, Faulkners, James Joyces, D. H. Lawrences, André Gides, Thornton Wilders – kein Ende der Namen, der Grenzen des literarisch Unvergänglichen.

Die Jüngeren erfuhren auch zum ersten Mal etwas vom gewaltigen Umfang des jüdischen Anteils an der Kultur dieses Jahrhunderts, zumal der deutschen Kultur. Was heute jedem einigermaßen Orientierten so selbstverständlich ist, daß er sich nicht mehr Rechenschaft darüber gibt, war damals nicht mehr bekannt. Die folgenreichsten Anstöße des zwanzigsten Jahrhunderts kamen von Juden: Marxismus, Psychoanalyse, Zwölfton-Musik, moderne Kunst, Relativitätstheorie. Was wäre der Expressionismus ohne Franz Marc, Kurt Hiller, Ernst Blass, Alfred Wolfenstein, Herwarth Walden, Albert Ehrenstein oder Carl Einstein, was die Literatur ohne Max Brod, Franz Werfel, Maximilian Harden, Willy Haas, Lion Feuchtwanger, Ferdinand Bruckner, Franz Kafka, Peter Altenberg, Arthur Schnitzler, Richard Beer-Hofmann, Rudolf Borchardt, Karl Kraus, Friedrich Gundolf, Karl Wolfskehl, Stefan Zweig, Joseph Roth, Arnold Zweig, Jakob Wassermann, Alfred Neumann, Kurt Tucholsky, Else Lasker-Schüler, Iwan Goll, Alfred Mombert, Hermann Broch, Carl Sternheim und die Halbjuden Hugo von Hofmannsthal, Roda Roda, Walter Hasenclever und Carl Zuckmayer.

Solche Aufzählungen könnten in allen Bereichen der Künste und der Kultur beliebig fortgesetzt werden. Trotzdem wäre das noch nicht viel mehr als ein stumpfsinniger Ansatz, um zu zeigen, wie eng die Wechselseitigkeit von Judentum und deutscher Geschichte bis zum Jahre 1933 gewesen war. Sie war zu intensiv, als daß die folgenden zwölf Jahre die geistige Tradition hätten völlig auslöschen können. Das Ineinander von deutscher und jüdischer Gestaltungskraft in Kunst, Musik, Literatur und Wissenschaft war nicht rückgängig zu machen. Was sich manifestiert hatte, ließ sich nur vorübergehend dem

Blickfeld entziehen. Nichts war nach 1945 so aktuell wie die Bücher, die in den Listen des Verbotenen und Verbrannten geführt wurden, keine Malerei, Plastik, Musik so erregend wie die sogenannte »entartete«.

Die spezielle Emigrationsliteratur vor 1945 entstand in einem resonanzlosen Raum. So klagte Ludwig Marcuse, charakteristisch pointiert: »Ich wäre so gern ein Deutscher geblieben und wurde ein jüdischer Amerikaner.« Trotz der Ereignisse im Dritten Reich war der Rückstrom der jüdischen Emigranten mehr als reißend, und sie kamen keineswegs nur als englische oder US-Besatzungsoffiziere. Allerdings hatten sie mit Schwierigkeiten zu kämpfen, die den Werken der Verstorbenen wie Kafka oder Tucholsky erspart blieben. Es gab zwischen den Heimkehrern und den literarischen Neuanfängern keine geistige Konkordanz; beider Erfahrungen waren anders, ebenso ihr Leiden und ihre Optik. Nur diejenigen von den Zurückgekehrten, die jung genug geblieben waren, um noch nicht auf intellektuelle und moralische Schemata festgelegt zu sein, fanden wieder das Echo, auf das sie so lange hatten warten müssen. Den gewaltigen Bühnenerfolg des »Teufels General« verdankte Zuckmayer keineswegs nur der inhaltlichen Aktualität.

Für den einzelnen Künstler mochte es außerordentlich kompliziert sein, mit den neuen Bedingungen fertig zu werden, doch nach gut einem Jahrzehnt waren die meisten Probleme der ehemaligen Emigranten vorbei. Sie hatten Fuß gefaßt, waren akzeptiert, als gleich und gleich angenommen worden, oder sie hatten resigniert; jedenfalls existierte das Odium des Fremden nicht mehr. Auch diese Tatsache gehört zu den bezeichnenden und auszeichnenden Merkmalen der Bundesrepublik in den fünfziger Jahren. Allerdings muß betont werden, daß etwa die Rückkehr des Verlegers Gottfried Berman-

Fischer oder des Presseriesen Ullstein auch eine Stärkung des Selbstvertrauens der Bundesrepublik bedeutete.

Entscheidend bei dieser Frage ist der völlige Zusammenbruch der soziologischen Struktur des deutschen Judentums. 1933 lebten in Deutschland rund 520 000 Juden. Das war weniger als ein Prozent der Gesamtbevölkerung. Von ihnen konnten oder mußten nicht ganz die Hälfte emigrieren. Etwa 180 000 bis 190 000 wurden zwischen 1942 und 1945 ermordet oder starben. Heute leben bei uns rund 30 000 Juden. Die genaue Zahl ist schwer zu ermitteln, insgesamt ist die Tendenz leicht steigend. Mitte der sechziger Jahre wurde in der Statistik der Zentralwohlfahrtsstelle eine Mitgliederzahl von 25 757 genannt. Der jüdische Anteil an der Gesamtbevölkerung beträgt also nicht ganz 0,02 Prozent. Die deutschen Juden sind mithin kein Element, nicht einmal eine Tatsache im Bewußtsein der Öffentlichkeit, sieht man von den offiziellen Ansprachen an Gedenktagen ab.

Normales Leben

Die Statistik ist aber nur ein dünner Film über der Wirklichkeit des Lebens einer individuellen Person. Gerade sie entzieht sich bei diesem Thema dem abstrahierenden Zugriff. Unberührt von ihm bleibt die Realität, bleibt der Alltag, die Arbeit, die Leistung einzelner deutscher Juden – oft indifferent gegenüber den Tendenzen des jüdischen Gemeindelebens, wenn nicht gar in bewußter Distanzierung von ihm. Es ist ebenfalls eine Tatsache, daß eine erhebliche Zahl derjenigen Juden, deren kulturellen Leistungen und Aktivitäten die gewöhnlichen Maße übersteigen, am Leben der organisierten Gemeinden bei uns nicht teilnimmt. Das eben macht den enormen

Unterschied gegenüber der Zeit in der Weimarer Republik aus: Es gibt heute keinen besonderen jüdischen Beitrag zu unserem geistig-kulturellen Leben, sondern es gibt nur den Beitrag einzelner Juden. Vieler Juden, bedeutender Juden – aber auch die Summe ihres Schaffens ergibt noch kein deutsch-jüdisches Spezifikum.

Diese Juden sind immerhin ebenfalls Tatsachen, treibende Kräfte der künstlerischen Artikulation und ihrer sich ununterbrochen ändernden Formen. Ihre Vereinzelung mag als tragisch beklagt werden, sie hat aber auch ihr Gutes. Denn gerade die Anonymität des einzelnen bedingt es, daß wir ihn als Schauspieler, Journalisten, Gelehrten, Schriftsteller, Wissenschaftler nehmen und nicht als jüdischen Schauspieler, Journalisten und so weiter. In den meisten Fällen wissen wir nicht, ob er Jude ist; wir fragen nicht danach. Wenn es aber erwähnt wird, ist die heillose Problematik berührt; sie hat zur Folge, daß Namen, die uns geläufig waren, plötzlich in einer fast künstlichen Sonderung erscheinen.

Ist es auch heute noch immer nicht ganz leicht, ein Deutscher zu sein, so ist es noch weit schwerer, deutscher Jude zu sein. Im übrigen gibt es nach wie vor kein vernünftiges Kriterium, um zu entscheiden, wer eigentlich Jude ist. Der Verleger Heinz Ullstein etwa, dessen Eltern aus der jüdischen Religionsgemeinschaft ausgetreten waren und die er – davon abgesehen – für Deutsche hielt, während er selbst Christ war, bis er von Hitler anders belehrt wurde? Oder Ernst Bloch, der neben Martin Heidegger, Nicolai Hartmann und Karl Jaspers zu den größten deutschen Philosophen des Jahrhunderts zählt, der sich aber selbst scharf dagegen verwahrt hat, sein philosophisches Werk von der jüdischen Herkunft zu deuten?

Das heutige Judentum in Deutschland bildet trotz des verschwindend kleinen Anteils keine Einheit – in schroffem

Gegensatz zum Deutschjudentum bis 1933. Das zählt als eine Besonderheit zu den quälenden Spannungen, die nach wie vor das Verhältnis Juden – Deutsche bestimmen und bestimmen werden und die, aus welchen Gründen und mit welcher Berechtigung auch immer, sich noch lange Zeit auf die Beziehungen Deutschlands zum Staat Israel auswirken werden. Andererseits wäre es ebenso naiv, bei einer Bilanz der inneren Situation Deutschlands diese Spannungen zu verabsolutieren und alles das zu ignorieren, was sie mildert oder in ferner Zukunft gar aufzuheben in der Lage wäre. Heute scheint es fast vermessen zu sein – zumal von den Sprechern des Judentums bei uns nur wenig zustimmende Unterstützung wahrzunehmen ist –, einfach festzustellen, daß die meisten der deutschen Juden im Deutschland von heute ein ganz normales Leben führen. Denn für sie ist Deutschland die Heimat und ihr Vaterland.

Diese Feststellung enthält aber auch etwas außerordentlich Befreiendes. Daß sie hier bei uns und mit uns leben, bedeutet unendlich mehr als das Für und Wider in Diskussionen darüber, ob die Geschichte des deutschen Judentums wirklich beendet oder noch nicht zu Ende ist. Die Prophezeiung des »Instituts für Jüdische Angelegenheiten beim Jüdischen Weltkongreß« aus dem Jahre 1956, daß das Judentum in der Bundesrepublik Deutschland »trotz intensiver gesellschaftlicher und kultureller Tätigkeiten der Kultusgemeinden in absehbarer Zeit aufhören würde, zu existieren«, hat sich jedenfalls bis heute nicht erfüllt. Auch dazu wurde von Ludwig Marcuse 1960 in seiner Autobiographie »Mein zwanzigstes Jahrhundert« Richtungweisendes gesagt, und zwar in den Schlußsätzen, als er sich vornahm, er würde auch künftig seinen Mitmenschen einprägen, »daß die Wurzel aller Entfremdungen, aller Entmenschlichungen, aller Versteinerungen der Mangel an Courage ist, sich zu sich zu bekennen – vor allem dort, wo man sich nicht mit sich identifizieren möchte«.

Unbekümmert im Niemandsland

Ludwig Marcuses Empfehlung hätte man bei uns nicht ernst genug nehmen können. Das Pendel der gewaltigen Öffnung zur Welt schlug bald in die andere Richtung aus. Schon 1948 fiel die Streitschrift des Kunsthistorikers Hans Sedlmayer »Verlust der Mitte« wie ein Stein in die Gewässer der unbegrenzten Empfänglichkeit für Kunst. Die Wellen der Diskussion verstörten viele der unkritisch dankbaren Gemüter. Bei den Kontroversen, die Sedlmayers Thesen zur modernen Kunst in Gang gebracht hatte, war weniger das Pro und Contra wesentlich, als vielmehr die Tatsache, daß jetzt solche Möglichkeiten der Auseinandersetzung bestanden.

Was im Dritten Reich undenkbar gewesen war, gewann einen selbständigen Charakter: Gedanken über das Verhältnis von außerkünstlerischen Einflüssen auf die Kunst und damit die Problematik einer »neuen Ästhetik« – über das Verhältnis von Gesellschaft und Kunst und schließlich die von Künstlern und Kritikern immer wieder von neuem aufgerollte und hitzig diskutierte Frage des Eigenwertes der künstlerischen Produktion im Zeichen des Modernismus. Genügte sie noch dem Anspruch, Kunst zu sein, oder ging es nicht mehr um Kunst, sondern um die Signaturen eines mehr vagen als genau zu bestimmenden Zeitgeistes? Wie stand es mit den Betrachtern, dem Publikum, den Konsumenten der unendlich vielen künstlerischen Produkte, die sich weder dem Auge noch anderen Sinnen erschlossen?

Ein Zugang konnte nur über die Deutungen der professionell im Kunstbetrieb Tätigen gewonnen werden – so daß jetzt die Künstler selbst, die Galeristen und wortgewandten Experten dem wort- und hilflosen Publikum jene Aussagen liefern mußten, die nicht dem Werk selbst zu entnehmen waren. Damit erhielt, in einer bemerkenswerten Schleife der Öffnung, die im Dritten Reich durch Dekret entschiedene Frage nach der Dekadenz in den Künsten wiederum Aktualität. Daß sich dies, sieht man von den Kommerzinteressen ab, in einem zwanglosen Klima ereignen konnte, war eine der bedeutendsten Folgen der freien Auseinandersetzung, die dem Westen zu danken war.

Zur selben Zeit war eine Kluft zwischen dem Gros der Bevölkerung und sich zunehmend elitär sondernden Gruppen aufgebrochen. Öffentlichen Charakter gewann der Gegensatz zwischen den Intellektuellen des Wortes und jener Mehrheit, deren Stellvertretung in der Bonner Regierung ausgemacht wurde. Den Kristallisationspunkt bildete zunächst die literarische »Gruppe 47«. Ihre Hoffnung, der Abkapselung des Intellektuellen von der Gesellschaft ein Ende zu setzen, erfüllte sich nur innerhalb ihres eigenen Zirkels. In den sechziger Jahren kam es dann zu erbitterten Wortgefechten zwischen Regierungsamtlichkeit und »den Intellektuellen«. Dabei entglitt einem Kanzler das giftige Wort von den »Pinschern«.

Von der »Gruppe 47« über etliche Zeitschriften zur Außerparlamentarischen Opposition bis hin zu den extremsten Formen der Verweigerung dehnte sich die hauchdünne Schnur eines Grundgedankens, auf der sich viele Perlen des Schöpferischen auffädeln ließen. Der Grundgedanke selbst hatte sich aber in der Geschichte schon längst als Phantom erwiesen: Versöhnung zwischen Geist und Macht. Man brauchte sich nur an Voltaire und Friedrich den Großen zu erinnern; auch in der Ära Kaiser Wilhelms II. konnte man fündig werden, ganz zu schweigen von der Weimarer Republik. Die Sozialliberalen versuchten es nochmals. Das Ergebnis läßt sich bis heute mit freundlicher Nachsicht und einem gewissen Bedauern überprüfen, sei es in der zuständigen Wochenzeitung, sei es in den Texten der Liedermacher und bei unseren Poprockern.

Kurz bevor die Mitte der fünfziger Jahre überschritten war, meinte ein so scharfsichtiger Betrachter wie Friedrich Sieburg feststellen zu müssen: »Die Fähigkeit des Deutschen, zu grübeln, Zweifel zu nähren, Unruhe zu hegen und zu verbreiten, ist augenblicklich fast erschöpft. Das Trommelfeuer der Charakteranalysen, der moralischen Vorwürfe, der Umschulungsversuche und der Gewissensexperimente, das seit 1945 auf uns niedergegangen ist, hat unsere seelischen Fähigkeiten überschritten und zu einem allgemeinen Rückzug in die Indifferenz geführt. So bieten wir in der Bundesrepublik das Bild eines Volksteils, der nur an seine Motorräder, Rundfunkgeräte, Ferienreisen und Eigenheime denkt und sich gegen die europäische Ungewißheit mit allen Mitteln abzukapseln versucht. Auf diese Weise kommt das Paradox zustande, daß am gefährdetsten Punkte der Welt die unbekümmertsten Menschen zu hausen scheinen, daß das schmale Niemandsland zwischen den beiden Fronten des Kalten Krieges den Anblick einer sorglosen, egoistischen und fast stabilen Lebensform gewährt. Fast alle öffentlichen Vorgänge der letzten Jahre bieten auf den ersten Blick den Beweis dafür, daß wir die Problematik der Welt, an der wir auf so exponiertem Posten teilnehmen, von uns schieben, ja daß wir vor den wahren Gefahren die Augen schließen und in allen unseren politischen Entscheidungen nur den einen Wunsch ausdrücken, keine Entscheidungen treffen zu müssen und in Ruhe gelassen zu werden.«

Diese Zustandsbeschreibung erfaßt präzis jenes Bild, das sich auch einem ausländischen Betrachter bieten mochte. Die

Schlußfolgerung lag nahe: Die Bundesdeutschen waren ein Volk der Gleichgültigkeit, des Haschens nach materiellen Gütern, des Greifens nicht nach dem, was einen Wert besaß, sondern einen Preis hatte und sich käuflich aneignen ließ. Die Vorwürfe liefen auf Banausentum, Oberflächlichkeit, Ignoranz und Gefühlsleere hinaus. Ein neuer Grundzug schien sich am Deutschen zu zeigen: Mangel an Charakter aufgrund einer tiefen Unsicherheit.

Freizeit, die ich meine

Diese und ähnliche Vorwürfe hielten bis ans Ende der achtziger Jahre an. Das sicherste Indiz dafür waren die Klagen der politischen Parteien über die Desinteressiertheit der Jüngeren am politischen Geschäft. Daran änderte sich selbst nichts durch die Studentenbewegung am Ende der sechziger Jahre. Der Aufbruch besaß einen ungeheuren Elan, er fegte viel Staub aus den spätbürgerlichen Winkeln, er lebte aber nur von einer Handvoll entschlossener junger Leute. Das Echo, das die zweitausend Mitglieder des SDS und der Außerparlamentarischen Opposition fanden, war zwar groß, aber es war ein Echo bei jenen, die sich den Demonstrationen mehr aus Erheiterung und zur eigenen Belustigung anschlossen. Es war kein Echo, das die ernsthafte Bereitschaft wiedergab, Veränderungen durchzusetzen. Solche Entschlossenheit fand sich lediglich im Umfeld Ulrike Meinhofs und der RAF – ein kurzes Aufflammen effektiv revolutionärer Impulse, um gleich darauf in hirnlosem Terror zu versacken.

Doch alles, was nach Vorwurf und Anklage aussehen mochte, verkannte die Situation der politischen Entmündigung, die in West- und Mitteldeutschland aufgrund der Besatzung gegeben war. Seltsam war es schon, daß den Deutschen jahrelang mit allen Mitteln suggeriert wurde, ihr größter Charakterfehler bestehe in der Unfähigkeit, mit den Mitteln der Politik und der Macht angemessen umgehen zu können, weshalb sie lieber die Finger davon lassen sollten, – um dann die mißmutige Feststellung hinnehmen zu müssen, die Deutschen wollten von Politik und Macht nichts mehr wissen.

Saugte sich der kritische Blick nicht an Äußerlichkeiten fest? Wurden die deutschen Zusammenrottungen an den Sonnenstränden Europas etwa nur deshalb so unwillig beäugt, um die eigene Musterhaftigkeit, die sich durch die Blässe des Schreibtischs auszeichnete, gut ins Wort zu bringen? Warum die Erregungen darüber, daß die Bundesrepublik es nicht nur zum Wohlstand gebracht hatte, sondern ihn auch genoß, – daß die Bundesrepublik sich zu dem sozialen Standard hin entwickelte, der vor achtzig Jahren den Arbeitern wie ein Traum erschien, daß die Bundesbürger so unerträglich tüchtig waren? Warum die Empörung über den Massentourismus, über die Lust, mit den liebenswerten Narreteien der Moden zu schwimmen, endlos über die PS-Leistungen der Autos zu diskutieren oder sich bis an die Grenzen des Verlederns in der Sonne des Südens zu bräunen? Selbst das Recht, seine Haut im Licht zu entblößen, gehörte zu den Grundrechten, insbesondere da die Wehrpflicht dazu zwang, gegebenenfalls dieselbe Haut für andere zu Markte zu tragen. Die Besorgnisse der Soziologen, was denn der Bundesdeutsche in seiner Freizeit wohl mit seiner Freizeit anstellen und ob er sie gleichermaßen sinnerfüllt verbringen könne wie derjenige, dem sie nicht gehörte, oder dem sie nur als Objekt der Analyse gehörte, – diese Besorgnisse werden den Hautgout einer Pädagogik überflüssiger Bedenken nicht los.

Zu den umwälzenden Folgen der Hochindustrialisierung gehört die zunehmende Verringerung der erwerbsgebundenen Arbeitszeit. Die Vermutung, Freizeit würde sich als ausgleichendes Pendant zur Erwerbstätigkeit entwickeln, bestätigte sich nicht. Wer sich in seinem Beruf aktiv verhält, der verhält sich in seiner Freiheit genauso. Monotonie bei der Arbeit wird folglich nicht durch Mobilität in der Freizeit ausgeglichen. Die Erwartung, Freizeit würde sich generell als leerer Raum präsentieren, in den nur Angebote einzuströmen brauchen, hat sich nur bedingt erfüllt. Mit der wachsenden Freizeit hat sich ein deutliches Freizeitbewußtsein entwickelt. Die Folge ist eine beträchtliche Interessenverlagerung des einzelnen. Nutznießer sind die Massenmedien, zumal das Fernsehen. Sie aber zielen naturgemäß in Richtung des geringsten Widerstandes. Genau dort hat sich inzwischen das Kabel- und Cassetten-Fernsehen eingenistet.

Kultur ist Profil

Zur Kultur gehört zwar auch der Gebrauch dessen, was in seinem weitesten Sinn von uns als künstlerisches Produkt bezeichnet wird, aber sie entsteht allein durch jene Elementarkraft, die das Produkt hervorbringt. Diese Kraft wiederum und die Formung, der Stil, der unverwechselbare Ausdruck hängen zwar immer mit einem einzelnen Menschen zusammen, aber selbst der exzentrischste Künstler läßt sich nicht abstrahieren von dem übergreifenden Einfluß der Großgruppe, in der er lebt, von seinem Volk und den Daseinsordnungen, die den Veränderungen der Geschichte unterliegen. Es gibt keine Autonomie des Menschen, die nicht auch getragen wäre von außerindividuellen Gegebenheiten. Umgekehrt gibt es bei keinem Volk irgendein wesentliches und charakteristisches Kulturelement, das nicht die Handschrift eines einzelnen Menschen tragen würde.

Kulturen bestehen immer nebeneinander, meistens greifen sie auch in die benachbarten Bereiche über. Da sie aber unverwechselbar sind, sind sie auch ungleich. Das wiederum heißt, positiv ausgedrückt, daß jede Kultur ihre eigene Kontur besitzt, ein Grundmuster, das auch den kulturellen Sonderformen die Wesenszüge vermittelt. Die Eigenart dieses Grundmusters ergibt sich durch bestimmte Werte und das persönliche Verhältnis des einzelnen zu ihnen. Von diesen Werten, welche die Bindungs- und Stilelemente eines Volkes darstellen, hängt der besondere Zuschnitt der kulturellen Gestaltung ab, die Art, wie sich die Menschen in ihrer Welt verwirklichen. Treibend dabei sind Lebensenergie und Ausdruckswille. Je stärker sich diese Kräfte auf allen Kulturgebieten durchsetzen – das reicht vom Volkslied und Kunsthandwerk über die Mundart-Dichtung bis zur metaphysischen Spekulation, von den moralischen Regeln, den Umgangsformen bis zur Art und Weise der intellektuellen Selbstzerstörung –, je stärker sich diese Kräfte durchsetzen, um so profilierter wird der Stil einer Kultur.

Aus dem Verhältnis zwischen einem Volk und seiner kulturellen Ausdrucksfähigkeit ergibt sich eine unerfreuliche Konsequenz. Sobald jene Kräfte nachlassen, schwindet auch die Tragfähigkeit der Fundamente, die für die Existenz, die Selbstsicherheit und den Fortbestand eines Volkes notwendig sind. Ein Volk existiert nur insoweit, als die stilbildenden Kräfte des kulturellen Antriebs stark genug sind, um sich durchzusetzen. Wie wenig dergleichen von dem planenden Verstand abhängt, der es inzwischen schon zu seinen katastrophalsten Triumphen gebracht hat, läßt sich am eindrucksvollsten studieren bei denjenigen Völkern, bei denen die Industrialisierung das traditionelle Gefüge der Lebensordnungen noch nicht verändert hat und die deshalb im Vergleich mit den hochindustrialisierten Gesellschaften noch über einen reichen Fundus des

Brauchtums, der Lieder, der überlieferten Sittengesetze, der Dichtung verfügen.

Wie sehen das andere Völker? Hören wir Simone Weil, die Professorin für Philosophie an der Sorbonne, der Universität in Paris: »Einen Gegensatz zu schaffen zwischen der Zukunft und der Vergangenheit ist sinnlos. Die Zukunft bringt uns nichts, wir sind es, die ihr alles geben müssen, um sie zu bauen. Aber zum Geben muß man besitzen, und wir besitzen kein anderes Leben, keine andere Kraft als die Schätze der Vergangenheit, die wir lenken, assimilieren und neu schaffen müssen. Die Liebe zur Vergangenheit hat nichts mit reaktionärer Politik zu tun. Die Zerstörung der Vergangenheit ist vielleicht das größte aller Verbrechen.«

Große Weltaustellung

Kein Bereich ist heute bei uns für jedermann so leicht zugänglich wie derjenige der Kultur. Die historischen Zeugnisse sind in einem solchen Ausmaß zugänglich und verfügbar, wie es noch vor kurzer Zeit unvorstellbar war. Die Gefahr dabei ist, daß wir mit dem Begriff des Kulturerbes inzwischen die feste Vorstellung der musealen Beziehungslosigkeit, der einbalsamierten Lebensferne verbinden. Wenn wir aber auch in unserer ureigenen Kultur nichts anderes sehen als den schönen Schein in beliebig vielen Wechselrahmen, lassen wir unsere Wurzeln verkommen. Gerade in unserer Epoche der unaufhörlich weitertreibenden Industrialisierung kommt es auf das elementare Empfinden für die Tatsache an, daß die Existenz eines politischen Gemeinwesens mitsamt der Bevölkerung, die in dieser Ordnung zusammenlebt, nicht von so ausgeschliffenen Formeln wie Demokratieverständnis, Pluralismus oder Verfassungspatriotismus abhängt, sondern von der Bestimmtheit, mit der man sich seiner Muttersprache bedient und sie liebt, mit der man seine Lieder singt, mit der die kulturellen Manifestationen unserer Geschichte radikal als Selbstzeugnisse und Selbstausdruck begriffen werden.

Unser Kulturbetrieb der letzten zwei Jahrzehnte ähnelt weithin einer Weltausstellung, die ihre Pforten bis ans Ende der Zeiten geöffnet hat, einer Abfolge ununterbrochener Vernissagen. Daß dies mit einer bedrückenden Langweile bezahlt werden muß, gehört zu der anderen Seite jenes Allerweltsliberalismus, der mit den Segnungen des Westens über uns hereinbrach und prompt auch dort infiltrierte, wo er nichts zu suchen hatte. Das Kapitel Liberalisierung, das im übrigen auch ein gutes Stück Gegenposition zur Kunstverordnung des Dritten Reiches darstellte, hat uns Trauerspiele der Unfähigkeit beschert, im Beziehungsdreieck Pornographie, Gewalt und Öffentlichkeit einerseits und demjenigen von Öffentlichkeit, Kunst und kultureller Repräsentanz andererseits Maßstäbe zu setzen.

Kultur- und Gesellschaftskritik ist zwangsläufig eingestimmt auf die Zusammenfassung einer großen Bevölkerungszahl, die man für repräsentativ erklärt. Daß es für Pauschalierungen keine verbindlichen Empfehlungen gibt, garantiert den Kritikern einen Gutteil ihrer Treffsicherheit. Auch die Statistik liefert keine Sicherheit. Die Einschaltquoten einer TV-Serie sind fraglos ein verläßliches Merkmal dafür, ob die Produktion beim Publikum Erfolg hatte oder nicht. Sie sagt aber nichts aus über Niveau und künstlerisches Format.

Warum mißachteten die spitzigfeinen Federn unserer Gesellschaftskritiker die Gebirge an Literatur, die über die Büchertische gingen und den Verlegern die sattesten Gewinne sicherten? Was trieb die Deutschen wohl in die Opern, ins

Theater, in die Konzertsäle? Waren sie nicht reineweg kulturbesessen? Die Kritik zuckte die Achseln. An der Kultur konnte es nicht liegen. Kultur blieb Kultur, egal unter welcher Schminke. Theater blieb Theater, egal mit welchen Bühnenstücken. Was also lockte den Bundesbürger in die Hallen der Musen? Wahrscheinlich hielt sich der bürgerliche Glaube an die wohltuenden Erhebungen der »Bildungsanstalt« als Aberglaube besonders lange. Ob bei einer solchen Problematisierung aber vielleicht auch die Kriterien ins Rutschen gerieten, war eine andere, eine bedenkliche Sache. Jedenfalls schienen die Bundesdeutschen mitnichten jene Barbaren und Kulturbanausen zu sein, die regelmäßig in den Feuilletons der Gazetten durch die Spießruten getrieben wurden.

Ketten verbinden

Fand sich etwa das Gesuchte bei denjenigen, von denen die zu konsumierende Kultur veranstaltet wird? Dem Theaterkritiker Lothar Schmidt-Mühlisch, der sich selbst voll Vergnügen eines »anhaltend aufsässigen Charakters« bezichtigt, entpuppt sich der Theaterbetrieb als ein Opfer im Spannungsfeld der Zeitgeschichte: »Das kulturelle Leben in Deutschland geriet – seltsamerweise parallel zum ökonomischen Aufstieg – unter das Diktat völlig einseitiger moralischer Optionen, hinter denen natürlich handfeste politische Interessen standen. Die USA und die UdSSR trugen zwar ihren kalten Krieg aus – auch das hauptsächlich in Deutschland. Aber in einem waren sie sich immer einig: den Schuldhebel Drittes Reich ungehemmt und nach Bedarf gegen jede eigenständige geistige Entwicklung – vor allem in nationaler Hinsicht – in beiden deutschen Staaten, ja sogar einschließlich Österreich, einzusetzen. Als Alternativen blieben nur Vereinigungen und Rückzüge ins Private. Gerade das deutsche Theater der fünfziger und beginnenden sechziger Jahre feierte – nach und neben einem inneren Erschrecken, das sich mit den beiden Namen Wolfgang Borchert und Günther Weisenborn fixieren läßt – regelrechte Orgien des Absurden. Mit Ionesco lachte, mit Pinter gruselte und mit Beckett grämte man sich zu Tode. Wer diesen Ausweg nicht nutzte, dem blieb nichts anderes übrig, als sich in moralischer Selbstkasteiung zu üben und seine Vergangenheit zu bewältigen. – Zur Zeit des kalten Krieges war Deutschland mehr denn je zum zentralen Interessenfeld der Großmächte geworden. Nur Ignoranten und Naive konnten glauben, daß die USA wie die Sowjetunion auf Steuerungsimpulse bezüglich der geistigen Szene in der Bundesrepublik verzichteten. Die Amerikaner gerieten dabei gesellschaftspolitisch zwar ins Hintertreffen, aber der schon erwähnte moralische Hebel, mittels Hinweis auf die NS-Vergangenheit den Verzicht auf nationale Interessen zu bekräftigen und die Westintegration zur Conditio sine qua non zu erheben, blieb realpolitisch bestimmend.«

Die Wegstrecke von der kulturellen Westinfiltration zur politischen Westintegration war von bedeutsamen Merkzeichen gesäumt. Das Hauptergebnis der Entwicklung zeichnete sich schon in den fünfziger Jahren ab: dem wachsenden Übergewicht des Anglo-Amerikanischen, freilich geliefert in den gängigsten Münzen. Darauf beruhte auch der Erfolg. Sicherlich lehnten es ernst gestimmte Gemüter ab, von dem Notiz zu nehmen, was für sie schon Subkultur bedeutete: Cola, Comics und Ketchup, Jeans und Rock 'n Roll, Broadway und Bunnies – bis hin zum Fast food, dieser Umsetzung von Mickey Mouse ins Essen, gesichert durch das Netz von McDonald's, in dem die Teenies zappeln. Niemand braucht empört einzuwerfen, daß die Vereinigten Staaten sich nicht in solchen Blitzlichtern erschöpfen würden wie Dallas und Dollars, Hollywood und Hiroshima, Mafia und Monroe-Doktrin, Rassismus und Rauschgift, Western und Wallstreet, daß sie nicht nur das Land sind, in dem jährlich einhunderttausend Morde geschehen.

Die USA bestimmten nach 1945 kraft ihrer Führerrolle in der Weltpolitik des Westens ihre Position neu, ihre europäische Position. Sie entdeckten dabei ihre europäischen Wurzeln, wohl erstmals mit Anteilnahme, vor allem ihre deutsche Wurzeln. Auch deshalb wurde die Bundesrepublik Amerikas zuverlässigste Filiale und seitdem von früh bis spät transatlantisch umsorgt – freilich stets zum Tageskurs, der nicht im alten Kontinent, sondern jenseits des Atlantiks festgesetzt wurde.

Ist die Amerikanisierung, die von anderen europäischen Ländern, insbesondere von Frankreich, weit heftiger beklagt wird als von uns, ein Phänomen der Oberfläche? Oder trifft es zu, daß sich die US-Parole des neunzehnten Jahrhunderts, die von Präsident Monroe ausgegeben wurde: »Amerika den Amerikanern«, im zwanzigsten Jahrhundert verwandelte in ein »Europa den Amerikanern«? Uns als Betroffenen steht die Entschiedenheit nicht zu, mit der Arnold Toynbee, Diplomat, Historiker und Kulturphilosoph, behauptet hatte: »Amerika ist zum Alptraum der Welt geworden.« Aber es gehört viel Glaube und noch mehr Gutgläubigkeit dazu, einem Betrachter zu widersprechen, der schon vor einem Jahrzehnt bitter vermerkte, daß wir Deutschen nunmehr in einem Eisenbahnwagen säßen, »vor uns die D-Zug-Lokomotive USA, mit der es Volldampf voraus in den Fortschritt geht. Von allen europäischen Waggons ist unserer der vorderste. Wir sind Amerikas liebstes Kind, da darf uns nichts irremachen. Was wir sind und wie wir sind, das danken wir ihm. Wir inhalieren seinen Atem zu jeder Stunde und wo wir gehen und stehen, ja, wir leben geradezu wie von der Mund-zu-Mund-Atmung. Seit dreißig Jahren wachen wir mit Amerika auf und gehen mit Amerika zu Bett. Es liegt mit der Zeitung auf unserem Frühstückstisch und ist das letzte Bild, das vom Fernsehschirm strahlt. Es war zuerst unser Bezwinger, dann unser Richter und Henker, dann unser Umerzieher, unser Sittenpapst, unser Evangelist.«

Das eigene Schicksal

Eine klinisch neutrale Überprüfung der deutschlandpolitischen Verheißungen Adenauers und der ihn unterstützenden Parteien kommt zu dem Ergebnis, daß der Glaubenssatz, nur über eine Integration der Bundesrepublik in den Westen eröffne sich ein Weg zur Wiederherstellung der deutschen Einheit, ein Trugschluß war. Da er sich schon zur Zeit Adenauers als Trugschluß erkennen ließ, auch von denjenigen, die auf ihm beharrten, legt sich eine härtere Bezeichnung nahe. Wer dagegen einwendet, wir wären in Westdeutschland nicht Herr unserer Entschlüsse gewesen, der muß erklären, weshalb die erzwungene Bindung an den Westen mit Vorspiegelungen der Freiheit oder Souveränität verdeckt wurde. Ein Übel, das notwendig sein mag, ist deshalb noch lange nicht gut.

Am 16. November 1959 war in belebender Ehrlichkeit im »Spectator« zu lesen: »Die Zukunft Deutschlands, wahrscheinlich für den Rest dieses Jahrhunderts, wird von Außenstehenden entschieden werden, und das einzige Volk, das dies nicht weiß, sind die Deutschen. Kanzler Adenauer hat seinem Volk die durchaus irrige Vorstellung beigebracht, daß er allein für dessen glückliche Finanzlage verantwortlich sei. Er hat es ermutigt, Prosperität mit der Verfügungsgewalt über ein eigenes Schicksal zu verwechseln.« Auf diese Weise gelang es, die

Wirklichkeit in der politischen Opportunität der Westeinbindung verdunsten zu lassen.

Die Zeiten, in denen allein schon der Versuch einer Optik, die nicht total westlich ausgerichtet war, als Fragezeichen hinter der Legitimität der Bundesrepublik diffamiert wurde, liegen noch nicht lange zurück. Vorurteile oder Klischees, selbst wenn sie sich als »Bericht zur Lage der Nation« oder mit anderem Titel zwischen zwei Buchdeckeln anbieten, sind für den Historiker kein Ablaß, der von der zeitlichen Sündenstrafe der eigenen Urteilsfindung losspricht. Wie könnten wir unseren Abgeordneten danken, wenn sie uns, in unverhüllt besatzerkonformer Ermüdung, nicht »Souveränität« *vorgespiegelt*, sondern reinen Wein eingeschenkt hätten.

Am bedrückendsten aber ist die Unredlichkeit des jahrzehntelangen Als-ob. Sie hat am meisten dazu beigetragen, daß wir in der Politik nicht den Anteil des Schicksals respektieren, sondern von der Täuschung abgestoßen sind, der sich die Regierenden aus Kleinmut bedienten. Wenn es denn wirklich »Sicherheit« gewesen sein sollte, die wir den Vereinigten Staaten zu danken hatten, dann wurde in Westdeutschland dafür mit der Integrität jener Politiker bezahlt, die wußten, welchen Preis die »Sicherheit« verlangte, dies aber verschwiegen. Die Franzosen prägten dafür den Satz: »Qui mange du pape en meurt – Wer vom Papste ißt, stirbt daran«. Inzwischen hat sich Bonn in erstaunlicher Manier eines Besseren besonnen. Der Regierungsversuch, dabei Gleichgewicht zu halten zwischen Besänftigung nach außen und harter Gangart in Richtung der deutschen Einheit, erinnert freilich an die Schwierigkeiten eines Menschen, den man gegen seinen Willen dazu zwingt, Eislaufen zu lernen. Trotzdem wird dieses Unternehmen einmal in der Bilanz am Ende des Jahrhunderts mit Lettern aus Stein verzeichnet sein.

Die hochmotiviert durchgeführte Kehre ist um so bedeutsamer, als seit Adenauer und in seinem Gefolge alles getan wurde, um die Konsequenzen der Westintegration zu verheimlichen. Bonner Politik war bis in den Herbst 1989 eine Politik des munteren Westextremismus, dem der Leibwächter der abendländischen Werte, der unsere Kindlein vor dem bösen Osten bewahrte, die Schleppe hielt. Dabei wurde in Kauf genommen, wurde erwartet, wurde unterstellt, daß mit dem Fortschritt der Westeinbindung ein Rückschritt des Nationalbewußtseins stattfinden würde. Wer eine Liste der Versicherungen wünscht, in denen uns wortwörtlich von den Kanzeln der transatlantisch gewärmten Regierungssitze herab verkündet wurde, daß »die Westbindung im Ernstfall wichtiger ist als die Einheit«, muß sich mit Ausdauer wappnen, denn sie ist endlos. Am Ende dieser Liste können sich diejenigen, für die Deutschland stets mehr gewesen war als die Bundesrepublik, zur Erholung einem milden Hohn überlassen, – dem Hohn darüber, daß »das Volk« in Mitteldeutschland so ganz anders entschied, als es die parteipolitischen Propheten Westdeutschlands geweissagt hatten. Solche Empfindungen aber werden überdeckt von der Hochachtung vor dem Mut, mit der in Bonn die Zeichen begriffen wurden. Charaktere können also auch heute noch ausschlaggebend sein für den Gang der Ereignisse oder zumindest – mit einem Bild – dafür, daß das Flugzeug vom Boden abhebt.

Als den Gebrüdern Wright 1903 der erste Motorflug in der Menschheitsgeschichte gelungen war, wurden sie zu Schauflügen nach Europa eingeladen. In Paris erkundigte sich eine Dame: »Ist die Luft nicht ein sehr gefährliches Element?« Wilbur Wright legte den Kopf schräg: »Madame, das einzig Gefährliche am Fliegen ist die Erde.«

Die Verbeugung vor den Fakten

Moderner Krieg – totaler Krieg – Verbrechen als »Schicksal« – Gewissen und Gedächtnis – Schweigen heißt Lügen – Das Unrecht, Deutscher zu sein – Die heilige Kuh des Status quo – Vom Palavern über deutsche Einheit

In Würzburg läuten Jahr für Jahr am 16. März, abends zwischen 21 und 22 Uhr, die Glocken aller Kirchen. Eine halbe Stunde lang, unentwegt, über den Kessel am Main dahinhallend. Die Stadt wird von einer merkwürdigen Stille erfaßt, selbst die Autos scheinen leiser zu fahren. Nicht die Glocken überdecken alle Geräusche, es ist eine Art Verstummen in Erinnerung, – für die Alten ein Erinnern des Entsetzens. Am 16. März 1945 warfen zweihundertachtzig Flugzeuge der »5 Bomber Group« des strategischen Bomberkommandos der Briten innerhalb von zwanzig Minuten mehr als neunhundert Tonnen Spreng- und Brandbomben auf Würzburg, die »ewige unvergängliche Stadt«. Fünftausend Menschen starben bei dem Luftangriff, zwanzigtausend Wohnungen wurden zerbombt oder ein Raub der Phosphorbomben. Die Main-Metropole war vernichtet.

Das alte Würzburg riß Heinrich von Kleist am 11. Oktober 1800 zu einer Liebeserklärung hin, Richard Wagner geriet in den warmen Sommernächten Würzburgs regelmäßig »über Welt und Kunst in sonderbare Ekstase«, Gertrud von le Fort suchte nach der Zerstörung ihre Rettung im Trost: »Wie Abendrot gingst du vor unseren Tränen unter, / Wie Morgenrot gingst du vor unseren Seelen wieder auf – / Wer will uns das Geliebte aus der Seele reißen?«

Keiner der großen und mittleren Städte Deutschlands blieben die Bomben erspart. Der Vernichtung Würzburgs ging die Zerstörung Dresdens am 13./14. Februar 1945 voran. Dresden wurde zu einem Symbol, nicht allein wegen des Untergangs von »Elbflorenz«, der herrlichen Residenz der Wettiner, für deren Schönheit es kaum Vergleiche gab, sondern auch wegen der einleitenden Planungen der Amerikaner und Engländer. Dresden war damals, genauso wie Würzburg, noch nie angegriffen worden. Man hatte sich deshalb für Dresden entschieden, weil, mit den Worten Liddell Harts, »die bewußte Absicht bestand, ein Blutbad unter der Zivilbevölkerung und den vielen Flüchtlingen anzurichten«. Die britischen Bomber und »Fliegenden Festungen« der Amerikaner fanden in Dresden deshalb so besonders lohnende Ziele, weil sich hier die riesigen Flüchtungsströme aus Schlesien sammelten; zur Zeit der Angriffe befanden sich neben den 630 000 Einwohnern 600 000 Flüchtlinge in der Stadt. Bei den acht aufeinanderfolgenden Angriffen wurden jeweils fast eintausend Tonnen Minen, Spreng- und Brandbomben abgeworfen. Über 27 Quadratkilometer Wohnfläche raste der Bomben- und Feuersturm hinweg, mehr als die Hälfte wurde total zerstört; in London waren es zweieinhalb Quadratkilometer während des ganzen Krieges.

Die Zahl der Toten – vorwiegend Frauen und Kinder – konnte nur geschätzt werden. Die Ziffer von 250 000 wurde später aus leicht ersichtlichen Gründen immer wieder nach unten zu senken versucht. Vor den Angriffen wurden Flugblätter abgeworfen und den Flüchtlingen empfohlen, die Stadt zu verlassen und sich auf den Elbwiesen »in Sicherheit« zu bringen. Die Kalkulation der Alliierten ging auf. Auf den freien Flächen waren die Abertausenden von Flüchtlingen schutzlos dem Gewitter der Phosphorbomben ausgesetzt und wurden von den Jägern in ununterbrochenen Tiefflügen hingemäht. Luftmarschall Sir Arthur Harris, dem seit Februar 1942 die englischen Bomberkommandos unterstanden, meldete seinem Premier Winston Churchill einen besonders erfolgreichen Einsatz. Churchill hatte den Befehl für die Angriffe auf Dresden mit der »höchsten Dringlichkeitsstufe« versehen.

Am nächsten Tag erhielt die 3. RAF Bomber Group einen neuen Einsatzbefehl: »Chemnitz ist eine Stadt etwa sechzig Kilometer westlich von Dresden und ein viel kleineres Ziel. Sie fliegen heute dorthin, um alle Flüchtlinge zu töten, die aus Dresden entkommen sein mögen.« Die britische Regierung hatte schon 1936 für einen mutmaßlichen Krieg die Bombardierung dicht besiedelter Wohngebiete in deutschen Städten als besonders wichtige operative Maßnahme in die strategische Planung mit aufgenommen; es handelte sich um den sogenannten »Master Plan«. Diese immer wieder bestrittene Tatsache wurde 1983 offiziell bestätigt. Die Frage nach dem Krieg, wie es mit der »Ethik des Luftbombardements« stehe, brachte Luftmarschall Harris nicht in Verlegenheit: »Ich würde nicht zögern, das gleiche noch einmal zu tun. Ich habe keine Geduld mit Leuten, die Mitleid für die ›armen Deutschen‹ empfinden.«

Moderner Krieg – totaler Krieg

Bereits während des Ersten Weltkrieges zeichnete sich ab, daß kriegerische Auseinandersetzungen in diesem Jahrhundert nicht mehr auf das rein militärische Gebiet beschränkt bleiben würden, wie es bis dahin durch die Jahrhunderte der Fall gewesen war. Die Hungerblockaden der Alliierten richteten sich gegen die Zivilbevölkerung. Unter dem Gesichtspunkt eines Kampfes nicht nur der Armeen, sondern der Völker gegeneinander ging es nahezu um Leben oder Tod. Deshalb schien es nur folgerichtig zu sein, daß England das Konzept des Luftkrieges gegen die Zivilbevölkerung bis hinab zum Säugling entwickelte. Die strategische Luftoffensive wurde in der Planung damit begründet, daß sie im Unterschied zu allen traditionellen Formen des bewaffneten Angriffs »allein unmittelbar direkt und zerstörerisch das Herzland des Feindes treffen kann«. Ihr Ziel sei, den feindlichen Staat »der Mittel oder des Willens zur Fortsetzung des Krieges zu berauben«. Damit erhielt der Terror aus der Luft den Rang einer militärischen Waffe.

Als Ergänzung der Haager Landkriegsordnung wurden 1923 die »Haager Luftkriegs-Regeln« ausgearbeitet. Artikel 22 verbietet ausdrücklich »das Luftbombardement zur Terrorisierung der Zivilbevölkerung«. Die Regeln wurden nicht ratifiziert, sie besaßen deshalb keine völkerrechtliche Gültigkeit. An ihnen läßt sich nur die völkerrechtliche »communis opinio«, die allgemeine Ansicht, ablesen. Im Krieg wird diese Ansicht ebenso allgemein ignoriert. Wenn heute in der Fachliteratur behauptet wird, daß »Luftangriffe auf nichtmilitärische Ziele nach allgemein anerkanntem Völkerrecht verboten sind«, so hat das mit der Wirklichkeit des Krieges nichts zu tun. Das zwanzigste Jahrhundert strotzt von feierlichen Beschwörungen der Menschlichkeit und der Menschenrechte. Aber in den Kriegen desselben Jahrhunderts wird in beispielloser Weise gegen die »Gesetze der Menschlichkeit« verstoßen.

Es handelt sich hier nicht um allgemeine Betrachtungen über das Verhältnis von Krieg und Kriegsrecht, Menschlichkeit und Völkerrecht. Es geht darum, in welchem Verhältnis sich ein besiegtes Volk zu den Ereignissen im Krieg selbst befindet und ebenso zu denjenigen, die nur deshalb stattfanden, weil es den Krieg verloren hatte. Nach dem Ersten Weltkrieg war es noch möglich, der Toten des Krieges zu gedenken: nicht allein in den betroffenen Familien, sondern auch in der Öffentlichkeit. Soldaten sterben schließlich nicht aus persönlichem Mutwillen, sondern aufgrund der Wehrpflicht im Dienst des kämpfenden Staates. Nach dem Zweiten Weltkrieg war dieser direkte Bezug nur bedingt möglich. Kleine Gemeinden oder Dörfer hatten in den ersten Jahren noch die Gelegenheit, Kriegerdenkmäler zu errichten. Heute aber gibt es keine offiziellen Gedenkfeiern, die allein den Gefallenen gewidmet sind. Das ist einmalig. Öffentliches Gedenken an die Toten eines Krieges gehört zu den urtümlichsten Rechten und zur Würde eines Gemeinwesens. Selbst das wurde uns nach 1945 genommen. Selbst das haben wir uns nehmen lassen.

Bei der Einweihung eines Soldatenfriedhofs in Nordafrika gab ein deutscher Teilnehmer zu bedenken, ob es nicht besser sei, das Hakenkreuz auf dem Denkmal zu entfernen. Der britische General blieb kühl: »Unter diesem Zeichen haben unsere Gegner gläubig und tapfer gekämpft, deshalb werden sie auch unter diesem Zeichen als Gefallene geehrt.« Ehren *wir* die gefallenen deutschen Soldaten des Zweiten Weltkrieges? Wir ehren sie in einem allgemeinen Gedenken an sämtliche Toten, also unter einem Schirm der Entschärfung. Der Volkstrauertag im November gilt »den Opfern des Nationalsozialismus und den Gefallenen beider Weltkriege«.

Verbrechen als »Schicksal«

Dürfen wir nicht nur derjenigen gedenken, deren Ermordung einer deutschen Regierung zur Last fällt, sondern auch der Millionen Deutschen, die nach dem 8. Mai 1945, als die Geschütze schwiegen, von den Siegern gefoltert, geschändet, zu Tode geprügelt wurden? Mit diesen Massenmorden begann die »Gemeinschaft der friedliebenden Völker«, ihre »Schwerter in Pflugscharen umzuschmieden«, begann, wie es einer der Sieger ausdrückte, die Ära »unserer Gemeinsamkeit an unschätzbaren Werten«. Müssen wir mit den Pflugscharen der Sieger auch unsere Erinnerung an die im Frieden ermordeten Deutschen unter die Erde bringen? Das müßten wir nicht, doch es wird alles getan, damit es geschieht. Das Gedenken an diese Millionen Toten hat sich in der amtlichen Öffentlichkeit Deutschlands dank der Maximen eines moralischen Schwachsinns in Nichts aufgelöst.

Die Austreibung von rund fünfzehn bis achtzehn Millionen Deutschen aus dem Memelgebiet, aus Ostpreußen, Westpreußen, der Provinz Posen, Schlesien, Böhmen, Mähren, Rumänien, Ungarn, Jugoslawien und die Mordexzesse, denen dabei – einschließlich der umgekommenen Kriegsgefangenen – insgesamt mehr als vier Millionen zum Opfer fielen, wurde von ausländischen Kommentatoren als »das größte Menschheitsverbrechen aller Zeiten« charakterisiert. Der englische Außenminister Ernest Bevin fand dafür nur den Satz: »Wahrhaftigen Gottes, das ist die Höhe des menschlichen Wahnsinns.«

Diesem »Wahnsinn«, den der amtierende Bundespräsident in seiner unnachahmlich charmanten Art als »Wanderung nach Westen« bezeichnet, lag ein politisches Prinzip zugrunde, das die Engländer schon im achtzehnten Jahrhundert erprobt hatten. Im Jahre 1755 siedelte die britische Kolonialverwaltung Kanadas die französische Bevölkerung Neuschottlands (Akadien), die dort seit mehr als hundert Jahren ansässig war, gewaltsam in andere Distrikte um, damit das Gebiet franzosenfrei wurde. Die Franko-Kanadier haben dies bis heute nicht vergessen.

Die Austreibung der Deutschen aus Gebieten, in denen sie viele Jahrhunderte lang zu Hause waren, ist dem Sachverhalt entsprechend mit dem Begriff der »Vertreibung« nicht zu erfassen. Es geht nicht nur um das Verbrechen der gewaltsamen Aussiedlung aus urdeutschen Gebieten, sondern auch um den nicht zu beschreibenden Sadismus der Durchführung. Auch der Begriff »Vertreibungsverbrechen« ist inhaltlich unzutreffend. Bei den Massenmorden in den mittel- und osteuropäischen Ländern wurden Hunderttausende von Deutschen erschlagen, deren Austreibung nicht beabsichtigt und geplant war. Es handelte sich um Völkermord. Kein einziger der Täter wurde zur Rechenschaft gezogen. Die Tschechoslowakei erließ im Mai 1946 ein Gesetz, in dem sämtliche Verbrechen einschließlich des Mordes, denen bis zum 28. Oktober 1945 Deutsche zum Opfer fielen, für straffrei erklärt wurden. Nicht nur das: Solche Verbrechen wurden ausdrücklich als rechtmäßig bezeichnet.

Am 4. September 1948 erklärte der sozialdemokratische Abgeordnete Bitom im Bayerischen Landtag, daß zur selben Zeit, als die Beweisaufnahme im Nürnberger Prozeß durchgeführt wurde, auch die in Potsdam beschlossenen Massenaustreibungen der Deutschen begannen: »Die Ausweisungen sollten human und menschlich durchgeführt werden, aber diese selbe Weltöffentlichkeit, die die Unmenschlichkeit der Naziverbrechen in allen Sprachen der Welt verurteilt hat, schwieg sich über die Greuel an den Ausgewiesenen und Vertriebenen in allen diesen Sprachen aus. Einwandfreie Feststellungen haben ergeben, daß die Scheußlichkeiten, die nach dem Kriege begangen worden sind, die Scheußlichkeiten, die während des Krieges verübt wurden, bei weitem übertroffen haben. Nach vorsichtigen Schätzungen sind aus den Gebieten Osteuropas etwa 20 Millionen Menschen vertrieben worden, von denen nach Feststellungen der christlichen Kirchen etwa drei bis fünf Millionen ihr Leben dabei lassen mußten. Diese Todesmärsche sind aber noch nicht abgeschlossen, sie dauern immer noch an. Ich frage, warum will die Weltöffentlichkeit diese Grausamkeiten bei den Austreibungen und die himmelschreienden Ungerechtigkeiten in den Straf- und Vernichtungslagern für Deutsche nicht ebenso verurteilen und anprangern, wie sie das in Nürnberg getan hat? Etwa deshalb, weil es sich hier nur um deutsche Menschen handelt? Es ist fast so, als ob man abgesprochen hätte, diese Greueltaten totzuschweigen. Aber, wer schweigt, macht sich mitschuldig.«

In derselben Sitzung im Maximilianeum beklagte sich der freidemokratische Abgeordnete Linnert: »Wir besitzen heute Berichte, die so erschütternd sind, daß man sich eigentlich der Tränen kaum enthalten kann. Ich denke manchmal daran, wie wir im Bayerischen Landtag oder in seinem sozialpolitischen Ausschuß über soziale Fortschritte sprechen, die wir erzielen müssen. Wer spricht denn da drüben noch von diesen Deutschen und von sozialen Fortschritten? Man läßt sie – ich kann kein anderes Wort gebrauchen – verrecken, wie man nicht einmal seinen Hund verrecken läßt.« Als die Abgeordneten sämtlicher Parteien in München einen Antrag stellten, in dem Gerechtigkeit gefordert wurde, drohte die US-Militärregierung mit Strafmaßnahmen. Ein halbes Jahr später, 1949, wurde ein erneuter Antrag gestellt; Massenmörder (Krupa, Aritschek), die inzwischen nach Bayern geflüchtet waren, sollten vor Gericht gestellt werden. Daraufhin erklärte die Besatzungsmacht, sie würde den Landtag auflösen, wenn sich dergleichen wiederholen sollte.

Nicht der Umfang dieser größten Massenaustreibung der Weltgeschichte macht die Einzigartigkeit des Geschehens aus, auch nicht die schrecklichen Greueltaten, die dabei vorgekommen sind, ja nicht einmal die Millionenzahl der Toten. Unter dem Gesichtspunkt der hemmungslosen Gewalt, die als unverwechselbares Merkmal zum zwanzigsten Jahrhundert gehört, verwandeln sich die horrenden Zahlen der auf der ganzen Welt Ermordeten in statistische Größen. Der Kern der Massenaustreibung nach 1945 besteht darin, daß alles geplant, beschlossen und gebilligt wurde von denjenigen Feinden Deutschlands, die nicht müde wurden, sich bei der Begründung ihres Kampfes im Zweiten Weltkrieg auf die höchsten sittlichen Prinzipien, einschließlich aller christlichen Lehren, zu berufen: auf die Würde des Menschen, auf das Prinzip der unterschiedslosen Gerechtigkeit, auf den Grundsatz der Humanität.

Gewissen und Gedächtnis

Albert Schweitzer sagte 1954, als er in Oslo den Friedensnobelpreis entgegennahm: »In schlimmster Weise vergeht man sich gegen das Recht des geschichtlich Gegebenen und überhaupt gegen jedes menschliche Recht, wenn man Völkerschaften das Recht auf das Land, das sie bewohnen, in der Art nimmt, daß man sie zwingt, sich anderswo anzusiedeln. Daß sich die Siegermächte am Ende des Zweiten Weltkrieges dazu entschlossen, vielen hunderttausend Menschen dieses Schicksal, und dazu noch in der härtesten Weise, aufzuerlegen, läßt ermessen, wie wenig sie sich der ihnen gestellten Aufgabe einer gedeihlichen und einigermaßen gerechten Neuordnung der Dinge bewußt wurden.«

Hier irrte Albert Schweitzer. Die Sieger fanden die Ereignisse durchaus übereinstimmend mit dem, was sie unter gerechter Neuordnung verstanden. Am 18. Juli 1945 wurde in einem Leitartikel der tschechischen Zeitung »Svobodny Směr« versichert, die Amerikaner und Engländer würden die tschechische Meinung teilen, »daß die Deutschen keine menschlichen Wesen sind, sondern Halb-Menschen, und der These zustimmen, daß die Deutschen so behandelt werden müssen, wie sie es verdienen«. Offensichtlich muß dann der englische Verleger Sir Victor Golancz, der 1960 in der Bundesrepublik mit dem Friedenspreis des Deutschen Buchhandels geehrt wurde, unter einer sittlichen Verwirrung gelitten haben. 1947 erklärte er: »Die Deutschen wurden vertrieben, aber nicht mit einem Mangel an übertriebener Rücksichtnahme, sondern mit dem denkbar höchsten Maß von Brutalität. Sofern das Gewissen der Menschheit jemals wieder empfindlich werden sollte, werden diese Vertreibungen als die unsterbliche Schande aller derer im Gedächtnis bleiben, die sie veranlaßt oder sich damit abgefunden haben.«

Im Gedächtnis bleiben? Aber warum denn? Ist das alles nicht mehr als vier Jahrzehnte vorbei? Wer daran erinnert, scheint in einem luftleeren Raum zu moralisieren, vor unbesetzten Bänken zu gestikulieren, rührt an Dinge, die man ruhen lassen sollte, reißt vernarbte Wunden auf. Die Bundesregierung hatte den Auftrag gegeben, die Verbrechen an den Deutschen bei der Austreibung zu dokumentieren. Das Kabinett der großen Koalition beschloß 1969, das Material, das in 22 Bänden gesammelt war, nicht zu veröffentlichen, sondern lediglich für statistische oder nachweisbar wissenschaftliche Zwecke einsehen zu lassen. Dieser Beschluß wurde von den Sozialliberalen im Sommer 1974 bekräftigt. Daß eine Regierung nach mehr als einem Vierteljahrhundert ernsthaft den Versuch unternahm, diese Fakten vor der Öffentlichkeit geheimzuhalten und den Zugang verbot, ist unfaßlich, aber bezeichnend. Bezeichnend für die forsche Feigheit, mit der bei uns amtliche Stellen darum bemüht sind, unsere Nachbarn nicht an Sachverhalte zu erinnern, von denen sie nichts wissen wollen.

Der erste Doppelband der Dokumentation war Anfang der sechziger Jahre erschienen und wurde normal ausgeliefert. Dann wurde die weitere Publikation gestoppt, das Aufsehen war zu groß. In Bonn befürchtete man negative Reaktionen des Ostblocks, »eine Störung der Bonner Ostpolitik«, und zuckte zurück, als hätte sich ein Abgrund vor den Füßen geöffnet. Was in gewisser Weise stimmte. Es blieb bei der Blockierung. Von der CDU/CSU-Fraktion wurde 1974 vergeblich darauf hingewiesen, daß man sich damit aus falsch verstandener Rücksicht auf die einstigen Kriegsgegner und ausländischen Partner einer Unterdrückung der historischen Wahrheit schuldig mache. Ein Jahrzehnt später wurden dann auf private Initiative hin Auszüge der Dokumentation gedruckt und publiziert.

Wenn die Geschichte eines Volkes substantiell zu dessen Fundamenten gehört, dann lassen sich gewaltige Bezirke und Ereignisse nicht einfach ausblenden. Geschichte ist kein Album mit Urlaubsbildern in Sommer, Sonne, Seligkeit. Geradezu tückisch aber wird es, wenn die regierungsamtliche Politik des beidhändigen Verwischens von Verbrechen, denen Deutsche zum Opfer fielen, damit gerechtfertigt wird, daß es nunmehr um »Aussöhnung« gehe. Müssen sich denn tatsächlich die Erschlagenen bei ihren Mördern entschuldigen? Wem steht es zu, um »Gesten der Versöhnung« zu bitten?

Schweigen heißt Lügen

Wer historische Fakten vertuscht, der mißachtet und verleugnet die Wahrheit. Geht es nur darum, denjenigen nichts zuzumuten, die uns im Nacken sitzen? Geht es darum, daß die vertriebenen Ost- und Sudetendeutschen ihre Vertreiber um Verzeihung anflehen? Die »Charta der Vertriebenen« wurde schon 1950 in Stuttgart veröffentlicht, – ein Dokument von kaum zu ermessender Versöhnungsbereitschaft. Bis heute hielten es die betroffenen Länder nicht für nötig, ebenbürtig zu antworten. Oder ist es eine der von unserer Regierung so sehr erhoffte »Geste der Versöhnung«, zu der sich Polen verstehen möge, wenn im schlesischen Oppeln Anfang 1990 auf Zäunen die polnische Parole zu lesen war: »Hunden und Deutschen Eintritt verboten«?

Nun könnte man sich heute mit soliden Argumenten dafür stark machen, in irgendeiner Form den Schlußstrich zu ziehen. Keinen Schlußstrich, was das Recht betrifft, wohl aber bei der Erinnerung, dem von Victor Gollancz angemahnten »Gedächtnis« der verantwortlichen Völker. Das so umstrittene »Verdrängen« oder Ignorieren besitzt durchaus heilsame Effekte, denn es stellt eine Notwehr dar; es bewahrt die mentale Erleidensfähigkeit vor dem Zusammenbruch. Danach wäre es unbillig, nach bald einem Halbjahrhundert den Völkern etwas abzuverlangen, was sie weder leisten wollen noch können.

Wenn jedoch Gerechtigkeit und Recht unteilbar sind, muß das auch für uns gelten. Hier besteht ein abgründiger Dissens. Wir Deutschen sind seit 1945 dazu verdammt, ohne Hafturlaub im Kerker der generellen Verantwortung für ein singuläres Verbrechen zu sitzen. Man muß es im Grunde in jeder Beziehung und bei jedem Thema wiederholen: Das Dritte Reich und Hitler sind uns auch 1990 weit gegenwärtiger, als sie den Deutschen zur Zeit des Dritten Reiches waren.

Die Botmäßigkeit, mit der wir uns einer fremdbestimmten Zensur von Gut und Böse unterwerfen, ist eines der beschämendsten Merkmale dafür, daß wir 1945 nicht nur militärisch kapituliert haben, sondern gezwungen wurden, auch als Volk zu kapitulieren. Das gilt insbesondere für diejenigen, deren Kenntnisse der Fakten ausreichend sind und die dank der unerforschlichen Gnade Gottes die Kapazität besitzen, logische Schlüsse zu ziehen. Doch die meisten derjenigen, denen als abgeordnete Volksboten unser politisches Schicksal anvertraut wurde, finden sich mit der uns verordneten Schizophrenie ab. So leisten wir weiterhin mit der gramvollen Beharrlichkeit geduldiger Rinder Tribute jeglicher Art, – das ist bei uns inzwischen ein Brauch mit ehrwürdiger Vergangenheit und vielversprechender Zukunft.

In den letzten Jahren, da allenthalben an die 50. Wiederkehr von Ereignissen und Daten der NS-Zeit erinnert wurde, häuften sich die seltsamsten Empfehlungen. Sie richteten sich nicht nur an die Adresse der Ostdeutschen, sondern forderten von allen Deutschen, als Konsequenz der NS-Verbrechen und des verlorenen Krieges weiterhin in der devoten Haltung der akzeptierten Rechtlosigkeit zu verharren. Lassen wir den Umstand beiseite, daß vor allem jene Schreibtischexperten medienwirksame Ratschläge erteilen, die nicht am eigenen Leib erfahren haben, was Austreibung und Verlust der Heimat bedeutet. Nicht deshalb, weil sie keine Möglichkeit gehabt hätten, »Heimat« zu erfahren, sondern weil ihnen wesentliche Momente dessen fehlen, was einen intakten Charakter, personale Würde und sittliches Grundempfinden garantiert.

Vertreibung ist nach dem Londoner Abkommen vom 8. August 1945 und ebenso nach den vier Genfer Abkommen vom 12. August 1949 zum Schutz der Kriegsopfer einschließlich der Zivilbevölkerung ein Kriegsverbrechen. Die Abkommen wurden von fast allen Staaten der Erde ratifiziert. In Art. 17, Abs. 2 des Zweiten Zusatzprotokolls wird nochmals ausdrücklich verboten, Zivilpersonen zum Verlassen ihrer Heimat zu zwingen. Dadurch sollte das völkerrechtliche Vertreibungsverbot erhärtet werden: Die Zwangsumsiedlung ist ein Verstoß gegen das Völkerrecht, das Verbrechen ist unverjährbar.

Die UNO-Konvention über die Nichtverjährbarkeit von Kriegs- und Menschlichkeitsverbrechen von 1968 hat dies erneut festgestellt.

Nun besteht ein gewaltiger Unterschied zwischen den Forderungen und Imperativen des Völkerrechts einerseits und ihrer Verwirklichung andererseits. Das gilt ganz allgemein für das Recht. Nachdem die Kultusminister in den sechziger Jahren zu den Eltern von der Verpflichtung gesprochen hatten, wenn irgendmöglich ihre Kinder auf die höhere Schule zu schicken, begann die Aufblähung der Universitäten. Von Zulassungsbeschränkungen beim Studium oder einer nahezu totalen Sperre mit Hilfe des Numerus clausus sprachen die Kultusminister nicht. Gegen die Beschränkungen wurde beim Bundesverfassungsgericht geklagt. In ihrem Urteil plazierten die Richter den Numerus clausus an den »Rand des verfassungsrechtlich Hinnehmbaren«. Das Gericht erklärte zwar, daß eine Beschränkung der Zulassung zum Studium strenggenommen dem Artikel 12 des Bonner Grundgesetzes widerspricht, meinte aber trotzdem, er sei mit dem Grundgesetz vereinbar. Warum nahmen unsere höchsten Richter den Artikel 12 »nicht streng«? Weil der Bundesbürger zwar tatsächlich das *Recht* hat, »Beruf, Arbeitsplatz und Ausbildungsstätte frei zu wählen«, nicht aber hat er in unserer Republik die *Möglichkeit*, dieses Recht zu verwirklichen; deshalb dürfe – so die doppelsinnige Schlußfolgerung – dieses Recht durch ein Gesetz eingeschränkt werden. Doch mit diesem Urteil erinnerten die Karlsruher Richter auch die Politiker mit aller Schärfe daran, daß ein Recht ohne die Möglichkeit, realisiert zu werden, praktiziertes Unrecht darstellt. Der Jurist kann den Politiker nicht zum Handeln zwingen. Der Politiker aber unterminiert unsere Basis, wenn er glaubt, der Sinn eines Rechts bestehe in seiner Formulierung statt in seiner Realisierung.

Um wieviel dringlicher sind dieselben Überlegungen bei elementaren Fragen des Völkerrechts. Der gewaltigen Kluft zwischen dem Recht und seiner Verwirklichung mag man unter Umständen hilflos gegenüber stehen. Doch gerade dies entbindet uns nicht nur von dem Recht, auf der Verwirklichung der Rechte zu beharren, sondern wir sind auch dazu verpflichtet. Wer auf ein Recht verzichtet, spricht dem Unrecht das Wort. Absurd aber wird es, wenn wir uns von denjenigen, auf deren Seite das Unrecht liegt, verbieten lassen, am Unterschied zwischen Recht und Unrecht festzuhalten.

Das Unrecht, Deutscher zu sein

Die Ermordung von Millionen Ostdeutscher erfüllt den Tatbestand des Genocids, des Völkermords. Das Verbrechen wurde an uns Deutschen begangen. Es handelt sich um kein Verbrechen, das wir an den Völkern begangen hätten, mit denen wir Jahrhunderte friedlich zusammengelebt haben. Es war ein unentschuldbares, ein durch nichts begründetes und begründbares Verbrechen. Das einzige Vergehen der Ostpreußen, Memeldeutschen, Westpreußen, Pommern, Schlesier, Sudetendeutschen, Siebenbürger Sachsen, Banater, der 135 000 erschlagenen Jugoslawiendeutschen bestand darin, daß sie Deutsche waren. Da dies im »Frieden« nach dem 8. Mai 1945, als die Waffen ruhten, geschah, darf man ohne Zynismus als zweites dieser »Verbrechen«, das uns Deutsche ausnahmslos betrifft, hinzufügen: daß wir den Krieg verloren haben.

Aus der Geschichte kennen wir den eigenartigen Verwandlungsprozeß, in dessen Verlauf sich offensichtliches Unrecht allmählich und geheimnisvoll in ebenso offensichtliches Recht verwandelt. Das liefert der politischen Philosophie einigen

Stoff zum Nachdenken. Verbrechen jedoch, die als unverjährbar gelten, sind diesem Prozeß entzogen. Die Art, wie das unverjährbare Delikt der Vertreibung von weit über 15 Millionen Deutschen und die Ermordung von nahezu drei Millionen bei uns von den offiziellen Stellen und überwiegend auch in den Medien behandelt wird, zeigt einen Mangel an Selbstachtung, der nicht mehr mit dem erzwungenen Verschweigen erklärt werden kann, das in den früheren Jahren von den Siegern verordnet wurde. Mit welcher Begründung maßen sich unsere Regierenden und die Meinungsbildner an, überall auf der Welt für die Rechte der Minderheiten und verfolgten Menschen die Rednerbühne zu erklimmen, wenn sie darauf verzichten, in eigener Sache zu mahnen?

Läßt sich das Problem mit einem »Wovon man nicht spricht, das existiert nicht« erledigen? Das war seit 1945 die Devise derjenigen, die verantwortlich sind für das Vertreibungsverbrechen. Was sich zur Zeit in den Diskussionen der Deutschlandpolitik zu Wort meldet, das ignoriert fast ausnahmslos die international längst festgeschriebenen Volksgruppen- und Heimatrechte. Schon zeichnet sich ab, daß die Vertriebenen ihren Status, daß sie also vertrieben, ihrer grundlegenden Humanitätsrechte beraubt, aus ihrer Heimat mit Gewalt fortgejagt worden sind, kaum noch erwähnen dürfen. So wie das Wort Deutschland noch vor kurzer Zeit, so wurde auch das Wort »Vertriebene« in die Zone des politisch Unschicklichen gerückt. Im Bonner Bundestag wurde vor wenigen Jahren der Vorschlag gemacht, gänzlich auf das Wort zu verzichten. Die Begründung fügt sich in unsere schon klassisch zu nennende Unterwürfigkeit: Die Deutschen sollten damit einen »längst fälligen Akt der Aussöhnung und der guten Nachbarschaft leisten«.

Was »als längst fälliger Akt der Aussöhnung« bezeichnet

wird, ist nicht unsere Sache, sondern diejenige der Russen, Polen, Tschechen, Jugoslawen, Rumänen. Jeder normal empfindende Mensch wird von verhaltenen Krämpfen durchzittert, wenn er sieht, wie sich selbst die obersten Vertreter unseres Gemeinwesens in der höfischen Geste des Kratzfußes gefallen. Gehört denn wirklich so viel Unbeugsamkeit dazu, um sich zu gut zu sein, ein einziges Wort in dieser Richtung zu verlieren? Statt dessen pflegen die amtlichen Stellen das Verfeinern der deutschen Abdankungspolitik und betreiben die Disqualifizierung der Volksgruppen, – abgesehen von einer kurzen Zeitspanne vor Landtags- oder Bundestagswahlen. Welch ein Trauerspiel, daß die Ost- und Sudetendeutschen zur Zeit nahezu die einzigen sind, die im Dienst und Kampf für das Völkerrecht stehen, und nicht unsere gewählte Regierung, deren oberste Aufgabe es gerade jetzt, in diesen Jahren, wäre, die Rechte unseres Volkes zu wahren.

Wer einen unserer Politiker befragt, ob es ein »Recht auf Heimat« gibt, der wird ihn milde mit dem Kopf nicken sehen. Sobald aber jemand die Herzhaftigkeit besitzt, daraus Konsequenzen zu ziehen, verschlägt es den Volksboten die Sprache. Es verschlug ihnen die Sprache, als sich der Bundesvorsitzende der Sudetendeutschen Landsmannschaft im März 1985 erkühnte: »Wir wollen aufgrund des Rechtes auf unsere Heimat friedlich in das Sudetengebiet zurückkehren.« Was steht der ergänzenden Frage entgegen: »Ja warum denn nicht?« Zielt das »Recht auf Heimat« auf etwas Konkretes oder handelt es sich nur um ein »Recht auf Deklamation«? In der Schlußakte der »Konferenz über Sicherheit und Zusammenarbeit in Europa« von Helsinki heißt es in Artikel 13: »Jeder Mensch hat das Recht, jedes Land, einschließlich seines eigenen, zu verlassen sowie in sein Land zurückzukehren.« Viele Ostblockstaaten hatten schon früher den am 23. März 1976 in Kraft getretenen »Internationalen Pakt über bürgerliche und politische Rechte« vom 19. Dezember 1966 ratifiziert, in dessen Artikel 12 bestimmt wird: »Niemand darf willkürlich das Recht entzogen werden, in sein eigenes Land einzureisen.«

Wir haben jetzt, da es in unserer Hand allein liegt, die deutsche Einheit wiederherzustellen, ein letztes Mal die Chance, mit allem aufzuräumen, was man den Deutschen aufgeladen hat. Wir sollten deshalb damit aufhören, Atlas zu spielen, der seiner Bürde nicht müde wird. Das Bild trifft natürlich nicht zu: Wir haben uns die Verbrechen, die an uns begangen wurden, selbst aufladen lassen – unwillig, aber wissentlich. Wir haben uns jahrzehntelang mit einem »Mea culpa« vor denjenigen Fakten verbeugt, die uns die Siegermächte als Fakten präsentiert hatten. Wann jemals, wenn nicht jetzt, ist es an der Zeit, diese Fakten richtigzustellen und künftig an den Tatsachen nicht mehr rütteln zu lassen? Für den Politiker können im Zweifelsfall die Fakten tatsächlich wichtiger sein als Wahrheiten; er sollte jedoch nicht vergessen, daß zunächst einmal die Fakten wahr sein müssen. Wenn jedem Volk seine Vergangenheit allein und ausschließlich gehört, dann gehören auch zu unserer Vergangenheit nicht nur diejenigen Verbrechen, für die wir nur deshalb verantwortlich gemacht werden, weil sie von Deutschen begangen wurden, sondern genauso jene Verbrechen, die an uns begangen wurden. Beides gehört zu unserer Geschichte, nichts davon soll ausgeblendet werden. Bei uns und im Ausland legen wir Kränze an den Gedenkstätten für die Opfer des Faschismus nieder. Ist ein Bundeskanzler denkbar, der an einer Gedenkstätte für die Opfer der Vertreibung niederkniet, oder gar ein politischer Repräsentant Polens, der Sowjetunion, Jugoslawiens, nicht zu vergessen Amerikas, Englands oder Frankreichs? Nein, undenkbar, schon allein deshalb, weil es keine derartigen Gedenkstätten gibt.

Ein Zeichen der Aussöhnung wäre es wohl, wenn die Polen im Lager Lambsdorff ein Mahnmal errichteten. Sollte dies nicht zusagen, wäre auch irgendein anderes der 1255 Konzentrationslager geeignet, die nach 1945 in Polen für Deutsche existierten. Wem nicht einleuchten will, daß uns von der Geschichte nicht nur das gehört, was einer Gegenwart jeweils als zutunlich erscheint, der mag sich an Friedrich Zimmermann, den Bundesinnenminister im Jahr 1983, halten, der zur Vertreibung und den Verbrechen gesagt hatte: »Historische Vorgänge eines solches Ausmaßes können nicht ohne tiefgreifenden geistigen Schaden verdrängt werden.« Da wir Deutschen im Verkraften derartiger Geistesschäden hinreichend geschult sind, würden sich Empfehlungen an die betroffenen Völker nahelegen, ihre eigenen Verbrechen nicht zu verdrängen. Obgleich bekanntlich die Voraussetzung für Gewissensbisse darin besteht, ein Gewissen zu besitzen.

Die heilige Kuh des Status quo

Nichts wird uns seit 1945 in endlosen Varianten so innig ans Herz gelegt, als daß wir uns mit den Ergebnissen des letzten Weltkrieges abfinden und sie als »Fakten« hinnehmen sollten. Auch jetzt, nach der deutschen Revolution des Herbstes 1989, wird uns von vorgeblichen Freunden ständig empfohlen, »die Fakten nüchtern zu akzeptieren«. Hatten unsere ausländischen »Freunde« jemals auch das Faktum »nüchtern akzeptiert«, daß ein Volk nur dann auf seine Elementarrechte verzichten darf, wenn es sich selbst den Strick um den Hals legen will? Der inzwischen berüchtigte Status quo in Europa, das Trugbild eines angeblichen Gleichgewichts der Kräfte wurde immer wieder beschworen, um das Einfrieren der abgesteckten Interessensphären und die Spaltung Europas zu verewigen. Im Dienste des Status quo konnte der Sozialdemokrat Egon Bahr verkünden: »Wer das Wort ›Wiedervereinigung‹ verwendet, betreibt geistige Umweltverschmutzung.« Gerade die offene oder insgeheime Absage an die deutsche Einheit war ein ständiger Beweis dafür, daß mit der Unantastbarkeit der Fakten eine Politik gestützt wurde, die vollständig zu Lasten der fundamentalen Rechte unseres Volkes ging.

Das Wort »Realpolitik« macht sich immer gut als Legitimation für Entscheidungen. Noch besser macht es sich, wenn man damit die eigene Unentschiedenheit oder Prinzipienlosigkeit kaschieren will. Wenn die Vereinigten Staaten ihre Ostpolitik in Europa auf dem Rücken der Europäer treiben, dann ist unsere Zustimmung Ausdruck einer »Realpolitik«. Wenn sie sich mit dem Osten arrangieren, dann ist unsere Zustimmung ebenfalls Ausdruck einer »Realpolitik«. Alles kann bei uns Realpolitik sein. Deshalb wird es Zeit festzustellen, daß nichts so unrealistisch ist wie diese Art von »Realpolitik«.

Wenn uns heute aus dem Osten Warnungen zukommen, wir sollten nicht an dem Status quo rühren, da sonst die Dinge in Bewegung geraten könnten mit unabsehbaren Folgen, muß man wohl aus Höflichkeit ein Lachen unterdrücken. Denn dies ist aus einer Himmelsrichtung zu hören, in der sich seit Michail Gorbatschow die Dinge so sturzartig verändern wie noch nie in diesem Jahrhundert. Wohin ist der geheiligte Status quo des ehemaligen Ostblocks entschwunden? Haben ihn die Deutschen zerstört? Werden wir auch dafür verantwortlich gemacht, so wie Hitler schon für den Vietnamkrieg und den Völkermord in Kambodscha verantwortlich gemacht wurde?

Die sogenannte »Anerkennung der Realitäten« ist nichts anderes als die Anerkennung einer Politik der vollendeten

Tatsachen auf Kosten der Besiegten, nicht aber auf der Grundlage jenes heiligen Rechtsbestandes, für den die Sieger in den Krieg gezogen und zu ihrem »Kreuzzug« angetreten waren. Der Küchen-Machiavellismus, der die Staatskunst einfach mit zynischem Betrügen gleichsetzt, ist im Vergleich zu den Opportunisten-Politik der gebeugten Nacken ein harmloses Spielchen. Denn die Anpassung, die sich als Realpolitik und Anerkennung der Fakten ausgibt, läuft schlichtweg auf Betrug hinaus. Gewiß gibt es Tatsachen, die nicht zu ändern sind. Aber sie sollten nicht mit Hostien verwechselt werden. Tatsachen treten nur in den seltensten Fällen als irreparabel und als Schicksal auf. Die Legalität oder Illegalität des Geschehens ändert nichts an der Faktizität. Solche Tatsachen sind die Toten in Kriegen, die Toten einer Verfolgung, die Toten eines Völkermordes. Da aber die rechtliche Beurteilung von den Tatsachen nicht abzutrennen ist, kommt es entscheidend auf die Klarstellung des Sachverhaltes selbst an.

Im Unterschied dazu waren und sind politische Tatsachen stets mit einem gehörigen Anteil individueller Tätigkeit versetzt, so wie es das Wort ausdrückt: Sachen, die durch eine Tat, die durch Tätigkeit entstehen. Vor solchen Tatsachen verbeugt man sich nicht. Man schafft sie. Zu den Anzeichen dafür, wie weit wir in der Selbstaufgabe gekommen sind, gehört es, daß die Erklärungen, Reden, Erläuterungen unserer Politiker nicht als Handlungen zu betrachten sind, sondern als Symptome ihrer Unsicherheit hinsichtlich des Verhältnisses von Politik und Recht. Haben die Termiten der Selbstzerstörung ihre Zentrale in uns aufgeschlagen? Eine Bilanz der Deutschlandpolitik, soweit sie sich bei den auswärtigen Angelegenheiten bemerkbar gemacht hat, zeigt eine Pirouettenfolge, die den Anschein erweckt, als hätte der Minister seine Liebesaffäre zwischen Rückgrat und Regenwurm nicht bewältigt.

Dazu die Erinnerung an eine Diskussion über das »ob« oder »noch« des nationalen Empfindens in der Bundesrepublik. Eine dieser heutigen Studentinnen, deren Intelligenz sich weder trotz der physischen Wohlgeratenheit noch durch das Gegenteil bestätigt, sondern allenfalls an den nachdenklichen Augen ablesen läßt, gab zu bedenken: Weder das »ob« noch das »noch« sei der Fall, sondern ein Umstand, der kaum jemals sichtbar werde, und der sich am besten durch ein defensives Zusammengehörigkeitsgefühl charakterisieren lasse. Sie erinnerte an den Fachausdruck der katholischen Theologie »silentium obsequiosum«, – das Schweigen gegenüber einer kirchlichen Lehrentscheidung, weil man die Autorität respektiert, aber der Sache selbst die innere Zustimmung verweigert. So würden auch wir Westdeutschen nicht viel sagen, zumeist gutgenährt fernöstlich undurchsichtig lächeln, insbesondere dann, wenn im Sektor unserer Medien die altväterlich-progressive Camorra, bei der eitel und eitle Eintracht des Genusses an der deutschen Verworfenheit herrsche, sich vor dem Altar des Status quo verneige. Als Beleg für ihre Beobachtung verwies sie auf Veranstaltungen wie die »Reden über das eigene Land«, die durch das Schleifchen einer einzigen Frage zusammengehalten wurden: Wie richtet man sich in der Wirklichkeit der deutschen Teilung ein? Sie meinte es nicht boshaft, als sie mit einer französischen Sentenz schloß, die keineswegs auf Soldaten gemünzt war: »Gehorsam ist zugleich der Eckstein der Disziplin und Zuflucht der Schwachen.«

Das politische Verhalten Westdeutschlands und jenes der SED-Regierung: Stand dies nicht im Zeichen des Gehorsams, und war es nicht die Zuflucht von Schwachen? Die Verbeugung vor den sogenannten Realitäten der Nachkriegsordnung, die Politik des Status quo wurde jahrzehntelang mit allen Mitteln gerechtfertigt. Bei uns lief sie auf nichts anderes hinaus, als sich die Daunendecke West über die Ohren zu ziehen. In diesem Punkt herrschte eine beachtliche Einheit unter den Bonner Altparteien und ihren Ordonnanzen. Ein Historiker bezeichnete 1986 jeden Versuch, den Status quo in Europa zu verändern, als die »schon pathologische Mißachtung einer Grundtatsache der internationalen Politik«. Warum? Weil ein solcher Versuch nur die »riskante Rückkehr zu einem 80-Millionen-Staat der Deutschen« bedeuten würde. Die deutsche Einheit sei eine Utopie.

Wer dem Status quo das Wort redete, konnte freilich nicht im gleichen Atemzug für die deutsche Einheit sein. Beides schloß sich unweigerlich aus. Wer den Status quo rechtfertigte, wer die Forderung erhob, an ihm festzuhalten und ihn zu sichern, mußte auch die Zweistaatlichkeit rechtfertigen. Das war ein offenes Übereinkommen der beiden führenden Altparteien in Bonn seit der Ostpolitik der Sozialliberalen eingangs der siebziger Jahre: Die Westbindung steht über allem, deshalb sei Deutschlandpolitik nichts weiter als Westeuropapolitik und nicht Politik der Wiedervereinigung. Im Juni 1987 wurde auf einer Tagung in Kiel von einem SPD-Abgeordneten und Mitglied des Europaparlaments unmißverständlich erklärt, daß die Einheit Europas auf der Teilung Deutschlands beruhe: »Die Anerkennung der Spaltung ist die Voraussetzung für Gesamteuropa.«

Das deckte sich mit der Richtlinie der SPD-Fraktion für Deutschlandpolitik, die zur selben Zeit veröffentlicht wurde: Über den Status quo brauche nicht mehr diskutiert zu werden, weil sich erwiesen habe, daß er allein den Frieden sichere. Nunmehr sei ein »Status quo plus« erreicht. Dieses Faktum enthebe die Deutschen des Rechtes auf nationale Einheit. Der Normalisierung Europas könne nichts besser dienen als die deutsche Mehrstaatlichkeit: »Die Frage des Selbstbestimmungsrechts wird sich unter solchen Voraussetzungen in einem historischen Sinne von selbst erledigen.« Dieser Meinung wurde noch 1989 von dem führenden Jungliberalen Westdeutschlands applaudiert: »Das politische Faktum unserer Politik ist die Feststellung des Status quo, die Festigung der Teilung.«

Auch die Begründungen wurden nicht vergessen. Ein Politikwissenschaftler der SPD kam jüngst anläßlich des »Tages der deutschen Einheit« am 17. Juni zu dem ihn befriedigenden Ergebnis, daß die Erinnerung an die deutsche Einheit und das Gebot des Grundgesetzes schon längst »im bloßen Bereich politischer Rhetorik ohne erkennbare politische Wirkungen und Folgen« dahinvegetiere. Jedes Wort zur deutschen Einheit sei »bloßes Palaver, unbedachtes Gerede«. Sollte trotzdem dieser oder jener Uneinsichtige aus der Regierungspartei das Thema aufgreifen, werde er gottlob schnell zum Schweigen gebracht von »den Realisten, die eine derartige Forderung für völlig unpassend und utopisch« halten. Ergo: »Jede vernünftige deutsche Politik muß deshalb von der deutschen Teilung ausgehen, auf ihr aufbauen.« Alles andere würde zerbrechen »an den harten Gegebenheiten der Weltpolitik und der bestehenden Interessenlage. Wir sollten uns auch ganz klar darüber sein, daß selbst keiner unserer westlichen Verbündeten ein gesteigertes Interesse an der deutschen Einheit besitzt.« Noch am 12. November 1989 bezeichnete ein wortführender Politiker der SPD als Kern der deutschen Frage die Bewahrung des Status quo: »Alles andere sind Ornamente oder Schlimmeres.« Muß man sich, so die Schlußfrage, wirklich philosophisch überansprucht fühlen, um zu wissen, daß Veränderung der essentielle Prozeß aller Existenz ist, zumal der historischen Existenz?

Da der Bonner Allparteienchor noch vor wenigen Jahren in diesem Refrain übereingestimmt hat, kann man sich nur mit Schaudern vor Augen halten, daß jetzt in denselben Händen die Verwirklichung der deutschen Einheit liegt. Wer sich an das klammert, »was ist«, wer das Recht auf Selbstbestimmung und damit das Völker- und allgemeine Menschenrecht unter den Status quo beugt, entzieht der eigenen Politik die Legitimation. Der Weg zur Einheit Deutschlands wurde dadurch aufgesprengt, daß die Deutschen in der ehemaligen DDR sich eben nicht mit dem Status quo abfanden und vor den »Realitäten« das Weihrauchfaß schwenkten.

Warum schildern eigentlich unsere Politiker den Völkern des Ostens einschließlich Litauens, Lettlands, Estlands nicht die Segnungen des Status quo, aus dem sie sich soeben ächzend befreien? Sie müßten ihnen deutlich machen, wie sehr es den Frieden gefährde, wenn durch ihre »destabilisierende« Uneinsichtigkeit die Nachkriegsordnung des Status quo zusammenbreche.

Übereinstimmung bei der Tabuisierung der deutschen Frage herrschte nicht nur bei den Bonner Parteien, sondern auch zwischen den beiden Regierungen. Wer die Bundesrepublik oder die DDR zu einem eigenen Gebilde verewigen wollte, konnte nicht anders als für den Status quo zu beten. Folglich mußte Bonn am Fortbestand des SED-Regimes interessiert sein, allen ideologischen Attacken zum Trotz. Nur deshalb wurde versucht, mit Milliarden-Krediten den wirtschaftlichen Zusammenbruch Mitteldeutschlands zu verhindern. Aus demselben Grund konnte sich die SPD noch kurz vor dem Umsturz mit der SED in allen wesentlichen Fragen einig sehen. Denn was würde von der Existenz Westdeutschlands übrigbleiben, wenn das SED-Regime zusammenbrach? Etwas für Bonn Unvorstellbares: die Notwendigkeit, die festgeschriebene Eigenstaatlichkeit aufgrund des Status quo aufzugeben.

Selbst jetzt, 1990, ist die versteckte Einigkeit der Ziele noch nicht völlig dahin. Am Rhein wird hinter den Kulissen verzweifelt um eine Formel gerungen, wie die Westbindung des Status quo trotz allem erhalten bleiben kann, – deshalb reden so viele, quer durch die Parteien, von Augenmaß, Langmut, Geduld, Besonnenheit, allmählichem Zusammenwachsen, Ruhe – sie warnen vor Überstürzung, schieben die endgültige Wiederherstellung Deutschlands nicht nur um Monate hinaus, sondern sprechen von Jahren. Es sei alles ungeheuer kompliziert, gut Ding will Weile haben.

Doch die heilige Kuh ist geschlachtet. Dank der Deutschen jenseits von Elbe und Werra. Nun stehen sie vor uns, die bedeutenden Männer an der Spitze der Westrepublik, jenem freiesten, glücklichsten, erfolgreichsten und phantasielosesten Gemeinwesen der deutschen Geschichte, ganz ohne den Regierungsmantel des Status quo, nackt und bloß, so wie im Märchen der Kaiser mit den neuen Kleidern. Wer verschafft dem Armen ein neues Habit, nämlich ein Deutschlandkonzept? In dieser peinlichen Lage können die Berater, Polit-Manager, Nach- und Vordenker, Zukunftsstrategen und ach so realistischen Kenner der internationalen Interessen alles zur Erklärung, zur Entschuldigung, zur Beschönigung und zur Selbstdeutung sagen, jedes Adjektiv und jeder Superlativ steht ihnen frei, nur eins können sie nicht sagen: Wir sind das Volk.

NATO als Staatsräson

Lüge und Staatskunst – Verstümmeltes Herzstück – Die Deutschen ducken – Selbsttäuschung der Abschreckung – Wink mit der Wertegemeinschaft – Die Richtschnur des Handelns

Immanuel Kant, der Olympier unter den deutschen Philosophen, leistete Bahnbrechendes im Erfassen dessen, was wir als Wirklichkeit bezeichnen. Der Mensch, so dekretierte der kleine Mann in Königsberg mit dem Hirn eines Halbgotts, – der Mensch ist zum Denken und Nachdenken gezwungen, ob er will oder nicht. Ausdrücken muß er dies mit Worten und Sätzen. Kant prägte dafür die Formel: »Alle Sprache ist Bezeichnung der Gedanken.« Dasselbe hatte schon etwas früher der Dichter Molière behauptet, in einem etwas banaleren Satz: »Die Sprache wurde dem Menschen gegeben, um seine Gedanken auszudrücken.« Sein Landsmann Talleyrand, eine Art Primaballerina assoluta auf der diplomatischen Bühne der Politik, versicherte dagegen in seinen »Memoiren«, er habe andere Erfahrungen gemacht: »Die Sprache wurde dem Menschen gegeben, um seine Gedanken zu verbergen.«

Zum Reiz derartiger Sentenzen gehört die Möglichkeit, ihnen je nach Temperament zustimmen oder widersprechen zu können, in beiden Fällen mit gleich guten Gründen. Der üble Verdacht, daß es auch dort Sprache gibt, wo sich keine Gedanken finden – weder solche, die auszudrücken, noch solche, die zu verbergen wären –, irrlichtert nur im Hintergrund. Aufrechte Männer wie Immanuel Kant haben es verhältnismäßig leicht, bei ihren Überlegungen zur Sprache en passant auch die Frage der Wahrheit zu erledigen. Unser Philosoph aus Königsberg erklärte die Lüge zum »eigentlichen faulen Fleck in der menschlichen Natur«.

So leicht können sich die Matadore der politischen Arena nicht aus der Affäre ziehen. Talleyrand ironisierte mit seiner Bemerkung über die Sprache das Problem; er wies darauf hin, wie töricht es unter Umständen sei, die wirklichen Absichten deutlich zu machen und auszusprechen. Otto von Bismarck, ebenfalls ein Freund kunstreicher Winkelzüge, bekannte unter vier Augen ziemlich brutal: »Soll ich nicht lügen, so kann ich nicht Staatsmann sein.« Wie steht es nun unter den politischen Bedingungen unserer Zeit mit den Sachen und ihrer Benennung, mit der Wahrheit und ihrem Gegenteil?

Lüge und Staatskunst

Die steinalten Vorwürfe, Politiker würden es mit der Wahrheit nicht so genau nehmen, waren niemals völlig frei von gouvernantenhafter Verbitterung. Zwischen Wahrheit und Lüge dehnt sich ein Riesenfeld der Variationen. Schützenhilfe ist von zahlreichen Experten zu beziehen. Die alten Bußbücher gingen den Beichtvätern mit Sündenkatalogen zur Hand. Später grenzten in der katholischen Moraltheologie die Jesuiten den ganzen Bereich ab durch die Feststellung dessen, was »gerade noch erlaubt« war, also durch die Bestimmung eines ethischen Minimums. Ebenso erfaßt die Kasuistik im Rechtswesen eine Riesenpalette der Schattierungen. Die Kernfrage ist klar: Was ist (noch) erlaubt, was ist (schon) verboten?

Bismarck hatte rüde vereinfacht. Sein Hang zur Provokation war zu ausgeprägt, als daß er ihm nicht mehr als einmal nachgegeben hätte. Dadurch aber wurde verschleiert, wofür Bismarck selbst ein lebender Beweis war: daß in der Staatskunst und Politik nichts wichtiger ist, als unbeirrt an Grundelementen festzuhalten. Den Beinamen »eiserner Kanzler« erhielt er auch deshalb, weil er die politische Arbeit nicht mit dem Kreiseln einer Wetterfahne verwechselte. Seine Außergewöhnlichkeit beruhte nicht zuletzt auf der Fähigkeit, bei einer Fülle von Einzelheiten die wahren Umstände verschweigen zu können, verschleiern, nicht auf den Markt zu tragen und dabei unverrückbar an dem festzuhalten, was er als wahr und deshalb als zwingend notwendig erkannt hatte; daraus aber machte er in der Öffentlichkeit, im Parlament oder im Reichstag nie ein Hehl.

Daran läßt sich Politik bemessen. Adenauers persönliche Größe bestand darin, daß er so unverrückbar wie Bismarck an dem festhielt, was er als wahr und deshalb als zwingend notwendig erkannt hatte, – doch diese Größe reduzierte er dadurch aufs übliche, daß er in der Öffentlichkeit und im Bundestag ganz anderes, gegenteiliges behauptete.

Seit 1945 gibt es für Deutschland kein wichtigeres Thema der Politik als die Zerstörung und Aufteilung des Deutschen Reiches unter die Sieger, die Zertrennung des deutschen Volkes, die Spaltung des Landes und damit Europas. Zumeist wird der ganze Komplex zusammengefaßt in den Begriff der »deutschen Frage«. Vor dem historischen Hintergrund handelt es sich um keine Frage, die zunächst Deutschland beträfe, sondern um eine Frage unserer Nachbarn. Erst seit 1945 wird die »deutsche Frage« für uns zu einem eigenen Problem.

Der Sache nach besteht sie schon seit einem Jahrtausend. Ob man an das Deutsche Reich des Sachsenkönigs Heinrich I. denkt, an das »Heilige Römische Reich Deutscher Nation«, an den »Deutschen Bund«, der auf dem Wiener Kongreß 1814/15 geschaffen wurde, oder an die erneute Gründung des Deutschen Reiches 1871: Deutschland liegt in der Mitte Europas, es ist sein Zentralstück. Das Reich hatte viele Jahrhunderte seine fest umrissene Ordnungsfunktion. Als im neunzehnten Jahrhundert die europäischen Völker ihr Recht auf nationale Selbstgestaltung im Rahmen eines Staates durchzusetzen begannen, erhielt für sie die »deutsche Frage« den dramatischen Akzent. Das »deutsche Volk«, national geeinigt, mußte allein schon aufgrund der Bevölkerungszahl einen Machtblock darstellen, der Frankreichs altes Streben nach kontinentaler Vorherrschaft genauso zunichte machen würde wie das System des europäischen Gleichgewichts, als dessen Wahrer sich Großbritannien verstand. Durch die Zusammengehörigkeit der politischen Leitbegriffe Demokratie, Nation und Menschenrechte erhielt die deutsche Frage in der jüngeren Zeit für unsere Nachbarn ihre Sprengkraft. Es ist charakteristisch, daß für Deutschland niemals eine »französische Frage« bestand.

Von unseren Westextremisten wird bis zur Eintönigkeit wiederholt, daß Deutschland immer ein Land zwischen Ost und West gewesen sei. In der geographischen Ortsbestimmung klingt an, als hätte sich Deutschland deswegen immer zwischen den Stühlen befunden. Selbst beamtete Historiker, die es kraft ihrer Professionalität besser wissen müßten, drükken dem Geschichtsbild den Stempel ihres politischen Westlertums auf. Sie schildern Deutschland als ein zwischen West und Ost schwankendes Gebilde teils taktierend, teils unentschieden, teils pfiffig Zünglein an der Waage spielend, teils bedrohlich »unberechenbar« aufgrund dieser geographischen Schaukelei.

Das stellt die Sache auf den Kopf. Jede beliebige Phase der europäischen Geschichte seit dem späten Mittelalter bestätigt den zentralen Charakter des Reiches und damit Deutschlands. Unser Land liegt genauso »zwischen« Ost und West, wie sich das Rückgrat eines Menschen zwischen seiner linken und seiner rechten Seite befindet. Wer die Position des Rückgrats als ein unentschiedenes Schwanken zwischen den beiden Seiten beschreibt, darf eines Kopfschüttelns sicher sein. Ost und West sind Richtungsbegriffe, die sich aus der historischen Beziehung zur Mitte Europas ergeben. Frankreich liegt von Deutschland aus gesehen im Westen, so wie Deutschland aus Frankreichs Perspektive östlich von der französischen Grenze liegt.

Ob es unseren Nachbarn gefällt oder unseren Selbstverächtern mißfällt: Deutschland, Achse und Schwerpunkt Europas, ist nun einmal vorhanden. Es existiert genauso, wie das deutsche Volk existiert. Diese Existenz läßt sich weder territorial noch zahlenmäßig beseitigen, selbst nicht mit physischen Machtmitteln. Versuche sind wiederholt gescheitert. Auch staatliche Zersplitterung fruchtete nichts. Deutschlands Existenz ließ sich nicht einmal durch eine systematisch betriebene Entnationalisierung vernichten. Die besten Aussichten auf Erfolg hätte der Plan Theodore Nathan Kaufmanns gehabt, den er 1941 in seinem Buch »Germany must perish – Deutschland muß vernichtet werden« entwickelte. Alle Deutschen in zeugungsfähigem Alter sollten sterilisiert, auf ihre Nachbarvölker verteilt und der Gebrauch der deutschen Sprache verboten werden. Kaufmann hatte die Anzahl der notwendigen Sterilisationen und den Zeitaufwand für die Eingriffe durchgerechnet. Danach hätte man die Deutschen innerhalb zweier Generationen biologisch ausrotten können. Die Chance dieser »großartigen Gesundungsmaßnahme der Menschheit« wurde 1945 von den Siegern nicht genützt.

An der Existenz Deutschlands ist also nicht zu rütteln. Sie besteht auch unabhängig davon, ob Deutschland bejaht, verleugnet, verfemt, vergöttert, verteufelt wird – gleichgültig von wem auch immer. Freilich wurde die Tatsache »Deutschland« von seinen Anrainern auf weiten Strecken der europäischen Geschichte zum Anlaß genommen, um sich daran territorial zu bereichern und die Machtkonzentration in der Mitte Europas zu schwächen. Während des Dreißigjährigen Krieges galt den europäischen Völkern das Reich als eine willkommene Beute. Ebenso gehörte es zu den feststehenden Prinzipien französischer Großmachtpolitik, daß die Stellung Frankreichs um so stärker wurde, je mehr das Reich geschwächt und die Mitte Europas zersplittert war. Dieses Prinzip hatte Kardinal Richelieu meisterhaft umgesetzt. Die Früchte erntete Frankreich 1648 im Westfälischen Frieden. Wenn Präsident Mitterrand in diesen Jahren in der Geschichte Frankreichs blättert, empfindet er Vergnügen, aber auch ein leises Bedauern, wie es bei angenehmen Träumen der Fall ist, die man am Morgen zwar vergißt, nicht aber ihre Spur, die sie in der Seele zurücklassen.

Clemenceau versuchte nach dem Ersten Weltkrieg die Tradition Richelieus wiederzubeleben. Ohne Erfolg. Erfolg aber schien sich endlich nach 1945 abzuzeichnen. Zwar konnte Frankreich, die »Grande Nation«, das Debakel des Sechswochen-Feldzuges im Frühling 1940 nicht verwinden, doch es durfte sich trotzdem, im Windschatten der amerikanischen Truppen, gleichfalls zu den Siegermächten zählen. Aus der Perspektive Frankreichs ging mit der militärischen Kapitulation des Deutschen Reiches eine große Epoche der Geschichte mit einem französischen Triumph zu Ende.

Daß 1945 sowohl die USA als auch die Sowjetunion Europa

zerteilt und in ihre Interessensphären einbezogen hatten, ist eine Binsenweisheit. Nicht ganz so selbstverständlich ist es, die Nachkriegspolitik unmißverständlich als eine Folge der unterschiedlichen Perspektiven des West-Ost-Konflikts zu interpretieren. Nimmt man als dritte Größe das niedergehaltene Eigeninteresse jenes Deutschlands hinzu, von dem oben die Rede war, dann besitzt man einen Schlüssel der Bewertung für die Äußerungen, zu denen sich die Politiker diesseits und jenseits des Stacheldrahts und der Todesgrenze von Lübeck bis Hof im Laufe der Jahrzehnte seit 1945 bewogen fühlten.

Die Stimmen derjenigen, die sich nicht mit dem Baldrian der »Illusionen« Adenauers zufriedengaben, wurden im Lauf der Zeit immer seltener. Dem SED-Regime konnte man in dieser Zeit alles mögliche vorwerfen. Aber man konnte ihm nicht vorwerfen, daß es sein Vasallenverhältnis zu Moskau mit Lügen verbrämt hätte. Dagegen war es ein Grundzug der Unionspolitik Adenauers, hinter dem Wedel der Wiedervereinigung konsequent die nationale Verwurzelung und damit Deutschland zu zerstören. Für ihn gab es nur Westdeutschland als Restdeutschland, untrennbar gefesselt an das wirtschaftliche Kleineuropa, jenes Glacis, über das die Schutzmacht USA nicht etwa nur ihren militärischen Schirm hielt, sondern das sie so viele Jahre auch als Schlachtfeld des erwarteten Dritten Weltkrieges betrachtete.

Hin und wieder brach selbst bei Unionspolitikern die Ehrlichkeit durch. So erklärte im September 1961 Franz Josef Strauß, damals Verteidigungsminister, im Fernsehen: »Daß unsere Politik nie zur Wiedervereinigung führen konnte, lag von Anfang an auf der Hand.« Wohin sie führte, das entwickelte Strauß wenige Jahre später in einem Buch: »Jeder Versuch, die deutsche Wiedervereinigung auf nationaler Grundlage zu errichten, ist von vornherein zum Scheitern verurteilt. Zudem wäre dadurch der Zusammenhalt der europäischen und atlantischen Welt bedroht.« Kurz nach Neujahr 1968 bestätigte Strauß nochmals in einem Interview, »daß der Nationalstaat ein überlebtes Element darstellt«. Freilich nur hinsichtlich Deutschlands, das wußten alle westdeutschen Politiker. Die europäischen Nachbarn kannten nichts anderes als den Nationalstaat, auch innerhalb des ökonomischen Verbundes Westeuropas.

Ein Biograph Charles de Gaulles nannte die Dinge beim Namen: »Adenauer fügte sich nach de Gaulles Ansicht am ehesten in seinen, de Gaulles, alten Traum von einem verstümmelten, an Frankreich grenzenden Deutschland im Rahmen einer Gemeinschaft namens Europa.«

Die Deutschen ducken

Die stärkste Verklammerung erhoffte man sich durch den Militärpakt der NATO. Hier waren die Folgen besonders deutlich. In den Debatten des Bundestages liefen die Einwände der Sozialdemokraten darauf hinaus, daß derjenige, der dem Atlantikbündnis eines wiedervereinigten Deutschlands das Wort rede, in Wirklichkeit die Wiedervereinigung verneine. Carlo Schmid wiederholte dies nochmals im Juni 1955, er hielt Adenauer vor: »Wenn man zur Wiedervereinigung Ja sagen will, muß man bereit sein, das wiedervereinigte Deutschland bündnisfrei zu lassen.«

Die Bundesrepublik hatte am 23. Oktober 1954 die Pariser Verträge unterzeichnet. In den Abkommen wurde das Besatzungsregime aufgehoben und der BRD begrenzte Souveränität gewährt. Als Gegenleistung hatte sie sich der NATO anzuschließen. Die Verträge traten am 5. Mai 1955 in Kraft, die Bundesrepublik wurde am gleichen Tag Mitglied der nordatlantischen Allianz. Der damalige Generalsekretär der NATO, Lord Hastings Lionel Ismay, gab sich als kriegserfahrener Offizier nicht mit ideologischem Flitter ab: Die NATO habe die Aufgabe, »to keep the Russians out, to keep the Americans in and to keep the Germans down«. Kanzler Adenauer konnte mit der Gleichgültigkeit der Bundesbürger gegenüber ausländischen Kommentaren rechnen, die Aufmerksamkeit des deutschen Wählers war von der Entschlossenheit, wirtschaftlich voranzukommen, absorbiert. Ebenso nüchtern wie Lord Ismay kam im Februar 1958 der »Amerikanische Rat für die Wiedervereinigung Deutschlands« zu dem Ergebnis: »Die NATO-Mitgliedschaft Westdeutschlands und die Wiedervereinigung sind unvereinbare politische Ziele, die sich gegenseitig ausschließen.« Ein Jahr später, am 10. Mai 1959, bestätigte die britische Wochenzeitung »The Observer«: »Dr. Adenauer hat das Bündnis Westdeutschlands mit der NATO stets der deutschen Wiedervereinigung vorgezogen.«

Die Konstellation lag offen zutage. In beiden Weltkriegen waren die Amerikaner nach Europa gekommen, obwohl sie von Deutschland weder bedroht noch angegriffen wurden. Sie hatten auf der Seite der Gegner Deutschlands gekämpft. Am Ende des Ersten Weltkrieges entwarfen sie eine neue Weltfriedensordnung, zogen sich dann über den Atlantik zurück, lieferten Deutschland der Rache Frankreichs aus, überließen die Europäer den Problemen des Völkerbundes und hinterließen ihnen die US-Anleihen. Am Ende des Zweiten Weltkrieges einigten sie sich mit den Sowjets in Jalta und Potsdam über die Grenzen ihrer Interessensphäre und besiegelten ihre westeuropäische Präsenz durch die nordatlantische Allianz. Seitdem existiert die Frage, ob die USA jemals fähig sein würden, in und mit Europa eine Politik zu treiben, die frei war von der Hypothek der Absichten, die sie hierher gebracht hatten.

Den Deutschen, den Geschlagenen des Krieges, wurde klargemacht, daß sie nunmehr in zwei Hemisphären der Abhängigkeiten lebten und mithin Unabhängigkeit ein unzeitgemäßer Luxus sei. Die beiden deutschen Rumpfstaaten seien Gebilde minderer Ordnung und wären, wie jeder kleine Mann, angewiesen auf Patronage und schützende Fürsorge großer Herren, jener in Washington und Moskau. Alles, was seit 1955 den Anschein einer freien Außenpolitik von BRD und DDR erweckte, glich der Selbständigkeit von Planeten auf ihren Bahnen. Die Unbeschwertheit, mit der deutsche Außenminister von einer Hauptstadt in die andere flogen, beruhte auf dem unerschütterlichen Vertrauen zur Gravitation. Das Gesetz der Anziehungskraft einer so großen Masse wie den USA würde sie nicht abstürzen lassen.

Seit die Bundesrepublik Mitglied der NATO ist, verkauft sie ihre Deutschlandpolitik in erster Linie als Sicherheitspolitik. Die Hinweise auf die Zwänge des Kalten Krieges sind müßig. Selbst wenn die Bedrohung durch die Sowjetunion so tödlich gewesen wäre, wie sie zweckentsprechend geschildert wurde, bleibt die Tatsache selbst bestehen: Sicherheitspolitik war de facto transatlantische Einbindungspolitik. Sie garantierte die NATO-Effizienz. Ihre Aufgaben und Ziele hatten nichts mit Deutschlandpolitik zu tun. In der Praxis lief sie auf eine systematische Unterminierung einer möglichen Deutschlandpolitik hinaus. Nicht alle Mitglieder der NATO empfanden dabei Genugtuung, aber alle nahmen die Tatsache in Kauf.

Einmal brach es selbst aus dem normalerweise keineswegs von Spontaneität heimgesuchten Kurt Georg Kiesinger, dem Bundeskanzler der Großen Koalition, heraus: »Wir sind doch faktisch ein Protektorat der USA.« War es nur die Sorge, diesen Tatbestand in seiner Nacktheit nicht akzeptieren zu können, was die Verfechter der Westallianz dazu bewog, die NATO noch mit anderen Qualitäten auszustatten als dem professionellen Gebrauch der technisch bestentwickelten Waffen?

Ost und West rechtfertigten ihre Militärbündnisse nach 1945 mit gegensätzlichen Argumenten. Man braucht bei den Beweisführungen nicht Stellung zu beziehen, denn wir waren damals nichts weiter als ein Objekt, über das die Sieger verfügten. Den Deutschen konnte es unbenommen bleiben, was die USA oder die Sowjetunion rechtens oder zu Unrecht dazu bewog, militärische Bündnisse abzuschließen, die sich gegen den ehemaligen Kampfgefährten des Zweiten Weltkrieges richteten. Unter dem Gesichtspunkt der Schlagkraft lag es für beide Staaten nahe, sich auch der Deutschen als Soldaten zu bedienen, gleichgültig dagegen, was man erst kurz zuvor hinsichtlich der »Entmilitarisierung« des Unruhestifters Deutschland verkündet und praktiziert hatte.

Selbst dagegen hätten wir kaum etwas einzuwenden gehabt, wenn man so ehrlich gewesen wäre, uns reinen Wein einzuschenken. Von vornherein war es klar, daß Deutschland in einem Konfliktfall das Kampfgebiet in Europa sein würde. Für die militärischen Planungen der beiden Mächte war dies eine schlichte Gegebenheit. Seit der Wiederaufrüstung hatten wir uns damit abgefunden. Anfang der achtziger Jahre wurde die Resignation nur zeitweilig überdeckt von einer tiefen Betroffenheit über den Zynismus, mit dem im Zuge der Raketen-

Nachrüstung die Folgen eines begrenzten Nuklearkrieges für das Territorium Deutschlands in aller Öffentlichkeit diskutiert wurde. In der Mitte Europas standen sich die beiden Hauptgegner des kapitalistisch-kommunistischen Weltbürgerkrieges Auge in Auge gegenüber. Kein Land der Welt war damals so dicht mit Raketen, Atom-Sprengköpfen, Abschußrampen und chemischen Waffen bestückt wie Westdeutschland. Was hatten wir Deutschen mit den Motiven und Interessen der beiden Gegner zu tun? Warum hatten wir es hingenommen, daß beide Mächte in dem Augenblick, da sie deutsche Soldaten benötigten, gleichlautend behaupteten, daß sie und nur sie allein es wären, die als wahre Freunde unsere Sicherheit verbürgten? Eine Sicherheit, die in nichts anderem bestand, als daß wir im Konfliktfall zum nuklearen Schlachtfeld inmitten Europas würden und uns der totale Untergang sicher wäre.

Die NATO-Strategie hatte sich in Anpassung an den Stand der Waffenentwicklung wiederholt verändert. Von 1945 bis 1960 konnten sich die Vereinigten Staaten auf eine klare Überlegenheit ihrer Atomwaffen stützen. Das Kernstück des US-Abschreckungskonzepts bestand darin, daß jeder beliebige Angriff mit einer massiven Vergeltung beantwortet würde. Der thermonukleare Totalschlag, der »große Hammer«, wie es in den Stäben kurzerhand hieß, würde alle sowjetischen Zentren vernichten. Die massive Vergeltung (massive retaliation) wurde 1954 formell zur NATO-Strategie erklärt. Als die Sowjetunion Mitte der sechziger Jahre in der atomaren Rüstung gleichgezogen hatte, fiel dieses Konzept in sich zusammen. Der Gleichstand bedeutete nämlich, daß Moskau bei einem ersten Angriff in der Lage war, denselben »großen Hammer« einzusetzen, so daß die USA keine Gelegenheit mehr gehabt hätten zu reagieren.

Seitdem verlagerte sich die Nuklearrüstung der beiden Staaten auf die Entwicklung die Zweitschlag-Fähigkeit (second strike capability). Durch sie sollte der Vorteil, den ein Angreifer durch den ersten atomaren Schlag besaß, unterlaufen werden. Der Erstschlag würde nämlich nicht bedeuten, daß das angegriffene Land zu keiner Reaktion mehr fähig wäre. Vielmehr sollte der Angreifer wissen, daß die Antwort in einem Gegenschlag derselben Größenordnung bestehen würde.

Die Zeit, in der die NATO-Prinzipien neu durchdacht wurden, fiel mit einer kurzen Phase vorgeblicher Entspannung im politischen Raum zusammen. In dieser Zeit fand in Europa auch das Schauspiel der sozialliberalen Ostpolitik statt. Kanzler Brandt verbrachte im September 1971 mit dem damaligen Generalsekretär der KPdSU, Leonid Breschnjew, bei völkerverbindendem Wetter freundliche Tage auf der Krim, dort, wo im Februar 1945 die Jalta-Konferenz stattgefunden hatte. Fünf Jahre später erklärten die Vereinigten Staaten die Phase der Entspannung offiziell als beendet. Der US-Präsident verkündete in einer Rede: »Ich gebrauche das Wort Entspannung nicht mehr. ›Détente‹ ist nur ein Schlagwort. Ich glaube nicht, daß man es weiter verwenden kann.«

Die neue Formel »Politik des Friedens durch Stärke« erinnerte unheilvoll an die Devise der fünfziger Jahre, die sich gleichfalls der Stärke versichert hatte. Von dem Moment an, da nicht mehr auf Entspannung gesetzt wurde, füllten sich die Arsenale der Nuklearwaffen in Ost und West ununterbrochen weiter an. Noch immer galt das seltsame Paradox der nuklearen Abschreckung, nämlich der Grundsatz der Selbsttäuschung: Das unvorstellbare Vernichtungspotential unserer Waffen ist nicht für ein künftiges Schlachtfeld bestimmt, sondern dient allein der Diplomatie des Pokerns, doch es muß im Ernstfall unsere Überlegenheit garantieren. Immer unverhüllter diskutierten Politiker und Militärs über die Auswirkungen sowohl eines begrenzten als auch eines weltweiten Atomkrieges.

Zu Beginn seiner Präsidentschaft, so wie es der Tradition entsprach, erläuterte Ronald Reagan den Amerikanern die neuen Leitsätze, denen er folgen würde. Am obersten Ziel des politischen Handelns, im Einklang mit dem Völkerrecht und der UN-Charta, wurde selbstverständlich festgehalten: an der Bewahrung des Weltfriedens. Doch verschob sich die Rangordnung, und das war ein Signal. Der US-Außenminister wies den Weg, den die Reagan-Administration durch das Gestrüpp der politischen Sittlichkeit einschlagen würde: »Es gibt Wichtigeres als den Frieden.« Er konnte dies um so leichteren Herzens sagen, als das Pentagon inzwischen präzise Vorstellungen über die Möglichkeiten, die Planung und Durchführung eines begrenzten Atomkrieges entwickelt hatte. Sie kamen auch sowjetischen Überlegungen entgegen. Das Wort zur Stunde war nicht mehr der große Vergeltungsschlag, sondern der eingegrenzte Vernichtungsbereich, der regional umzirkelte Nuklearkrieg.

Ende 1981 legte US-Senator Laroque ungeniert die Karten auf den Tisch: »Wir möchten den Atomkrieg bis zu dem Punkt kontrollieren, an dem er zu gewinnen ist, oder ihn, wenn möglich, auf Europa oder anderswo begrenzen. Wir haben im Ersten und im Zweiten Weltkrieg in Europa gekämpft. Wir würden auch den Dritten lieber in Europa führen; selbst mit Atomwaffen.« Eine noch kürzere Fassung brachte ein anderer amerikanischer Politiker: »Die Deutschen sind es gewohnt, Krieg zu führen.« Zu den Aussichten der Bundesrepublik in einem solchen Fall war vom früheren US-Verteidigungsminister Robert McNamara im Oktober 1983 zu vernehmen: »Worüber sich die Westdeutschen klar werden müssen, das ist, daß ihr Kulturkreis völlig verwüstet wird, wenn sie sich weiterhin an die NATO-Strategie halten.« Als auch jenseits des Atlantik einiges von der breiten Opposition in Westdeutschland gegen die Atomrüstung bekannt wurde, drückte ein Leserbrief in der »New York Times« das Erstaunen der Amerikaner aus: »Warum sind die Deutschen nicht bereit, ein Opfer zu bringen? Die Menschen von Hiroshima haben es auch gebracht. Und viele von ihnen leben noch.«

Jahrzehnt für Jahrzehnt versicherten die Regierungen von Rheindeutschland und Elbdeutschland, daß von »deutschem Boden nie wieder Krieg ausgehen« würde. Niemand rüttelte an diesem Grundsatz. Deshalb bestand zu keiner Zeit eine Bedrohung des Weltfriedens durch Deutsche, selbst wenn in jedem Dorf eine Abschußrampe für Raketen stehen würde. Der Dritte Weltkrieg würde niemals von Deutschland ausgehen. Er würde lediglich auf deutschem Boden stattfinden.

Was noch vor einer Handvoll von Jahren als fatalste Kriegserwartung seit 1945 erschien, hat heute seinem Gegenteil Platz gemacht. Die Möglichkeiten eines bevorstehenden Nuklearkrieges sind nur noch Thema der Altwarenhandlung. Man nimmt nicht einmal Notiz davon, daß eine jahrzehntelang als sakrosankt geltende Schlußfolgerung ad absurdum geführt ist. Wie oft wurde der Abschreckungdruck der nuklearen Hochrüstung gefeiert und gerechtfertigt, weil ihm allein die lange Friedensperiode seit 1945 zu verdanken sei. Sollte dieser Kausalschluß tatsächlich berechtigt gewesen sein, dann läßt sich ermessen, wie immens die Kriegsgefahr zugenommen haben muß, seit sich die USA und Sowjetunion dazu entschlossen, die atomare Rüstung radikal abzubauen. Doch Ironie verbietet sich gerade hier. Jedenfalls ist für keinen Menschen mit Normalverstand ein Krieg zwischen den beiden Großmächten in Sicht; er ist zur Zeit ferner denn je. Wenn ihn die Militärstrategen trotz der Friedensgewißheit unserer Jahre bedenken, dann erfüllen sie nur die Pflichten ihres Berufs.

Wink mit der Wertegemeinschaft

Die Schnellebigkeit des endenden Jahrhunderts bewahrt uns vor dem Grübeln und schenkt uns den Trost des Vergessens. Die Zeiten der hitzigen Reaktionen auf den Nachrüstungsbeschluß und der Demonstrationen gegen die Stationierung der Pershing II-Raketen scheinen schon in ferner Vergangenheit zu liegen. Wer erinnert sich noch daran? Warum sollte man sich auch daran erinnern? Die Aktivitäten der Friedensbewegung waren sicherlich nicht von jener urchristlichen Liebe getragen, die den Backenstreich des Feindes dadurch überwindet, daß ihm auch die andere Backe hingehalten wird. Das Austeilen und Einstecken empfindungsloser Ohrfeigen ist bei uns Teil eines beliebten Rituals, das seinen festen Platz behauptet in den »Geschwätzigkeitsanstalten des öffentlichen Rechts«, wie sie der Dominikanerpater Basilius Streithofen charakterisierte.

Das Bedürfnis der Westdeutschen nach einem seinsentrükkenden Urlaub war in der Zeit der Nachrüstungs-Diskussion noch hektischer als in den Vorjahren. Wenige Wochen machte bei uns der Text eines Hits die Runde, der wörtlich der Werbung eines US-Touristikunternehmens folgte: »Besuchen Sie Europa, solange es noch steht.« In den Medien wurde das Lied rasch weggedrückt. Die Verfassung der Westdeutschen ähnelte jenem Mann, der die Wüste durchquert und den Geiern, die über ihm ihre gemächlichen Warteschleifen drehen, dankbar zunickt, weil er weiß, daß er, solange sie da sind, noch lebt.

Militärallianzen wurden in allen Epochen der Weltgeschichte geschlossen. Auch der Nordatlantikpakt, auf den der Ostblock erst nach dem Beitritt der Bundesrepublik 1955 mit der Gründung des Warschauer Paktes reagierte, hatte im Kalten Krieg der Nachkriegszeit seine klaren militärischen Aufgaben. Je stärker sich dabei Leitung und Übergewicht der Vereinigten Staaten ausprägten, um so stärker wurde auch die Verzahnung der Kontingente seiner Mitgliedsstaaten. Da jedoch auch die NATO ihren Stellenwert den Veränderungen der politischen Weltlage anzupassen hatte, wurde ihr Rang um so fragwürdiger, je offensichtlicher aufgrund des Umbruchs in der Sowjetunion ihr militärischer Sinn ins Zwielicht geriet. Dazu gesellte sich die schleichend wachsende Überzeugung in Westdeutschland, daß die Militärbindung entgegen allen Versicherungen der Bonner Politiker der eigentliche Hemmschuh für die Bemühungen darstellte, die Teilung Europas rückgängig zu machen – beziehungsweise umgekehrt: daß die Existenz der NATO ein Garant dafür war, um die Teilung unwiderruflich zu betonieren.

So verfiel man auf eine neue Formel. Die militärische Funktion der NATO wurde zu einem Wertkriterium umgeschminkt. Von nun an galt sie als Institution oberster Normen. Die NATO trat nicht mehr nur als die Hüterin bedrohter Werte auf, sondern verkörperte eine Ideologie der »westlichen Wertegemeinschaft«. Das neue Ethos tauchte so unerwartet aus dem wogenden Meer der Geschichte auf wie ein Pottwal aus dem Rhein unmittelbar vor dem Bundestag am Bonner Stresemannufer. Auf diese Weise überlagerte eine Beschönigung unseren halbkolonialen Zustand. Die transatlantisch approbierte Denkweise durchdrang mit Hilfe eines künstlich geschaffenen Begriffs die militärische Realität und münzte sie um zu einer demokratisch-sittlichen Währung.

»Wert« ist ein Sachverhalt mit dem Anspruch auf Hochschätzung. Die beschworene Wertegemeinschaft des Westens hat mit der materialen Wertethik der neuzeitlichen Philosophie eines Max Scheler oder Nicolai Hartmann nichts zu tun. Was könnte sie also konkret sein? Ausdrücklich heißt es nicht »Wertegemeinschaft«, sondern »westliche Wertegemeinschaft«. Es muß sich also um eine irgendwo im Westen wurzelnde, geschichtlich begründete Gemeinschaft handeln, die von anderen Wertegemeinschaften abgrenzt. Da sie ausdrücklich um die NATO zentriert wird, müßte sie sich auch durch den Geltungsbereich der NATO genauer bestimmen lassen. Dafür aber gibt es allenfalls eine »historische« Begründung, die frühestens mit dem Entstehungsdatum der NATO einsetzen kann.

NATO und Warschauer Pakt sind militärische Abbreviaturen der Blockbildung nach 1945. Der Osten besaß mit dem Marxismus/Leninismus ein ideologisches Instrumentarium, das auch dem Militärpakt seinen Treue- und Verpflichtungscharakter verlieh. Der NATO wurde dies erst nachgeschoben, als ihre militärischen Aufgaben zunehmend fragwürdiger wurden. Das zeichnete sich nicht erst seit Michail Gorbatschow ab, sondern schon seit der Helsinki-Konferenz über Sicherheit und Zusammenarbeit in Europa (KSZE), also seit November 1972, als die vorbereitenden Verhandlungen für die Konferenz aufgenommen wurden. Offensichtlich setzen diejenigen, die so häufig die westliche Wertegemeinschaft im Mund führen, voraus, daß niemand genauere Fragen stellt. Die wichtigste dieser Fragen lautet: Wie grenzt sich die westliche Wertegemeinschaft von den Forderungen und Inhalten der Texte ab, die 1975 in der Schlußakte von Helsinki auch von den Mitgliedern des damaligen Ostblocks unterzeichnet wurden?

Auf der Helsinki-Konferenz bekundeten die Teilnehmerstaaten, daß sie »eingedenk ihrer gemeinsamen Geschichte und in der Erkenntnis, daß die vorhandenen gemeinsamen Elemente ihrer Traditionen und Werte bei der Entwicklung ihrer Beziehungen dienlich sein können«, künftig zusammenarbeiten würden. Im Eröffnungsteil der Schlußakte, dem Korb 1, ist eine Erklärung über die Prinzipien enthalten, die für die Beziehungen der Teilnehmerstaaten untereinander als grundlegend gelten sollen. Dieser Prinzipienkatalog, der zehn Punkte umfaßt, stellt unverhüllt einen Wertekatalog dar. Er deckt sich im Grundsätzlichen auch mit der Charta der Vereinten Nationen. Wie mit Rücksicht auf die Schlußakte von Helsinki und den UN-Prinzipien noch von einer eigenen »westlichen Wertegemeinschaft« gesprochen werden kann, bleibt ein Geheimnis, das die Urheber dieser Floskel deshalb nicht lüften, weil es nichts zu lüften gibt.

Die Richtschnur des Handelns

Wem die KSZE-Schlußakte nicht die Augen öffnet über die Chimäre der »westlichen Wertegemeinschaft«, der sollte sich bei den Staaten Ost- und Südosteuropas erkundigen, wie sie zu dieser Vokabel stehen. Die »gemeinsame Geschichte« der Völker Europas, sogar einschließlich Rußlands, ist nichts weiter als die Geschichte des klassischen Erdteils »Europa«, eine Geschichte, die in der Antike begann, die ihr eigenes Gewicht besitzt und einen eigenen Bestand an »Werten« aufweist. Mit »dem Westen« oder gar mit den Vereinigten Staaten hat diese europäische Geschichte nichts zu tun; möglicherweise haben die USA metamorphisch etwas mit der Geschichte Europas und seinen Werten zu tun.

In den letzten Jahren wurde wiederholt in höchstoffizieller

Form nicht die deutsche Einheit als Staatsfundamentalziel der Bundesrepublik bezeichnet, sondern jene Bindung, die sich als bedeutendstes Hindernis der Einheit erwiesen hat. Vorreiter war der Unionspolitiker Walter Leisler-Kiep. Inmitten der sozialliberalen Ostpolitik erklärte er, daß das unverbrüchliche Bündnis mit den Vereinigten Staaten »das zweite Grundgesetz unseres Staates« sei. Der Vorteil so lichter Aussagen liegt auf der Hand; man weiß, woran man ist. Nach der Schlacht bei Jena im Oktober 1805 ließ der preußische Minister Graf von der Schulenburg-Kehnert in Berlin bekanntgeben: »Der König hat eine Bataille verloren. Jetzt ist Ruhe die erste Bürgerpflicht.« In diesem Sinne wurde von den Bundesdeutschen verinnerlicht, was ihnen die Westalliierten auferlegt hatten: Ruhe ist die erste Bindungspflicht. Die Westbindung wurde zum Regulativ der Dinge.

Diese Ruhe wurde auch nicht gestört, als Kanzler Kohl dem französischen Ministerpräsidenten im Mai 1987 versicherte, daß er der letzte Kanzler sei, der sich der Wiedervereinigung entgegenstelle. Ein halbes Jahr danach, im Januar 1988, bekräftigte er in einem Interview: »Ich stamme aus einer Gegend, der Pfalz, die fünfzehn Jahre lang ein französisches Departement war. Das hat mich tief geprägt. Die Freiheit ist wichtiger als die Einheit. Die Bundesrepublik ist nicht einkaufbar. Unsere Zugehörigkeit zur westlichen Wertegemeinschaft ist unumkehrbar. Mein größtes Ziel ist es, daß dann, wenn ich einmal meine Ämter abgeben werde, der Weg der Deutschen in die Zukunft so festgelegt ist, daß man ihn nicht mehr umkehren kann.« So kam es zu der wörtlichen Erklärung des Kanzlers, die es verdient, daß man sie besonders sorgfältig liest: »Die NATO ist die Staatsräson der Bundesrepublik.«

Damit hatte der Kanzler zwischen NATO und Nation entschieden. Entschieden auch mit Hilfe der niedrigen Unterstellung, daß diejenigen, die der Einheit politische Priorität einräumten, dies auf Kosten der Freiheit tun würden. Im übrigen werde jetzt nicht mehr zwischen politischer Westbindung und NATO terminologisch unterschieden; beides wurde wechselweise gebraucht. Minister Schäuble bestätigte im Juni 1987 nochmals bei einer Klausurtagung der Arbeitsgruppe für Deutschlandpolitik der CDU/CSU-Fraktion, daß »die Westbindung die Staatsräson der Bundesrepublik« sei.

Einer solchen Beteuerung – die Form ausgenommen – ließe sich Nachsicht entgegenbringen, wenn sie aus taktischer Opportunität abgegeben worden wäre. In einer Krisensituation können die Verpflichtungen eines Militärpaktes durchaus den Vorrang gegenüber anderen Entscheidungen besitzen. Doch auch dann stände der Begriff der Staatsräson als der obersten Richtschnur politischen Handelns der Staatsführung nicht zur Disposition. Wenn schon von einer spezifischen Staatsräson der Bundesrepublik die Rede ist, dann wird sie vom Grundgesetz umrissen. Dort ist sie in einer ebenso verpflichtenden wie präzisen Weise verankert. Es ist die Wiederherstellung Deutschlands. Dies allein hat die Richtschnur für jede deutsche Regierung zu sein, solange die Teilung Deutschlands anhält.

Daß die NATO mit den bundesdeutschen Transatlantikern an der Spitze seit dem reißenden Strom der Abrüstung verzweifelt um ein neues Konzept ringt, ist verständlich. Inzwischen läßt sich das Problem ihrer Suche nach dem abhanden gekommenen Sinn gutmütig sentimentalisieren. Das Finale der beiden Militärallianzen entwickelt sich zur Zeit »allegro« und nimmt die Züge einer Humoreske für Klavier an, die beide Gegner gemeinsam spielen. Der Gedanke, ein restituiertes Deutschland könnte sowohl Mitglied der NATO als auch des Warschauer Paktes sein, wäre noch vor kurzem als Wahn eines zerebral Geschädigten bezeichnet worden. In der Tat, alles ist solange undenkbar, bis es zum ersten Mal gedacht wird. Die Vorstellung einer Doppelmitgliedschaft ließe sich nur dann praktisch umsetzen, wenn beide Paktsysteme ihre Zielrichtung neu formulieren. Wo sollte ein neues Ziel zu finden sein? Fehlt diese Voraussetzung, dann ist auch eine Mitgliedschaft Deutschlands in beiden Allianzen unmöglich. Doppelspione sind zwar in den Geheimdiensten der Welt etwas Selbstverständliches, aber die Konstruktion von NATO und Warschauer Pakt schließt eine Doppelmitgliedschaft grundsätzlich aus. Seit alters ist niemand hoffnungsloser erblindet als derjenige, der nicht sehen will.

Selbst wenn sich die für die jeweilige Politik sinnstiftende Konfrontation zwischen Ost und West samt den hegemonialen Interessensphären durch ein neues Klima der Weltpolitik nicht wie Dampf verflüchtigen sollte, wird es trotzdem mit dem Rang einer Staatsräson der NATO vorbei sein. Sie wird nicht einmal als Floskel Bestand haben. Deutschland hat eine eigene Staatsräson.

Im Schlafsack der Bundesrepublik

Resignierte Erfolgsmenschen – »Wohlstand für alle« – Jubel am 40. Geburtstag – Spieglein, Spieglein an der Wand – Vollbesetzte Tagesordnung – Siamesische Zwillinge

Solange die Westdeutschen den kleineuropäischen Markt an den Früchten ihres Wirtschaftswunders zu Vorzugspreisen teilhaben ließen, solange sie mit finanzstarkem Lächeln ihren Wehr- und NATO-Beitrag leisteten und ihre politischen Interessen nur bei Feiertagsreden aus dem Fenster mit den Interessen Deutschlands gleichsetzten, – solange ließ man sie ungeschoren im Kreis der friedliebenden Völker. Sie waren geachtet wie ein schüchterner Musterschüler und gleichermaßen ein wenig verachtet. Allerdings schlugen aufmerksamere Zeitgenossen unter den Nachbarn schon frühzeitig Alarm. Der »Daily Expreß« klagte im Januar 1954: »Die Fähigkeiten dieses Volkes sind verblüffend und furchteinjagend. Innerhalb von dreißig Jahren haben sie zwei Kriege geführt. Zwei Kriege, in denen sie die schrecklichsten Verluste an Menschen erlebten und katastrophale Zerstörungen an Eigenbesitz erlitten. Sie wurden mit Bomben und Sprengladungen zur Unterwerfung gebracht. Sie haben sich Haß und Abneigung aller zivilisierten Menschen zugezogen. Und nun sind heute ihr Wohlstand und ihre Stärke derart, daß sie alle ihre Nachbarn überragen.« So hatte sich keiner der Gegner Deutschlands das Ergebnis des Zweiten Weltkrieges vorgestellt.

Selbst die Deutschen waren insgeheim verblüfft über das Tempo ihrer Aufbauarbeit, ihren Leistungswillen, das Weltniveau ihrer Industrieproduktion, das ununterbrochen anschwellende Bruttosozialprodukt, die Vollbeschäftigung, das Phänomen des Spannungsausgleichs zwischen Gewerkschaften und Unternehmern, obwohl die alten Klassenkampf-Parolen immer wieder von neuem aufgewärmt wurden. Vielleicht am erstaunlichsten aber war die unglaubliche Art und Weise, in der die mehr als fünfzehn Millionen Flüchtlinge und ausgetriebenen Deutschen in einem Land wieder Fuß fassen konnten, das am Ende des Krieges nichts als ein ungeheurer Trümmerhaufen gewesen war.

Der Rücktritt Konrad Adenauers am 11. Oktober 1963 und seine Ablösung durch Ludwig Erhard, den Mysterienmeister des Wirtschaftwunders, machte urplötzlich die Spannungen in einer Atmosphäre deutlich, die bis dahin völlig durchtränkt zu sein schien vom Vertrauen in eine ständig heller werdende Zukunft. Kräftige Selbstironie bei den so erfolgreichen Westdeutschen hatte sich schon Ende der fünfziger Jahre gemeldet. Sie dokumentierte sich in etlichen Filmen, in den wenigen Kabaretts von Niveau, mehrfach auch in Zeitanalysen und Betrachtungen, ja selbst in Sonderheften von Monatsschriften, die nicht an der durchschnittlichen Obsession jener Gesellschaftskritiker litten, die dem betrachteten Objekt nur insoweit Existenzberechtigung zubilligen, als es sich aufspießen läßt.

Resignierte Erfolgsmenschen

In den sechziger Jahren verblaßte das Bild der Bundesdeutschen als den achtungsvoll-herablassend bestaunten Wunderkindern. Sie waren keine Kinder mehr, hatten folglich den Anspruch auf Nachsicht verwirkt. Zwar setzte sich damals der

Slogan durch: »Wirtschaftlich ein Riese – politisch ein Zwerg«, doch die Fürsorge, die man einem Zwerg entgegengebracht hätte, wurde aufgehoben durch die Mißgunst, ja wachsende Sorge, die der Wirtschaftsriese BRD zu wecken begann. Das polternde Wort des gewichtigen, gewichtige Zigarren rauchenden Wirtschaftsministers machte die Runde: »Wir sind wieder wer.« Selbst wenn Ludwig Erhard die Bemerkung in einer cholerischen Absence nicht entglitten wäre: Exakt dieses »Wieder wer sein«, auch wenn er den erreichten Rang anders umschrieben hätte, brachte die Ausrufezeichen in die Leitartikel und Kommentare.

Auch bei den glänzendsten Medaillen sind nur die Kehrseiten interessant. So verwechselte schon die englische Kassandra von 1954 und mit ihr die meisten der flüchtig Hinblickenden den Anschein der Wirklichkeit mit der Wirklichkeit selbst. Die Deutschen waren zwar »wieder da«, und sie waren es doch nicht. Die deutsche Energie hatte sich ausschließlich auf Industrie und Wirtschaft konzentriert; alles andere lag brach. Die politische Abstinenz war ihnen zum Teil verordnet worden, zum Teil wurde sie akzeptiert, weil es ohnehin für eigene Politik keinen Spielraum gab, zum Teil erklärte sie sich aus der Tatsache, daß die Bundesrepublik entsprechend ihrem Grundgesetz ein staatliches Gebilde auf Abruf war, zum Teil schließlich wirkte untergründig in einer groben und doch nicht völlig falschen Form jene Feststellung weiter, die zu den wichtigsten Glaubenssätzen der Umerziehung gehörte: Die Deutschen haben in der Politik keine glückliche Hand. Die beträchtlichsten Folgen aber entstanden durch einen Fehlschluß. Ludwig Erhard hatte recht, wenn er die Wirtschaftskraft eines Staates zur Grundlage seiner politischen Macht erklärte. Doch er ging fehl in der Annahme, daß sich daraus zwangsläufig, von sich aus, politisches Ansehen und Gewicht ergeben würden.

Die völlige Ausrichtung auf Industrie und Wirtschaft hatte die Konsequenz, daß sich der Westdeutsche, soweit er als Bürger auch für anderes steht als für die Handelsbilanz, in den warmen Schlafsack seines Gemeinwesens zurückzog und dort – in »diesem unserem Land« seiner Politiker – eingerollt anderen Zeiten entgegenträumte. Der Neigung, dieses Verfahren als Indolenz, Feigheit, Ausweichen, Bequemlichkeit, Schwäche und dergleichen mehr zu verurteilen, ist schwer zu widerstehen. Der Oxforder Historiker A. J. P. Taylor ging so weit, aus der Zurückhaltung der Deutschen auf einen Existenzschwund zu schließen: »In Kriegszeiten schien es, als sei die deutsche Frage nur dadurch zu lösen, daß die Deutschen aufhörten zu existieren, und das haben sie nun auch wirklich getan. Zwar sind sie noch da, aber atomisiert, jeder für sich dahinlebend, gut verdienend, fleißig und wohlgenährt. Aber sie bereiten niemand mehr Kopfzerbrechen, sich nicht und anderen nicht. Im Grunde wollen ja auch die Deutschen selbst nichts anderes als bei ihrem jetzigen Zustand bleiben, denn das Wirtschaftswunder behagt ihnen sehr. Man muß nur aufpassen, daß niemand kommt, der sie aus ihrem Schlaf aufrüttelt.«

Sicherlich ist an »dem Deutschen«, der so gern aufs Korn genommen wird von denjenigen seiner Landsleute, die zwar auch Deutsche sind, sich aber nicht zu den aufs Korn zu nehmenden rechnen, einiges daran. Aber ebensosehr stimmen andere Bilder, die durchaus keine widerwärtigen Züge aufweisen und die von den Feuilletonisten der deutschen Innenwelt kaum jemals zur Kenntnis genommen werden. Am gleichgültigsten sollten uns bei selbstkritischen Betrachtungen die Publikationen von Ausländern lassen, die ihre eigene Nationalität samt der Weltläufigkeit von zehn Überseeflügen als ausreichende Plattform für Zensuren betrachten. Nachdenklich stimmen müssen uns Äußerungen der Betroffenheit. Raymond Cartier stellte 1961 in einem Artikel im »Paris Match« eine »fast vollkommene Resignation« bei den Deutschen fest: »Bei vielen fehlt dieser Resignation so sehr jedes Schmerzgefühl, daß ein Mann, der im Gebote der Vaterlandsliebe erzogen wurde, es fast erschüttert feststellen muß. Die Prosperität und der Materialismus sind wie große Betäubungsmittel über die Deutschen gekommen.«

Viele stimmten darin überein, daß sich bei den Deutschen eine neue Mentalität abzeichnete. Was für Gegensätzlichkeiten standen in der Bundesrepublik einträchtig nebeneinander: Sie war und wirkte so unsäglich tüchtig und zielstrebig und so wenig fröhlich und locker. Die Erfolgsverblendung wurde begleitet von einem Zaudern, als hätte man die Angst vor dem Engagement richtig lieben gelernt. Die Westrepublik funktioniert fabelhaft, absolut zuverlässig, ohne Rhythmusstörungen des Herzens, denn Herz ist kaum vorhanden. Hinter der grellen Veräußerlichung der Westdeutschen brodelt eine dumpfige Sinnsuche. Sie kennen keine Wehmut. Aber Valium.

»Wohlstand für Alle«

Daß mit Wohlstand und Wirtschaft allein kein Staat zu machen ist, sondern nicht viel mehr als ein riesenhaftes Einkaufszentrum, – diese Tatsache erkannten auch unsere besten Wirtschaftsführer, nachdem ein deutlicher Sättigungsgrad erreicht war. Auch hier blieb Ludwig Erhard ein Vorreiter. »Der Dicke«, wie er wohlwollend respektvoll oft genannt wurde, besaß neben seinem genialen Wirtschaftskonzept auch Mut und einen steifen Nacken. Er war sich seiner Sache zu sicher, als daß ihn Gegenargumente gestört hätten. Er liebte es sogar, die Regierungsarbeit häufig in Gesprächsrunden zu verwandeln. Das kam seinem Sinn für das ungehemmte Spiel der Kräfte entgegen, aber auch den Erwartungen der Unionsparteien. Adenauers Stärke hatte sich in seinen letzten Jahren als Starrsinn entpuppt, man war seines Regierens durch Dekrete müde geworden. Erhard hörte selbst feindseligen Gegnern zu, während Adenauer nur dann Widerspruch geduldet hatte, wenn er von ihm selbst stammte.

Erhards Wirtschaftsprogramm hatte nichts mit dem alten Laissez-faire-Liberalismus zu tun. Das Wort Freiheit hatte für ihn nur insoweit Sinn, sofern es mit seinem Wirtschaftsliberalismus der lockeren Zügelführung zusammenpaßte. Erhard hielt strikt darauf, daß Angebot und Nachfrage durch Regierungshilfen unterstützt, abgeschirmt, aber auch von Auswucherungen freigehalten wurden. Die Unternehmer erhielten in diesem Konzept die Garantie, daß der Staat ihre Aktivitäten unterstützte. Diejenigen, die nicht zu den Unternehmern zählten, konnten sich gleichfalls darauf verlassen, daß sich der Staat jederzeit seiner sozialpolitischen Verantwortung bewußt blieb, ihre Rechte sicherte, ihren Ansprüchen entgegenkam und niemals dirigierend, sondern immer nur regulierend eingriff.

Noch bevor die Erfolge das Konzept der sozialen Marktwirtschaft glänzend bestätigten, trat Erhard vehement dem Verdacht und Vorwurf entgegen, daß er einem verdeckten Kapitalismus huldige. Den Gewerkschaftsführern, die sich damals noch von der marxistisch gestählten Sozialdemokratie gedeckt wußten, versicherte Erhard: »Wir können in den Methoden vielleicht verschiedener Meinung sein, aber ich lehne es mit aller Entschiedenheit ab, daß Sie allein glauben, das soziale Gewissen für unser Volk gepachtet zu haben. Ich will das Wohl des Volkes, das bringe ich hier mit aller Deutlichkeit zum Ausdruck. Wenn es dazu notwendig ist, die gewerbliche Wirtschaft unter Druck zu nehmen – selbst unter härtesten Druck, meine Damen und Herren, das verspreche ich Ihnen – , dann werde ich das tun, weil ich nicht im Auftrag handle, sondern weil ich genau weiß, daß eine gesunde Wirtschaftspolitik nur dann durchführbar ist, wenn sie dem Wohl des ganzen deutschen Volkes dient.«

Viele Kritiker beschuldigten Ludwig Erhard schon inmitten der fünfziger Jahre, er hätte die Westdeutschen dazu gebracht, zugunsten des Wohlstands die entscheidenden Merkmale der Menschlichkeit verkommen zu lassen. Doch in diesem Punkt hatten selbst die Gewerkschaften ein besseres Gespür. Die Westdeutschen strebten in den fünfziger Jahren letztlich nur dem entgegen, wofür die vielen Millionen Arbeiter seit dem neunzehnten Jahrhundert gekämpft hatten. Die Unionsparteien erhielten bei den Wahlen 1953 mehr als fünfundvierzig Prozent aller Wählerstimmen. 1957 waren es sogar 50,2 Prozent. Die Westdeutschen hatten beide Male nicht für Adenauer und seine keineswegs vielversprechende Außenpolitik votiert, sondern für den so überaus populären Wirtschaftsminister. Der Urnengang 1957, dem die Unionsparteien nur noch versonnen nachträumen können, wurde einfach und zutreffend als »Erhard-Wahl« bezeichnet. Nicht zuletzt dieser Triumph brachte die Sozialdemokratie dazu, schleunigst den Weg zum »Godesberger Programm« einzuschlagen, dem Marxismus abzusagen, ein Bekenntnis zur sozialen Marktwirtschaft abzulegen, als Volks- und nicht mehr als Klassenkampf-Partei aufzutreten, um dann endlich vom Wähler den Lorbeer der Regierungsfähigkeit entgegenzunehmen.

In diesen Jahren sah Ludwig Erhard sein erstes Etappenziel erreicht. Es stimmte mit dem Titel seines Bestsellers von 1952 »Wohlstand für Alle« überein. Von diesem Moment an versuchte er unentwegt, den Westdeutschen klarzumachen, daß

Wohlstand kein selbständiger Wert sei, sondern lediglich die Grundlage für eine auch innerlich geordnete Gesellschaft, also das Mittel einer umfassenden Gesellschaftspolitik. Die Befürchtung, daß der Charakter und damit die Integrität der Persönlichkeit im Kampf der Ellenbogen Schaden erleiden, wenn nicht überhaupt auf der Strecke bleiben könnte, verschaffte Ludwig Erhard schlaflose Nächte. Zusammen mit Rüdiger Altmann entwickelte er das Konzept eines Ausgleichs auch der gegensätzlichsten Interessen der verschiedenen sozialen Gruppen, um so der Gesellschaft der Bundesrepublik eine Gliederung zu geben, in der auch die zentrifugalen Tendenzen keine Zerreißproben darstellten. Ludwig Erhards Plan einer »formierten Gesellschaft« lief letzten Endes auf dasselbe hinaus, was ein Jahrzehnt später die Sozialliberalen mit ihren »inneren Reformen« beabsichtigten, deren Methode und Ziele aber mit den Vorstellungen Ludwig Erhards nichts zu tun hatten.

In seiner Regierungserklärung vom 18. Oktober 1963 deutete Erhard die Richtung an: »So mancher Begüterte scheint in seiner persönlichen äußeren Lebensführung nur allzu leicht zu vergessen, daß der Wohlstand wohl eine Grundlage, nicht aber das Leitbild unserer Lebensgestaltung schlechthin ist.« Doch der Versuch, Wohlstand des einzelnen und Wohlfahrt des Gemeinwesens aufeinander abzustimmen, kam in der Regierungszeit Erhards über Ansätze nicht hinaus. Seine Appelle an die wirtschaftliche Vernunft aller, der arbeitenden und konsumierenden Bevölkerung, der Gewerkschaften, der Unternehmer, wurden von Mal zu Mal beschwörender und trugen dem zunächst gefeierten »Volkskanzler« das belustigende und zutiefst verfehlte Etikett des »Maßhalte-Kanzlers« ein. 1966 verging den Westdeutschen das Lachen, als die Wirtschaft der Bundesrepublik zu ihrer ersten Talfahrt ansetzte. Auslöser waren neben vielem anderen der hemmungslos gesteigerte Verbrauch, die überzogenen Investitionen, das hochgetriebene Wirtschaftswachstum und die zunehmend schneller rotierende Lohn-Preis-Spirale. Das Bruttosozialprodukt sackte 1967, nach einer hektischen Steigerung in den Jahren zuvor, erstmals in der Geschichte der Bundesrepublik ins Minus. Es schrumpfte um 0,2 Prozent. Die Auftragslage der Industrie war katastrophal, die Arbeitslosenzahl erhöhte sich zwischen Juli 1966 und Januar 1967 um eine halbe Million, die Währungsstabilität war dahin.

Die Gegner des Kanzlers erhielten Oberwasser. Gegner braucht man nie zu suchen. Sie stellen sich von selbst ein. Im Oktober 1966 zerbrach die Koalition der Unionsparteien mit den Liberalen. »Es soll erst mal einer kommen, der es besser macht als ich«, murrte Ludwig Erhard und trat am 1. Dezember 1966 als Kanzler zurück. Seine Nachfolger machten es tatsächlich besser, freilich mit Mitteln, die Erhard zeitlebens verabscheut hatte. Der Erfolg war überdies nur von kurzer Dauer. Franz Josef Strauß und Karl Schiller entwickelten in den Finanz- und Wirtschaftsministerien die mittelfristige Finanzplanung. Die Wirtschaft erholte sich rasch, sie begann erneut zu blühen, aber auch die inflationäre Welle schwoll an. Die Kosten der Lebenshaltung schossen nach oben, die Kaufkraft der Deutschen Mark nach unten. Erhard, der abgeklärte und von seinen politischen »Freunden« enttäuschte Wirtschaftsführer, war zu vornehm, um die Genugtuung öffentlich auszukosten. Gelassen betrachtete er die Krisen der Sozialliberalen in Bonn und von seinem Haus auf der Kuppe des Ackerberges über Gmund den Alpenhimmel und das Wellenspiel des Tegernsees.

Die große Koalition unter Kurt Georg Kiesinger mit Willy Brandt als Außenminister erarbeitete als dringlichstes Projekt ein »Gesetz zur Förderung der Stabilität und des Wachstums der Wirtschaft«. Es wurde im Mai 1967 verabschiedet. Die Wirkung dieser hochgerühmten »Magna Charta« der bundesrepublikanischen, das heißt der modernen Wirtschaftspolitik reichte nur bis zum Herbst 1973, als durch den Nahostkonflikt die gewaltige Energiekrise ausgelöst wurde. Sie erschütterte die gesamte Weltwirtschaft. Von Erhards Appellen zum Maßhalten bis zum Umdenken während der Energiekrise dehnte sich ein Prozeß der Besinnung, der auch heute noch weithin die Lager trennt: Die einen plädieren für ein beständiges Wirtschaftswachstum, andere sehen zwischen Wirtschaftswachstum und Wirtschaftsblähsucht keinen Unterschied und sehen im Wachstum nur einen qualitativen Wert. Gleichermaßen erregt wird darum gerungen, ob Erhards Prinzip des gemächlich, aber unaufhaltsam rotierenden Konsumkreisels nicht wesensmäßig das wirtschaftliche Zentralstück aller hochindustrialisierten Staaten bildet, oder ob die Nobelpreis-Träger und Warner im Umkreis des »Club of Rome« nicht recht hatten, als sie 1973 rundweg erklärten: »Die moderne Bedarfswekkung ist ein Verbrechen.«

Bis heute ist die Bundesrepublik über Höhen und Tiefen hinweg das Land eines Lebensstandards geblieben, der den meisten Staaten der Welt insgeheim ein Paradies auf Erden vorgaukelt. Der Zustand des Wohlbefindens in Deutschland-West: Er läßt sich umreißen mit Worten wie Wohlstand, Kaufkraft, soziale Sicherung – sieht man von denjenigen ab, die sie nicht kennen –, belanglose Inflationsrate, fester Geldwert, harte D-Mark, totale Motorisierung, einmalig hohes Bruttosozialprodukt, ununterbrochene Wirtschaftkonjunktur – sagen wir es frei heraus: Wo gibt es optimalere Möglichkeiten für die Mehrheit der Bevölkerung, konzentrierte Arbeit in süßen Luxus zu verwandeln?

Westdeutschland hat während der vier Jahrzehnte seines Bestehens voll auf die Wirtschaft, den industriellen Fortschritt, den ökonomischen Ertrag gesetzt. Über Erfolge in diesem Bereich entscheiden ausschließlich Leistung und Gewinn. In der jüngsten Erhebung – sie ist noch druckfrisch – rangiert die Bundesrepublik als das reichste Land der Welt. Mit Bezug auf Adam Smith, der Reichtum als eine Tugend bezeichnet hatte, wird etwas Neues bei uns entdeckt: »Reich zu sein, ist deutsche Tradition.« Welch ein Kontrast zu der Klage des evangelischen Landesbischofs Johannes Lilje zu Neujahr 1959, »daß der Hang zum Mammon, zum hohen Lebensstandard, zum Luxus und zur Äußerlichkeit in Westdeutschland allmählich bedrohliche Ausmaße angenommen« habe. Der Bischof sah Düsteres kommen: »Noch ein Jahr Wirtschaftswunder, dann wird die innere Fäulnis bedrohlich.«

Wie gut muß es einem gehen, damit es ihm zu gut geht? Die Haben-Seite der westdeutschen Buchführung können wir doch nicht nur mit dem Selbstbewußtsein des Nadelstreifens betrachten, sondern auch mit dem Stolz von Solidarvereinen. Hier wird zwar Blatt für Blatt wachsender Wohlstand verbucht, aber auch die soziale Vorsorge und Sicherung mit Großbuchstaben geschrieben. Im Weltvergleich halten wir gerade hier die Spitze, – übrigens schon seit der Sozialgesetzgebung Bismarcks, also seit mehr als hundert Jahren. Es geht uns gut, wer will das ernsthaft bestreiten. Jedenfalls geht es so ausreichend vielen gut, daß sich die Bundesrepublik ein streckenweise wahrhaft phantastisches Verwirtschaften der sauer erarbeiteten Steuergelder leisten und die Gruppen jener Mitbürger, die man ungeschminkt als Schichten einer neuen Armut bezeichnen muß, als Quantité négligeable einstufen kann. Die Prüfungen unserer Rechnungshöfe und die Berichte der Sozialarbeiter sollten zeitgleich gelesen werden.

Die Bundesrepublik ist auch der Staat eines der höchsten, wenn nicht des obersten Menschenrechtes: der Freiheit. Im Jubeljahr 1989 versammelten sich ungezählte Festgäste zur Feier des 40. Geburtstages und zum Genuß der Riesentorte »Made in BRD«. Als die Gratulanten von der »Freiheit« sprachen, begannen die Augen der Festversammlung heller zu leuchten als das Licht der vierzig Geburtstagskerzen. Für sie, die alle so unvergleichlich emsig und so unverdrossen gewinnbringend an dem bundesrepublikanischen Kuchen mitgebakken hatten und dabei nicht nur in die Jahre gekommen, sondern auch in die Breite gegangen waren, ließ sich spielend der Generalnenner finden: »Ubi bene, ibi patria – Wo es mir gut geht, da ist mein Vaterland« – die alte Weisheit der Stehaufmännchen, deren Formel der große Cicero von dem Großspötter Aristophanes beifällig übernommen hatte. Und an die sich die bundesrepublikanische Festversammlung schweigend erinnerte, um lauthals die »Freiheit«, das höchste aller Güter, zu rühmen.

Die Genugtuung, mit der sich die Bundesrepublik offiziell und anhaltend selbst auf die Schulter klopft, auf die Schulter des »freiesten aller Staaten der deutschen Geschichte«, streift die Grenze des Erträglichen. Sie ist zu ausgeprägt, als daß es sich um die Äußerung eines normalen Selbstbewußtseins handeln könnte, das nicht auf Eigenkommentare angewiesen ist. Die Überhebung ist nicht frei vom Eifer der Proselyten. Viele Wortführer der ersten Stunde nach Null waren auch Männer der letzten Stunde Weimars. Der Selbstvorwurf, 1932/33 die demokratische Freiheit nicht »gerettet« zu haben, lastete zu stark, als daß sie nicht vorbehaltlos die seltsame Freiheit gepriesen hätten, die den Westdeutschen nach der militärischen Kapitulation auf der Spitze der Siegerbajonette dargebracht wurde.

Wie dergleichen aber auch interpretiert werden mag: Der Bau eines Musterstaates demokratischer Tugenden gelang. Nach offizieller Bonner Einschätzung kann er auch in Zukunft als beispielhaft für all jene Völker gelten, die es noch nicht so weit bringen konnten, wie es Westdeutschland brachte. Deshalb meldet sich das politische Bonn mit besten Gründen überall zu Wort, wo es gilt, die Menschenrechte einzuklagen. Ob in Südamerika oder in Ostasien, ob in Afrika oder dem Iran: Wir sind dabei. Unser Engagement für humanitäre Grundrechte und politische Moral kompensiert unsere Unfähigkeit, in eigener Sache politisch zu handeln. Das äußert sich auch im Privaten, Persönlichen. Der lästige, ja harte, wenn nicht schmerzhafte Einsatz für den bedürftigen Nächsten, die direkte, aus freien Stücken geleistete Hilfe – jene des Samariters, der die Wunden verband – wird ersetzt durch die lobenswerte, wenngleich angemeldete Demonstration für die Nöte der Fernsten, der Verhungernden in der Sahelzone.

Spieglein, Spieglein an der Wand

Zahlen überzeugen. Wer da mutmaßen sollte, die überwältigende Schönheit unserer gesellschaftlichen Statur erinnere weniger an Apollon als vielmehr an das »Bildnis des Dorian Grey« Oscar Wildes, den muß die Statistik eines Besseren belehren. Auch wenn die »Jahresberichte der Bundesregierung« von Amts wegen pro domo sprechen, ist an den vorgelegten Zahlen nicht zu rütteln. Die Wohlstands- und Wohlfahrtsgesellschaft der Bundesrepublik durchquerte gelassen die wechselvollen Strömungen der Nachkriegsgeschichte auf dem Hochsee-Liner der sozialen Marktwirtschaft, auf einem Schiff, das offensichtlich alle Eigenschaften besitzt, nur nicht die Fähigkeit des Kenterns. Wir müssen in der Tat etwas mit jenem verheißenen Land der Kinder Israels zu tun haben, »darinnen Milch und Honig« fließt. Der ebenso endlose wie bedauerlich trübe Strom der Wirtschaftsimigranten, der durch das Scheunentor des politischen Asyls in die westdeutsche Republik flutet, spricht nicht weniger deutlich als die Handelsbilanzen, die Stabilität der Verbraucherpreise und das reißfeste Garn unseres sozialen Netzes.

Das eine ist der schwer erarbeitete Wohlstand, der sich aufgrund von Fähigkeiten ergab, die weniger mit der Art unserer Gesellschafts- und Staatsform zu tun haben als mit Merkmalen, die man plakativ genug und doch nicht völlig falsch als »typisch deutsch« zu charakterisieren beliebt. Wir sollten uns dazu keineswegs nur g'schamig bekennen: Einfallsreichtum, Organisationsbefähigung, Ehrgeiz, Fleiß, Zuverlässigkeit, Leistungswille, Disziplin und nicht zuletzt auch ein gerütteltes Maß von praktischer Vernunft, die auch im härtesten Poker um Tarife zwischen Gewerkschaften und Unternehmern letztlich die Oberhand behielt. Dies und noch vieles andere mehr, was als »deutsch« gepriesen oder geächtet wird, waren Voraussetzungen und Garanten unserer Wirtschaftsblüte.

Wer jedoch in der wirtschaftlichen Wohlfahrt mehr sehen will als das Fundament einer gesicherten Gesellschaftsordnung, wer sie über diesen Stellenwert hinweg in den Bereich des Geistig-Ideellen erhebt, stellt die Werteordnung auf den Kopf. Daß ein Lebensstandard in gemessener Entfernung oberhalb des sogenannten Existenzminimums – ein häßlich notwendiger Begriff – zu den Grundbedingungen einer akzeptablen Gesellschaft gehört, ist seit den Sorgen Ludwig Erhards zu selbstverständlich, als daß man darüber Worte verlieren sollte. Der Lebensstandard wird unterschiedlich beschrieben: als Durchschnittseinkommen, anhand des dinglichen Eigentums, als realisierter Anspruch wie zufriedenstellende Wohnung, Waschmaschine, Auto, bekömmliche Arbeitszeit und ebensolcher Urlaub, als Alterssicherung und so fort; als Ganzes ist er schwer zu erfassen. So hoch er aber auch sein mag, er ist jedenfalls nicht Lieferant jener Normen, ohne die es weder Sinnfrage noch Sinnerfüllung gibt.

Blicken wir in den Spiegel der Statistik, so entdecken wir ein Bild des westdeutschen Wohlstandsbürgers, das zwar nicht das Gesicht des einzelnen Deutschen wiedergibt, aber immerhin dasjenige des Bundesrepublikaners, der regelmäßig in den »Jahresberichten der Bundesregierung« oder im »Bericht zur Lage der Nation im geteilten Deutschland« sein Haupt erhebt. Er stellt ein genaues Klischee dessen dar, was sich die Bonner Regierungen – vorausgesetzt, daß sich Regierungserfolg in den Typus eines Bürgers verwandeln läßt – unter einer Personalisierung ihrer selbst vorstellen: nämlich arbeitsam, konfliktscheu, wirtschaftlich wachsend, abhold harscher Kritik, sich nie von Mißgriffen verprellen lassend, mögen sie Wackersdorf, Hafenstraße oder Milliardenkredit heißen. Sollte dies in der Vokabel regierungsfromm enthalten sein? Der Kanzler merkte an: »Die Bundesrepublik Deutschland hat ihre Spitzenposition unter den westlichen Industrienationen behaupten und festigen können. Das war möglich, weil die Bürger unseres Landes die Chancen nachhaltig verbesserter Rahmenbedingungen mit Tatkraft, Ideenreichtum und Kreativität genutzt und gestaltet haben. Auf das gemeinsam Erreichte können wir daher stolz sein.« Wie ließe sich entscheiden, ob hier die Regierung dem Bürger oder sich selbst die Hand schüttelt?

Ob man das westdeutsche Szenario der letzten vierzig Jahre mit Wohlgefallen betrachtet, mit milder Ironie, Misanthropie oder monomanischem Ekel vom Schlage Thomas Bernhards oder Helmut Qualtingers, übersetzt auf die bundesrepublikanischen Bretter: *Eine* Beziehungsgröße bleibt konstant. Einerseits haben wir es bei der Bundesrepublik mit einem Gemeinwesen zu tun, das sich aus der totalen Zertrümmerung Deutschlands buchstäblich mirakulös als staatliches Eigengebilde zu einer der größten Wirtschaftsmächte des ausgehenden Jahrtausends entwickelte, andererseits bleibt dieselbe Bundesrepublik – läßt man das industriell-ökonomische beiseite – innerhalb der internationalen Staatenkonstellation eine politische Monstrosität.

Vollbesetzte Tagesordnung

Bis heute ist es keiner Regierung der Bundesrepublik gelungen, »Normalität« außerhalb der Zeichen von Sühne und Schuld zu entwickeln. Trocken meinte ein französischer Beobachter: »Die deutsche Schuld ist die Bastion der Alliierten.« Von den Interessenten wurden religiös-metaphysische Kategorien ausgeschmiedet zu handfesten Forderungen. Das hat nichts Skandalöses. Politik ist brutal. Ein Politiker, der nicht alle Möglichkeiten ergreift, die sich ihm bieten, wäre nicht brutal, sondern dumm. Skandalös aber ist die Mischung aus Charakterschwäche und berechnender Unterwürfigkeit, mit der das offizielle Westdeutschland vier Jahrzehnte lang mit keinem einzigen nachdrücklichen Wort die Dinge richtiggestellt hat. Mehrfach und am kernigsten bemühte sich Bundeskanzler Helmut Schmidt, aufrechte Haltung anzunehmen. Doch so demokratisch geläutert die geschlagenen Deutschen auch sind, es empfiehlt sich nach wie vor für sie, in etlichen Bereichen umsichtig zu sein. Mark Twain scheint etwas davon geahnt zu haben: »Demokratie beruht auf drei Prinzipien: auf der Freiheit des Gewissens, auf der Freiheit der Rede und auf der Klugheit, keine der beiden in Anspruch zu nehmen.«

Aus der langen Reihe mißlicher Entscheidungen, die mit der fundamentalen Disqualifikation »des Deutschen« zusammenhängen und für die Armin Mohler die ebenso treffende wie deprimierende Erpressungsvokabel »Nasenring« gefunden hat, ragt das Verhalten Bonns in der Frage der Restitution Deutschlands heraus. Unser Recht auf Selbstbestimmung wurde unerträglich lange in die Kammer der unbrauchbaren Requisiten verbannt. Wir, die wir uns nicht genug tun können im Anprangern verletzter Menschenrechte, verweigern uns der Reklamation dieses Rechtes aufgrund unserer »Schuld«.

Die Menschenrechte, die heute auf der ganzen Welt lauthals beschworen, wenn auch praktisch nur selten allen Wünschen gemäß durchgesetzt werden, sind mehr als ein Mittel der Deklamation. Wir sollten es nicht bei dem bloßen Wort belassen und uns dann den Reißverschluß unseres Schlafsacks zuziehen. Wir sollten vielmehr die politisch Verantwortlichen, denen wir Wähler ein Mandat übertragen haben, beim Wort nehmen. Wir sollten sie immer wieder in eigener Sache daran erinnern, daß die Bundesrepublik, an deren vierzigstem Geburtstag aus der Pracht am Rhein soviel rhetorischer Weihrauch gen Himmel stieg, auf dem Fundament des Grundgesetzes errichtet wurde. Zum Schutz dieses Fundamentes wurde 1951 das Oberste Gericht der Bundesrepublik installiert. Und dieses Gericht hat wiederholt kundgetan, was hinsichtlich Deutschlands sowohl als Recht, als auch als Völkerrecht bindend ist.

Die Rechte der Völker unterliegen genausowenig wie das

Völkerrecht der militärischen Gewalt und den politischen Weisungen der Siegermächte. Es mag für eine gewisse Zeit zweckmäßig gewesen sein, sich als Geschlagener der Ruhe zu befleißigen. Wie wenig aber der Schlafsack als Dauerquartier geeignet ist, zeigte sich im Herbst 1989, als die Bürger der DDR selbst ihre Rechte in die Hände nahmen. Vergleicht man ihre Beharrlichkeit und ihren Mut mit den alerten Hinweisen aus Bonn, daß »die deutsche Frage nicht auf der Tagesordnung der Weltgeschichte« stehe, ist das Ergebnis niederschmetternd. Da haben wir es in Westdeutschland mit einem Gebilde zu tun, von dessen Wirtschaftskraft alle Staaten des Erdballs Schlüsse ziehen auf die Substanz des Volkes, und trotzdem haben seine Regierungen in der Grundfrage der Nation jahrzehntelang nichts unternommen, was seine Rechte aus dem Wortgehege lascher Beteuerungen in den Raum des politischen Handelns gebracht hätte. Die Hinweise unserer Minister – Minister = lat. Diener, ehemals Diener der Herrscher, heute wohl Diener des Souveräns namens »Volk« –, diese vielfachen Hinweise, daß die Tagesordnung der Weltgeschichte mit anderen Problemen angefüllt sei, waren absolut richtig. Der Unterschied zwischen West- und Mitteldeutschland bestand einfach darin, daß die vom SED-Regime entrechteten, ihrer Freiheit beraubten Deutschen sich um keine Wartelisten gekümmert und einfach die »deutsche Frage« an die Spitze der »Tagesordnung« gesetzt haben.

Soll man fragen, warum das den Westdeutschen oder einer ihrer Regierungen nicht möglich war? Vielleicht deshalb, weil wir – anders als die Deutschen »drüben« – zwar »Freiheit« besaßen, aber nichts mit ihr unternahmen? So war es doch wohl. Oder haben wir schon die Warnungen aller hochkarätigen Experten quer durch die Parteien vergessen, die immer wieder ermahnten, ja nichts zu tun, was die ausgewogenen

Verhältnisse des Status quo durcheinander bringen und die Lage destabilisieren könnte?

Ist es zu schroff, die NATO-Partner derselben Rhetorik zu bezichtigen? Wir sollten es bleiben lassen, also ihnen nicht das Hemd überziehen, das uns näherstehen sollte als der Rock. Was die Intensität betrifft, mit der sich unsere westlichen Freunde der Wiederherstellung Deutschlands annehmen, so muß man zwar unterscheiden zwischen offizieller Verlautbarung und tatsächlicher Einstellung, aber in der Sache selbst gibt es keinen Unterschied. Eine der treffendsten Paraphrasen des Themas stammt von dem früheren US-Botschafter in Bulgarien, Robert L. Barry. Als leitender Beamter des Außenministeriums in Washington versicherte er im Mai 1989: »Tatsächlich ist die fortdauernde Teilung Deutschlands sowohl im östlichen als auch im westlichen Interesse, und die wirtschaftliche Unterstützung, welche die BRD der DDR gewährt, wird zum Teil mit der Absicht gegeben, den dortigen Lebensstandard anzuheben, ohne so grundlegende Änderungen zu verursachen, daß die Wiedervereinigung bald unumgänglich wird.«

Neben so viel Offenheit eines Westalliierten gegenüber dem Existenzproblem unseres Volkes wirkt ein Bekenntnis wie dasjenige des marxistischen Altvaters Walter Ulbricht vom 6. April 1954 geradezu »ewiggestrig«, um nicht zu sagen rechtsradikal: »Wir sind für die Einheit Deutschlands, weil die Deutschen im Westen unsere Brüder sind und weil wir Deutschland lieben. Weil wir wissen, daß die Wiederherstellung der Einheit Deutschlands eine unumstößliche historische Gesetzmäßigkeit ist und daß jeder zugrunde gehen wird, der sich diesem Gesetz entgegenzustellen wagt.« Die Bonner Regierung hat sich im Herbst 1989 immerhin zu einer Haltung ermannt, die sich im Gegensatz zu den früheren Verlautbarungen befindet; daß kaum andere Alternativen vorhanden waren, schmälert dies kaum. Trotzdem scheint die Empfehlung nicht überflüssig zu sein, daß sie, die so wenig von sich aus in der Deutschlandpolitik gewagt hat, jedenfalls auch dies nicht wagen sollte, wovon Walter Ulbricht 1954 abriet.

Siamesische Zwillinge

Wer sich dem Sieger adaptiert, behält nur noch die Autorität, ihm nachzubeten. Die Sachwalter der Bundesrepublik müssen sich deshalb bei dem Rückblick auf die vier Jahrzehnte des ihres Erfolges auch mit dem schmerzlichsten Geschenk abfinden, das Politikern überreicht werden kann: einem beträchtlichen Vertrauensverlust. Unredlichkeit bei Lageanalysen, selbst im Wahlkampf, sollte nicht von der Leichtfertigkeit übertroffen werden, dem »mündigen Bürger« Unmündigkeit zu unterstellen und darauf zu spekulieren. Instinkt und Gedächtnis des so oft belächelten normalen Menschen sind besser, als unsere mit Weitblick gesalbten Eliten vermuten. Der Schluß von der ethisch keineswegs sattelfesten Intelligenz von sich selbst auf jene, die von ihnen verstandesgemäß als tiefer rangierend eingestuft werden, ist ein Trugschluß.

Daß sich von dem, was war, nicht auf das schließen läßt, was sein wird, ist eine der ernüchterndsten und verheißungsvollsten Lehren der Geschichte. BRD und DDR, die Konfrontation von Westblock oder Ostblock, die Teilung Europas, der Bolschewismus, die russische Interessensphäre – dies alles schien so festgefügt, als würde es bis tief ins einundzwanzigste Jahrhundert reichen. Wir aber waren und sind Augenzeugen, wie es urplötzlich dahinschmilzt und schon in der Gegenwart zur Erinnerung wird. Nicht nur die Tatsache, daß diejenigen von uns, die starr nach Westen blickten, dabei den Landsleuten in

Mitteldeutschland den Rücken zukehrten, sollte es zu denken geben. Dasselbe gilt von den Schlangenbeschwörern des Status quo. Ihre Prognosen wurden von der Öffnungs- und Umgestaltungspolitik Gorbatschows in einer wahrhaft diabolischen Art ad absurdum geführt. Auch der Prozeß, der in der Sowjetunion abläuft, stand nicht auf der »Tagesordnung der Weltgeschichte«. Es stand lediglich im Geheimkatechismus jedes Politikers von Geblüt: daß er sich falsche Entschlüsse leisten kann, nicht aber, keine Entschlüsse zu fassen, weder falsche noch richtige. Chancen und Risiken im politischen Handeln gehören zusammen wie siamesische Zwillinge.

Zu unseren größten Chancen gehört es, daß wir der Freiheit, die in Westdeutschland mehr von vagabundierender Art ist, und in Mitteldeutschland lediglich den Stellenwert einer Leerformel besaß, wieder einen konkret politischen Inhalt geben. Die Möglichkeiten sind vorhanden: Verwirklichen müssen wir sie selbst, jeder einzelne von uns und ebenso die politischen Parteien. Das gilt im Inneren genauso wie für die anstehende Außenpolitik. In Westdeutschland ist der Umfang der Freiheit so weitgesteckt, daß sie nachgerade nur noch als Mißbrauch der Freiheit augenfällig wird: Kriminalität, Drogen, Korruption, Langzeit-Arbeitslosigkeit. Wer diese dunkle Seite, die rechtsfreien Räume und Nischen in unserem Rechtsstaat als Preis der Freiheit bezeichnet, sollte garantieren können, daß es sich nicht um Feigheit statt um Freiheit handelt.

In der Außenpolitik gilt es, bei dem angelaufenen Prozeß der Einheit Deutschlands die Interessen des deutschen Volkes wahrzunehmen, so wie es Selbstbestimmungsrecht und Völkerrecht gebieten, also ohne Rücksichten auf fragwürdige Empfehlungen um eines gutnachbarlichen Klimas willen. Das Recht bleibt bestehen, das Klima ändert sich. Daran mit allem Nachdruck zu erinnern, ist mehr denn je vonnöten, obwohl eine solche Anmahnung angesichts des Amtseides, den jeder Minister, jeder Kanzler, jeder Bundespräsident zu leisten hat, betrüblich ist. Das Grundgesetz schreibt den Wortlaut vor: »Ich schwöre, daß ich meine Kraft dem Wohl des deutschen Volkes widmen, seinen Nutzen mehren, Schaden von ihm wenden, das Grundgesetz und die Gesetze des Bundes wahren und verteidigen, meine Pflichten erfüllen und Gerechtigkeit gegen jedermann üben werde. So wahr mir Gott helfe.«

Er möge ihnen helfen.

Unsere Freunde, unsere Nachbarn

Appell an den gesunden Sinn – Das Geld des Marshallplans – Weg mit der Industrie, her mit der Industrie – Sind wir berechenbar? – Feindstaaten BRD und DDR – Goldener Augenblick – Wir, die Besiegten – Dafür oder dagegen? – Opernkonferenz

Noch immer fehlt der Chronist, der das Elend der ersten Jahre nach 1945 schildert. Er müßte als Schüler Homer verschlungen, als junger Mann lange genug den Kopf verloren, als Erwachsener von Thukydides gelernt und als Mann seine Gedanken an Lao-tse überprüft haben. Ein solcher Chronist würde sein Empfinden nicht an die Bitterkeit verraten. Das Material für ein Epos der geschlagenen Deutschen liegt als gewaltiger Steinbruch von Dokumenten, Berichten und wahrhaft stigmatisierenden Schilderungen von Abertausenden Zeitzeugen bereit. Viel von der Atmosphäre enthält der Film »Der dritte Mann«. Aus der Vorgeschichte findet sich mehr als genug in dem Roman »Der Fragebogen« von Ernst von Salomon, – ein hohnlächelnd schrilles, verzweifeltes, unverwüstlich vitales Werk.

Das besetzte Land und sein Volk waren ein riesenhaftes Gemenge, amorph, durcheinander brodelnd, brutal in Besatzungszonen gezwängt, in die sich ununterbrochen der Strom Millionen vertriebener Deutscher ergoß. Drei Jahre lang herrschte die Militärverwaltung und der Hunger. Jeder Tag begann mit der gleichen Frage: Wovon leben wir heute? 1946 pendelten die Lebensmittel-Zuteilungen um eintausend Kalorien. In den Großstädten betrug 1947 der Durchschnitt 800 bis 900, im Ruhrgebiet oft nur 600 bis 700 Kalorien. Als unterstes

Maß für einen arbeitenden Menschen galten nach internationaler Übereinstimmung dreitausend Kalorien. Für Ludwig Erhard war das »die Zeit, in welcher man errechnete, daß auf jeden Deutschen nur alle fünf Jahre ein Teller komme, alle zwölf Jahre ein paar Schuhe, alle fünfzig Jahre ein Anzug, daß nur jeder fünfte Säugling in eigenen Windeln liegen könne und nur jeder dritte Deutsche die Chance hätte, in seinem eigenen Sarg beerdigt zu werden«.

Die Alliierten hatten die schlechten Erfahrungen nicht vergessen, die sie nach dem Ersten Weltkrieg mit den deutschen Kriegsentschädigungen machen mußten. Sie entschlossen sich deshalb, ihre Forderungen nicht durch Geldzahlungen, sondern durch Demontage von Fabrikanlagen, industrielle Erzeugnisse und Lieferungen von Kohle und Stahl zu decken. Dieses Verfahren diente zugleich ihrem Ziel, das deutsche Wirtschaftsniveau radikal zu senken. In der amtlichen Erklärung vom 11. Dezember 1945 über die deutsche Friedenswirtschaft wurde eigens hervorgehoben, »daß der Angreiferstaat Deutschland keinesfalls früher als die Länder, die er durch seinen Angriff verwüstet hat, einen den Vorkiegsverhältnissen entsprechenden Lebensstandard erreichen« dürfe. Den Deutschen bleibe es aber gestattet, die Straßen und das Eisenbahnnetz im Laufe der nächsten fünf Jahre wiederherzustellen und die Wohnungsnot innerhalb von zwanzig Jahren zu beheben.

Der Alliierte Kontrollrat legte am 26. März 1946 den ersten »Industrieplan für Deutschland« vor. Bis hin zu namentlich genannten kleinen Firmen, selbst bis zu Fahrrädern wurden die deutschen Industrieunternehmen zahlenmäßig erfaßt und die Produktionsgrenzen festgelegt. Total demontieren und ins Ausland bringen wollte man die »Ausrüstung für die Erzeugung von synthetischem Benzin und synthetischen Ölen, synthetischem Gummi, synthetischem Ammoniak, Kugel-, Rollen-, Kegellager, schweren Werkzeugmaschinen, schweren Traktoren, Metallen, Chemikalien und Funksendeeinrichtungen«. Die Grundstoffindustrie wurde schärfsten Beschränkungen unterworfen, den verbliebenen Industriezweigen Kapazitätszahlen diktiert, die meist nur Bruchteile von der Produktion des Jahres 1938 betrugen. Insgesamt sollte der deutsche Industriestandard um mehr als die Hälfte des Standes von 1938 abgesenkt werden. Die Verwüstungen durch den Luftkrieg wurden genausowenig berücksichtigt wie die Millionen der Vertriebenen.

Sichere Schätzungen über die Gesamthöhe der Reparationsleistungen sind nicht möglich. In der Sowjetzone wurden zahlreiche Demontagen, mit denen die Besatzungsmacht sofort begonnen hatte, in den späteren Listen nicht aufgeführt, da sie als »Kriegsbeute« galten. Nach Abschluß des Ausräumungsprozesses war von der Sowjetzone die Gesamtleistung der Reparationen herausgeholt worden, die ursprünglich für ganz Deutschland gelten sollte. Die Sowjetunion dürfte zwischen sechzig und fünfundsechzig Milliarden Mark Reparationen an sich gebracht haben. Die Leistungen der Westzonen lagen etwas niedriger; nicht enthalten in diesen Zahlen ist das beschlagnahmte deutsche Auslandsvermögen von rund sechzehn Milliarden Mark und die Patente und Gebrauchsmuster von fünfzehn bis achtzehn Milliarden.

Mehr als psychologische Besänftigung statt als wirkliche Linderung der schreienden Not wirkte sich die Arbeit einer privaten Organisation für Hilfssendungen aus, die 1946 in Amerika gegründet wurde. Sie arbeitete ohne Gewinn. Gegen eine Gebühr von zehn Dollar wurden Kleider und Lebensmittel in die notleidenden Länder Europas geschickt. Auch Westdeutschland nahm bis 1960 an den Segnungen der Care-Pakete teil. Die Amerikaner demonstrierten vom ersten Tag der Besatzung an ihr charakteristisches Bündel widersprüchlicher Haltungen: Arroganz und Liebenswürdigkeit, Herablassung und Bewunderung, Selbstgefälligkeit und Mitleid, Brutalität und Hilfsbereitschaft, Berechnung und Planlosigkeit – ein endloser Katalog des geradlinig verschlungenen Way of life.

Appell an den gesunden Sinn

Aus der stumpfen, dahinvegetierenden Masse des deutschen Volkes ragten seltsam dickköpfige Männer heraus. Sie arbeiteten zwar nicht anders als ihre Kollegen gehorsam unter den Befehlen der Militärregierungen, sie betrachteten sich aber nicht als bloße Werkzeuge, sondern hatten eigene Vorstellungen. Eines derjenigen Beispiele, die man nicht vergessen sollte, lieferte Johannes Semler, der deutsche Direktor der »Verwaltung für Wirtschaft des Vereinigten Wirtschaftsgebietes« in Frankfurt am Main. Das Amt bildete die ökonomische Kopfstelle der drei westlichen Zonen. Semler, den die widersinnigen Direktiven der Besatzungspolitik mehr und mehr verbitterten, hielt Anfang 1948 ein Referat, das schon nicht mehr kritisch, sondern aufsässig war: »Man hat den Mais geschickt und das Hühnerfutter, und wir zahlen es teuer, in Dollars und deutschen Exporten, und wir sollen uns auch noch bedanken.«

Am »bedanken« waren nach dieser Rede die Amerikaner. Sie setzten Johannes Semler wegen der »Hühnerfutter-Rede«, die prompt die Runde machte, auf die Straße und übertrugen am 2. März 1948 Ludwig Erhard das Amt. Mit Erhard hatte die Militärregierung in Bayern schon gemischte Erfahrungen gemacht. Die Alliierten und ebenso die von ihnen eingesetzten deutschen Verwaltungsbehörden waren überzeugt, daß in der damaligen Lage Deutschlands – nicht anders als wie im Krieg –

nur eine unerbitterliche Zwangswirtschaft mit exakt berechneten Zuteilungen der vorhandenen Güter vor dem Chaos bewahren konnte. Wegen dieser Auflagen leitete Ludwig Erhard, der von den Amerikanern im Oktober 1945 zum Staatsminister für Handel und Gewerbe in der bayerischen Regierung unter Ministerpräsident Wilhelm Hoegner ernannt worden war, sein Ressort mehr als widerwillig. Er fühlte sich fehl am Platz. Seine Begründung war denkbar einfach: Wer den Mangel bewirtschaftet, verewigt die Misere.

Die Wirtschaft in Form einer Gefängnisorganisation zu leiten, war nicht Erhards Sache. Er trat im Dezember 1946 zurück und beschäftigte sich mit der Ausarbeitung der Pläne für die Wirtschafts- und Währungsreform, die unausweichlich kommen mußte. Die erste Maßnahme hatte für Erhard den Rang eines Axioms: Die Währungsreform mußte mit einer totalen Wirtschaftsreform gekoppelt werden. Was damals, unter unvergleichlich schwierigeren Verhältnissen, einem so klar denkenden und weitblickenden Fachmann wie Erhard zu selbstverständlich war, als daß er ein Jota davon abgestrichen hätte, wird heute, unter unvergleichlich besseren Bedingungen zwischen DDR und BRD aus fadenscheinigen politischen Rücksichten zerredet, zerdehnt, mit halbdurchsichtigen Vorwänden verschleiert, in einer geradezu dilettantischen Form verwässert und zeitlich hinausgeschoben. Für Investitionen etwa steht Kapital in schwindelnder Höhe zur Verfügung. Kein Wunder, daß man sich jetzt in Mitteldeutschland erinnert und der neuen Regierung die Frage stellt, ob sie nicht »einen Ostberliner Ludwig Erhard« finden könne.

Die Währungsreform wurde 1948 in den drei Westzonen und in Westberlin durchgeführt. Am Samstag, dem 19. Juni, verlas der Sprecher der Westalliierten über die deutschen Rundfunksender den Text der Gesetze zur Umstellung der deutschen Währung, zur »Neuordnung des Geldwesens«. Das erste trat am 20. Juni in Kraft. Die Abwertung der Reichsmark zur Deutschen Mark erfolgte im Verhältnis 10 : 1. Davon ausgenommen waren laufenden Verbindlichkeiten wie Löhne, Gehälter, Renten oder Pensionen; für sie galt der Satz 1 : 1. Am 21. Juni, dem Stichtag der Währungsreform, hielt Erhard eine Rundfunkansprache, der man das Sensationelle heute kaum noch anmerkt: »Ich appelliere nicht an einen dumpfen, nebelhaften Glauben, nicht an das Wunder der Unvernunft, wenn ich unser Volk in seinem Vertrauen zu unserer neuen Währung bestärken möchte, sondern ich appelliere gerade umgekehrt an den gesunden Sinn, die Einsicht und die Erkenntniskraft von Ihnen allen, wenn ich Ihnen vor Augen führe, daß eine Gefahr für die Stabilität des neuen Geldes nicht bestehen kann, wenn wir uns nur einer geordneten öffentlichen Haushaltsführung befleißigen und durch eine ebenso geordnete Geld- und Kreditpolitik dafür Sorge tragen, daß die Übereinstimmung von Güterprodukten und Kaufkraftbildung gewahrt bleibt. – An Wunder vermag ich im Bericht der Wirtschaft nicht zu glauben, und deshalb erachte ich es geradezu als ein soziales Gebot, im Grundsätzlichen mit der Auflösung von Preisbindungen aller Art dem Wettbewerb und der daraus resultierenden Preissenkung Raum zu geben.«

Dem Frankfurter Wirtschaftsrat hatte Erhard schon Wochen vorher deutlich gemacht, daß er das Übel an der Wurzel ausrotten wolle, und das hieß: alle Vorschriften für Preise und die Bewirtschaftung aufzuheben, die Zwangswirtschaft abzuschaffen. Erhard entwickelte am 21. April vor dem Wirtschaftsrat die Grundzüge seiner sozialen Marktwirtschaft. Er handelte sich damit die schärfste Opposition der Sozialdemokraten ein, die beschwörend davor warnten, Erhard zu folgen. Kurz vor der Währungsreform wurde Erhard, nach einer Marathonsitzung von zwanzig Stunden, vom Wirtschaftsrat dazu ermächtigt, die Zwangswirtschaft zu beseitigen. Allerdings lag die wirkliche Zuständigkeit nach wie vor bei den Westalliierten, de facto bei den führenden Amerikanern.

Ludwig Erhard kümmerte sich um keine Kompetenzen. Er beseitigte am Stichtag der Währungsreform alle bestehenden Preisvorschriften und Anordnungen für die Bewirtschaftung, er machte Schluß mit der Zwangswirtschaft. Die Amerikaner glaubten ihren Augen und Ohren nicht zu trauen. Ein solches Maß an Unverfrorenheit hatten sie nicht erwartet nach Jahren der Demütigung und des Siegergebarens, dessen Wirkung sich Tag für Tag bestätigte, wenn Deutsche unter dem Gelächter der GI's nach Zigarettenkippen griffen. General Lucius D. Clay, Befehlshaber der US-Streitkräfte in Europa und Militärgouverneur für Westeuropa, wies Erhard in rüder, drohender Form zurecht. Erhard habe in alliierte Rechte eingegriffen. Ohne Erlaubnis der Militärregierung dürfe keine einzige Vorschrift über die Bewirtschaftung geändert werden. Ludwig Erhard blickte ihn kalt an: »Ich habe die Vorschriften nicht geändert. Ich habe sie aufgehoben.«

Das Geld des Marshallplans

Als die Amerikaner entdeckten, wie nützlich deutsche Soldaten waren, bogen sie in die Haarnadelkurve ein, die von der Besatzungsmacht zur »Freundschaft« mit den Westdeutschen führte. Nunmehr erklärte auch General Clay, daß Erhards Beschluß richtig gewesen sei. Mit der Währungsreform begann zwar die Fixierung der politischen Zerteilung Deutschlands, für Westdeutschland aber bedeutete sie auch den Anbruch einer völlig neuen Epoche deutscher Wirtschaftspolitik.

Erhards ökonomisches Konzept wurde für viele Staaten der Welt zum Vorbild einer modernen Wirtschaft. In der Literatur zur Nachkriegsgeschichte wird Erhards Genialität häufig eingeschränkt: Seine Maßnahmen hätten letzten Endes keinen Erfolg gehabt, es wäre kein »Wirtschaftswunder« entstanden, wenn die Amerikaner den Deutschen nicht mit dem Marshallplan zu Hilfe gekommen wären. Der Erfolg gebühre also nicht nur Erhard und dem eisernen Fleiß und Aufbauwillen der Deutschen, sondern ebenso ihren rettenden Freunden, den Amerikanern.

Der damalige US-Außenminister George C. Marshall hatte in einer Rede in Harvard angeregt, Europa mit einem großzügigen Hilfsprogramm unter die Arme zu greifen. Das »European Recovery Program« (ERP) sollte es den Ländern – auch Deutschland – durch großzügige Sachlieferungen und Kredite ermöglichen, mit eigenen Kräften die Folgen des Krieges zu überwinden. Der ERP-Plan wurde als Auslandshilfegesetz am 3. April 1948 verabschiedet. Im September 1948 flossen die ersten 500 Millionen Dollar in die drei westlichen Besatzungszonen. Der Betrag erhöhte sich bis Ende 1951 auf insgesamt 1,5 Milliarden Dollar – eine gewaltige Summe in der damaligen Zeit. Der Marshallplan stellte in den ersten vier Jahren in Sachleistungen und Krediten rund 17 Milliarden Dollar für die europäischen Länder bereit.

Doch der Mythos vom Freund, der dem armen Geschlagenen auf die Beine hilft, findet keine Bestätigung in der Wirklichkeit. So wie nach dem Ersten Weltkrieg, so weckte auch 1945 das Ruhrgebiet ein besonderes Interesse der Sieger. Seine Bodenschätze und sein Industriepotential machten es zu einem Sonderfall. Die drei Westalliierten und die Beneluxstaaten unterzeichneten nach sorgfältigen Beratungen am 28. April 1949 das »Ruhrstatut«. In diesem Abkommen wurde Deutschland die wirtschaftliche Verfügungsgewalt über das Ruhrgebiet entzogen. Die »Internationale Ruhrbehörde« hatte die Kohle-, Koks- und Stahlproduktion auf den internationalen und deutschen Markt zu verteilen. Sie bestimmte, daß ein Viertel der Kohleförderung zu exportieren sei, und zwar zu niedrigen Preisen. Westdeutschland mußte den fehlenden Bedarf durch amerikanische Importe ausgleichen, die erheblich teurer waren. Deutsche Kohle wurde im Herbst 1951 je Tonne zu 46 Mark verkauft, die amerikanische Importkohle – in gleicher Qualität – mußte dagegen je Tonne mit 145 Mark bezahlt werden. Durch dieses Zwangsverfahren der Ruhrbehörde ergab sich allein im Jahr 1950 ein Barverlust von 950 Millionen Mark.

Weg mit der Industrie, her mit der Industrie

Die Marshallplan-Hilfe für Westdeutschland betrug rund sechs Milliarden Mark. Durch die Exportdekrete entstand dem deutschen Bergbau ein finanzieller Verlust in derselben Höhe. Außerdem war die Bundesrepublik das einzige Land, das die ERP-Hilfe nur als Kredite erhielt, also zurückzuzahlen hatte. Die Laufzeit betrug dreißig Jahre; doch die Summe war bereits nach drei Jahren abgetragen. Unter dem Strich blieb mithin ein gewaltiges Defizit zurück. Westdeutschland wäre ohne Marshallplan-Hilfe zumindest gleich gut, wenn nicht erheblich besser gefahren.

Nun war freilich damit zu rechnen gewesen, daß die Sieger das Ruhrgebiet als Reservoir für ihre Reparationsforderungen betrachten würden. Daß wir jedoch für die ERP-Hilfe hätten »danken« sollen, war genauso ungewöhnlich, wie es Johannes Semler in seiner »Hühnerfutter-Rede« ausgedrückt hatte. Für das deutsche »Wirtschaftswunder« gab es nur zwei Gründe: Der eine ist in Ludwig Erhards genialem Konzept der sozialen Marktwirtschaft zu finden, der andere heißt »deutscher Fleiß«, – Fleiß in seiner härtesten Form. Westdeutschland erhielt aus dem Marshallplan pro Kopf 27,56 Dollar geliehen; es steigerte von 1948 bis 1951 sein Bruttosozialprodukt um 95 Prozent. Frankreich erhielt pro Kopf 66 Dollar geschenkt und steigerte im gleichen Zeitraum das Bruttosozialprodukt um 46 Prozent. In England betrug das Zahlenverhältnis 67 zu 22.

Die folgenschwerste Lähmung der Politik des Wiederaufbaus, die der Marshallplan fördern sollte, bildete in Deutschland die Demontage der Industrie. In diesem Punkt äußerte sich die Konzeptlosigkeit der amerikanischen Politik in Deutschland besonders drastisch. Sowohl in Washington als auch bei der Militärregierung standen die verschiedensten Gruppen und widersprüchlichsten Meinungen gegeneinander. In den USA hatte schon früh eine Kommission, die der spätere Außenminister Christian Herter angeregt hatte, eindringlich vor allen Maßnahmen gewarnt, die sich als Weiterführung der Morgenthau-Plans in der US-Besatzungspolitik niederschlagen würden. Doch die Demontagen wurden in allen drei Westzonen fortgesetzt, auch dann noch, als das Pentagon die deutsche Remilitarisierung als unumgänglich erklärt hatte. Erst im Laufe des Jahres 1950 wurde die Demontage der deutschen Industrie endgültig eingestellt und wenig später auch die Zerstörung und der Abbruch aller Bauten, die militärischen Zwecke hätten dienen können. Rechtlich endeten die Demontagen erst nach der Unterzeichnung der Pariser Verträge vom 23. Oktober 1954.

Ludwig Erhard schaffte 1950 einen Durchbruch, der für die Wirtschaft großartige Folgen hatte und für die Politik sehr fragwürdige. Die von dem Tempo des deutschen Wiederaufbaus irritierten USA verlangten damals, die Bundesrepublik solle ihre schrankenlose Wirtschaftsaktivität und den Konsum eindämmen. In Westdeutschland standen trotz der nach wie vor gültigen Forschungsverbote, Produktionsgrenzen und Zwangsexporte von Steinkohle alle Zeichen auf Expansion. Im Juli 1950 bemühte sich Erhard in Washington um eine Lockerung der Wirtschaftsfesseln. Amerika hatte damals mit dem Alptraum des Koreakrieges zu tun, der am 25. Juni ausgebrochen war. Der deutsche Wirtschaftsminister legte der US-Regierung eine Trumpfkarte auf den Tisch: Westdeutschland sollte gestattet werden, wieder mit der Rüstungsproduktion zu beginnen; die Güter würden nach Amerika geliefert. Der Vorschlag konnte sich weder auf die Zustimmung der Westdeutschen stützten, noch der Billigung der amerikanischen Bevölkerung sicher sein. Doch Erhard in Washington: Er kam, erklärte, triumphierte. Die US-Regierung fand sich zu mehr bereit, als Bonner Optimisten erhofft hatten.

Ihren »Normalzustand« hatte die westdeutsche Wirtschaft – frei von allen Auflagen der Besatzungszeit – erst in der Mitte der fünfziger Jahre erreicht. Von diesem Moment an setzte eine unverhoffte Hochkonjunktur ein mit phänomenalen Wachstumsraten und einem Auftragsbestand, der ans Mysteriöse grenzte. Wen also hätte die Klage des »Daily Express« vom Januar 1954 über »die furchteinjagenden Fähigkeiten« des Deutschen Volkes erstaunen können?

Sind wir berechenbar?

Bewunderung, Neid und Antipathie sind uns Deutschen im Ausland ziemlich sicher. Verwunderlich, erklärlich, aber keineswegs entschuldbar ist deshalb das scheue Schielen über die

Grenzen, wie denn unsere Freunde oder Nachbarn diesen Entschluß oder jene Maßnahme von uns aufnehmen. Mitunter klingt dabei ein leises Flehen um Sympathiebekundungen an. Das Duckmäusertum, zu dem auf der anderen Seite dümmliches Auftrumpfen gehört, ist eines der ärgerlichsten Ergebnisse der Geschichte unserer Gegenwart. Zählt es nicht zu unseren geheimen Herzenswünschen, überall in der Welt beliebt zu sein? Die Schwänzelei hat unseren Sinn für normale Haltung und die unteren Grenzen der Selbstachtung verdorben. Ja, wir merken kaum noch, daß die anderen entweder mit Kopfschütteln oder verstecktem Hohn reagieren. Die kälteren Gemüter nützen inzwischen unser regelmäßiges Haschen nach Huld mit bestem Erfolg politisch aus.

Derartige Feststellungen stützen sich in erster Linie auf das Beweismaterial, das in unseren Medien zu finden ist. Daß die »veröffentliche« Meinung keineswegs die öffentliche Meinung wiedergibt, ist zwar seit Jahrzehnten ein Gemeinplatz; da sich aber die öffentliche, die »wirkliche« Meinung und Haltung der Deutschen erheblich schwieriger ermitteln läßt als diejenige der Medien, bleibt die Vorherrschaft der veröffentlichten Meinung unangefochten.

Andererseits wird ihre Geltung durch die große Mehrheit unserer Abgeordneten und Politiker bestätigt. Mit welch professioneller Hingabe durchforschen sie die Agenturmeldungen und Zeitungen erst nach der Meinung des Auslands, bevor sie dazu ansetzen, eine eigene Meinung – sofern es sich um eine solche handeln sollte – zu verkünden. Das Presseecho ist zu einem unersetzlichen Vehikel der persönlichen Urteilsbildung geworden. Bei der Lektüre spiegelt sich in den Gesichtern eine Mischung aus Zerknirschung und Aha-Erlebnis. Das mag traurige Nachsicht beim Betrachter wecken; nicht hinzunehmen aber ist das ständige Fischen nach Gunstbeweisen. Im

Verhältnis der Völker und Staaten zueinander gibt es keine Freundschaften, sondern nur Interessen. Diese uralte Tatsache sollte zu den Grundkenntnissen der Politik und Geschichte gehören. Sie läßt sich hundertfach belegen. Erst jüngst hat selbst Michail Gorbatschow eine von Bismarcks Bemerkungen, daß es nun einmal zwischen Völkern und in der Politik keine Freundschaften gebe, sondern nur Interessen, wörtlich wiederholt.

Freundschaft und Vertrauen sind urtümliche Verhaltensweisen zwischen einzelnen Menschen. Die höchste Form des Vertrauens ist blindes Vertrauen. Es findet sich am häufigsten zwischen Liebenden, und dort wird es auch am häufigsten verraten. Trotzdem gehört es zu den noblen Eigenschaften des Menschen, sich auf das Wort eines anderen zu verlassen, selbst dann, wenn er lügt. Jenseits solcher Einstellungen aber herrschen andere Regeln. Jeder einigermaßen erfahrene Mensch wird hellhörig, wenn er plötzlich von einem Konkurrenten wegen einer seiner Entscheidungen Beifall erhält. Er weiß: Sobald der Rivale applaudiert, frönt er nicht der Fairneß; ich muß vielmehr etwas falsch gemacht haben. Der Vergleich läßt sich nicht ohne weiteres übertragen, das haben Vergleiche an sich. Aber die Geschichte seit 1945 hat immer wieder gezeigt, daß wir Deutschen vom Ausland zumeist dann Beifall erhalten, wenn unsere Nachbarn und nicht wir den Nutzen von irgendeiner unserer Maßnahmen haben. Eine solche Zustimmung als Bestätigung unserer selbst auszulegen, kann man – wenn man großzügig sein will – nur als Selbstbetrug bezeichnen.

Die amerikanische Nachkriegspolitik in Westdeutschland war bestimmt von der Entwicklung des Verhältnisses zur Sowjetunion; dasselbe gilt, mit versetztem Vorzeichen, für Mitteldeutschland. Beide Staaten waren den Veränderungen, Wandlungen, Milderungen und Verschärfungen des Ost-

West-Konflikts unterworfen und mußten ihr Verhalten demjenigen ihrer Leitmächte innerhalb der Militärallianzen anpassen. Die Bindungen und Verpflichtungen waren eng genug, um (vermeintlich) keine eigene Politik zuzulassen. In den letzten vier Jahrzehnten gab es in den beiden deutschen Staaten keinerlei Ansätze, die Sperren der beiden Paktsysteme zu durchbrechen. Die Möglichkeiten dazu waren zwar begrenzt, doch sie hätten nur genutzt werden können, wenn ein eigenes Konzept der Deutschlandpolitik vorhanden gewesen wäre. Bei den Lizenzparteien fanden sich nicht einmal theoretische Erwägungen dazu. Sobald sich gelegentlich ein Politiker hinreißen ließ, statt leise zu überlegen, laut zu sprechen, wurde von der Parteiführung noch lauter dementiert und dem Kollegen in Klausur Nachhilfe darüber erteilt, daß die kürzeste Entfernung zwischen zwei Punkten diejenige zwischen den USA und der Bundesrepublik ist. Ein Vorgang wie der Austritt Frankreichs am 30. Juni 1966 aus dem Militärbündnis der NATO weckte in der Bundesrepublik ein ähnliches Staunen, wie es die Landung Außerirdischer hervorgerufen hätte. Selbständige Außenpolitik – das überstieg in Bonn die Kräfte der Vorstellung.

Das Auf und Ab der politischen Wellenbewegungen, dem die beiden deutschen Staaten getreulich folgten, kontrastiert mit den ständig neu formulierten und inzwischen sattsam bekannten Versicherungen der westdeutschen Regierungen, daß die Bundesrepublik ein »berechenbarer Faktor« der Politik sei und bleiben werde. Keinem der vergleichbaren Staaten wurde in unserer Gegenwart zugemutet, Erklärungen zu seiner »Berechenbarkeit« abzugeben. Selbst bei Griechenland und der Türkei – beide Mitglieder der NATO –, die ihre Gegensätze in der Zypernfrage bis hart an den Rand eines Krieges austrugen, war dies nicht der Fall. »Berechenbar« oder möglicherweise »unberechenbar« galten in der Nachkriegszeit immer nur die Deutschen, diejenigen, die niemals Ansätze zu einer eigenen Politik entwickelt hatten.

Die Vokabel findet sich in keinem Handbuch oder Sachwörterbuch der Politikwissenschaft – zu Recht, denn sie hat dort nichts verloren. In einem einfachen Sinn scheint mit »Berechenbarkeit« nichts anderes gemeint zu sein als Bündnistreue. Allerdings ist auch diese Vokabel nicht viel besser. Das zutreffende Wort wäre Vertragstreue, gemäß dem alten lateinischen Rechtsgrundsatz: Pacta sunt servanda – Verträge sind einzuhalten. Daß Abkommen, die unter den üblichen Bedingungen rechtskräftig geschlossen werden, für die Unterzeichner bindend sind, ist zu selbstverständlich, als daß dies ausdrücklich betont werden müßte.

Der ebenfalls anklingende Verdacht, wir Deutschen seien noch keine in der Wolle gefärbten Demokraten, sollte uns höchstens ein Achselzucken wert sein. Nach Jahrzehnten demokratischen Lebens in Westdeutschland, das mit gerade verstörender Spannungslosigkeit im Inneren ablief, haben wir es nicht nötig, Tag für Tag demokratische Unbedenklichkeitsbescheinigungen vorzulegen, gewissermaßen als politische Morgengymnastik.

Die Wendung von der »Kalkulierbarkeit« spielt aber vor allem darauf an, ob nicht die Bundesrepublik im Zuge der dramatischen Entwicklung seit 1989 ihre Westorientierung berichtigen würde, und wie es mit ihrer Zugehörigkeit zu solchen Gebilden wie der »atlantischen Gemeinschaft« stehen werde. Ebenso fraglich erschien es den leicht verschreckten Freunden und westlichen Nachbarn, ob nicht unserer Einheit Vorrang zukäme gegenüber der europäischen Integration. Des weiteren wurden voll Unbehagen die Beifallsstürme zur Kenntnis genommen, denen sich Michail Gorbatschow bei seinem Besuch in Westdeutschland ausgesetzt sah. Düstere Schatten aus den Zwanzigern unseres Jahrhunderts gewannen erneut Umrisse: Deutschland zwischen Ost und West – der Vertrag von Rapallo zwischen der Sowjetunion und Deutschland – deutsche Politik nicht mehr im Kielwasser des Westens, sondern auf der Basis gemeinsamer Interessen mit Rußland. Ergo: Wie berechenbar sind die Deutschen?

Derartige Befürchtungen sind verständlich. Die Gründe der Sorgen wechseln. Etliche Nachbarn vermuten richtig, daß uns die Bereinigung der absurden Teilung Deutschlands wichtig genug ist, um sie nicht hinter der nun schon seit Jahrzehnten sich hinschleppenden Einigung Westeuropas rangieren zu lassen; sie würden sich, wenn sie an unserer Stelle wären, noch ganz anders verhalten. Als Analogie bietet sich Frankreich an: Stellen wir uns vor, die »Grande Nation« wäre aufgeteilt in ein größeres westorientiertes Gebilde und ein kleineres unter sowjetischer Oberhoheit. Paris läge mit einem Sonderstatus, wie Berlin, inmitten dieser von einem kommunistischen Regime regierten »Französischen Demokratischen Republik«. Frankreich – das wären zwei Staaten mit unterschiedlicher Gesellschaftsordnung, ein Friedensvertrag stände in den Sternen, dazu wäre fast ein Drittel seines Staatsgebietes – wie die deutschen Ostgebiete – annektiert.

Ob solch eine Vorstellung den Franzosen als »normal« erschiene oder nicht: Wie würde sich für sie die Frage ausnehmen, ob sie angesichts der Wiederherstellung der Einheit Frankreichs noch ein »berechenbarer Faktor« der Politik sein würden? Niemand könnte ihnen die Antwort verdenken: »Berechenbarkeit« ist nicht das Thema, das jetzt ansteht.

Eine genauso wichtige Rolle spielt bei den Sorgen unserer Nachbarn eine andere Tatsache: Die Situation Deutschlands ist nicht nur absurd, sondern widerspricht denjenigen Rechtsnormen, die alle anderen Völker als grundlegend für sich in Anspruch nehmen. Westdeutschland führt seit dem Moment der Remilitarisierung, seit dem Deutschlandvertrag aus dem Jahr 1952 und seinem Beitritt zur NATO 1955 ein Doppelleben. Der entscheidende Unterschied zwischen uns und den anderen Mitgliedern der Militärallianz besteht darin, daß wir nur Scheinsouveränität besitzen. Kurz und bündig ausgedrückt ist die Bundesrepublik auch im Jahre 1990 kein souveräner Staat, sondern besetztes Land.

An den Tatsachen gibt es nichts zu deuteln:

1. Im Deutschlandvertrag, Art. 2, Ziffer 1 behielten sich die drei Westalliierten ihre »bisher von ihnen ausgeübten oder innegehabten Rechte auf a) Stationierung von Streitkräften in Deutschland und den Schutz von deren Sicherheit, b) Berlin und c) Deutschland als Ganzes einschließlich der Wiedervereinigung Deutschlands und einer friedensvertraglichen Regelung« vor. Ziffer 2 hat den Wortlaut: »Die Bundesrepublik wird sich ihrerseits jeder Maßnahme enthalten, welche diese Rechte beeinträchtigt, und wird mit den Drei Mächten zusammenwirken, um ihnen die Ausübung dieser Rechte zu erleichtern.« Einige Bestimmungen des Deutschlandvertrages wurden später revidiert, vor allem die Notstandsartikel. An den zitierten Rechten, die sich die Alliierten vorbehielten, hat sich bis heute nichts geändert. Ebenso sind eine große Zahl von Anordnungen und Gesetzen des Alliierten Kontrollrates aus der Besatzungszeit, die sogenannten »Statusgesetze«, noch immer in Kraft.

2. Der Kriegszustand mit dem Deutschen Reich wurde zwar von den Siegern für beendet erklärt, doch das bedeutete nur sein faktisches Ende, – so wie eine militärische Kapitulation die Einstellung der Feindseligkeiten zur Folge hat, aber nicht den Krieg als solchen beseitigt. Wenn mit der Autorität des Völkerrechtlers Friedrich Berber Krieg definiert wird als »derjenige Zustand der Beziehungen zwischen zwei Staaten, unter dem die Geltung des normalen Völkerrechts zwischen ihnen suspendiert ist«, dann bedeutet Friede, daß das normale Völkerrecht wieder in Geltung kommt. Darauf warten wir noch immer.

3. Der US-Botschafter in Bonn nimmt auch heute noch formell die Funktionen des »US-Hochkommissars für Deutschland« aus der Besatzungszeit wahr. Dies wurde auf eine Anfrage hin von der US-Botschaft bestätigt.

4. Die Feindstaatenklauseln der UNO-Satzung, Art. 53 und Art. 107, sind unverändert in Kraft. Als »Feindstaat« gilt jeder Staat, der während des Zweiten Weltkrieges Feind eines der Unterzeichner der UN-Charta bei der Gründung der Vereinten Nationen war. Die Feindstaatenklauseln ermächtigen die verantwortlichen Regierungen ohne Konsultation des Sicherheitsrates, gegen den »Feindstaat« alle Maßnahmen zu ergreifen, die sie zur Friedenssicherung für notwendig erachten. Die BRD und DDR wurden 1973 in die Vereinten Nationen aufgenommen, doch die Feindstaatenklauseln gelten weiterhin. Die Bundesregierung beteuert zwar, daß die Mitgliedschaft in der UNO die diskriminierenden Klauseln hinfällig gemacht habe, sie kann aber nicht erklären, warum sie dann nicht getilgt wurden. – Doch selbst wenn dies der Fall wäre: Die Rechte und Verantwortlichkeiten der vier Siegermächte könnten auch durch Hinweise auf die UN-Charta nicht aufgehoben werden. Den Siegern war die Fixierung des halbsouveränen Zustandes

von BRD und DDR so wichtig, daß sie am 2. November 1972 vor der Aufnahme der beiden deutschen Staaten in die Vereinten Nationen in einer gemeinsamen Erklärung ausdrücklich feststellten, daß durch die UNO-Mitgliedschaft keines ihrer Sonderrechte gegenüber dem besiegten Gegner berührt würde. Weder die USA noch eine der drei anderen Mächte unternahmen jemals eine nachdrückliche Initiative zur Beseitigung der Feindstaatenklauseln und damit zur Aufhebung ihres Willkürrechts, jederzeit Kriegshandlungen gegen den Besiegten des Zweiten Weltkriegs zu unternehmen. Daß die Bundesrepublik ihren Beitritt zur UNO nicht bedingungslos mit der Forderung verknüpft hatte, die Klauseln zu streichen – diese Tatsache spricht für sich, müßte kommentiert werden und bedarf doch keines Kommentars.

5. Nicht etwa nur aufgrund der abgeschlossenen europäischen Verträge, sondern wegen der entscheidend beschnittenen Souveränität war die Bundesrepublik genauso wie die frühere DDR nicht in der Lage, wie jeder andere Staat eine selbständige Außenpolitik zu treiben. Nicht diese Tatsache für sich genommen ist zu beanstanden, zu beanstanden ist vielmehr, daß von Bonn nichts dagegen unternommen wurde.

6. Im Frühjahr 1990 begrüßte der amerikanische Präsident George Bush die Fortschritte im Prozeß der deutschen Einheit und trat dafür ein, dem vereinten Deutschland die »volle Kontrolle über sein gesamtes Staatsgebiet ohne neue diskriminierende Beschränkungen der deutschen Souveränität« zu geben. Sollten wir also trotz der Beteuerungen der Bundesregierung doch nicht souverän sein? Um welche »diskriminierende Beschränkungen« könnte es sich dann wohl handeln?

Der Herbst 1989 gestaltete sich dank des Aufstandes der Mitteldeutschen für die Parteien der Bundesrepublik unerwartet zu einem Offenbarungseid ihrer Deutschlandpolitik. Ebenso unerwartet sahen sich unsere Freunde und Nachbarn dazu gezwungen, in der Existenzfrage des deutschen Volkes Farbe zu bekennen. Wir sollten ihre Äußerungen sorgfältig registrieren. Es handelt sich um *den* Prüfstein der Beziehungen zwischen ihnen und uns. Erstaunlichen Realitätssinn bewiesen, trotz ihrer Überraschung, die Vereinigten Staaten. Noch im Frühling hatte das Magazin »Newsweek« die Teilung Deutschlands als einen ebenso normalen wie unausweichlichen Aspekt der heutigen Zeit charakterisiert: »Die Bundesrepublik hat diese Endgültigkeit bisher nie akzeptiert. Jetzt, vielleicht abgeschliffen von den Umständen, beginnt sie, es zu tun. In diesen Tagen träumen lediglich diejenigen Westdeutschen von Wiedervereinigung, die am romantischsten sind. – Die Mauer mag durchlässiger werden, so wie die Ost-West-Beziehungen sich vervielfachen. Aber es wird Jahre dauern, sogar Generationen, bevor sie fällt. Die beiden Deutschlands werden nie wieder eins sein. Die deutsche Frage ist tot. Es ist an der Zeit, daß Bonns Freunde das zugeben.« Der deutschen Einheit gebührte also das Interesse eines Totengräbers, der die Arbeit schon getan und sein Geld erhalten hat.

Nach der ersten Erstarrung war von offiziellen Stellen der USA nichts dergleichen mehr zu hören. Bei der Öffnung der Berliner Mauer blieb der Präsident, ohne sich zwingen zu müssen, merklich kühl. Trotzdem wurde in den USA die Einheit Deutschlands bald unverhohlen als eine beschlossene Sache betrachtet. Das State Department zögerte aber nicht, umgehend Leitplanken zu errichten und eine neue Trassenführung zu entwerfen, um auch das vereinte Deutschland dorthin zu bringen, wo sich die Bundesrepublik schon so lange befand. Energisch wurde betont, Deutschland müsse in der NATO bleiben. Mit der gleichen Energie hatte aber auch Moskau schon versichert, daß Deutschland keinesfalls in der NATO bleiben könne. Schließlich erinnerten die USA, so wie die anderen drei Kriegsalliierten, prompt an ihre Rechte als Sieger.

US-Botschafter Vernon Walters hatte schon im September 1989 die Existenz zweier deutscher Staaten als »nicht normal« bezeichnet. Er war fest davon überzeugt, daß in Kürze eine Veränderung eintreten würde und versicherte: Die USA würden sich nicht in eine neue Souveränitätsdebatte in der Bundesrepublik einmischen. Als Anfang 1990 die Amerikaner bei einer Konferenz in Ottawa die Formel »zwei plus vier« geprägt hatten, erläuterte das State Department wenig später in der geübten Haltung des Siegers und hilfreichen Freundes: Es sei klar geworden, daß die beiden deutschen Staaten allein nicht imstande wären, eine Lösung aller Aspekte der Wiedervereinigung zu finden. Andererseits aber würden es die USA für ausgeschlossen halten, daß die Alliierten in dieser Frage über die Köpfe der Deutschen hinweg Entscheidungen fällen könnten. Der US-Präsident verstand sich sogar dazu, von einem »goldenen Augenblick« in der deutschen Geschichte seit 1945 zu sprechen.

Zum Osterfest 1990 erreichte uns eine frohe Botschaft des US-Präsidenten. Reporter hatten ihn am Karfreitag gefragt, »ob Deutschland der Holocaust verziehen werden sollte«. Bush erwiderte, die Osterzeit sei eine Zeit der Vergebung und der Heilung: »Ich neige zu der Auffassung, wir sollten vergeben, nicht vergessen, weil ich daran glaube, daß man von der Geschichte lernt, ... lernt, was man nicht falsch machen solle.« Bush betonte, dies sei seine persönliche Meinung und »keine

Erklärung im Namen des Landes«. Entgegen allen sorglosen Vermutungen werden also die heutigen Deutschen, die seit Generationen nichts mehr mit dem Dritten Reich und schon gar nichts mit dem Nationalsozialismus zu tun haben, nach wie vor identifiziert mit dem damaligen Geschehen. Der Präsident persönlich hat »uns« zwar nicht vergeben, aber er neigt dazu. Für Amerika will und kann er offensichtlich nicht sprechen. Folglich wissen wir nicht, welcher Meinung oder Neigung Amerika ist. Eine bedeutsame Etappe unserer »Freundschaft« mit dem Land der unbegrenzten Gegensätze ist trotzdem erreicht. Keiner unserer Sprecher muß bei Bush künftig Schuld- und Reuebekenntnisse ablegen – auch wenn es einigen schwerfallen wird, sich aus dem liebgewordenen Staub zu erheben.

Etwas fassungslos lasen die Amerikaner am 19. Februar 1990 in der »Washington Times«, was Patrick Buchanan, der Mann, der die Reden von Präsident Ronald Reagan entworfen hatte, seinen Landsleuten und dem Präsidenten ans Herz legte. Buchanan erinnerte an die trübe Rolle der Vereinigten Staaten am Ende des Ersten Weltkrieges in Versailles. Er warnte davor, frühere Fehler der amerikanischen Außenpolitik zu wiederholen: »Ein einziges Mal sollten es die USA nicht zulassen, daß sie benutzt werden – entweder von neidischen oder ängstlichen Alliierten oder von Russen mit einem schlechten Gewissen und einer blutigen Geschichte.« Buchanan zog Linien, die bis dahin kaum jemals den Amerikanern deutlich gemacht wurden: von Versailles zum Münchner Abkommen 1938 und den Sudetendeutschen, und von hier über die Kriegskonferenzen von Teheran und Jalta zu den Beschlüssen von Potsdam: »Diesmal dürfen die USA den Frieden nicht verlieren. Diesmal dürfen wir nicht auf die Deutschenhasser hören. Diesmal muß der Frieden zuallererst unsere Interessen und Werte widerspiegeln.«

Wie sollte sich das ausdrücken? Buchanan verlangt von der US-Regierung bei den bevorstehenden Viermächte-Verhandlungen über Deutschland eine absolut unabhängige amerikanische Position, unabhängig vor allem von den »verängstigten Briten und Franzosen, die versuchen, Deutschland niederzuhalten«, aber auch unabhängig von den Sowjetrussen, die »ihre Verbrechen nicht offengelegt sehen wollen.« Daß Buchanan eine friedliche Lösung der Grenzfrage im Osten Deutschlands empfiehlt, war nicht anders zu erwarten; es handelt sich um eine leere Formel. Niemand hat jemals in den letzten vier Jahrzehnten einer gewaltsamen Lösung das Wort geredet. Aber Buchanan verlangt, die Austreibung der vielen Millionen Deutschen und die damals begangenen Verbrechen nicht zu übergehen, den Deutschen sei »eine weltweite Anhörung ihrer Sache« zu ermöglichen: »Keinem unserer Anliegen ist mit einem KGB-artigen Mitternachtsbegräbnis der Verbrechen im Osten gedient. Wenn wir schon nicht die Geschichte ungeschehen machen können, wenn wir schon nicht die Verbrechen von 1945/46 zurücknehmen können, dann können wir wenigstens dafür sorgen, daß sie nicht auf ewig aus der Erinnerung der Menschen ausradiert werden. Die Verbrechen leben im Herzen des deutschen Volkes weiter wie in unserem Herzen Pearl Harbor und Bataan.« (Im April 1942 eroberten die Japaner die Halbinsel Bataan in der Bucht von Manila; die US-Truppen erlitten dabei katastrophale Verluste.)

Wir, die Besiegten

War Buchanan ein Prediger in der Wüste? Wir werden sehen. Erstaunlich sind sie schon, die verwirrenden Schleifen der Meinungen, Empfehlungen, Analysen und Weissagungen in der Politik. Vor wenigen Jahren wunderte sich der ehemalige US-Außenminister Henry Kissinger: »Was sind das für Deutsche, die mich für ihren Freund halten!« Auch für den Pragmatiker Kissinger ist »Freundschaft« zwischen Völkern eine Sonntagsvokabel zur allgemeinen Erbauung. Im April 1990 äußerte er sich dann recht sachlich zu der »unaufhaltsam fortschreitenden Wiedervereinigung Deutschlands«. Daß er gleichbleibend für eine starke militärische Präsenz der USA in Europa eintritt, nimmt nicht wunder. Amerika ist für ihn der einzige Garant der Sicherheit und Stabilität in Europa. Kissinger sieht darin einen weltpolitischen Auftrag: »Dreimal in diesem Jahrhundert – 1917, 1941 und 1948 – haben sich amerikanische Truppen als unentbehrlich bei der Aufrechterhaltung des europäischen Gleichgewichts erwiesen.«

Das verdient zwar Kopfschütteln und den Vorsatz, künftig den Politiker Kissinger nie mehr mit einem Historiker zu verwechseln, aber seine unbekümmerte Verwertung der Geschichte für das politische Schnittmuster Amerikas bleibt beachtlich. Politische Vernunft bringt auch Henry Kissinger dazu, die anstehenden Fragen der deutschen Einheit in vieler Hinsicht anders einzuschätzen als die Freunde und Nachbarn Deutschlands: Je länger die deutsche Teilung anhalte, um so größer würde für andere Länder die Versuchung, den Umfang der Vorbedingungen über die Wiedervereinigung auszuweiten. Deshalb sei Schnelligkeit das beste Mittel, »um zu verhindern, daß Deutschland sich auf dem Weg zur Erfüllung der eigenen Wünsche von allen anderen Mächten eigensinnig abwendet«. Kissinger gewinnt dem »in Mode gekommenen neuen europäischen Sicherheitssystem unter Einschluß der Sowjetunion, Kanadas und den USA« nur ein mißmutiges Lächeln ab: »Wenn jeder mit jedem verbündet ist, dann hat niemand zu irgend jemand besondere Beziehungen.« Für Kissinger ist der Weisheit letzter Schluß die NATO, und zwar als Militärallianz, denn alle Versuche, die NATO zu einer politischen Institution umzufunktionieren, seien schon in den siebziger Jahren gescheitert.

Wie der Rahmen der künftigen Allianzen aber auch abgesteckt wird: Kissinger rät für die bevorstehenden Verhandlungen der vier Siegermächte über Deutschland zu außerordentlicher Umsicht, zu Fingerspitzengefühl und »sehr viel Sensibilität«. Sie scheint ihm nach den bisherigen Reaktionen der Nachbarn mehr als notwenig zu sein: »Nach vierzig Jahren verantwortungsvoller Politik in der Allianz verdient es die Bundesrepublik nicht, von den westlichen Demokratien wie ein Besiegter behandelt zu werden. Großbritannien, Frankreich und die USA sollten nichts auf diesem Treffen auf die Tagesordnung setzen, was nicht im Vorfeld mit der Bundesregierung abgeklärt worden ist. Um den Status Deutschlands als gleichberechtigter Partner zu betonen, sollten die westlichen Demokratien endlich damit beginnen, die überlebten Besatzungsrechte abzuschaffen, einschließlich des Vier-Mächte-Status Berlins.«

Für eine Reihe denkender Leute scheinen offensichtlich die Jahre der Doppelzüngigkeit vorbei zu sein. Daß Amerika daran interessiert ist, Deutschland als seinen Sachwalter in Europa zu wissen, ist begreiflich. Daß den anderen Siegermächten empfohlen wird, die Bundesrepublik nicht wie einen Besiegten zu behandeln, ist weniger leicht begreiflich, wenn man den Wandel der Akzentuierungen in der Einschätzung Deutschlands durch Amerika in der Geschichte unserer Gegenwart studiert. Daß aber von einem amerikanischen Politiker der Rat erteilt wird, uns nicht als Besiegte zu behandeln, signalisiert zweierlei: zum einen die nüchterne Anerkennung der künftigen Rolle Deutschlands, zum anderen die Tatsache, daß unsere

Freunde und Partner sich nicht einmal als solche gerieren, sondern kein Hehl daraus machen, daß wir Deutschen eben nicht Deutsche des Jahres 1990 sind, sondern die Deutschen von 1945.

Dafür oder dagegen?

Keinerlei Rätsel gibt im jüngsten Himmel-Hölle-Spiel »Ich bin dafür« – »Ich bin dagegen« die Haltung Englands auf. Sie bleibt durch alle Wechsel der Regierungen hindurch dieselbe. Auch das unwirsche Zögern der britischen Regierung, Deutschland ausdrücklich das Recht der Selbstbestimmung zu konzedieren und sich mit der Einheit abzufinden, braucht nicht überbewertet zu werden; es überrascht nicht. Belustigender sind die Eingeständnisse dessen, was so lange Zeit bestritten wurde. So wenn der britische Außenminister Douglas Hurd im Februar 1990 plötzlich erklärte: »Es ist für uns undenkbar, daß unter allen europäischen Völkern nur dem deutschen Volk das Recht auf Selbstbestimmung verwehrt sein sollte.« Das »Ja« klang heller als noch kurz zuvor, wurde aber sofort gedämpft durch die Mahnung, es müßten »angemessene Übergangszeiten« eingehalten werden. Englands Regierungschefin Margret Thatcher: Sie denke nicht daran, den »panischen Drang zur deutschen Wiedervereinigung« mitzumachen. Für England sei es besonders wichtig, die deutsche Einheit in möglichst engen Grenzen zu halten. Deshalb werde die Forderung Polens, zunächst eine Garantie der Oder-Neiße-Grenze abzugeben, »voll unterstützt«; erst dann könne die deutsche Einheit vollzogen werden. Wünschenswert sei auch die weitere Anwesenheit sowjetischer Truppen. Daß die Lage der fast 400 000 in Mitteldeutschland stationierten Sowjetsoldaten schon jetzt grotesk ist und vollends unhaltbar wird, je mehr Massengräber entdeckt werden, kümmert in London genausowenig wie das Ableben des Warschauer Paktes:

Die britische Regierungschefin erinnerte auch an früher: »Es ist verständlich, daß für einige das Bild der Gegenwart und der Zukunft gefärbt wird durch bittere Erinnerungen an die Vergangenheit. Deutschland muß die Empfindlichkeit der Kriegsverbündeten achten. Seine Vereinigung darf nicht Quelle neuer Unsicherheit werden.« Da uns, den Besiegten, bittere Erinnerungen nicht zustehen, bleibt nur die Tatsache festzuhalten: Für Großbritannien hat sich die ununterbrochene Gefahr, die von uns wie Radioaktivität abstrahlt, auch durch Deutschlands Zerschlagung und Aufteilung nicht gemindert. Warum sollte es dann unseren Weg zur Einheit begrüßen?

Selbst Frankreich, das sich seit den Umarmungen de Gaulles und Adenauers nicht unwohl fühlte in einem Klima fernab der sogenannten Erbfeindschaft mit Deutschland, konnte sich nur schwer damit abfinden, daß plötzlich das Schließfach der deutschen Frage – »irgendwann im nächsten Jahrtausend« – aufgesprungen war. Im Elysée-Palast kam es zu nervösen Zuckungen. Präsident Mitterrand, der stets ein warmer Freund unserer Zweistaatlichkeit gewesen war, entsann sich der alten Gemeinsamkeit mit Polen, die sich stets gegen Deutschland gerichtet hatte. Auch die Altkoalition mit Rußland fand er in den Schubladen und entstaubte sie. So kam es zu dem Gespräch mit Gorbatschow in Kiew, zu der Einladung von Polens Repräsentanten nach Paris, ja selbst noch kurz vor dem Sturz Honeckers zum Besuch bei dem Mann, für den selbst Genosse Gorbatschow keinen roten Heller mehr gab. Mühsam erarbeitete sich François Mitterrand auf dem einsamen Weg durch ein Labyrinth diplomatischer Kurzschlüsse eine neue Sicht der neuen Lage. Dann wünschte er dem »deutschen Volk, das nahe daran ist, einer grausamen Trennung ein Ende zu setzen, bonne chance – viel Glück«. Natürlich verband auch Mitterrand die Anerkennung der Oder-Neiße-Linie als polnischer Westgrenze mit der Zustimmung zur Einheit, auch er betonte, wie wichtig es sei, »nichts zu überstürzen«.

Deutsch-französische Freundschaft? In der Praxis äußerte sie sich seit dem Herbst 1989 als hingebungsvolles Blankpolieren antiteutonischer Klischees. In einer so renommierten Tageszeitung wie »Le Monde« waren Sätze zu lesen, die aus dem Ersten Weltkrieg hätten stammen können: »Das Naturrecht auf Freiheit rechtfertigt die Vereinigung der Deutschen, aber nicht die Wiedervereinigung Deutschlands.« Aus denselben Gründen sei auch die deutsche Einheit keineswegs eine Sache der Deutschen, denn »in geschichtlicher Hinsicht läßt sich hieraus ein Recht der Nicht-Deutschen auf die staatliche Nicht-Wiedervereinigung Deutschlands ableiten. Es gibt gegenüber anderen Rechten kein Naturrecht der Deutschen, eine einzige staatliche Einheit wiederherzustellen.«

Frankreich ist, wenn es nach Osten blickt, quer durch die politischen Parteien hin und her gerissen zwischen Resignation und Ressentiment. Die Winkelzüge der Regierung erinnern an ein Jungtier, das in die Enge getrieben wird. Sie sind charakteristischer als die Glückwünsche, die uns dann doch noch zuteil wurden. Chronologisch liegt der Zweite Weltkrieg schon in der Fernzone des »Es war einmal«. Die Distanz eines halben Jahrhunderts ist angesichts des unglaublichen Tempos der Veränderungen in unserem Säkulum mit der Empfindung kaum noch zu überbrücken. Was nun aber lediglich aus der deutschen Perspektive wie eine erzwungene Fesselung an die Katastrophen unserer Geschichte hätte erscheinen können, das bietet sich – wie wir jetzt erfahren müssen – aus dem Sichtwinkel unserer Nachbarn genauso an. Daß Frankreich bei der Öffnung des Brandenburger Tores nicht zu einer spontanen Geste in der Lage war, sollten wir deshalb nicht bedauern, sondern nur zur Kenntnis nehmen.

Die Zeichen künden für die anstehenden Verhandlungen der vier Siegermächte wenig Gutes an. Möglicherweise wird die Nüchternheit, die werbende Kraft – zu eigenem Nutz und Frommen – und das Gewicht der Vereinigten Staaten einiges Übel verhindern. Wir selbst sollten die deutschen Rechte mit unermüdlicher Hartnäckigkeit und unerbittlicher Standfestigkeit wahren, wir sollten aber unsere Erwartungen so niedrig wie möglich halten. Vor allem aber sollten wir von unseren Freunden und Nachbarn nichts erhoffen. Allerdings sollten wir ebensowenig die großartigen Sätze vergessen, die aus Paris zu vernehmen waren, – leider hatten sie keinen amtlichen Charakter. Jean-Michel Gaillard, der frühere Berater von Staatspräsident Mitterrand, äußerte in jener unnachahmlichen Mischung aus Pathos und Vernunft, die man nur in Frankreich findet: »Wir werden dem Anspruch der Geschichte, die sich vor unseren Augen vollzieht, nicht gerecht, wenn wir uns fröstelnd auf unser abgestecktes Feld zurückziehen oder uns London, wenn nicht gar Moskau annähern, also überholten Reflexen gehorchen. Die Wiedervereinigung ist ein Sieg der Freiheit und des Rechts der Völker, über sich selbst zu bestimmen, ein Sieg jener Prinzipien von 1789, die wir erst kürzlich aus gutem Grund gefeiert haben. Sollten wir so schwach sein, daß wir Angst davor haben? Muß man wiederholen, daß Deutschland ein demokratisches und friedfertiges Land ist? Keine historische Zwangsläufigkeit, keine dunkle und tragische Macht kann uns ihr Gesetz aufzwingen, sofern wir es verstehen, Hand in Hand mit unserem Nachbarn ein anderes Szenario zu entwerfen als dasjenige der Vergangenheit.«

Am häufigsten ermahnen uns diejenigen Ratgeber zur Geduld, die von unseren Problemen nicht persönlich betroffen sind. Wer das Konzert, das zur Zeit rings um Deutschland veranstaltet wird, auf sich wirken läßt, muß viel Selbstbeherrschung üben. Kaum lag die Ottawa-Formel »zwei plus vier« auf dem Tisch, wurde sie schon erweitert: »zwei plus fünf«, »zwei plus sechs« und so fort bis zu dem Vorschlag, daß doch alle Länder »die unter der deutschen Okkupation geseufzt hatten«, gehört werden müßten. Zurückhaltung bei dieser Art Begründung wurde nur von Italien geübt, weil es selbst den besten römischen Anwälten als aussichtslos erschien, Mussolinis Italien des Faschismus vor der Weltöffentlichkeit als Opfer des Hitler-Faschismus zu beklagen. Doch schon in Ottawa betonte Italiens Außenminister Gianni de Michelis, daß die Konferenz der vier Siegermächte nicht genüge; heute sei neben der NATO und der EG auch die KSZE-Konferenz mit ihren fünfunddreißig Mitgliedern für Fragen der Einheit Deutschlands zuständig; sie alle seien betroffen. So ernst gemeint das war, so wenig ernst wurde dieses Projekt einer Opernkonferenz genommen.

Jenseits der Alpen hatte man schon 1989 sehr energisch Bedenken gegen ein Selbstbestimmungsrecht geäußert, auf das auch die Deutschen Anspruch haben sollten. Das heutige Italien besitzt in diesem Punkt eine lange Tradition. Gemeint ist nicht das Selbstbestimmungsrecht Italiens, sondern das den Südtirolern seit dem Ersten Weltkrieg vorenthaltene Selbstbestimmungsrecht. Hitler hatte wegen des Bündnisses mit Mussolini die Südtiroler dem faschistischen Italien überlassen. Rom brauchte deshalb nach 1945 an der Politik der Endnationalisierung Südtirols nicht das geringste zu ändern. Das quälende Klima des Volkstumskampfes einer deutschen Minderheit, die mit dem Rücken zur Wand steht, hält dort bis heute an. Deshalb ist es verständlich, wenn im September 1984 der zur Zeit in Rom amtierende Ministerpräsident Andreotti auf einem kommunistischen Parteitag seine Meinung zur deutschen Einheit so zum besten gab: »Es gibt zwei deutsche Staaten und zwei sollen es bleiben.« Er entwarf in großzügiger Linienführung ein Bild des Pangermanismus, dieses Raubtiers, das sich rüsten würde, mit einem Sprung über die Alpen zu setzen, um Südtirol an sich und damit aus der liebenden Umklammerung Italiens zu reißen.

Unbeirrt von allen Umbrüchen erklärte Andreotti noch am 26. November 1989: »Ich meine, daß heute die Existenz einer deutschen Nation in zwei Staaten ein Faktum ist, eine Wirklichkeit, die nicht bestritten wird.« Nur widerwillig, unter Druck, praktisch gezwungen und keineswegs von sich aus überzeugt machte sich Andreotti erst im Februar 1990 die Version der übrigen EG-Staaten zu eigen, daß man die deutsche Einheit akzeptieren müsse, da sie durch nichts und niemanden aufzuhalten sei.

Das Bild unserer Freunde und Nachbarn, denen die deutsche Einheit kummervolle Nächte bereitet, wird pastos ergänzt durch die Honneurs, die unsere Volksbeauftragten bei den Regierungen und Staaten machen und um Wohlwollen ersuchen. Die Nachrichten, daß dieser oder jener aus Bonn zu einer Reise in dieses oder jenes Land aufgebrochen sei, um diese oder jene »Besorgnisse zu zerstreuen«, den deutschen Standpunkt zu erläutern oder »Überzeugungsarbeit« zu leisten, sind schon Routine geworden. Nichts wird künftig geschehen, ohne daß wir alle Welt um ihre Meinung bitten und darum werben, uns zuzustimmen, damit sich nur nichts so entwikkelt, daß wir womöglich etwas gegen die Meinung anderer durchsetzen müssen. Selbst den Vatikan hatte das Bundeskanzleramt schon um Zustimmung gebeten. Es fällt schwer, das offiziell bestätigte Prinzip, daß man mit um so mehr Verständnis rechnen könne, je mehr man darum bitte, abzugrenzen von den immer noch allfälligen deutschen Bußübungen.

Das zentrale Problem des Friedensvertrages zwischen Deutschland und den vier Siegermächten bilden die deutschen Ostgebiete, die sich unter sowjetischer und polnischer Verwaltung befinden, und die Tatsache der Austreibung von vielen Millionen Deutschen aus Polen und dem Sudetenland. Es handelt sich um ein Problem, das von völkerrechtlichen, allgemein juristischen, moralischen, menschenrechtlichen und politisch-aktuellen Gesichtspunkten nur so strotzt. Seit der sozialliberalen Ostpolitik in den siebziger Jahren und den verschiedenen Verträgen, die geschlossen wurden, ist die Komplexität der Ostbeziehungen nicht einfacher, sondern erheblich schwieriger geworden. Nach der Unterzeichnung und Ratifizierung der Bonner Ostverträge 1971 konnte die Warschauer Wochenzeitung »Kultura« zufrieden feststellen: »Der gegenwärtige Stand der Dinge kennt nicht die Bezeichnung ›Deutschland‹ – eine Tatsache von großer Bedeutung. Deutschland als solches existiert nicht mehr.«

Zwei Jahrzehnte später, Ende März 1990, bediente sich der Kanzler der Bundesrepublik einer Vokabel, die in den schwammig moralisierenden Randzonen des politischen Terrains zu Hause ist: Er hoffe auf eine Geste der Versöhnung von polnischer Seite. Welches Gewicht die »Versöhnung« in der Welt der politischen Interessen haben könnte, ist ein Kapitel für sich. Der Kanzler hofft jedenfalls vergebens, selbst wenn er deutlichere Vorstellungen haben sollte, wie diese Geste aussehen, was sie bewirken und wer sich zu ihr in Polen verstehen könnte. Mit dem Träger des Friedensnobelpreises Lech Walesa sollte der Kanzler seine Hoffnungen jedenfalls nicht verbinden. Anfang April 1990 erläuterte Walesa einem niederländischen Wochenmagazin seine Meinung zur deutschen Einheit: »Wenn die Deutschen Europa wieder destabilisieren, muß man Deutschland nicht noch einmal verteilen, sondern dieses Land ganz einfach von der Karte streichen. Der Westen und der Osten habe die moderne Technologie zur Verfügung, die nötig ist, um dieses Urteil zu vollstrecken.«

Wenn dagegen Polens Außenminister Skubiszewzki in den letzten Apriltagen vor dem Parlament Verständnis andeutete für »das Leid jener Deutschen, die ihrer Heimat und Häuser beraubt wurden und Unrecht erlitten«, so wird in dieser Auslassung auch die Absicht, die Dimension der Vertreibung und des damit verbundenen Völkermordes zu verschleiern, deutlich.

Unsere Interessen, andere Interessen

Völkerrecht und Friedensordnung – Das Polen Pilsudskis – Die Curzon-Linie – Säulen der Friedensordnung – Kein Recht auf Eroberungen – Die Waffen der Gewalt – Das Sudetenland, ein exemplarischer Fall – Kapitulanten-Ideologie – Was ist notwendig?

Bonn ist voller Politiker, Abgeordneter, Lobbyisten, Journalisten, Korrespondenten, Bürokraten, Sekretäre, Assistenten, Beamter – ein ständiges Kommen und Gehen. Aus diesem Fluktuieren heben sich die Kommentatoren heraus. Bei ihnen ist wenig Kommen und Gehen, Beständigkeit herrscht vor. Sie müssen die Grundlinien des Szenariums kennen, und das setzt Geduld über längere Zeitspannen voraus. Einer der scharfäugigsten unter ihnen, der seines Mißmuts oft nur durch maliziöse Ummäntelung Herr wird, machte vor zwei Jahrzehnten seinem Herzen, das bei ihm dicht neben der Galle sitzt, Luft.

Der Anlaß: Die Sozialliberalen waren dem Vorschlag der Sowjetunion vom 12. September 1969 gefolgt, Verhandlungen über ein Abkommen des Gewaltverzichts aufzunehmen. Das Ergebnis, der Moskauer Vertrag, wurde am 12. August 1970 unterschrieben. Im November erhielt Warschau eine Offerte Bonns, mit Gesprächen über »alle interessierenden deutschpolitischen Fragen« zu beginnen. Bei seinem Besuch in Warschau erweiterte Kanzler Brandt am 7. Dezember 1970 den deutschen Komplex der allgemein-öffentlichen Reue und des Ersuchens um Versöhnung durch die neue Dimension eines konkret vollzogenen Kniefalls.

Das hat nicht Schule gemacht. Doch seit dieser Zeit mühen sich immerhin die Bonner Altparteien bis heute darum, den

Vokabeln Aussöhnung und Versöhnung politisches Stimmrecht zu verleihen. Für unseren Bonner Kommentator wurde schon damals die Beliebtheit der Vokabel nur noch von ihrer Fragwürdigkeit übertroffen. Das regte ihn zu etlichen Fragen an. Naturgemäß handelt es sich bei solchen Unternehmungen um Fragen, die zwar gestellt werden, von denen aber der Fragende weiß, daß er keine Antwort erhält: Wie könne Aussöhnung zu einem Ziel des politischen Handelns erklärt werden, wenn die Betreiber nicht erklären würden, was Aussöhnung politisch bedeuten und mit welchen politischen Mitteln sie bewirkt werden solle: »Lehrt nicht die Geschichte, daß die Aussöhnung durch Initiative des Siegers gegen den Besiegten zustande kommt oder umgekehrt dadurch, daß sich der Besiegte dem Sieger und seinen Bedingungen auch innerlich unterwirft? Wissen alle, die von Aussöhnung reden, daß zwischen den Völkern ein moralisches Gefälle besteht, kein wirkliches, aber eins in ihrem Herzen, das ihr Handeln bestimmt und das die Deutschen moralisch nicht hoch notieren? Ist der Wunsch nach Aussöhnung Folge eines neuen vernünftigen politischen Selbstbewußtseins oder Konsequenz aus der Einsicht, daß uns eben dieses fehlt?«

Wie gesagt, der irritierte Beobachter erwartete keine Antwort. Vielleicht besaß er einen Rest von Hoffnung, daß aus den Zeiten, die damals noch weit hinter dem Horizont lagen, eine Antwort kommen würde. Deshalb gab er sie zunächst selbst und warf sie als Flaschenpost in das grenzenlos scheinende Meer der politischen Entnervung Westdeutschlands: »Aussöhnung ist mehr als ein schönes Wort, ist einer der vornehmsten Begriffe der Theologie, der zudem das Gemüt anspricht und die Sehnsucht erwärmt. Gerade darum ist es nicht ungefährlich, wenn es in die Nähe politischen Gebrauchs, politischer Manipulation gerät – gerade weil sich nicht die Zyniker seiner bedienen, sondern die, die guten Willens sind und die an den guten Willen appellieren. Die Macht des Willens, des guten wie des bösen, in der Politik ist von den Deutschen immer überschätzt worden. Wer von Aussöhnung redet, ohne ihre Voraussetzung zu bedenken, ohne ihre Grenzen zu erwägen, befestigt die verbreitete Naivität des ›Nun wollen wir uns wieder vertragen‹ nach einer Wirtshausrauferei, dient am Ende der Selbstlähmung unserer Politik durch ihre moralisierende Aufladung.«

So schrieb er vor zwei Jahrzehnten. Wir sollten selbst entscheiden, ob die Flaschenpost in unseren Tagen jemanden von den Offiziellen erreicht hat, die sich nunmehr um die deutsche Einheit im christlichen Glanz der Versöhnung kümmern, indem sie ihren Schlips zurechtrücken und reihum die Honneurs machen. Die Ärmel aufzukrempeln, wie es nötig wäre, verbietet ihnen die diplomatische Etikette. Aussöhnung ist in der Tat eine Kategorie des religiösen Glaubens, genauso wie die Begriffe Verzeihung, Schuld, Reue und Sühne. Politisch entfalten sie bei uns ihre beste Wirkung nicht durch den Appell an das Gute im Menschen, sondern durch die deutlich ausgesprochene Drohung: Wer sich der Versöhnung verschließt, indem er damit verkoppelten Forderungen nicht zustimmt, macht sich für die »Unversöhnlichkeit« stark, redet also dem Streit, dem Zwist, der Friedlosigkeit, ja dem Krieg das Wort. Der Schluß von der Weigerung, dem Begriff der Versöhnung einen politisch-materiellen oder rechtlichen Gehalt zuzusprechen, zu der moralischen Diskriminierung des Verweigeres ist vor allem deshalb so infam und erfolgreich, weil sich der Anwalt der Versöhnung als eine Personifizierung sittlicher Integrität gebärden kann. Jeglicher Widerspruch fällt sofort auf den Widersprechenden zurück. Wer von uns besäße den Mut, öffentlich einen Büßer einfach als Heuchler zu bezeichnen, insbesondere wenn er sich anmaßt, wie Christus der Herr für die Sünden, die nicht er, sondern andere begangen haben, zu leiden und Buße zu tun?

Moralisieren in der Politik, auf der Hochebene von Kirchentagen, verzerrt das Normengefüge des Rechts. Es liegt ein infernalisch zwingende Logik darin, daß die Einbahnstraße von Sühne und Schuld der Deutschen seit 1945 schnurgerade zur Sozialliberalen Ostpolitik und von dort zu den gegenwärtigen Präsidialkanzleien und -kanzeln führt. Umsonst machen die Völkerrechtler mit größtem Nachdruck darauf aufmerksam, daß Begriffe wie Schuld, Sühne, Verzeihung, Versöhnung in der personalen Sphäre verankert sind und deshalb ihr Gebrauch im zwischenstaatlichen Bereich, in dem es keine übergeordnete Instanz der Entscheidung gibt, unweigerlich der politischen Ausschlachtung Vorschub leistet: »Mangels weltweiter Ideengleichheit wird es der künftigen Entwicklung des Völkerrechts zuträglicher sein, auf einen Gefährdungstatbestand mit qualitativen Haftungsfolgen abzustellen.«

Die Experten des Völkerrechts sind nüchtern genug, um solche Empfehlungen zur Zeit noch als »fromme Wünsche« zu charakterisieren. Das Verfahren der Siegermächte des Ersten und Zweiten Weltkrieges sei darauf hinausgelaufen, den jeweiligen Status quo zu einem obersten Leitsatz zu erklären. Dadurch wurde versucht, Besitzstände, die sie nur kraft militärischer Gewalt erworben, also geraubt hatten, juristisch abzusichern, um sie auf diese Weise zu verewigen: »Die nach Kriegsende von den Siegermächten geübte Praxis bedeutet einen Rückfall in eine Zeit, in der das Verhältnis Sieger – Besiegte noch nicht vom Völkerrecht erfaßt wurde, der Sieger mit dem Besiegten beliebig verfahren durfte, und die Versklavung – da auch Tötung erlaubt war – als Gnadenerweis gelten mußte.«

Seit unsere Nachbarn wissen, daß die deutsche Einheit nicht mehr zu verhindern ist, richtet sich ihr Interesse nicht nur auf die künftige Form Deutschlands und die Neutralisierung der damit entstehenden »Bedrohung«, sondern auch auf die Sicherung dessen, was die Alliierten schon seit 1945 zu Früchten ihres Sieges, zu »Kriegsfolgen« erklärten und deshalb als ihren Gewinn betrachteten. Hält man sich den Status quo seit dem Potsdamer Abkommen vor Augen, ferner die seit 1945 von BRD und DDR geschlossenen Verträge untereinander und mit den Nachbarstaaten, ebenso die politischen Gegebenheiten, die vielfach als »Realitäten« eines angeblichen europäischen Gleichgewichts als unantastbar bezeichnet werden und schließlich das Völkerrecht, dann weiß man, wie es Theseus zumute war, als er vor dem Eingang des Labyrinths auf Kreta stand. Und Theseus konnte sich, im Unterschied zu uns, auf den Faden der Ariadne verlassen, der ihn davor bewahrte, sich in dem Irrgarten zu verlieren.

Juristen drücken sich anders aus. Beim Abwägen der unterschiedlichen Sichtweisen im Westen und im Osten konstatiert ein Völkerrechtler, daß deren »überschießender politischer Gehalt sie für die Lösung völkerrechtlicher Fragen unbrauchbar macht. Die Inkompatibilität politischen Wollens ist jedoch eine alltägliche Erscheinung des politischen Prozesses und sollte nicht daran hindern, die tatsächliche völkerrechtliche Lage vorbehaltlos anzusprechen«.

Die Situation Deutschlands nach dem Völkerrecht ist in der Tat unumstritten und eindeutig. Daß die künftige Friedensordnung, wenn man die laufenden Bemühungen der Nachbarn als Index wertet, keineswegs dem Völkerrecht entsprechen soll, dürfte nicht unwahrscheinlich sein. Gerade deshalb kommt es darauf an, mit unbedingter Entschlossenheit und Standfestigkeit am Völkerrecht festzuhalten. Die Regelungen von Versailles haben einen hohen Vergleichswert. Die vier Siegermächte werden sich zweifellos an Versailles erinnern und an die Folgen, die ein diktierter Friedensvertrag unweigerlich haben muß. Ein Friedensvertrag setzt deshalb, wenn nicht von vornherein eine Regelung in Kauf genommen werden soll, die nicht dem Recht Genüge tut und damit auf eine Perversion sämtlicher Vorstellungen von einer gerechten Friedensordnung hinausläuft, als Verhandlungspartner das Völkerrechtssubjekt Deutschland voraus. Desgleichen kann es nicht bereits jetzt eine beschlossene Sache sein, daß besetzte und unter Fremdverwaltung befindliche Gebiete des Deutschen Reiches schon als abgetreten gelten.

Darauf aber laufen die Äußerungen unserer politischen Parteien und ebenso der beiden deutschen Regierungen über die deutschen Gebiete im Osten hinaus. Polen hatte diese Ostgebiete im Zuge eines Abkommens mit der früheren DDR offiziell bereits vom Gebiet des Deutschen Reiches abgetrennt und zu Bestandteilen des polnischen Staates erklärt, und zwar mit ausdrücklicher Zustimmung der Sowjetunion. Die Trennung Ostpreußens in einen sowjetischen und einen polnischen Verwaltungsteil wurde im August 1947 in einem Grenzabkommen zwischen beiden Staaten vereinbart. So wie Ostpreußen wurden auch das Sudetenland und das Memelgebiet bei Kriegsende von den Siegern annektiert.

Die Ostgebiete und das Sudetenland sind seit 1945 fast schon zu traditionell heißen Eisen vom Dienst geworden. Die jahrzehntelangen Kontroversen in der Öffentlichkeit waren weit stärker um das Problem der Vertreibung konzentriert als um den territorialen Status. Das Schicksal, das unsägliche Leid der Vertriebenen besitzt seine eigene Wertigkeit. Doch bei denjenigen, die nichts von Heimat und Lebensdichte wissen und die mit flüchtiger Hand, ohne qualifizierte Kenntnisse und bar allen Empfindens für das Gewicht von Recht, die Ostgebiete abschreiben, ist auch kein Einblick in den festen Zusammenhang zwischen Völkerrecht, Friedensordnung und den Grundnormen der heutigen Staatengemeinschaft vorauszusetzen. Eben diese Zusammenhänge machen es aber unmöglich, im Friedensvertrag mit Deutschland nur ein simples Auswiegen zwischen Völkerrecht und Kompensation zu sehen. Das moderne Völkerrecht schließt Rechte ein, die als fundamental für die Begründung des demokratischen Gemeinwesens gelten. Ein Verstoß gegen sie oder ein Verzicht darauf wäre rechtswidrig, selbst wenn dies durch die Unterzeichnung eines entsprechenden Friedensvertrages regierungsamtlich bestätigt würde.

Deutschlands Interessen sind sowohl rechtliche Fundamentalinteressen als auch Interessen der Gebietshoheit, also territorialer Natur. Diejenigen, die beabsichtigen, die besetzten Ostgebiete unwiderruflich zu Gebieten ihres eigenen Staates zu erklären, sind nicht von rechtlichen Interessen geleitet, sondern von politischen und territorialen. Besonders leidenschaftlich sind die gegenwärtigen Diskussionen um die von Polen verwalteten Gebiete von Oberschlesien, Niederschlesien, Posen-Westpreußen, dem östlich der Oder gelegenen Teil Pommerns sowie dem südlichen Teil Ostpreußens. Von Danzig und seinem Freistaatgebiet mit fast 1966 Quadratkilometern, in dem 1930 weit über 400 000, zu 95 Prozent deutsche Einwohner gezählt wurden, wird gar nicht mehr gesprochen, obwohl auch Danzig nach Punkt IX b des Potsdamer Abkommens bis zum Abschluß eines Friedensvertrages nur unter polnischer Verwaltung steht.

Die gegenwärtige Diskussion um die deutschen Ostgebiete besitzt auch kuriose Züge. Die Bundesregierung hat bereits mehrfach erklärt, sie stelle Polens Westgrenze nicht in Frage und erhebe keinerlei Besitzansprüche auf polnisches Gebiet. Überdies verwies sie auf die mehrfach wiederholten Erklärungen seit 1945, daß sowohl die Vertriebenen als auch die westdeutsche Regierung allen Gewaltregelungen eine Absage erteile; neuerdings verweist sie auch auf die Schlußakte der KSZE-Konferenz. Das Völkerrecht deckt die Bonner Erklärungen über die polnische Westgrenze vollständig, auch wenn unsere Regierung sicherlich auf keine Doppeldeutigkeit bedacht war. Die völkerrechtlich gültige Westgrenze Polens verläuft exakt entsprechend der polnischen Staatsgrenze vor dem Ausbruch des Zweiten Weltkrieges im September 1939, – die völkerrechtliche Gültigkeit der Versailler Regelung vorausgesetzt. Die Bundesregierung hat diese Grenze Polens nie in Frage gestellt, sie hat niemals Anspruch auf polnisches Gebiet erhoben. Sie erhebt ihn auch jetzt nicht. Die Sachlage ist umgekehrt. Polen hat seine West- und Nordgrenze in deutsches Gebiet verschoben und hält dieses Gebiet nicht nur widerrechtlich besetzt, sondern hat es bereits zu einem Territorium des polnischen Staates erklärt. Warschau verlangt von uns, daß wir diese Annexion als rechtlich und gültig erklären sollen.

Wie fast alle schwerwiegenden Fragen unserer Gegenwart, so hat auch das Problem der polnischen Westgrenze eine längere Vorgeschichte. In Versailles war die Etablierung eines polnischen Staates, nachdem das polnische Gebiet weit über ein Jahrhundert aufgeteilt war zwischen Rußland, der Habsburger Monarchie und Preußen beziehungsweise dem Deutschen Reich, besonders umstritten. Präsident Wilson hatte die

Forderung nach einem eigenen polnischen Staat unter Punkt 13 in sein Vierzehnpunkte-Programm aufgenommen. Die Bedenken dagegen drückte der englische Premierminister Lloyd George am 25. März 1919 in einem Memorandum unverhohlen aus: »Der Vorschlag einer polnischen Kommission, daß wir 2 100 000 Deutsche unter die Herrschaft eines Volkes stellen sollten, das eine andere Religion hat und das während seiner ganzen Geschichte niemals seine Fähigkeit zu einer selbstgebildeten Regierung von Bestand zu beweisen vermochte, muß in meine Augen früher oder später zu einem neuen Krieg im Osten Europas führen.«

Der polnische Staat wurde schon im November 1916 von den Mittelmächten neu errichtet. Vollends selbständig wurde das neue Polen am Ende des Ersten Weltkrieges, als die Mittelmächte zusammenbrachen. Am 11. November 1918 übernahm Josef Pilsudski die vollziehende Gewalt. Kurz darauf wurde er zum »Vorläufigen Staatschef« proklamiert, der berühmte Pianist Paderewski zum Ministerpräsidenten ernannt. Polens Staatsgebiet umfaßte zunächst nur das Territorium des ehemaligen Herzogtums Warschau, das auf dem Wiener Kongreß 1815 als Königreich Polen in Personalunion mit Rußland vereinigt worden war – das sogenannte Kongreßpolen – sowie Westgalizien. Im Dezember 1918 begann Pilsudski seinen Traum von einem neuen Großpolen umzusetzen. Im Zuge eines Aufstandes eroberten seine Milizen den größten Teil der Provinz Posen. Im Frühjahr 1919 wurden Ostgalizien und Lemberg besetzt, danach begann der Vormarsch nach Nordosten, Litauens Hauptstadt Wilna wurde erobert, die Polen konnten auch Minsk besetzen. Nun bestätigte sich, wovon schon US-Präsident Wilson beeindruckt war, als er mit den polnischen Führern gesprochen hatte: »Ich habe sie gebeten, mir zu sagen, was nach ihrer Meinung unter ›Polen‹ zu verstehen sei, und sie haben mir eine Karte gezeigt, mit der sie die halbe Welt verlangten.«

Rußland war zu dieser Zeit unfähig, im Westen etwas zu unternehmen. Es zerfleischte sich im Bürgerkrieg zwischen Weiß und Rot. Pilsudski schien ungehindert in die »Polonia Restituta« ganz Litauen und die Ukraine einbringen zu können. Er marschierte nach Kiew und zog am 8. Mai 1920 mit Gepränge in die Hauptstadt der Ukraine ein. Seine Truppen stießen immer weiter in die Südukraine vor. Selbst General Maxime Weygand, einer der großen Kriegshelden Frankreichs, schüttelte den Kopf: »Wie kann man diesen zügellosen, verblendeten Leuten auf ihrem Pegasus Vernunft beibringen?«

Die Curzon-Linie

Auf der Pariser Konferenz wurde die Ostgrenze Polens in etwa gleichlaufend mit der alten österreichisch-russischen Grenze von 1914 festgelegt; allerdings wurde Polen noch das Gebiet östlich von Bialystok zugeschlagen, entlang einer Linie von Grodno nach Brest-Litowsk. Die Grenze hatte zunächst den Charakter einer Demarkationslinie, trennte also die Hoheitsgebiete nur vorläufig voneinander ab. Pilsudski hatte für den Vorschlag nur Spott übriggehabt. Er rechnete nicht umsonst mit der Absicht Frankreichs, an Stelle Rußlands, das durch die bolschewistische Revolution als Partner ausgeschieden war, in Polen ein Gegengewicht im Osten zu schaffen. Der neue Staat sollte so mächtig wie nur möglich sein. Außenminister Stephen Pichon: »Frankreich will ein starkes, *sehr* starkes Polen.« Lloyd George, der sofort die eigentlichen Absichten Pilsudskis erkannt hatte – nämlich durch Expansion und Annexion ein großpolnisches Reich zu schaffen, empörte sich umsonst über

»die Raffgier eines Landes, das immer ein Pleiteunternehmen gewesen ist und auch bleiben wird.« Das rüde Wort schien sich prompt durch die militärischen Ereignisse zu bestätigen.

Nunmehr aber traten die Russen zu einer Gegenoffensive an. Die polnischen Milizen wurden buchstäblich über den Haufen gerannt, die Rote Armee stand im Juli 1920 vor Warschau und Thorn. Pilsudski mußte sich schweren Herzens überwinden und die Alliierten um Hilfe bitten. Auf einer Konferenz in Spa wurde ein neuer Grenzverlauf entlang der Flüsse San, Weichsel und Narew erarbeitet. Führend dabei war der britische Außenminister George Curzon; die Linie erhielt seinen Namen. – Als der russische Angriff auf Warschau ganz unerwartet abgeschlagen werden konnte, faßten die Polen erneut Tritt und begannen ihrerseits mit einer Gegenoffensive.

Jetzt drang bei der sowjetischen Führung die Überzeugung durch, daß vorerst alle Hoffnungen, die Revolution mit Waffen »über den Leichnam Polens« hinweg nach Europa zu tragen, unerfüllbar bleiben mußten. Sie stimmte wohl oder übel, zähneknirschend, einer neuen Grenzregelung zu und unterzeichnete am 18. März 1921 den Friedensvertrag von Riga. Polen war es gelungen, seine Grenze um zwei- bis dreihundert Kilometer über die Curzon-Linie hinaus nach Osten zu verlagern, seine Bevölkerung vergrößerte sich dadurch um rund 4,5 Millionen Ukrainer und 1,75 Millionen Weißrussen. Polen hatte sich auch das Wilnagebiet mit seiner Hauptstadt einverleibt. Von Litauen wurde diese Annexion bis 1938 nicht anerkannt; deshalb weigerte es sich, mit Polen diplomatische Beziehungen aufzunehmen.

Diese Vorgeschichte gehört zum Verständnis des Hitler-Stalin-Paktes vom 23. August 1939. In groben Zügen entsprach die neue russische Grenze, die nach dem Polenfeldzug festgelegt wurde, der alten Curzon-Linie vom 11. Juli 1920. Rußland hatte sich 1939 von Polen – dieser »Mißgeburt von Versailles«, wie sich der damalige Außenminister Molotow ausdrückte – nur seine eigenen Gebiete zurückgeholt. Auf der Krimkonferenz von Jalta beharrte Stalin auf der Curzon-Linie als russisch-polnischer Grenze. Die Westalliierten stimmten zu. Als Kompensation wurde die Annexion deutscher Ostgebiete bis zur Oder-Neiße-Linie vereinbart; den beabsichtigten Raub tarnte man mit dem Verschleierungsbegriff »Verwaltung«. Inwiefern Polen irgendeinen Anspruch auf Kompensation besaß, besitzen sollte oder besitzt, kann kein Völkerrechtler beantworten.

Die Arena zwischen Völkerrecht und Faustrecht ist umfänglich genug, damit sich die Kasuisten nach Herzenslust darin tummeln können. Nicht ignorieren sollten wir, daß die baltischen Staaten heute ihr Recht auf Selbstbestimmung mit Vehemenz und Entschlossenheit einfordern, seit Moskau selbst dieses Recht anerkannt und sich von dem seit 1939 verschwiegenen Geheimabkommen zum Hitler-Stalin-Pakt distanziert hat; aufgrund dieser Vereinbarungen hatte die Rote Armee 1940 das Baltikum besetzt. Estland, Lettland und Litauen wurden der UdSSR eingegliedert. Warum beruft sich Polen nicht ebenfalls auf sein Selbstbestimmungsrecht und fordert die Gebiete zurück, die Rußland dank des Hitler-Stalin-Paktes gewann? Weil es kein solches Recht besitzt; alles weitere ergibt sich aus Ereignissen der Jahre 1919 bis 1921.

Säulen der Friedensordnung

Fast pittoresk muten die Versuche Polens an, die fehlenden Rechtsansprüche auf deutsches Gebiet durch Rückgriffe in die Geschichte zu ersetzen und die Annexion als Rückkehr uralter

Piastengebiete zu feiern. Auf der Krim-Konferenz im Februar 1945 wollte Präsident Roosevelt von Außenminister Molotow wissen, vor wie langer Zeit denn die deutschen Ostgebiete polnisch gewesen wären. Als er die Antwort erhielt: »Vor sehr langer Zeit«, meinte Roosevelt, wenn solche Grundsätze zum Völkerrecht gehören würden, dann könnte England auch die Rückkehr der Vereinigten Staaten unter die Herrschaft Großbritanniens verlangen.

Nach der Wiener Vertragskonvention vom 23. Mai 1969, Art. 52 sind politisch erzwungene Verträge völkerrechtlich ungültig. Damit wird etwas auf den Weg des geltenden Rechts gebracht, was schon seit dem Ersten Weltkrieg jedem rechtlich denkenden Menschen nicht zweifelhaft war. Die Verkrüppelung des in Versailles feierlich beschworenen Selbstbestimmungsrechtes durch die Gründung solcher Staaten wie Polen, Jugoslawien, die Tschechoslowakei beleidigt die normale Vernunft. Dasselbe gilt für die Versuche, Annexionen historisch zu rechtfertigen. Die Bemühungen der Sieger, nach beiden Weltkriegen den Status quo als rechtens festzuschreiben, ist ein offenes Eingeständnis, daß andere Begründungen für die Annexionen fehlen. Entschädigungen werden nach Kriegen dem Verlierer zu Recht abverlangt. Doch müssen sie angemessen sein. Nach dem Ersten Weltkrieg wurden sie den Verlierern diktiert.

Die Situation Deutschlands nach dem Zweiten Weltkrieg ist noch katastrophaler – nicht allein deshalb, weil sich Deutschland nunmehr schon im fünften Jahrzehnt in einem völkerrechtlichen Niemandsland befindet, sondern weil die Teilgebiete BRD und DDR seit Jahr und Tag dazu gedrängt werden, unter Vorgriff auf den in Aussicht gestellten Friedensvertrag Zugeständnisse an den Status quo des militärischen Sieges zu machen, und zwar entgegen den Festsetzungen des Völkerrechts und den Normen der Vereinten Nationen. Das Recht wird nur dann zu einer politischen Kraft, wenn derjenige, der ihm unterworfen ist, freiwillig und aufgrund seiner Einsicht zustimmt. Unrecht aber, das sich als Recht ausgibt, kann selbst durch die Zustimmung desjenigen, der es anerkennt, nicht in Recht verwandelt werden. Zu der Annexion der Ostgebiete gibt das Völkerrecht eine klare Antwort: »Werden derartige Maßnahmen als ›Rückgabe‹ anstatt als Wegnahme, als gerechte Friedensordnung anstatt als Zwang deklariert, so muß dies im Interesse der gesamten Völkerrechtsentwicklung klargestellt werden.« Daß der Räuber den Wunsch hat, seinen Raub vom Beraubten als rechtens erklären zu lassen, ist begreiflich. Daß der Beraubte sich dazu versteht, ist unbegreiflich.

Leider müssen wir vom Verhalten derjenigen, denen es möglich war, seit 1949 politisch als Sachwalter der Interessen Deutschlands tätig zu sein, auf das bevorstehende Verhalten in den Gesprächen über den Friedensvertrag schließen. Es sieht danach aus, als würde die kommende Zeit den Taktikern, Pragmatikern, sogenannten Realisten und nicht zuletzt – wie schon erbittert vermerkt wurde – den bewährten Klinkenputzern, die uns schon so häufig mit ihren erbarmungslosen Nachgiebigkeiten beeindruckt haben, gehören. Wir können der Zeit nicht vorgreifen. Wir können nur darauf aufmerksam machen, daß im Gegeneinander unserer Interessen mit anderen Interessen die Wahrung der Rechte Deutschlands auch deshalb Vorrang besitzt, weil von ihnen schon mehr als genug verspielt wurden. Wir müssen mit demselben Nachdruck darauf hinweisen, daß sich jeder irrt, der da glaubt, auch nur eine einzige Vereinbarung könnte Bestand haben, bei der das Recht des Faustkeils aus der Steinzeit sich durchgesetzt und nicht das moderne Völkerrecht die Feder geführt hat. Nichts würde sich auf das Rechtsgefüge der Friedensordnung verheerender auswirken, als wenn die Beispiele der Diktate von Versailles und St. Germain erneut Schule machten. Dies um so mehr, als nach dem heutigen, von allen Staaten geteilten Verständnis das Friedensvölkerrecht auf drei Grundsätzen beruht: der gegenseitigen Achtung, dem Recht auf Selbstbestimmung und dem Interventionsverbot, das daraus folgt. Nebenbei findet sich damit ein weiterer Grund, im Zusammenhang mit dem abzuschließenden Friedensvertrag schon jetzt darauf zu dringen, die Feindstaatenklauseln unverzüglich aus der Charta der UNO zu tilgen.

Das Selbstbestimmungsrecht der Völker wird heute nicht mehr als eine lediglich politische Forderung gewertet, deren ethischer Gehalt sich nur schwer präzisieren läßt. Auch wenn es noch nicht den Rang eines gültigen Rechtssatzes besitzt, wird es vom Völkerrecht zu den Grundrechten der Staaten gezählt und als ius cogens anerkannt. Die traditionelle Behauptung, daß sich die Souveränität des Staates und das Selbstbestimmungsrecht der Völker ausschließen würden, ist ebenfalls von der Entwicklung überholt. Beide rechnen zu den Gruppenprinzipien des geltenden Völkerrechts. Sie können weder unabhängig voneinander, noch isoliert von den anderen Gruppenprinzipien betrachtet werden.

Kein Recht auf Eroberungen

Für die Juristen gibt es keine Zweifel: »Bestimmungen eines Friedensvertrages, die gegen zwingendes Völkerrecht verstoßen, sind nichtig. Nichtig sind insbesondere Bestimmungen, die gegen die tragenden ethischen Prinzipien des Völkerrechts verstoßen wie die Ehre und die Unabhängigkeit der Staaten, die Achtung der völkerrechtlichen Verpflichtungen, die

Grundrechte der Menschen, die humanitären Vorschriften des Völkerrechts.« US-Präsident Wilson hatte in seiner Kongreßrede vom 12. Februar 1918 das Selbstbestimmungsrecht zur Grundlage des kommenden Friedens erklärt. In den endgültigen Fassungen der Friedensverträge von Versailles und St. Germain wurde gegen dieses Recht verstoßen, und zwar in den Regelungen Elsaß-Lothringen, des Saargebiets, Eupen-Malmedys, Österreichs einschließlich Südtirols, des Sudetenlandes, Danzigs, des Korridors, Oberschlesiens, Ostpreußens und des Memelgebietes.

Die IV. Genfer Konvention setzt in Art. 49 fest, daß eine Sieger- oder Besatzungsmacht ihre eigenen Staats- oder Volksangehörigen nicht in den Gebieten ansiedeln darf, die von ihnen besetzt wurden. Die Vereinten Nationen verurteilten diese Praxis, die in den von Israel besetzten arabischen Gebieten betrieben wird, wiederholt auf das schärfste. Die in den Ostgebieten und dem Sudetenland angesiedelten Polen, Russen oder Tschechen leben dort unter denselben Bedingungen des gebrochenen Völkerrechts. Die Jahre, die inzwischen vergangen sind, machen den Bruch des Völkerrechts nicht rückgängig. Die Ansiedlung ist widerrechtlich, contra legem, sie ist genauso wie die Vertreibung der Deutschen rechtsunwirksam und als Verbrechen unverjährbar.

In früheren Jahrhunderten, als den Staaten noch ihre Geburt als Raubstaaten gegenwärtig war, konnten Rechtsphilosophen lange darüber meditieren, wieso, warum und auf welch geheimnisvollen Wegen Gottes und Umwegen der Menschen sich krasses Unrecht eines Tages in anerkanntes Recht verwandelt. Der Zeitpunkt ließ sich kaum jemals bestimmen, jedenfalls nicht so, wie es die neugierige Hausfrau versuchte, die eine ganze Nacht aufblieb, um festzustellen, wann denn aus den heutigen Brötchen gestrige Brötchen werden. So unbestimmt im Völkerrecht die Verjährungsfristen in den jeweiligen Einzelfällen sind: Der Grundsatz der Unverjährbarkeit bestimmter Verbrechen macht alle Spekulationen darüber hinfällig, ob auch diese Vergehen eines Tages rückwirkend rechtens werden könnten.

Ernest Nija, der Vizepräsident des Internationalen Gerichtshofes in Den Haag, drückte sich in diesem Punkt kategorisch aus: »Das Recht auf Eroberung ist eine Sache, die der Vergangenheit angehört. Gebietsannexionen und Souveränitätsübertragungen können nicht mehr durch eingedrungene Armeen herbeigeführt werden. Ein gerechterer Gedanke hat sie verdrängt, nämlich die Form einer vorübergehenden militärischen Besetzung.« Selbstbestimmungsrecht, Heimatrecht, Volksgruppenrecht, Unverjährbarkeit von Vertreibungen: Diese vier Komplexe eines Rechtszusammenhanges hätten von den seit 1949 politisch Beauftragten Westdeutschlands unerbittlich festgehalten werden müssen. Aus Opportunitätsgründen wurde es unterlassen. Der größte Schaden aber entstand durch diejenigen, die zugunsten einer Ostpolitik der sanften Sohlen innerhalb eines Jahrzehnts ihre Rechtsbegriffe über Bord warfen.

Im Jahre 1963 konnten sich die Westdeutschen bei der Versicherung beruhigen: »Wir verzichten als Deutsche im freien Teil Deutschlands auf keinen unserer Ansprüche, weder auf den, als Volk in einem demokratischen Staat zu leben, noch auf den, daß die Grenzen in einem Friedensvertrag mit einer Vertretung des ganzen deutschen Volkes festzulegen ist. Wer eine Deutschlandregelung für möglich hält, bei der unter dem Druck von Macht und Gewalt Deutsche heucheln, auch sie seien damit einverstanden, daß in dem einen Teil russische, in dem anderen Teil andere Prinzipien herrschen, der legt eine Bombe mit Zeitzünder an den Weltfrieden, und wer glaubt, ein Verzicht auf die Grenzregelung in einem Friedensvertrag mit einer Vertretung des ganzen deutschen Volkes könnte die Sowjetunion umstimmen, der übersieht, daß sie jene Grenze, wenn das eine ist, sowieso in der Hand hat. Eine Friedensordnung mit einer Fixierung der Teilung Deutschlands trägt den Keim des Unfriedens und schlimmstenfalls des Krieges in sich. Verzichten auf Gewalt heißt doch nicht Anerkennung der Gewaltakte anderer oder Besiegelung solcher Gewaltakte durch Resignation gegenüber fremder Gewalt.«

Um möglichen Mißverständnissen zuvorzukommen: Die Sätze stammen nicht von irgendeinem rechtsextremen Anwalt des Kalten Krieges, der ihn gern in einen wärmeren verwandelt hätte, sondern von dem stellvertretenden Vorsitzenden der SPD Herbert Wehner. Im Oktober 1966 bestätigte Wehner erneut: »Wer das Bestreben, so viel wie möglich von Deutschland für Deutschland zu retten, eine Illusion nennt, der mag das tun. Aber den Menschen zuzumuten, sie sollen das, was mit ihnen geschehen ist, einfach hinnehmen und nicht nur hinnehmen, sondern sogar noch rechtfertigen helfen: Das geht über menschliches Vermögen hinaus.«

Die sozialliberale Ostpolitik unternahm eben dies, was Herbert Wehner noch wenige Jahre zuvor »über menschliches Vermögen« hinauszugehen schien. Der Moskauer Vertrag, den die Regierung Brandt/Scheel aushandelte, sicherte den Gewaltverzicht und die territoriale Integrität aller Staaten in Europa auf der Grundlage der bestehenden Grenzen. Im Warschauer Vertrag wurde von der Bonner Regierung die Oder-Neiße-Linie ausdrücklich als polnische Westgrenze anerkannt und diese Anerkennung zur Grundlage einer Normalisierung der Beziehungen zu Polen gemacht. Damit wurden die Ostgebiete abgeschrieben. Willy Brandts Begründung verdient, festgehalten zu werden: Seine Regierung hätte lediglich auf etwas verzichtet, »was schon längst verspielt worden ist«. Die Vehemenz, mit der von den Initiatoren der Ostpolitik auf Gebiete Deutschlands verzichtet wurde, ohne daß ihnen diese Gebiete gehört hätten oder sie dazu ermächtigt worden wären, erinnert an die bissige Bemerkung Benjamin Disraelis über Außenminister Edward Henry Stanley, Earl of Derby: »Ich weiß nicht, ob es irgend etwas gibt, das Begeisterung in ihm erregen kann, es sei denn, daß er den Verzicht eines nationalen Besitzstandes in Betracht zieht.«

Zu spät dämmerte es den für die Verträge Verantwortlichen, daß es auch irgendwo das Völkerrecht und den Vorbehalt des Friedensvertrages geben müsse. Deshalb sandten sie den Abmachungen den sozialliberalen Memento-mori-Brief zur deutschen Einheit nach: Die Endgültigkeit der Grenzen, die sie soeben bestätigt hätten, sei doch nicht so endgültig, wie es unterzeichnet worden sei. Sie konnten das um so leichteren Herzens versichern, als für die SPD und die Liberalen von diesem Zeitpunkt an die deutsche Zweistaatlichkeit beschlossene Sache war. Darin bestand mit dem SED-Regime Einigkeit und sie ließen sich dies auch gerne von Ost-Berlin bestätigen. Wer daran zu rühren wage, so mahnten sie, gefährde überdies den Status quo und damit den Weltfrieden. Von dieser Behauptung bis zur unausgesprochenen Unterstellung, daß sich letzten Endes nur Leute gegen den Status quo wenden würden, die auch vor Krieg nicht zurückschreckten, führte deshalb kein Weg, weil keiner nötig war.

Inzwischen sollte es kein Interessierter mehr hinnehmen, daß ein Gutteil der Selbstsicherheit unserer Abgeordneten darin besteht, sich definitiv darauf verlassen zu können, daß sie von niemandem beim Wort genommen werden. Deshalb lohnt es sich, ihre Debatten über die Ostpolitik nachzulesen; schließlich ist der Bonner Bundestag erfüllt von seiner vornehmsten Aufgabe, nämlich der »Repräsentation, das heißt, der Darstellung und Verkörperung des deutschen Volkes und seines Willens«. Die damalige CDU-Opposition kämpfte bis 1972 mit einer ungewöhnlichen Leidenschaft gegen die Ostverträge der Sozialliberalen. Sie gewann a conto dessen sogar aus den Reihen der SPD und FDP etliche Zuläufer. Doch als dann im Frühjahr 1972 die Ratifizierung zur Abstimmung stand, enthielt sich die CDU-Opposition der Stimme und billigte damit schweigend die Verträge.

Spätere Hinweise der Opposition auf das Grundgesetz, das Völkerrecht und die Urteile des Karlsruher Verfassungsgerichts wischten die Sozialdemokraten mit einem höhnischen »Formelkram« vom Tisch. Welche Verträge und Rechtsprinzipien unter den gleichen Voraussetzungen nicht ebenfalls als »Formelkram« zu bezeichnen wären, möglicherweise allen voran die sozialliberalen Ostverträge, dürfte damit nicht geklärt sein.

Die Waffe der Gewalt

Politik besteht unter anderem auch in der Kunst, die Fülle der Bestimmungen des Völkerrechts nach Belieben zu zitieren und auszulegen. Dadurch lassen sich Verhältnisse, die rechtlich unstrittig zu sein scheinen, mit leichter Hand so umformen, wie es politisch zweckmäßig ist. Nach dem Völkerrecht steht die Frage der Grenzen Deutschlands erst bei den Verhandlungen über einen Friedensvertrag an. Das Bonner Grundgesetz bestimmt jedoch in Art. 25: »Die allgemeinen Regeln des Völkerrechts sind Bestandteil des Bundesrechtes. Sie gehen den Gesetzen vor und erzeugen Rechte und Pflichten unmittelbar für die Bewohner der Bundesgebietes.« Neben diesem Grundgesetz-Artikel ist jede Anerkennung der zur Zeit bestehenden

Grenzlinien eine völkerrechtswidrige Maßnahme. Das gilt auch für die Ostverträge. Der Hinweis auf den Vorbehalt des Friedensvertrages war unnötig. Auch vor der Kulisse des Grundgesetzes haftet den Ostverträgen Fragwürdigeres an, als tunlich ist.

Den Sozialliberalen verdanken wir auch eine der gängigsten Krüppelkonstruktionen, mit denen wir in unsere europäischen Zukunft gehumpelt sind: Eine Nation in zwei Staaten – ein Gedanke von sprühender Einfallslosigkeit. Er wird allenfalls überboten von der mühsam erworbenen Unwissenheit über die historischen und elementar-demokratischen Zusammenhänge zwischen Nation, Volk und Staat. Ihr Verbindungsgefüge läßt sich nicht auflösen, auch nicht durch »Vorurteil und Vorteil«, diese beiden zuverlässigen Garanten der Drogenabhängigkeit unserer politischen Vernunft.

Deutschland wird bis heute wie das Wild auf einer Parforcejagd gehetzt, weil – wie unsere Freunde und Nachbarn gemeinsam mit den Siegermächten überzeugt sind – die längste Zeit unserer Geschichte und vor allem im zwanzigsten Jahrhundert angeblich solche Leitsätze für unsere Politik verbindlich gewesen sein sollten wie »Gewalt geht vor Recht«. Dem sei, wie es sei: In unserer Lage, in der wir selbst und sonst niemand Anwalt unserer Interessen sind und sein müssen, gibt es nur eine Grundlage, auf die wir uns stützen können: das Recht. Der Stolz Westdeutschlands macht nicht zuletzt und mit den allerbesten Gründen die Tatsache aus, daß die Bundesrepublik ein Rechtsstaat ist.

Das allein maßgebende Merkmal eines Rechtsstaates ist die Gewaltenteilung; dazu gehört die unbedingte Trennung von Recht und Politik. Bei der Gründung der Bundesrepublik war allem anderen der Wille übergeordnet, die Erneuerung des Staates und des Rechts durch die Wiederherstellung des

Rechtsstaates in Gang zu bringen. Seit Montesquieu gilt zwar der Grundsatz der Gewaltenteilung als unantastbar, aber es genügt nicht, ihm theoretisch ein Kopfnicken zu gönnen. Es ist also nicht nur nötig, die klassischen Trennungslinien zwischen Gesetzgebung, Rechtssprechung und Exekutive als unantastbar zu beachten, sondern ebenso die konsequente Trennung zwischen Recht und Politik. Darin besteht schließlich auch der Sinn, die Legitimation des Obersten Gerichts in Karlsruhe: daß die Justiz dem Recht und nur dem Recht zu dienen hat und nicht der Politik. Steht damit ein Kapitel an über die endlosen Versuche unserer Politiker, das Recht für ihre Parteipolitik – sowohl im Inneren wie in der Außenpolitik – in Dienst zu nehmen? Kaum möglich, denn seine Ungenießbarkeit würde noch übertroffen von seiner Länge. Die schädlichste Wirkung der Vermischung beider Bereiche besteht darin, daß die Geschichte und Zeitgeschichte manipuliert wird. Hier haben sowohl die Bundesregierungen, als auch die Kultusministerien bei ihren Richtlinien für den Unterricht und nicht zuletzt die Altparteien Unverzeihliches verschuldet. Das Ergebnis besteht in einer trostlosen Desorientierung, in einer grotesken Unkenntnis der Tatsachen und vor allem in einer heillosen Vergiftung jener Sphäre, in der seit alters die Grundbegriffe des Anstands zu Hause waren.

Am Ende des zwanzigsten Jahrhunderts wurden wie noch nie zuvor aus Gründen der Humanität und des Völkerrechts der militärischen Gewalt in Form des Krieges abgeschworen. Das bedeutet keine Absage an die Autorität des Staates. Kein Staat kann bestehen, wenn er seinen Gesetzen nicht zur Geltung verhilft, notfalls auch mit den rechtmäßigen Mitteln der Gewalt. Dasselbe gilt, wenn es zum Äußersten kommt, auch für die Beziehungen der Staaten untereinander. In beiden Fällen aber ist das Recht, und nur das Recht, die Waffe der Gewalt.

Diese Tatsache steht in einem nur schwer zu begreifenden Kontrast zu den Verlautbarungen der Regierung, aus denen sich die Position ablesen läßt, die hinsichtlich der deutschen Ostgebiete bezogen wird. Man fragt sich dabei immer wieder, aus welchen Gründen noch vor Beginn der Friedensverhandlungen von deutschen Politikern jedweder Couleur ständig das Völkerrecht zur Disposition gestellt wird. Zweierlei hat im Mittelpunkt zu stehen: das zwingend geltende Völkerrecht und das Selbstbestimmungsrecht. Nachdem sich die Bundesrepublik – worauf man wiederholt aufmerksam machen muß – überall in der Welt als Ankläger von Rechtsverletzungen zu Wort meldet, wirkt es peinlich, an die feierlich verkündeten Erklärungen der Staatengemeinschaft, die sich 1945 in den Vereinten Nationen ihre Organisation gegeben hat, erinnern zu müssen. Zu den rechtlich bindenden Zielen der UN, die im ersten Artikel aufgeführt sind, wird unter Punkt zwei erklärt, daß »freundschaftliche Beziehungen zwischen den Völkern, aufgebaut auf der Achtung vor dem Grundsatz gleicher Rechte und der Selbstbestimmung der Völker« zu entwickeln sind. Dasselbe Recht wird in Art. 55 der Charta berufen. Am 14. Dezember 1960 stellte die Vollversammlung der UN in ihrer Resolution über die Liquidierung des Kolonialismus fest: »Alle Völker haben das Recht der freien Selbstbestimmung«. Besonders feierlich wird in der Präambel des Vertrages über die deutsch-französische Zusammenarbeit vom 22. Januar 1963 der Wille betont, »durch die Anwendung dieses Vertrages die großen Ziele zu fördern, die die Bundesrepublik Deutschland ... seit Jahren anstrebt und die ihre Politik bestimmen, nämlich – die Verwirklichung des Selbstbestimmungsrechts für das deutsche Volk und die Wiederherstellung der deutschen Einheit«.

Keinem Politiker steht es frei, diesen Erklärungen zum Selbstbestimmungsrecht der Völker nur deklamatorischen Charakter zuzusprechen. Die Prinzipien der Unabhängigkeit und der Selbstbestimmung gelten heute als konstituierend für das Völkerrecht. Ob sich in allen möglichen Ecken und Enden der beträchtlich verwirrten westdeutschen Szene politisches Rasseln erhebt oder nicht: Auch für das deutsche Volk ist das Selbstbestimmungsrecht konstitutiv, und es spielt rechtlich nicht die geringste Rolle, daß die Deutschen zahlenmäßig das größte Volk Europas darstellen. Diese Tatsache hat ihr politisches Gewicht. Aber es ist ein Unding, durch Rechtsminderungen, Rechtsverzicht oder gar Rechtsbeugung eine Legitimation der politischen Rücksichten zu versuchen.

Die Abtretung des Sudetenlandes im Jahre 1938 an das Deutsche Reich und seine Eingliederung erfüllten den Anspruch des zwingenden Selbstbestimmungsrechtes seiner deutschen Bewohner. Es war das leitende Motiv für das Zustandekommen des Münchner Abkommens vom 29. September 1938. Die Regierung der Tschechoslowakei hatte der Abtretung bereits zugestimmt, noch bevor das Abkommen unterzeichnet wurde. Das Territorium des Sudetenlandes ist nicht durch das Münchner Abkommen deutsches Reichsgebiet geworden. Die Gebietshoheit ging dadurch auf das Deutsche Reich über, daß die Tschechoslowakei das Gebiet geräumt und das Deutsche Reich das Sudetenland besetzt hat. Die beiden Staaten einigten sich über den Verlauf der Grenze am 20. November 1938 vor der Internationalen Grenzkommission; die Einigung wurde im Protokoll vom 21. November fixiert.

Wenn der dritte Ostvertrag der Sozialliberalen Regierung, der Prager Vertrag vom 11. Dezember 1973, das Münchner Abkommen für nichtig erklärt, ist damit keinerlei Entscheid über die Gebietshoheit des Sudetenlandes gefallen. Denn die

Gebietsübertragung wurde nicht durch das Münchner Abkommen herbeigeführt. Völkerrechtlich ist deshalb bis heute das Sudetenland, nicht anders als die Ostgebiete, kriegsbesetztes deutsches Gebiet, das die besetzenden Mächte an die Tschechoslowakei übergaben, ohne daß sich deshalb etwas an seiner Zugehörigkeit zum Deutschen Reich geändert hätte. Diese Rechtsauffassung wurde auch von der englischen Regierung geteilt. England hatte sich vom Münchner Abkommen nur politisch distanziert, nicht rechtlich. Am 26. April 1967 erklärte der britische Staatsminister Mulley, daß die Grenzen zwischen der Tschechoslowakei einerseits und Deutschland und Polen andererseits erst in einem Friedensvertag festgesetzt werden könnten. Die Rückannexion des Sudetenlandes durch die Tschechoslowakei ist demnach völkerrechtlich ohne Belang, sie ist widerrechtlich.

Aufgrund dieser völkerrechtlichen Lage kommt der »Sudetendeutsche Rat« zu dem Schluß: »Die etwa 3,8 Millionen Sudetendeutschen (davon rund 2,7 Millionen in der Bundesrepublik Deutschland) haben das Recht und erheben den Anspruch, das Sudetenland als ihr Heimatland tatsächlich zu besitzen. Sie wollen aufgrund ihres Heimatrechtes friedlich in das Sudetenland zurückkehren und ihre zukünftige politische Stellung und Zugehörigkeit aufgrund ihres Selbstbestimmungsrechtes selbst bestimmen.«

Das Problem des Sudetenlandes, der deutschen Ostgebiete, Österreichs und Südtirols haben dasselbe rechtliche und politische Gewicht wie das Problem der baltischen Staaten Estland, Lettland und Litauen, das Problem der Palästinenser und der Farbigen in Südafrika. Ist es zuviel von deutschen Politiker und Ministern verlangt, die rechtlichen Fragen Deutschlands nicht nach politischen Opportunitätsgründen zu behandeln, sondern im Interesse der Imperative des Völkerrechts? Daß unsere Interessen mit anderen Interessen zusammenstoßen, bedeutet nichts anders, als daß ein Interessenausgleich zu suchen, nicht aber auf unsere Interessen zu verzichten ist.

Kapitulanten-Ideologie

Das Selbstbestimmungsrecht der Völker erhebt den Anspruch, daß kein Volk unter der Herrschaft eines fremden Staates stehen, sondern seinen eigenen Staat besitzen soll. Selbstbestimmung, nationaler Staat und Unabhängigkeit gehören zu den Fundamenten der neuzeitlichen Demokratie. Wer sie in Frage stellt, verneint auch die Demokratie. Die Eingliederung Österreichs und des Sudetenlandes in das Deutsche Reich im Jahre 1938 war eine Erfüllung des Selbstbestimmungsrechtes. Wer deshalb in einem völkerrechtlich relevanten Sinn vom »Deutschen Reich« spricht, also demjenigen Völkerrechtssubjekt, das allein beim Friedensvertrag Verhandlungspartner sein kann, der spricht von einem Staat, dessen völkerrechtliche Grenzen dem Stand vom 1. September 1939 entsprechen.

Am 5. Juni 1945 erklärten die Siegeralliierten, daß sie bei der weiteren Behandlung Deutschlands von dessen Grenzen nach dem Stand vom 31. Dezember 1937 ausgehen würden. Sie bezeichneten damit aber nur den Umfang desjenigen Gebietes, das in Besatzungszonen aufgeteilt wurde: »Nach allgemeinem Völkerrecht konnten die Grenzen des Deutschen Reiches vom Tage des Kriegsausbruchs weder von der einen noch von der anderen Seite durch einseitige Bestimmungen geändert werden.« Daß sich das Datum vom 31. Dezember 1937 für die Umschreibung des Deutschen Reiches eingebürgert hat, spielt nur für die politische Meinung eine Rolle. Rechtlich ist sie unbegründet und deshalb völkerrechtlich nichtig. Diese Tatsache kann nicht einmal durch irgendwelche Gesetze der Bundesregierung geändert werden und schon gar nicht durch politische Verträge mit der Tschechoslowakei. Dasselbe gilt für Polen und die deutschen Ostgebiete – einschließlich des sowjetisch besetzten Teils von Ostpreußen. Das Insistieren auf Erfüllung des Selbstbestimmungsrechts, zu dem jede deutsche Regierung verpflichtet ist, muß überdies mit besonderem Nachdruck der deutschen Volksgruppe in Südtirol zugute kommen; sie ist seit Jahrzehnten dem faschistisch-italienischen Druck der Entnationalisierung ausgesetzt.

Idee und Praxis des Selbstbestimmungsrechtes zeigen einen krassen inneren Widerspruch, der auch zur Natur des modernen Staates zu gehören scheint. Einerseits könnte man aus dem Souveränitätsbegriff des Staates, aus seiner prinzipiellen Unabhängigkeit folgern, daß ihm auch das Recht unterstellt sein muß; denn wenn dies nicht so wäre, ließe sich nicht von Souveränität sprechen, weil dem Begriffe nach Souveränität keine Einschränkung zuläßt. Wenn es sich aber umgekehrt verhält: daß der Staat dem Recht unterworfen ist, sei es in den internationalen Beziehungen zu anderen Staaten, sei es im Inneren, dann läßt sich nicht von Souveränität sprechen.

Wer so argumentiert, verwechselt den souveränen Staat der Demokratie mit dem Fürstenstaat des Absolutismus. Aber selbst der klassische Fall des absoluten Staates, nämlich die Monarchie des französischen Königs Ludwig XIV., kann nicht außerhalb einer übergeordneten Norm gesehen werden, denn der Sonnenkönig war bei der Ausübung seiner Herrschaft gebunden an seine Verantwortlichkeit gegenüber Gott. Die Souveränität des Staates in der Epoche der modernen Demokratie schließt zwar das Recht des Staates ein, in letzter Instanz zu entscheiden, diese Befugnis bedeutet jedoch nur, daß der Staat nicht kraft einer Übermacht, sondern kraft eines Rechts und in Ausübung dieses Rechts handelt. Mit »Recht« ist in diesem Zusammenhang der Staatszweck gemeint.

Das Grundgesetz fixiert in ihn durch die Charakterisierung der Bundesrepublik. Sie ist ein »demokratischer und sozialer Bundesstaat« (Art. 20), dessen Staatsgewalt vom Volke ausgeht (Art. 21) und dessen oberste Aufgabe das »Wohl des deutschen Volkes« (Art. 56) ist. Eine solche Formel ist zwar recht allgemein, doch das ist unvermeidlich. Die Aufgaben des modernen Staates lassen sich immer nur für kurze Fristen genauer spezifizieren, weil sich ständig neue stellen. Selbst eine Bestimmung wie »sozialer Rechtsstaat« sagt nicht viel mehr aus. Doch solche Bestimmungen genügen, um deutlich zu machen, daß der Staat keineswegs einem Zweck oder einer Norm entzogen, sondern ihr ebenfalls untergeordnet ist. Seine Legitimität, seine Autorität, seine exekutive Gewalt leiten sich aus diesem Zweck oder der Norm ab. Er ist an sie, durch sie und von ihr gebunden.

Staatliches Handeln ist gleichbedeutend mit politischem Handeln. Im Inneren ist politisches Handeln auf die Gestaltung des Gemeinwesens bezogen, im Äußeren auf die Gestaltung der Beziehungen zu anderen Staaten. Nimmt man nun die zwingende Bindung des Staates an die Normen des Rechts hinzu, dann erkennt man die ungeheure Komplexität, aber auch die ungeheure Bedeutung, die das Völkerrecht für Deutschland in unserem Jahrhundert und vor allem in diesen Jahren besitzt. Der Staats- und Völkerrechtler Heinrich Triepel meinte lakonisch, das Politische sei »nicht etwas anderes als das Recht, sondern ein einem Teil der Rechtsordnung innewohnender Inhalt«. Daß die geschäftigen, vom Leerlauf ihrer eigenen Umtriebigkeit berauschten sogenannten Realisten unter den Politikern für »das Recht« meist nur ein herablassendes Schmunzeln übrighaben, – das wissen wir. Sie aber scheinen nicht zu wissen, daß in erster Linie ihre Unbedarftheit dafür verantwortlich ist, wenn Politik als Gewerbe der Finasseure verachtet wird.

Weder im Staatsrecht noch im Völkerrecht ist alles politisch. Aber der größte und vor allem der wichtigste Teil ist auf politische Gebiete und Verhältnisse bezogen. Die Tatsache der intensiven, unauflöslichen Verschränkung von Recht und Politik ist nicht zu bestreiten. So kompliziert im einzelnen auch ihre Verflechtung ist, so einfach ist das Grundverhältnis: Heute wird allgemein unter dem Völkerrecht die Rechtsordnung der wechselseitigen Beziehungen der Staaten verstanden. Außenpolitik ist die konkrete Gestaltung dieser Beziehungen. Daraus ergibt sich zwingend, daß Außenpolitik ohne Rücksicht auf das Völkerrecht oder gar außerhalb des Völkerrechts heute nur noch theoretisch möglich ist. Die völkerrechtliche Entwicklung zielt in eine Richtung, einen derartigen Staat nicht nur zu einem Außenseiter, sondern auch zu einem aus der umspannenden Rechtsgemeinschaft Ausgestoßenen zu stempeln.

Die Bindung durch das Völkerrecht schließt zweierlei ein: die Pflicht, ihm Genüge zu tun, und die Ermächtigung, es in Anspruch zu nehmen. Dadurch wird der Faktor der Macht überlegener Staaten relativiert; das kann bis zur Disqualifikation gehen. Die Praxis der UN-Weltorganisation mag mehr als einmal nur Anlaß zu verständnislosem Kopfschütteln sein, doch ohne ihre Normsetzungen anhand der Charta, der »Allgemeinen Erklärung der Menschenrechte«, der verschiedenen Grundsatzbeschlüsse und Resolutionen gäbe es unerträglich viel rechtsfreie Gebiete – sämtlich Pflanzstätten für Aspiranten des bornierten Faustrechts.

Das Völkerrecht ist Zaumzeug für die Starken, und es ist Zuflucht derjenigen Staaten, deren Mittel und Möglichkeiten begrenzt sind. Wir stehen zur Zeit am Ende einer Epoche, die geprägt war von der Anmaßung übermächtiger Staaten, daß die Welt nach ihren Vorstellungen aufzuteilen, zu gliedern und zu führen sei. Damit ist aber auch für Deutschland das Ende einer Ära erzwungener Apathie erreicht. Politisches Handeln wird nunmehr zu einer rechtlich begründeten Notwendigkeit für diejenigen, die an Deutschlands künftiger Neugestaltung beteiligt sind.

Von den Entscheidungen darüber hängt mehr ab, als wir zur Zeit ermessen können. Seit der ersten Fassung des Selbstbestimmungsrechtes und seiner Verkündigung als Achse der Weltordnung 1917/18 bestreitet auch uns Deutschen niemand auf der Welt dieses Recht – nur verwirklichen durften wir es bisher nicht. Aufgrund des Waffensieges, der militärischen Übermacht, oktroyierten die Sieger dem Unterlegenen ein Verhalten, bei dem faktisches Unrecht nicht nur hingenommen, sondern als Recht gebilligt werden mußte. Daß wir Deutschen uns gegen die Doppelzüngigkeit nicht zur Wehr setzten, gehört zu den schandbaren Blättern der Geschichte unserer Gegenwart. Die Situation der Geschlagenen mag beklagenswert und voll Leid und Kummer sein – beschämend wird sie erst, wenn wir sie selber ausmünzen zu einer Kapitulanten-Ideologie, die der Rechtswidrigkeit im eigenen Haus Vorschub leistet und Beifall zollt.

Was ist notwendig?

Der Widerwille, die Chancen der deutschen Einheit zu erkunden, hinderte auch daran, sie entstehen zu lassen und dann wahrzunehmen. Viel zu lange haben wir Gleichgültigkeit, friedenstiftende Lähmung des politischen Wollens, Hinnahme von Unrecht, die Aufbürdung von Schuld als Indikationen für die Zustandsbestimmung »deutsches Schicksal« gelten lassen. Die Zeit der Selbstverleugnungspolitik ist abgelaufen, jener Politik, die ein Tribut war an den Aberglauben, daß sich Rechtsansprüche durch ihre Verletzung am Leben halten.

Die Bekundungen, wir würden von denjenigen Völkern, die »mit Kriegsende unschuldigen Deutschen bei Flucht und Vertreibung Schreckliches zugefügt« haben, ein »Wort der Erinnerung, des Verständnisses und der Aussöhnung« erwarten, wie es vom Kanzleramt zu vernehmen war, möge ihre Bedeutung für das Klima zwischen Nachbarn besitzen. Es geht jedoch zur Zeit nicht um solche Erklärungen. Sie sind im übrigen für das Klima wertlos, wenn darum ersucht werden muß. Es geht nicht um Verständnis von Leid, sondern um die Realisierung des Rechts. Dazu aber bedarf es des Willens derjenigen, denen wir politische Verantwortung übertragen haben. Er allein zieht die Grenze zwischen einem wachen und einem weichen Gewissen.

Wir wurden durch die Siegermächte gewaltsam geteilt und daran gehindert, unser Recht auf Selbstbestimmung auszuüben. Jeder Hinweis auf die machtpolitischen Bedingungen und Entwicklungen, die dabei ebenfalls eine Rolle spielten, kann nur erklären, warum diese Behinderung bis heute anhielt; gerechtfertigt ist sie deshalb keinesfalls. Den Bemühungen, das Recht wieder zu inthronisieren, steht als größte Schwierigkeit entgegen, daß man uns Deutsche zwar gewaltsam voneinander getrennt hat, wir diese Trennung aber nunmehr ohne Gewalt beheben müssen und nur so beheben dürfen. Das verlangt nach Staatskunst, und zwar exakt nach jener, deren Qualität sich um so empfindlicher bemerkbar macht, je mehr sie zu wünschen übrigläßt.

Das künftige Handeln deutscher Politiker steht nicht unter

dem Imperativ der Gefälligkeit nach allen Seiten, sondern unter demjenigen unserer Interessen. Nichts anderes besagt die Eidesformel der beauftragten Vollzieher des Volkswillens. Deutschland muß aus dem Zustand mangelnder Souveränität und vorenthaltenen Rechts in eine rechtlich sichere Friedensordnung geführt werden. Der Sinn des politischen Handelns besteht folglich darin, den Nachbarn, ja aller Welt die zwingende Notwendigkeit einer Veränderung der Verhältnisse hin zum Recht aufzuzeigen, damit sie sich einstellt.

Man kann Menschen aus Haus und Heimat, man kann sie aus dem Vaterland vertreiben. Niemand aber kann uns aus unserer Geschichte und aus dem Selbstbestimmungs- und Völkerrecht vertreiben. Das können nur wir selbst – indem wir uns dieser schärfsten Waffen der Friedfertigen *nicht* bedienen.

Europa der Händler

Vision in der Not – Das Paneuropa des Grafen – Handelsunion und »Zukunft 2000« – Wo ist das Vaterland? – Das Defizit – Kein europäisches Bewußtsein – Zeit für neue Konzepte

Alexander der Große lud eines Tages den Historiker Ephoros ein, ihn auf seinen Feldzügen zu begleiten. Ephoros – der an einer Geschichte Alexanders arbeitete – würde dann als Augenzeuge die Ereignisse aus nächster Nähe miterleben. Ephoros schüttelte den Kopf und lehnte ab: Die Geschichte der großen Helden und Begebenheiten könne nur jemand schreiben, der nicht als Zeuge dabeigewesen sei.

Akteuren der Geschichte geht es bei ihren Rückblicken nur selten anders als uns – die Bereitschaft vorausgesetzt, weder sich selbst noch andere hinters Licht zu führen. Damit aber hört die Parallele schon auf. Irrtümer und Fehler des einzelnen betreffen zumeist nur ihn selbst. Er kann zufrieden sein, wenn ihm die Bilanz bestätigt, daß es keine besseren Erfahrungen gibt als die schlechten Erfahrungen. Wenn aber einem Politiker Irrtümer oder Fehler unterlaufen, betreffen sie ihn nur in Ausnahmefällen höchstpersönlich. Schlimmstenfalls verliert er sein Amt wie Richard Nixon, bezieht mit der immer gleich fatalen Unbekümmertheit zurückgetretener Minister seine Pension und beginnt mit den Memoiren.

Auch Winston Churchill schrieb seine Memoiren. Die Bedeutung von Englands Premierminister des Zweiten Weltkriegs garantiert den sechs Bänden »The Second World War« den Rang einer Geschichtsquelle ersten Ranges. Das Werk ist auch ein Modell dafür, daß »Erinnerungen« dieser Art zum subjektivsten Quellenmaterial zählen, das der Historiker kennt. Memoiren geben niemals die Geschichte wieder, obwohl der Autor diesen Eindruck erwecken möchte. Auch Churchill hatte ausdrücklich erklärt, daß er »einen Beitrag zur Geschichte« geben wolle. Fast immer handelt es sich bei derartigen »Beiträgen« um Beschönigungen oder Rechtfertigungen. Eines der berühmtesten Beispiele sind Bismarcks »Gedanken und Erinnerungen«. Von Anfang bis Ende war Bismarcks Absicht leitend, seine gesamte Politik zu verteidigen und zu motivieren; das Werk ist eine einzige Rechtfertigungsschrift. Nach der Lektüre der »Gedanken und Erinnerungen« empörte sich der Großherzog Friedrich I. von Baden: »Ein infames Buch! Fängt mit Lügen an, endet mit Lügen, und in der Mitte stehen auch nur Lügen.«

Memoiren sind anhand der Tatsachen zu überprüfen. Am 15. Dezember 1944 erklärte Churchill im Unterhaus: »Die nach unserem Ermessen befriedigendste und dauerhafteste Methode ist die Vertreibung. Sie wird die Vermischung von Bevölkerungen abschaffen, die zu endlosen Schwierigkeiten führt. Man wird reinen Tisch machen. Mich beunruhigen diese großen Umsiedlungen nicht, die unter modernen Verhältnissen besser als je zuvor durchgeführt werden können.« Er forderte »die totale Vertreibung der Deutschen aus dem Gebiet, das jetzt Polen im Westen und im Norden haben soll«. Zwei Monate danach trafen sich Churchill, Roosevelt und Stalin in Jalta auf der Krim. Churchill berichtet: »Eden meinte, was Polen im Osten verliere, könne es im Westen gewinnen. Ich demonstrierte dann mit Hilfe dreier Streichhölzer meine Gedanken über eine Westverlagerung Polens. Das gefiel Stalin.«

Auf der Potsdamer Konferenz wurden die Grundsätze spezifiziert, auf die sich die Sieger in Jalta geeinigt hatten. Punkt XIII. des Protokolls widmete sich der »Ordnungsgemäßen Überführung deutscher Bevölkerungsteile« aus Polen, der Tschechoslowakei und Ungarn. Der wortstarke Befürworter Churchill änderte kurz darauf seine Meinung um hundertachtzig Grad. Im sechsten Band seiner Memoiren meinte er zur Oder-Neiße-Linie: »Hier war ein Unrecht im Werden, gegen das – wenn man an die künftige Befriedung Europas denkt – Elsaß-Lothringen und der Polnische Korridor nicht viel mehr als Kleinigkeiten waren. Eines Tages würden die Deutschen diese Gebiete zurückverlangen und die Polen nicht in der Lage sein, sie aufzuhalten.«

Vision in der Not

War Churchill das Wort »Unrecht« nur versehentlich in die Feder gekommen? Wohl kaum, denn er verband damit das Recht der Deutschen auf die geraubten Gebiete; seine Wendung »eines Tages« deutete bereits an, daß jenes Unrecht nicht verjähren würde. Churchill rechnet dabei mit einem neuen Ausbruch von Gewaltsamkeit. Die Befürchtung traf nicht ein. Bemerkenswert ist allerdings, daß Churchill die Vertreibung und Annexion dem Gesichtspunkt von Unrecht und Recht unterstellte. Bundeskanzler Kohl dagegen konnte Hinweisen darauf nur das denkwürdige Wort entgegenhalten: »Rechtsstandpunkte sind kein Ersatz für praktische Politik.« Niemand hatte jemals die praktische Politik durch irgend etwas »ersetzen« wollen, nicht einmal durch das Recht. Welchem Kompaß die praktische Politik des westdeutschen Regierungschefs folgte, blieb im Ungewissen – sofern überhaupt ein Kompaß vorhanden war.

Möglicherweise spielte bei der Bemerkung des Kanzlers auch unbewußt der den meisten Akteuren peinliche Umstand eine Rolle, daß sich gerade in der Politik Rechtsnormen viel leichter bekämpfen lassen, als mit ihnen zu leben. Man hätte freilich gern gewußt, wie es denn unter den Zwängen der »praktischen Politik« mit unserem gepriesenen »Rechtsstaat Bundesrepublik« steht. Wäscht sich sein inhaltlicher Kern im reißenden Strom der praktischen Politik aus? Muß man wirklich unsere Politiker noch immer daran erinnern, daß, wer die Rechtslage der Tatsachenlage opfert, der nackten Willkür zur Herrschaft verhilft? Oder erscheint ihnen das Recht deshalb so unangenehm, weil sich aus dem Recht klare Pflichten für das politische Handeln ergeben?

Nach dem Ende des Zweiten Weltkrieges verknüpften sich sowohl bei den Siegern als auch bei den Geschlagenen die stärksten Hoffnungen mit einer Zukunft, in der dem Recht in Form einer inner- und zwischenstaatlichen Ordnung Genüge getan würde. Die Intensität dieser Erwartungen war eine Reaktion auf die schreckliche Gewalt und die Blutopfer des größten Krieges der Geschichte. In Europa selbst erhob sich überdies unmittelbar nach der Waffenruhe das Gespenst einer neuen Bedrohung, die nun ausgerechnet von einem der siegreichen Alliierten ausging. Sie zeichnete sich unerwartet schnell in jenem Kontinent ab, den sie gemeinsam erobert und unter sich aufgeteilt hatten, in Europa. Das erste Zeichen des Umdenkens wurde von dem amerikanischen Außenminister James Francis Byrnes gesetzt. Er hielt am 6. September 1946 in Stuttgart eine Rede, in der er die neuen Orientierungspunkte der US-Außenpolitik umriß. Byrnes spielte auf den Rückzug der Vereinigten Staaten aus Europa im Jahre 1919 an. Der Isolationismus gehöre der Geschichte an: »Wir sind entschlossen, uns weiter für die Angelegenheiten Europas und der Welt zu interessieren.«

Byrnes hatte auch den Deutschen erstmals eine neue Wertschätzung in Aussicht gestellt. Deshalb rührte sich trotz der Praxis der Besatzungspolitik erstmals wieder etwas Zuversicht. Weit stärker noch aber war das positive Echo auf die Rede, die Winston Churchill zwei Wochen später, am 19. September, in der Universität von Zürich hielt. Sie war das Meisterstück eines Politikers, der England vermeintlich gerettet und dabei doch nur alles verspielt hatte, was in England ursprünglich als Rechtfertigung des Krieges gegen Deutschland galt, – verspielt teils an Amerika, verspielt vor allem aber an das Rußland Stalins:

»Ich wünsche heute über die Tragödie Europas, dieser Quelle christlichen Glaubens und christlicher Ethik, vor Ihnen zu sprechen. Dennoch ist es dieses selbe Europa, von wo eine Serie schrecklicher nationalistischer Zwiste, welche von den teutonischen Nationen ausgelöst wurden, ausgegangen sind. Wir haben es erlebt, wie diese Zwiste selbst in unserem Jahrhundert das Gebäude des Friedens zertrümmert und die Hoffnungen der Menschheit zunichte gemacht haben. In ausgedehnten Gebieten Europas starrt eine Menge gequälter, hungriger, sorgenerfüllter und verwirrter Menschen die Ruinen ihrer Städte und Heimstätten an und sucht den dunklen Horizont nach den Zeichen irgendeiner neuen kommenden Gefahr, einer Tyrannei oder eines neuerlichen Terrors ab. Unter den Siegern herrscht eine babylonische Sprachverwirrung mißtöniger Stimmen, unter den Besiegten aber das trotzige Schweigen der Verzweiflung. Wenn die große Republik jenseits des Atlantischen Ozeans nicht endlich erkannt hätte, daß der Zusammenbruch oder die Versklavung Europas auch ihr eigenes Geschick mit sich in den Abgrund reißen würde und nicht eine helfende und führende Hand Europa entgegengestreckt hätte, so würden die dunklen Zeiten mit all ihrer Grausamkeit wiedergekehrt sein. Und sie könnten noch immer wiederkehren.

Trotzdem gibt es ein Heilmittel, das, allgemein und spontan angewendet, die ganze Szene wie durch ein Wunder verwandeln und innerhalb weniger Jahre ganz Europa oder doch dessen größeren Teil so frei und glücklich machen könnte, wie es heute die Schweiz ist. Dieses Mittel besteht in der Erneuerung der europäischen Familie oder doch einer so großen Zahl ihrer Mitglieder, als es im Rahmen der Möglichkeiten liegt und ihr Neuaufbau unter einer Ordnung, unter der sie in Freiheit, Sicherheit und Frieden leben kann. Wir müssen eine Art Vereinigter Staaten von Europa errichten. – Der erste Schritt bei der Neubildung der europäischen Familie muß ein Zusammenleben zwischen Frankreich und Deutschland sein. Nur so kann Frankreich die Führung in Europa wieder erlangen. Es gibt kein Wiedererstehen Europas ohne ein geistig großes Frankreich und ein geistig großes Deutschland. Wenn wir die Vereinigten Staaten von Europa bilden wollen, so müssen wir es jetzt tun.«

Das Paneuropa des Grafen

Das Pathos in Churchills Rede ließ nichts zu wünschen übrig. Es überdeckte auch das Typische seines Europakonzepts, nämlich den politischen Zweck, mit der europäischen Einigung dem Alptraum des sowjetischen Expansionismus etwas entgegenzustellen. Sein Integrationskonzept war unverhüllt ein Kind der Not, der Ohnmacht Westeuropas und seiner Furcht. Daß er die Völker Europas außerhalb der russischen Einflußsphäre flammend zur Einigkeit mahnte, geschah nicht wegen der Einheit Europas, sondern es geschah, um das westliche

Rumpf-Europa in ein Bollwerk gegen den Bolschewismus zu verwandeln. Churchill erwähnte mit keinem Wort Großbritannien, ebensowenig die alteuropäischen Länder Polen und Ungarn oder Böhmen, Mähren und die Slowakei, also die Gebiete des tschechoslowakischen Staatsverbandes, ebensowenig Südosteuropa. Churchills Europa-Konzept wurde zur Keimzelle des westeuropäischen Zusammenschlusses in der Wirtschaftsgemeinschaft. Die Etappen ihrer Entwicklung bis heute zeigen eindringlich, daß die so oft beschworene Europäische Integration auch unter politischen Gesichtspunkten nichts anderes war und sein konnte als eine Zerrform des Europas unserer Geschichte.

Nach 1945, dieser Zäsur unseres Jahrhunderts, die für die Jüngeren inzwischen zur Prähistorie gehört, kam es zu dem sensationellen Niederreißen der Grenzbalken bei Straßburg. Die Symbolik war bewegend, aber sie ist heute genauso wie die damalige Begeisterung nur noch historisch zu verstehen. Da alles zerschlagen worden war, was Deutschland einmal ausgemacht hatte, rettete man sich fast ekstatisch in die Idee Europa.

Der Gedanke eines übernationalen Zusammenschlusses der europäischen Staaten unter Verzicht auf bestimmte Souveränitätsrechte, die traditionellerweise zum Wesen eines Staates gehören – dieser Gedanke ist alt. Schon Montesquieu äußerte vor weit über zweihundert Jahren, daß Europa nichts anders sei »als eine große, aus mehreren kleineren zusammengesetzte Nation«. Doch erst im zwanzigsten Jahrhundert begann man ernsthaft zu versuchen, der Unionsidee einen Weg ins politische Dasein zu bahnen. Der Zusammenbruch des alteuropäischen Staatensystems im Ersten Weltkrieg bot eine reelle Chance – freilich nur in der Sicht derjenigen, die mit dem neunzehnten Jahrhundert die Epoche der Nationalstaaten für abgeschlossen erklärten. Sie übersahen, daß erst die Proklamation des Selbstbestimmungsrechtes dem nationalen Gedanken die wichtigste Bresche schlug.

Aus diesem Grund blieb auch die Paneuropa-Bewegung des Grafen Coudenhove-Kalergi, die seit 1923 ein weites Echo in literatisch-intellektuellen Kreisen auslöste, letztlich eine akademische Affäre und ohne nennenswerte politische Wirksamkeit. Im Januar 1947 wurde in London ein Komitee für die Vereinigten Staaten von Europa eingerichtet. Es sollte die Zusammenarbeit aller schon existierenden Organisationen, die eine europäische Einigung anstrebten, durchsetzen. Richard Graf Coudenhove-Kalergi hoffte, daß die Europa-Euphorie seiner Bewegung zugute kommen würde. Nach der Gründung des britischen Komitees appellierte der Graf an die Europäer: Der tragische Zustand, daß das unglückliche Europa keinen Frieden finde, »wird dauern, solange die Welt versucht, Europa auf denselben überlebten Grundlagen wiederaufzubauen, die unsere Generation zweimal zugrunde gerichtet haben: auf unbeschränkter nationaler Souveränität, auf nationalen Zöllen und Währung, auf nationalem Wettrüsten und nationalem Haß. Wir rufen euch auf, diesem Zustand ein Ende zu setzen, durch sofortige Inangriffnahme der Vereinigten Staaten von Europa – mit einem Obersten Rat und Obersten Gerichtshof, einer gemeinsamen Polizeimacht, gemeinsamen Menschenrechten, einem europäischen Markt und einer europäischen Währung«.

Heute blicken wir mehr als nüchtern auf die Europa-Begeisterung der Nachkriegsjahre zurück. Die anationale Einigungserwartung in den westlichen Besatzungszonen Deutschlands war unrealistisch genug, um für das herbeigesehnte Europa ein schnelles und völliges Ineinanderverfließen der Völker zu erhoffen: verständlich für unsere Großväter und Väter, denen soeben Deutschland zerstört worden war, ihr

Vaterland, für das sie als Soldaten gekämpft hatten. Die Wunde war so groß und schmerzhaft, daß sie schnellstens geheilt werden mußte, und sei es auch nur mit einer Illusion, mit einem Scheck auf eine Zukunft, dessen Deckung aus vagen Verheißungen bestand.

Handelsunion und »Zukunft 2000«

Obwohl sich inzwischen unendlich viel verändert hat, existiert doch nach wie vor die alte Hypothek, daß die Europäische Gemeinschaft ein politisches Zweckbündnis war, das sich nur wirtschaftlich auszudrücken vermochte. Das von Churchill beschworene Europa des Jahres 1946 war nichts anderes als das territoriale Überbleibsel eines Kontinents, den man, um Deutschland niederzuringen, dem Bolschewismus ausgeliefert hatte. Im gleichen Atemzug aber wurde ständig ein Europa beschworen, das mit dem historischen Abendland identisch sein sollte. Der amerikanische Diplomat und Historiker George Kennan gab sich mit solchen Täuschungen nicht zufrieden. Im Jahre 1947 meinte er: »Dadurch, daß wir den Russen erlaubt haben, Königsberg zu annektieren und Wien und Weimar zu besitzen, haben wir das Äußerste getan, um zweitausend Jahre europäischer Geschichte ungeschehen zu machen.«

Allerdings verkürzte auch George Kennan beträchtlich. Denn jenes Abendland war spätestens seit dem achtzehnten Jahrhundert identisch geworden mit einem Europa, zu dem Rußland mit seiner Kultur und seinem Christentum genauso gehörte wie Belgrad oder Siebenbürgen, ganz zu schweigen von jenen Gebieten, die wie Bosnien oder Griechenland Distrikte des Osmanischen Reiches gewesen waren. Alles, was sich mit abendländischen Vorstellungen, mit europäischem Geist, mit der Geschichte Europas verband, waren keine regionalen Spezialitäten von Gnaden der westalliierten Sieger England und Frankreich – zumal sich England seit dem achtzehnten Jahrhundert politisch als maritime Weltmacht verstand und nicht als Repräsentant Europas oder Sachwalter abendländischer Werte.

In der Bundesrepublik schwingt dort, wo allgemeine Bekenntnisse zu Europa abgelegt werden, nach wie vor etwas von jener Fülle der Hoffnungen mit, die zu den enthusiastischen Wellen des Europaengagements der vierziger und beginnenden fünfziger Jahre gehört. Das verflüchtigte sich erstaunlich rasch, als mit der Unterzeichnung der Römischen Verträge am 25. März 1957 die Europäische Wirtschaftsgemeinschaft gegründet und damit deutlich wurde, daß es sich jedenfalls nicht um dasjenige Europa handelte, dem so viele Träumer kurze Zeit entgegengefiebert hatten. Der Enthusiasmus flackerte nochmals kurz auf bei den ersten Direktwahlen zum Europäischen Parlament im Juni 1979. Aber im Gegensatz zu früher handelte es sich um sehr spezielle, sehr unterschiedliche Hoffnungen. Ihre Extreme lagen so weit auseinander, daß sie kaum noch etwas mit dem gemeinsamen Nenner Europa – Abendland zu tun hatten.

Zehn Jahre später, 1989, als wiederum Wahlen anstanden, galt dies mehr denn je. Man macht sich auch heute keiner Vergröberung schuldig mit der Feststellung, daß »Europa« zur Zeit nicht anderes darstellt als einen Wirtschaftsblock, bei dem die Vorteile und Lasten peinlich und peinigend ungleichgewichtig verteilt sind. Sämtliche Gesichtspunkte sind dem ökonomischen Prinzip untergeordnet. Die »Wirklichkeit der europäischen Idee« präsentiert sich als eine Interessengemeinschaft der Kaufleute, der Ex- und Importeure, der Wirtschaftsmanager, der Profite und Handelsbilanzen, böse gesagt: Es handelt sich um ein Europa der Raffer und Rechner.

Daß es gelungen ist, uns Westdeutschen das Kaufhaus Kleineuropa als »Vision Europa = Vision Zukunft« anzudienen, hat erkennbare Gründe. Sie führen in die fünfziger Jahre zurück, als ›Souveränität‹ ersetzt wurde durch ›Servilität‹. Der strategische Hauptgedanke bei den Parteien des Bonner Bundestages bestand mehr oder weniger bewußt darin, durch jene »Vision Europa« unseren säkularen Sündenfall, nämlich die Westintegration der Bundesrepublik, den mentalen Treuebruch an den Mitteldeutschen in der DDR, den geistigen Landesverrat an jenem Deutschland, das mehr ist als die BRD und DDR zusammengenommen – diesen Sündenfall also zu verdecken und zu verdrängen.

Sie überlagerten ihn mit der anheimelnden Unterstellung »Zukunft 2000«, man visiere einen europäischen Bundesstaat an, der allein durch sich selbst eine beispielhafte Verkörperung höchster Modernität, technisch-wirtschaftlicher Effizienz, unvergleichlichen Sozialstandards, sowie mustergültige Universalität darstelle. In dem Bundesstaat Europa würden sich die Mitglieder der Wirtschaftsgemeinschaft, allen voran die Bundesrepublik, als Einzelstaaten auflösen wie Schmierseife in Wasser, und die Welt würde in dieser multikulturellen Mixtur ein Konzentrat unüberbietbarer Fortschrittlichkeit erblicken.

Welche Trugschlüsse sich mit diesem Zukunftsgemälde verbanden, wurde bestürzend rasch deutlich. Wer die Aktionen der Selbstfindung in den osteuropäischen Staaten nur als eine Bankrotterklärung des doktrinären Kommunismus deuten wollte, wurde prompt eines Besseren belehrt. Unversehens war wieder jenes Deutschland vorhanden, von dessen Wirklichkeit nur noch diejenigen gesprochen hatten, die viele Jahre ebenso ausdauernd wie einfältig als »ewig Gestrige« abgetan wurden. Inzwischen liest man in Gazetten, die ihren Ruf der Seriosität häufig mit der Überregionalität ihres Vertriebs verwechseln, erneut Vokabeln, deren Verwendung noch vor kurzem erregte Redaktionssitzungen zur Folge gehabt hätten: In Zukunft solle es vorbei sein mit der »Fremdbestimmung« Deutschlands, ja selbst der Militärgarantin Europas, der NATO, wird – nachdem sie bis gestern noch als unantastbares Prinzip der redaktionellen Zustimmung gegolten hatte – plötzlich der Status einer »Übergangsregelung« verliehen.

Wo ist das Vaterland?

Vor der Europawahl 1989 war die Befürchtung verbreitet, daß der europäische Binnenmarkt 1992 und der angestrebte Bundesstaat Westeuropa für uns Deutsche nochmals ein Ja oder Nein zur Einheit Deutschlands bedeuten könnte. Dieser Sorge wurden wir durch die Deutschen jenseits von Elbe und Werra enthoben. Sie und nur sie und nicht die Westdeutschen mit ihren Politikern haben den Verfassungsauftrag des Bonner Grundgesetzes, Deutschland zu restituieren, aus dem Getto der Floskeln in die Realität unserer Gegenwart gebracht. Drastischer konnte die Existenz des »deutschen Volkes« nicht demonstriert werden, jener Größe also, von der unsere Abgeordneten inzwischen nur noch mit dem geschult teilnahmslosen Tonfall sprachen, den wir von der automatischen Zeitansage kennen.

Dem amtlichen Staatsmarxismus und allem Pochen auf der »sozialistischen Nation« namens DDR zum Trotz sind die Mitteldeutschen au fond »weit deutscher« geblieben als die Bewohner der westbestimmten Bundesrepublik. Die vorgebliche Weltoffenheit und Internationalität, auf die sich unsere

Eurokraten so viel zugute hielten, bleibt eine Phantasmagorie, wenn sie kein geistig-politisches Fundament in einem Volk besitzt. Den beflissenen Nur-Europäern in Westdeutschland wurde kürzlich von einem Franzosen entgegengehalten: »Sie sind nur dann ein guter Europäer, wenn Sie ein guter Deutscher sind.«

Sein Wort in Gottes Ohr. Auch wenn es für Monsieur kein Kunststück ist, ein guter Franzose zu sein. Darüber braucht jenseits des Rheins niemand nachzudenken. Doch wir? Hat es bei uns nicht noch immer einen leicht faschistoiden Beigeschmack, wenn jemand sagt, er sei ein guter Deutscher. Eine solche Beteuerung nimmt man hierzulande bestenfalls einem Urgenossen des Antiquariats-Marxismus ab, weil ihm das sowieso niemand glaubt. Doch wenn ein Sozialdemokrat sich zu dergleichen versteigt, wird es dubios. Ganz zu schweigen von uns Durchschnittswählern. Wer könnte denn sagen, was einen »guten Deutschen« ausmacht?

Oder meint Monsieur das »Europa der Vaterländer« von General de Gaulle? Vielleicht will er auch nur andeuten, daß Frankreich immer zuerst Frankreich ist und sich nur insoweit in Europa einbettet, soweit es der höheren Ehre Frankreichs dient. Der höheren Ehre, dem höheren Ruhm, dem größeren Sozialprodukt, der expandierenden Wirtschaft?

Wie leicht fällt dem französischen Anwalt der deutschen Sache das schöne Wort. Denn Frankreich *ist* ein Vaterland. Wir dagegen, wir Deutschen, mußten ein halbes Jahrhundert lang fragen, ob wir überhaupt ein Vaterland besitzen. Oder gar noch länger, zumindest seit 1922, als der führende Sozialdemokrat Artur Crispien auf einem Parteitag in Leipzig erklärt hatte: »Wir kennen kein Vaterland, das Deutschland heißt.« Zu den »Glossen eines vaterlandslosen Gesellen«, die Crispien im selben Jahr 1922 drucken ließ, wird sich zwar heute kaum noch ein Sozialdemokrat bekennen. Dies um so leichter, als es in den letzten Jahrzehnten gelungen ist, alles Staatliche und Politische vom Wirtschaftlichen und Gesellschaftlichen dominieren zu lassen. »Vaterlandslose Gesellen« – das ist nicht aktuell. Aber de facto waren wir eine »vaterlandslose« Gesellschaft, und der offizielle Stolz darauf wirkt heute, da wir das Vaterland wieder gefunden haben, absonderlich betagt.

Nach dem Vaterland zu fragen, bedeutet im politischen Raum nichts anderes als: nicht zu wissen, was es mit dem Vaterland auf sich hat. So wie 1813 der alte Ernst Moritz Arndt, als es noch kein Deutschland gab, die Frage stellte: »Was ist des Deutschen Vaterland?« Arndt wußte, wo es auch in der politischen Welt zu finden war, denn er trug es in sich. Tragen wir es, wenn überhaupt, in der Lohntüte oder auf dem Bankkonto? Oder tragen wir es nicht trotz allem ebenfalls in uns? Nur wurde es uns nahezu unmöglich gemacht, davon angemessen zu sprechen. Wie sinnlos, wie hohl muß jedenfalls ein Europa der Vaterländer erscheinen, wenn wir selbst kein Vaterland besitzen.

Das Defizit

Das Europa der politischen Wirklichkeit unserer Tage ist im Vergleich mit der Vision vor vier Jahrzehnten ein Alptraum. Die Idee ist untergegangen in den Meeren von Milch, im eingestampften Salat und in der Butter, die Jahr für Jahr zu Weihnachten in den Osten verschleudert wird, in Kämpfen um Agrarpreise und Protesten gegen die ruinöse Politik der Selbstherrlichkeit in Brüssel. Realität ist der Markt, der Markt mit seinen typischen Bedingungen der harten Bandagen, des rücksichtslosen Ringens der Produkte, des Kampfes um

Niveau, der Konkurrenz der Besten genauso wie der Fiesen im Flanell. Was für ein Markt! Und welch ein Glück für uns Europäer, daß die Garnröllchen im verheißenen Binnenmarkt sowohl in Belgien als auch in Deutschland gleich lang sein müssen, und nicht wie bisher in Belgien zwei Meter und bei uns fünf Meter. Wieviele Jahre hat sie uns schon gequält, diese Flut wohlbegründeter Sinnlosigkeiten! Dem »Markt für 360 Millionen« fiebern wir also entgegen wie dem Super-Lottogewinn. Wir Deutschen stürmen diesem Europa mit fliegenden Fahnen entgegen.

Nur: Haben wir eine Fahne? Können wir Flagge zeigen? Die deutsche? Wir werden turnusgemäß unsere Abgeordneten ins Europäische Parlament in Straßburg wählen. Dort haben sie, obwohl sie viel reden, nichts zu sagen: Das Straßburger Parlament hat praktisch keine Möglichkeit, Recht zu setzen. Es hat lediglich begrenzte Kontrollfunktionen. Politisch ist es zur Ohnmacht verdammt. Alle Kompetenz liegt beim Ministerrat der EG und damit bei den nationalen Regierungen. Das wäre nicht schlimm, wenn es bei ihnen Einigkeit gäbe. Doch wann und in welchen Grundsatzfragen wären sie das jemals gewesen? Es genügt schon, gelegentlich nach England zu hören. Dort kennt die Regierung für den Binnenmarkt nur das Wort »Utopie«. Anders gesagt, die Engländer wollen einfach nicht. Oder sie wollen nur insoweit, als es England zugute kommt. Und die Franzosen, soweit es Frankreich zugute kommt. Aber das alles wird sich jetzt rasch ändern. Wieviel Jahre hören wir das schon?

Die Negativliste ist fast so lang wie die Tausenderliste des Brüsseler Verordnungswahns. Was steht auf der Haben-Seite? Die Frage ist um so bedrückender, als in regelmäßigen Intervallen der regierungsoffizielle Zeigefinger droht: »Zu Europa gibt es keine Alternative!« Nach Jahrzehnten des Gemeinsamen Marktes schrumpft die Überlegung, warum es zu Europa keine Alternative geben soll, auf die Frage zusammen: Würde Spanien seine Apfelsinen, Griechenland seine Weintrauben, Frankreich seinen Käse und Italien seinen Parmaschinken nicht auch ohne EG in die nördlichen Länder verkaufen? Und verliefen die Geschäfte nicht auch in umgekehrter Richtung recht flott? Jeder Kaufmann in jedem Land der Erde weiß es: Unsterblich ist die Seele und das Profitstreben.

Zu Recht würden unsere Politiker ihren Kopf bedenklich wiegen angesichts so plumper Fragen. Doch damit provozierten sie nur ein hartnäckigeres Beharren auf der Klärung des Für und Wider der Wirtschaftsgemeinschaft Europa. Natürlich kommt der Wirtschaft heute fast in jeder Hinsicht der Vorrang zu. Die Frage ist nur, ob nicht zuoberst die Wirtschaftsinteressen der einzelnen Länder stehen und dann erst ein Wirtschaftsverbund, bei dem die Staaten mit gesunder Volkswirtschaft über unzumutbar lange Fristen hinweg die Maroden mitschleppen. Läuft die Vision Europa darauf hinaus, daß diejenigen Länder, die nicht willens oder in der Lage sind, mit ihren inneren Unzuträglichkeiten fertigzuwerden, sich auf die Schultern der gedeihlicheren stützen?

Nur die Wirtschaft ist in der Lage, unsere elementaren Bedürfnisse zu erfüllen und damit die Grundmängel der Existenz zu beheben. Sie allein bringt auch jenen Überschuß hervor, der zwar nicht fürs Überleben, wohl aber für ein Leben unersetzlich ist, das erst oberhalb eines Minimums von zivilisiert-kulturellen Ansprüchen und ihrer Erfüllung einsetzt. Wirtschaft rangiert deshalb vor der Politik, oder genauer gesagt: Wirtschaft ist die erste Form der Politik. Deshalb gehört auch die Erneuerung der mitteldeutschen Wirtschaft zu den dringlichsten Erfordernissen der deutschen Einigung. Darüber wurde seit dem Herbst 1989 in der Bundesrepublik zu viel gesprochen und zu wenig unternommen. In der früheren DDR wurde viel zu lange gewartet, gezögert, gezaudert und von der SED mit ihren unverändert beträchtlichen Möglichkeiten viel zu erfolgreich gebremst; es liegt nahe, ihr neues Parteikürzel PDS zu übersetzen mit »Partei des Stillstands«.

Kein europäisches Bewußtsein

Der Politiker und Industrielle Walther Rathenau brachte schon früh den Grundzug unseres Jahrhunderts der Industrie und des Welthandels auf den Nenner: »Nicht Politik ist unser Schicksal, sondern die Wirtschaft.« So war auch die Feststellung von Präsident Woodrow Wilson kaum überraschend, daß der Erste Weltkrieg »eine Folge wirtschaftlicher Rivalität war«. Noch weiter ging Bernard Baruch, in beiden Weltkriegen Amerikas genialster Wirtschafts- und Finanzexperte. Am 13. September 1977 meinte er vor dem Nye Committee: »Alle Kriege haben wirtschaftlichen Ursprung.«

Doch der Allgemeinbegriff Wirtschaft wird in der europäischen Organisation in einer Form umgesetzt, die viele Betroffene mehr an sozialistisches Planungsdenken erinnert als an die soziale Marktwirtschaft Ludwig Erhards. Das eben gehört als schwerste Last zum Europa der politischen Wirklichkeit unserer Tage. Es hat ein abgrundtiefes Unbehagen zur Folge, ja schon allein das Wort »europäische Integration« weckt Hohn und Ironie. Die Bestätigung dafür müssen wir keineswegs zuerst bei unseren Bauern einholen. Das Querlegen Frankreichs bei den dringendsten Umweltproblemen, das zum Teil horrende Gefälle im Ökonomischen und Sozialen, die mit absoluter Sicherheit zu erwartenden Risiken hinsichtlich der Stabilität des Geldwertes (die Inflationsraten schwanken in

Europa zwischen 1,5 und 25 Prozent): Das und noch vieles mehr läßt die Prognose zu, daß dem europäischen Zusammenschluß – sollte er so verwirklicht werden wie geplant – das Grundübel des politischen Handelns in die Wiege gelegt wird: Problemlösungen auf dem niedrigsten gemeinsamen Nenner.

Die politischen Konsequenzen, die der Binnenmarkt nach sich zieht, steigern den Unwillen bis zur unterschwelligen Abwehr und einem offenen ›Nein‹. Sie ergeben sich nicht zuletzt aus dem Manko, das bis heute alle Bemühungen um eine europäischen Integration begleitet: Was macht Franzosen, Italiener, Holländer oder Deutsche zu Europäern, und zwar mit Rücksicht auf ihr nationales Profil? Allein die Tatsache, daß sie im Erdteil Europa leben? Dann wäre Europa nur eine geographische Größe. Die jahrhundertelange Nachbarschaft in Frieden und Krieg? Daraus allein entspringt keine Solidarität, wie sich nach wie vor am Verhältnis der Türken zu den Griechen oder der Serben zu den Albanern studieren läßt.

Der Europäischen Gemeinschaft stellt sich diese Frage jenseits allen Gewichts, das man der europäischen Geschichte und ihrer Eigenart beilegen mag. Momente einer intensiven Verbundenheit mit Rücksicht auf ein tatsächlich existierendes, aber nicht im Allgemeinbewußtsein wirksames »europäisches Erbe« lassen sich zweifellos bei den Völkern eines enger gefaßten Europas mit dem Schwergewicht im territorialen Mittelraum feststellen. Ein Zirkel läßt sich schlagen um die historischen Staaten Frankreich, die Niederlande, Dänemark, Deutschland, Österreich, Italien, Spanien. Sieht man von den noch aktuellen Einbindungen ab, dann müssen auch Polen, die Länder der Tschechoslowakei und Ungarn dazu gezählt werden.

Solche Einstufungen hätten aber nur dann unmittelbar Folgen für die Zusammengehörigkeit, wenn ein entsprechendes historisches Empfinden vorhanden wäre. Doch was verbindet die Iren mit den Südtirolern? Allenfalls das gemeinsame Schicksal des Kampfes um ihre Eigenrechte gegenüber den Engländern einerseits und den Italienern andererseits. Wer darin eine Kräftigung des »europäischen Gemeingefühls« erblickt, dessen Perspektive kennt weder Kummer noch Komik.

Das offizielle Bonn fühlte sich die längste Zeit von der Frage, was eigentlich das Europäische an Europa ist, am wenigsten bedrückt. Die rheinisch-europäischen Neigungen lebten von der Erwartung, mit Hilfe eines übernationalen Zusammenschlusses die westdeutschen Nationalkomplikationen, also »die deutsche Frage« neutralisieren und damit aus der Welt schaffen zu können. Das wäre nur durch einen politischen Salto mortale möglich gewesen: nämlich unter Verzicht auf jegliche Nationalidentität. Damit hätten wir uns fundamental von den anderen europäischen Partnern unterschieden. Für sie war das entschlossene Festhalten am nationalen Selbstwert die Voraussetzung für jeglichen europäischen Zusammenschluß. Nur der gute Franzose, Italiener, Deutsche ist auch ein guter Europäer, wie Monsieur versichert hat.

Unausgesprochen galt die heimliche Absage an die deutsche Einheit als ein zuverlässiges Element der bundesrepublikanischen Europapolitik. Jetzt aber leidet keiner unserer Nachbarn stärker an der deutschen Selbstfindung als das nationalste aller Länder, als Frankreich. Da spülen zum einen die mythischen Befürchtungen von einem »starken Deutschland« hoch, deren Wurzeln in dahingeblühten Jahrhunderten liegen, zum anderen wird in Paris mit zittrigem Stift die absehbare Wirtschaftskraft eines »Vierten Reiches« durchgerechnet, gleichzeitig aber vergewissert man sich Woche für Woche, daß auch Bonn nichts anderes vor Augen habe, als so schnell wie möglich

Europas politische Union zu verwirklichen: Diesem Ziel zuliebe müßten alle Mitglieder, allen voran die Deutschen, auf »nationale Eigenständigkeiten« verzichten. Allen voran wir Deutsche, die wir diese nationale Eigenständigkeit noch lange nicht erreicht haben, die uns die Bonner Regierung erst für das kommende Jahr in Aussicht stellt. Ein wenig amüsant ist er ja, der plötzliche Kummer unserer Nachbarn darüber, daß die politische Union Europas, die sie selbst solange verschleppt haben, nicht verwirklicht wurde, bevor die Wiederherstellung Deutschlands aktuell war.

Man muß es wiederholen: Das Schicksal des europäischen Einigungskonzeptes steht und fällt mit der Antwort auf die Kardinalfrage, was denn eigentlich das Europäische an Europa und den Europäern ist. Gibt es eine Europa-Idee, die mehr ist als der Irrglaube, daß der halbherzige Zusammenschluß einer Handvoll schwacher oder mittelstarker Völker und Staaten das westeuropäische Territorium plötzlich in eine eigene politische Größe – um nicht zu sagen Großmacht – verwandeln würde? Der ganze Widersinn dieses Konzepts bestand von Anfang an darin, daß jeder Schritt auf dem Weg der europäischen Institutionen die Teilung unseres Kontinents und auch unsere eigene Spaltung vertiefte. Dadurch wurden die Europäer unfähig, ein Bewußtsein ihrer europäischen Besonderheit zu entwickeln und damit auch ein europäisches Selbstwertgefühl, das sich in der Option für gemeinsame Normen und Wertinhalte, in gesellschaftlich-sozialen Ordnungen, in politischen Entscheidungen auch nach außen hin ausdrückt. Deshalb konnte Europa um keinen Millimeter über das hinauskommen, was es jetzt schon viel zu lange ist: eine westeuropäische Handelsunion.

Nicht in Brüssel und nicht in Straßburg ist das Gespür für das Grundübel des jetzigen Zustandes der europäischen Integration am stärksten entwickelt. Zur Zeit liegt ein einziger Entwurf auf dem Tisch, der dem historischen Gewicht Europas voll Rechnung trägt. Paul Kleinewefers und Bernard Willms entwickelten den Plan einer »Zentraleuropäischen Föderation« jener Staaten, in deren Gebiet ein Jahrtausend lang gewissermaßen das Herz Europas schlug. Das Geviert wird mehr als nur symbolisch abgesteckt durch die alten Kaiserstädte Aachen und Prag, Wien und Berlin. In diesem Konzept wird praktisch erstmals dem effektiv »Europäischen« Rechnung getragen, das die Substanz Europas ausmacht, nicht zuletzt auch durch ein unmißverständliches Hinwegfegen von Gemeinplätzen, von denen unsere Politiker glauben, sie könnten sie durch ständige Wiederholung mit Gehalt aufladen.

Eine Grundvoraussetzung dieses Entwurfs besteht allerdings darin, daß Europa willens ist und die Fähigkeit besitzt, gegenüber den USA und der Sowjetunion »seine Selbständigkeit und weltpolitische Handlungsfreiheit wiederzuerringen. Ausgehend von den deutschen Interessen können sich solche Anstrengungen nicht allein auf die bisher sogenannte (west-)europäische Integration erstrecken, sondern müssen sich auf eine Alternative zur Ost-West-Konstellation beziehen, die die Wiederherstellung einer starken Mitte Europas einbezieht. Dazu müssen vor allem ideenpolitische Voraussetzungen geschaffen werden, das heißt eine Konzeption, die auch den USA jedenfalls deutlich macht, daß ein Abzug aus Mitteleuropa nicht bedeutet, dies nunmehr ›den Russen zu überlassen‹. Ideenpolitische Voraussetzung ist jedenfalls die Einsicht, daß jene vielbeschworene Atlantische Wertegemeinschaft die

Ideologie des amerikanischen Globalanspruchs ist und nichts anderes«.

Hier wird Europa insofern beim Wort genommen, als es von seinen historischen Fundamenten aus gerechtfertigt und damit gerettet wird, – gerettet vor seiner Entartung zu einem tristen Zweckbündnis. Um es ganz klar zu sagen: Heute kann von Europa nur dann sinnvoll gesprochen werden, wenn von Europa vor seinem historischen Hintergrund gesprochen wird, einem Europa, zu dem auch die Völker und Staaten in Mittelost-Europa gehören einschließlich des europäischen Rußlands. Nichts anderes meinte Michail Gorbatschow, als er in der für ihn charakteristischen, gelassen lächelnden Art aus der Perspektive Moskaus vom »Gemeinsamen Europäischen Haus« sprach. Der sowjetische Präsident entwickelte dabei einen weit ausgeprägteren Sinn für die europäische Wirklichkeit als die Vorreiter des westeuropäischen Wirtschaftsblokkes. Denn Gorbatschow weiß und respektiert, daß Europa nach wie vor aus Nationen und nationalen Staaten besteht. Europa wird in der Tat nur ein solches »Gemeinsames Europäisches Haus« sein, oder es wird nicht sein. Eine europäische Staatengemeinschaft, die ihren Nationalstaaten nicht Rechnung trägt, besitzt keine Zukunft. Deshalb wird kein europäischer Zusammenschluß auch nur entfernt Bestand haben, unter welchem Zeichen auch immer, der sich nicht mit der Tatsache abfindet, daß sich auch bei uns Staat und Nation in Deckung befinden. Die Restitution Deutschlands war keineswegs, wie man stereotyp prophezeit hatte, ein Ergebnis der europäischen Einigung. Es war genau umgekehrt. Nicht Europa hob unsere Einheit aus der Taufe. Wenn überhaupt, so wird das geeinte Deutschland Europa aus der Taufe heben. Deshalb hatte jener französische Analytiker recht, der notierte: »Europe: la question allemande – Europa – das ist die deutsche Frage.«

Deutsche Wirklichkeit

Grenzenloses Grenzproblem – Russisches Roulett – Gorbatschows Selbstbestimmungsrecht – Jenseits von Elbe und Werra – Natürliche Partner – Der sonderbare Sonderweg – Deutschland – hier ist es

Unser Jahrhundert ist maßgeblich geprägt von dem gigantischen Ringen der Völker um ihre wichtigsten Grundrechte. Sie drücken sich nicht immer in den gleichen Begriffen aus, aber der Sachverhalt bleibt derselbe. Seinetwegen wurden gewaltige Energien mobilisiert, Energien, denen die politischen und gesellschaftlichen Ordnungen nicht standhielten. Die Forderungen waren schon im neunzehnten Jahrhundert theoretisch begründet und zum Teil auch durchgesetzt worden, jetzt aber nahmen die Völker die Dinge selbst in die Hand. Dabei wurden zu Beginn des Jahrhunderts die Sperren der Gesellschaftssysteme genauso konsequent durchbrochen, wie es in den letzten Jahren unserer Gegenwart der Fall war. Die politischen Etiketten wechselten fast sinnverwirrend, sie hatten auf den ersten Blick wenig miteinander zu tun. Aber selbst dort, wo sie sich scheinbar wie feindliche Elemente bekämpften oder völlig auszuschließen schienen, fanden sich Gemeinsamkeiten. Das wurde von analytischen Untersuchungen schon früh nachgewiesen.

Der Marxismus-Leninismus Sowjetrußlands besaß in seiner Orientierung auf den Arbeiter mit dem nationalen Sozialismus mehr Gemeinsamkeiten, als die parteipolitischen Sehwerkzeuge der Kontrahenten und Kombattanten zu erkennen vermochten. Keine größere politische Partei des Jahrhunderts konnte sich formieren, ohne dem Sozialen Tribut zu zollen. Was aber verband den »National-sozialen Verein«, den der große Liberale Friedrich Naumann 1896 in Erfurt gegründet hatte, mit der »Tschechischen Nationalsozialistischen Partei« des Jahres 1897, der sich 1923 auch der Staatsgründer und Ministerpräsident Edvard Benesch anschloß und die bis 1938 an allen tschechischen Regierungen maßgeblich beteiligt war? Welche innere Verbindung bestand zwischen diesen Parteiungen und dem Faschismus Mussolinis und dem Nationalsozialismus Hitlers?

Leitbegriffe wie Freiheit, Gleichheit, soziale Gerechtigkeit sind inzwischen bis zur Unerträglichkeit ihres Inhalts entleert. Selbst diese Tatsache aber belegt nur, daß dem Zwang, sich darauf zu berufen, niemand entkommen konnte. Nicht die Begriffe waren entscheidend, sondern ihr Inhalt. Bei diesem Inhalt war es nicht mehr wie im neunzehnten Jahrhundert fraglich, ob die Forderungen zu Recht bestanden oder nicht, sondern es drehte sich nur noch um ihre gesellschaftlich-sichtbare Verwirklichung. Die Art und Weise ergab sich aus dem unterschiedlichen Selbstverständnis der Völker und den jeweiligen Interpretationen. Das gesteht heute selbst diejenige Lehre zu, die sich am längsten, in einer versteinerten Form, im zwanzigsten Jahrhundert gehalten hat: Der doktrinäre Kommunismus Moskauer Prägung akzeptiert nicht nur den jeweils eigenen Weg der Völker zum Sozialismus, sondern stellt auch seine Ausgestaltung frei, selbst wenn sie zu einer Absage an den Sozialismus werden sollte. Das hatten sich kürzlich die Sowjetunion der Perestroika und Rot-China nochmals gegenseitig bestätigt.

Für die Ansprüche, die in den zugebilligten Rechten enthalten waren, sind Millionen und Abermillionen Menschen gestorben, getötet, ermordet worden. Dieses Sterben wurde bewußt – oder auch willkürlich und abwegig – mit einem Sinn verknüpft, weil sich die Menschen und Völker in unserem Jahrhundert nicht mehr als Objekte von Verfügungsgewalten empfinden, sondern kraft eigener Zuständigkeit die politische Szenerie bestimmen. Was zu Beginn des Jahrhunderts schon vielfach mehr als ein Traum war, nämlich ein Ziel, das gilt heute, am Ende des Säkulums, als Kern der Selbstbestätigung und Richtschnur der Orientierung. Das Wesentliche der allgemein anerkannten Grundsätze bündelt sich in dem Begriff des Selbstbestimmungsrechtes der Völker, in dem verbrieften Anspruch jedes Volkes auf politische Unabhängigkeit in einem eigenen Staat.

Hier findet sich die Ursache für eine der stärksten inneren Spannungen, mit der die Betreiber einer politischen Union Europas zur Zeit fertig werden müssen. Stellt man noch in Rechnung, daß vielen Völkern während und nach den beiden Weltkriegen die Grundrechte verweigert wurden und welches Gewicht die machtpolitischen Interessen der Siegerstaaten besitzen, wirkt die Arbeit des Sisyphus geruhsam bei dem Vergleich mit den Organisatoren der Europa-Union; bis jetzt stehen sich auch die Ergebnisse beider Anstrengungen in nichts nach.

Grenzenloses Grenzproblem

Die politische Entwicklung bis zum Abschluß eines Friedensvertrages mit Deutschland wird von dem Bestreben bestimmt sein, die Kriegsergebnisse festzuhalten. Die verantwortlichen Politiker werden sich eine ausreichende Unterstützung durch Völkerrechtler sichern, um jeder Lösung, die politisch opportun erscheint oder erzwungen wird, ein juristisches Siegel zu geben. Was sich dabei schon jetzt zu Lasten Deutschlands abzeichnet, wird sich verheerender auswirken, als das Vorstellungsvermögen der Amtsträger zu fassen vermag. Die Mischung aus »deutschem Zugeständnis« um »des Friedens und der Versöhnung« willen, der Strangulierung des Völkerrechts, des Betruges am Selbstbestimmungsrecht und der Einwilligung in eine weitere Beschränkung der deutschen Souveränität läßt Arges befürchten. Als Quintessenz wird zu verbuchen sein: Die Sieger haben beide Weltkriege mit gewaltigen Annexionen außerhalb allen Rechts beendet – in technischem Sinn nicht anders als ein Chirurg, der den Menschen als eine Summe von Amputationsmöglichkeiten betrachtet. In dieser Lage bleibt uns nur die Gewißheit, daß man geschlagene Völker zum Schweigen, nicht aber zum Vergessen zwingen kann.

Das Spiel der Regierungserklärungen zu Polens Westgrenze geschieht schon längst mit offenen Karten. Nichts unterscheidet die Bereitschaft der Sozialliberalen zum Rechtsverzicht, den sie in den siebziger Jahren demonstrierten, von der Erklärung, zu der sich Bundeskanzler Kohl schon im Oktober 1986 verstand: »Wir wissen, daß wir als Folge des von Hitler angezettelten Krieges ein Drittel unseres Reichsgebietes im Osten verloren haben.« Damals fand er es nicht nötig, seinen Verstand zu martern, um komplizierte Gründe zum Umgehen einfacher Antworten zu finden. Wenn freilich Westdeutschlands Regierungschef schon so lange Zeit dieser Überzeugung und kühn genug war, einem der vielschichtigsten Ereignisse des Jahrhunderts mit der Gradlinigkeit eines Grobschmieds seine schlichteste Form zu geben, – warum dann seine wiederholten Anfälle, in der Zwischenzeit Schleiertänze mit dem Völkerrecht aufzuführen? Die Routiniers im Kanzleramt flüstern doch schon längst bei allen Hinweisen auf »Heimatrechte« und andere UN-Prinzipien mit dem Juristen Joseph

Unger: »Das Recht hat die merkwürdige Eigenschaft, daß man es behalten kann, ohne es zu haben.«

Das Problem der Oder-Neiße-Linie besitzt auch vor dem Hintergrund »Europa-Union« seinen Signalwert. An dem verbissenen Beharren der Warschauer Regierung auf »sicheren« Grenzen läßt sich ablesen, wie tief in Polen das Wissen einwurzelt, daß es allein darum geht, einen simplen Landraub zu legalisieren. Völlig absurd wird diese Hartnäckigkeit dadurch, daß Polen wegen seiner heillos maroden Wirtschaft alle Hoffnungen auf Genesung mit der Europäischen Gemeinschaft verbindet und verbinden muß. Polen hängt also auf Gedeih und Verderb von jenem Europa ab, zu dessen vordringlichster Bemühung der Abbau der Grenzen gehört mit dem Ziel, sie schließlich nur noch als Verwaltungsmarkierungen bestehen zu lassen. In welcher Form sollte sich Polen, das doch angeblich so sehr auf die Sicherheit seiner Grenzen gegenüber Deutschland bedacht sein muß, zu einem Abbau dieser Grenzen verstehen?

Mit Rücksicht auf den europäischen Zusammenschluß, mit Rücksicht auf das Völkerrecht, ebenso mit Rücksicht auf die Tatsache, daß heute niemand in Europa auch nur abstrakt in irgendeiner Form der Gewalt das Wort redet, bieten sich selbstverständlich die einfachsten Lösungen an. Da sie vernünftig sind, haben sie keine Aussicht auf Realisierung: Warum verzichten Polen und die Tschechoslowakei nicht auf alle Restriktionen, die zu den klassischen Staatsgrenzen gehören? Warum öffnen sie nicht die Ostgebiete und das Sudetenland dem Zuzug derjenigen, deren Heimat diese Gebiete sind? Warum machen beide Staaten nicht die Probe aufs Exempel? Ob dies dann als »Rückgabe« bezeichnet wird, einen Wechsel der Gebietshoheit einschließt oder eine andere, neue Rechtsfassung findet, wäre zweitrangig. Doch die Forderungen der polnischen Regierung, daß nur Polen über Polen zu entscheiden hätten und sie deshalb bei den Beratungen des Friedensvertrages beteiligt sein müßten, stehen in einem ungereimten Widerspruch zu den Erklärungen in Richtung »Europa«. Von weitsichtigen Polen wird das erkannt. Der Fraktionsführer der »Solidarnosc« im polnischen Parlament, Bronislaw Geremek, erklärte, daß in Zukunft »die ewigen Gespenster der kontinentalen Politik« nicht mehr schrecken sollten, also weder das deutsche, noch das russische Problem, sondern Polen sollte »die Grenzen öffnen für Menschen und Ideen«.

Vom alten Duell bis zum harmlosen Halma gelten für die Beteiligten dieselben Regeln. Dieser Grundsatz war hinsichtlich einer möglichen Friedensordnung im Zeichen des Völkerrechtes hinfällig, solange Ost und West getrennt waren durch Weltanschauungen, zwischen denen es keine Brücke und deshalb auch keine gemeinsame Völkerrechtsbasis gab. Das änderte sich seit der KSZE-Konferenz. Den Wandel bestätigte nochmals ein Kommuniqué des Warschauer Paktes vom 8. Juli 1989. In ihm wurde nichts weniger gefordert als »die strikte Achtung der nationalen Unabhängigkeit, Souveränität und Gleichberechtigung aller Staaten, der Gleichberechtigung der Völker und des Rechtes eines jeden Volkes auf Selbstbestimmung«.

Wenn in demselben Kommuniqué auch die Unantastbarkeit »der entstandenen territorial-politischen Realitäten, der Unverletzlichkeit bestehender Grenzen und der territorialen Integrität der Staaten« proklamiert wird, so stehen hierbei nicht nur die Fakten dem Recht unvereinbar gegenüber, sondern es widersprechen sich auch die Rechtspositionen selbst. Zu welchem Zeitpunkt und aufgrund welcher Entwicklung das Ergebnis des militärischen Sieges zum Recht wird, also das Faktische die Geltung einer Norm erhält, ist eine politische

Streitfrage, keine Rechtsfrage. Wenn aber das Faktische identisch ist mit offenkundigem Unrecht, wird keine Geste der Zugeständnisse, auch wenn sie in ausgreifendem Breitwand-Format erfolgt, das Kunststück ermöglichen, faktisches Unrecht in eine Quelle künftigen Rechts zu verwandeln. Keiner unserer Amtsträger scheint zu sehen, daß Deutschland auf dem Wege ist, sich im Zeichen vermeintlicher Freundschaftsbeteuerungen nach allen Seiten zu einem Über-Versailles erpressen zu lassen.

Offensichtlich sind die Verantwortlichen deshalb dazu bereit, diese ungeheure Gefahr in Kauf zu nehmen, weil sie nichts anderes riskieren, als daß ihnen die künftigen Generationen oder die Geschichtsschreiber keine Absolution erteilen. Die herrschende Empfindungslosigkeit gegenüber der Tatsache, daß Rechte und Werte nicht beliebig zu wechseln sind wie TV-Programme, läßt diesbezügliche Appelle ins Leere gehen. Zwischen den unveränderlichen Gegebenheiten der politischen Situation der Gegenwart und dem Minimalbestand an Rechten, an dem bedingungslos festzuhalten ist, kann nur wirkliche Staatskunst einen Weg finden. Was schon 1919 der deutsche Außenminister Graf Brockdorff-Rantzau angesichts des Versailler Vertrages als Beispiel gegeben hatte: nämlich zurückzutreten, statt zu unterschreiben, das hat zur Zeit wieder hohen Aktualitätswert. Es wäre um Deutschlands willen vorzuziehen, im Status der Besetzung und der Teilung zu bleiben, als unter dem Schein des Rechts den Nacken wiederum zu beugen und sich im Nest einer Niedertracht einzurichten.

In den letzten Jahren brachen die grundlegenden Bedingungen der weltpolitischen Nachkriegsordnung zusammen. Daran ändern auch die verkrampften Versuche nichts, wenigstens Reste davon zu retten. Wie bei den großen Revolutionen verwandelten sich die Anwälte des Status quo zunächst in seine Vollstrecker und dann in seine Henker. Die gigantischen Bauten der Ideologien verfielen innerhalb kurzer Zeit zu den erstaunlichsten Ruinen des Jahrhunderts.

Unter den Voraussetzungen des Stalinismus, die trotz Nikita Chruschtschows Abrechnung im Jahre 1956 auf dem XX. Parteitag der KPdSU in vieler Hinsicht bis zu dem Generalsekretär des Übergangs Jurij Andropow erhalten blieben, handelt es sich bei Michail Gorbatschow um eine Art Ausrutscher der historischen Vorsehung. Die Umgestaltung des Sowjetsystems, die Perestroika, muß von den alten Plattformen aus wie eine Selbstzerstörung des Kommunismus wirken. In vielen Reden Gorbatschows klingt das Eingeständnis eines säkularen Mißgriffs an. Dieser für sowjetische Führungsverhältnisse »junge« Mann wurde zum Mittler niederschmetternder Entdeckungen. Inwieweit sich die Ziele der veränderten politischen und gesellschaftlichen Struktur wirklich mit dem Leninismus in Deckung befinden, wie Gorbatschow konstant versichert, spielt nur für das sowjetische Selbstverständnis eine nennenswerte Rolle.

Die fundamentalen Umwälzungen der letzten Jahre in Rußland sind zwar aufs engste mit der Persönlichkeit Gorbatschows verbunden, andererseits wäre seine Aktivität umsonst gewesen, wenn er sich nicht auf die Zustimmung einer neuen Generation der Delegierten hätte verlassen können und ebenso auf die Zustimmung der weit überwiegenden

Mehrheit des russischen Volkes. Die innere Vergreisung der sowjetischen Herrschaftsstruktur trieb den Unwillen von Millionen bis an den Rand des Zumutbaren.

Gorbatschows Programm läßt sich in kürzester Form mit den beiden Worten Perestroika, Umgestaltung, und Glasnost, Öffentlichkeit, umreißen. Mit der Umgestaltung der gesamten Lebensbedingungen begann er unmittelbar nach seinem Amtsantritt. Zu ihr muß allerdings auch sein ständiges Drängen auf »Beschleunigung« gerechnet werden, sein drittes Schlüsselwort. Das wird im Ausland meistens unterschätzt. Denn für Gorbatschow selbst kommt alles darauf an, ob es möglich ist, mit der traditionellen Behäbigkeit und Gleichgültigkeit, mit dem allgemeinen Schlendrian und der unfaßbaren bürokratischen Verzettelung so schnell wie möglich zu brechen. Gorbatschow bezeichnete deshalb in der abschließenden Rede auf dem Parteitag 1986 die »Idee der Beschleunigung« als entscheidend für die eingeleitete Umgestaltung.

Der Zwang zu möglichst rascher Veränderung ergab sich logisch aus der langen Zeit der Erstarrung des Sowjetsystems. Gorbatschow wies immer wieder auf diese Tatsache hin, und er leitete daraus auch die Notwendigkeit des radikalen Bruchs mit allem Früheren ab. Am 28. Januar 1987 verdichtete er nochmals vor dem Plenum des Zentralkomitees sein Vorhaben in wenigen Sätzen – wiederum in der Kombination von Perestroika und Beschleunigung: Die Umgestaltung sei inzwischen von einer bloßen Idee zu einer Realität geworden. Von größter Wichtigkeit sei deshalb vor allem »die vom Plenum getroffene politische Feststellung der Tatsache, daß die Partei und alle gesunden Kräfte der Gesellschaft für die Umgestaltung eintreten. Und wenn dem so ist, kann es eben keinen anderen Weg geben. Damit müssen wir die Diskussion darüber beenden, ob eine Umgestaltung erforderlich ist oder nicht. Die sowjetischen Menschen verknüpfen mit der Umgestaltung ihre persönlichen Pläne, die Geschichte ihres Landes, dessen internationales Ansehen und Gewicht. Können wir deshalb bei ihrer Durchsetzung irgendwelche Schwankungen zulassen? Nein, Genossen! Jawohl, die Umgestaltung ist bereits eine Realität. Heute sind wir uns deutlicher und tiefer dessen bewußt, daß wir sowohl aufgrund der äußeren Bedingungen, der internationalen Lage eine Beschleunigung der sozialen und ökonomischen Entwicklung des Landes sichern müssen. Aber es wird keine Beschleunigung geben, solange sich die Gesellschaft nicht erneuert, ebenso wie es ohne die Erneuerung der Gesellschaft nicht zur Umgestaltung aller ihrer Lebensbereiche kommen kann. Auf alten Wegen lassen sich keine neuen Aufgaben lösen, geschweige denn Aufgaben von historischer Dimension, wie sie sich heute stellen.«

Genauso wichtig wie die innere Veränderung sind die neuen Ziele für die Völker der Sowjetunion und für die übrigen Staaten der Welt. US-Präsident Ronald Reagan konnte zwar in gänzlicher Verkennung des eingeleiteten Wandlungsprozesses noch 1987 die Sowjetunion als »ein Reich des Bösen« bezeichnen, inzwischen aber hat sich bestätigt, daß die Ziele der sowjetischen Umgestaltung sämtlich auch in den Forderungskatalogen der parlamentarischen Demokratien zu finden sind. Die Opposition und Kritik, die Gorbatschow im Inneren entgegenschlägt, hat nichts zu tun mit Zustimmung oder Ablehnung der Umwandlung. Die Diskussionen drehen sich ausschließlich darum, ob dieser oder jener Weg der Perestroika vorzuziehen ist. Der Politiker und Staatsmann Gorbatschow kann durchaus scheitern, das heißt aber nur: persönlich Mißerfolg haben. In einem objektiven Sinn ist sein Erfolg schon jetzt gesichert, da er den alten Kommunismus unwiderruflich zu Grabe getragen hat.

Die Schwierigkeiten der Sowjetunion bestehen letzten Endes in nichts anderem als darin, die neuen Prinzipien ins Praktische umsetzen, das Konzept konkret machen zu müssen. Das gilt sowohl für die Wirtschaft als auch für die Eigenrechte der Nationalitäten im Vielvölkerstaat der UdSSR, es gilt ebenso für die zwischenstaatlichen Beziehungen. Vieles wurde theoretisch schon früher angebahnt. So billigte schon im April 1978 der Oberste Sowjet von fünfzehn Sowjetrepubliken, darunter auch Litauens, eine neue Verfassung, in der den Republiken das Recht zugestanden wird, aus der UdSSR auszutreten.

Die Radikalität der Veränderungen, die von Michail Gorbatschow eingeleitet wurden, ist in ihrer ganzen Tragweite noch nicht zu erfassen. Wer an die Ära des Stalinismus, des Einmarsches russischer Truppen in Ungarn und in die Tschechoslowakei, an die Epoche der Breschnew-Doktrin erinnert, der muß den Zerfall des Ostblocks, die endgültige Absage an das Ziel einer gewaltsamen Weltrevolution, die Entlassung der früheren Satellitenstaaten in die Selbstbestimmung als ein politisches Wunder bezeichnen. Daß sich zur Zeit so viele Ideologen des Westens selbst auf die Schulter klopfen, so als hätten sie und nur sie, ohne den Finger krumm zu machen, die Ideen des Kommunismus besiegt, ist nur eine der vielen Selbsttäuschungen, die uns so lieb geworden sind. Die Sowjetunion mag mit ihren internen Schwierigkeiten noch so viel zu tun haben, sie mag an den Rand schwerster Krisen gedrängt werden: Daß die sowjetische Führung in der Lage war, einen so tiefgreifenden Veränderungsprozeß einzuleiten, kann nur von Ignoranten als ein Zeichen der Schwäche gedeutet werden.

Michail Gorbatschow wußte um die Lawine, die in Bewegung geraten würde. Hinsichtlich ihrer Dimension dürfte er sich geirrt haben. Nicht getäuscht hatte er sich über die zahlreichen Widersprüche, die in Kauf zu nehmen waren. Gerade er, der im Inneren einem Zustand der völligen Erstarrung sein Ende bereitete, hatte außenpolitisch einer Pflicht der Unlogik zu genügen, indem er die bestehenden Zustände und Grenzen für unveränderlich erklärte. Das gibt auch allen Ermahnungen aus West und Ost, die Deutschen möchten doch, mit Verlaub, durch ihren Wunsch nach Einheit die Ordnung Europas nicht durcheinanderbringen, einen pikanten Zug. Als hätte nicht allen voran Michail Gorbatschow selbst all das durcheinandergebracht, was Moskau seit Stalin im Inneren als Ordnung und im Äußeren als Status quo bezeichnet hatte. Wieviel Instabilität entstand im früheren Ostblock durch das Ausscheren Ungarns, Polens, Rumäniens, Bulgariens und der Tschechoslowakei aus dem Marxismus-Leninismus und dem militärischen Paktsystem Moskauer Prägung?

Verlautbarungen zu prinzipiellen Rechten können am Ende unseres Jahrhunderts nicht mehr wie noch vor Jahrzehnten mit einem Spielraum der floskelhaften Unverbindlichkeit rechnen. Die Adressaten, nämlich die betroffenen Völker, sind heute nicht mehr willens, die Worte von ihrem Inhalt abzutrennen. Auch das zählt zu den markanten Signaturen unserer Gegenwart. Die Summe der Veränderungen des letzten Jahrzehnts bildet tatsächlich eine unvergleichliche Häufung radikaler Umbrüche.

Schneller als befürchtet reklamierten die baltischen Staaten mit der Selbstbestimmung auch ihre eigenen Hoheitsgrenzen. Gorbatschows Plädoyer für das Selbstbestimmungsrecht mußte sich im Baltikum um so nachhaltiger auswirken, als sein Prinzip der Ehrlichkeit und Offenheit, die Glasnost, das Zugeständnis zwingend machte, daß sich Stalin in dem Geheimabkommen zum Pakt mit Hitler 1939 unter anderem die widerrechtliche Annexion Litauens, Lettlands und Estlands gesichert hatte. Damit aber mußte die Sowjetführung auch zugestehen, daß der Grundsatz von der »Unveränderlichkeit der bestehenden Grenzen« nur aufrechtzuerhalten war, wenn sie den Bruch des Völkerrechts 1939 nunmehr für rechtens erklärte, obgleich sie soeben zugestanden hatte, daß Unrecht geschehen war. Dasselbe Prinzip, um kein Gran besser begründet, müßte bei den Verhandlungen über die deutschen Ostgebiete zur Debatte stehen. Denn die heutigen Ostgrenzen Polens wurden ebenfalls 1939 von Moskau und Berlin festgelegt.

Der Wandel in der Sowjetunion hatte auch für Deutschland unermeßliche Konsequenzen. Ohne die stillschweigende, aber unverkennbare Rückendeckung durch Moskau wäre die Entmachtung Erich Honeckers und der SED ganz anders verlaufen. Daß sich der Kreml mühsam über etliche Hürden zur offen bekundeten Einsicht durcharbeiten mußte, auch den Deutschen könne das Recht der Selbstbestimmung und damit ihre Einheit nicht mehr vorenthalten werden, ist verständlich. Wer von uns wollte die Kämpfe der Gruppen im Umfeld Gorbatschows, die hinter dem Vorhang stattfinden, unterschätzen. Dasselbe gilt für die Rücksichten, die jeder zu nehmen hat, der amtlich, als Sprecher einer Regierung tätig ist. So viel ist sicher, daß – wie auch immer der künftige Friedensvertrag mit Deutschland aussehen wird – zwischen Rußland und Deutschland weniger Probleme bestehen, als der »atlantischen Wertegemeinschaft« lieb sein kann und die Polen erhoffen. Die Reaktionen, die der Besuch Gorbatschows in Westdeutschland auslöste, sind hinsichtlich ihres historischen Untergrundes kaum analysiert worden.

Die wirtschaftliche Entwicklung der DDR seit den fünfziger Jahren läßt sich in keiner Hinsicht mit derjenigen in der Bundesrepublik vergleichen. Das Konzept der Planwirtschaft, das einen diametralen Gegensatz zur sozialen Marktwirtschaft darstellte, bedeutete von der ersten Stunde an eine Knebelung aller persönlichen Initiative. Dazu kamen die außerordentlich harten Exportbedingungen, die von Moskau vorgeschrieben wurden. Die wenigen Produkte der DDR, die Weltniveau erreichten, mußten in die Sowjetunion weit unter Weltmarktpreisen geliefert werden. In der Zeit der größten wirtschaftlichen Schwierigkeiten in den siebziger Jahren verlangte Moskau, die Preise für Importe aus der DDR bis 1980 auf der Basis von 1976 festzulegen. Die Möglichkeit von Preiskorrekturen, wie sie vom Rat für gegenseitige Wirtschaftshilfe beschlossen worden war, wurde von der Sowjetunion nicht zugestanden. Durch derartige Auflagen war die Wirtschaft der DDR über die gesamte Zeit von vier Jahrzehnten einem zusätzlichen Druck ausgesetzt, der vielfach bis zu Stillegungen von Betrieben führte.

In Westdeutschland täuschte man sich über das Ausmaß des katastrophalen Zustands der mitteldeutschen Wirtschaft jahrzehntelang hinweg. In gewisser Weise gab man sich denselben Illusionen hin wie das SED-Regime. Viel trug dazu die Propaganda Ost-Berlins bei, kaum weniger wurde das Bild durch die Leipziger Messen geschönt. Eine besondere Rolle aber bei dem kopfnickend hingenommenen Bild des Potemkinschen Dorfes DDR spielten die politischen Absichten in Westdeutschland. Da ist zum einen das systematische Ausblenden des SED-Staates und der fast siebzehn Millionen Deutschen aus dem Schulunterricht und der allgemeinen Information. Für unsere überregionalen Zeitungen, die kraft ihres Umfangs und ihrer Verbreitung die Möglichkeit gehabt hätten, die Realitäten des Tages aus Mitteldeutschland nicht ins Vage entschwinden zu lassen, existierte die Welt jenseits der innerdeutschen Grenze bestenfalls als Anlaß für gelegentliche Berichte aus einem halbexotischen Land. Daß sie sich damit im Einklang mit den Bonner Regierungen befanden, wurde eher als Bestätigung hingenommen, als daß es ein Anreiz zu journalistischer Opposition gewesen wäre. Und selbst die sporadischen Berichte dienten weniger dazu, die Gemeinsamkeit mit den Mitteldeutschen zu stärken, als vielmehr mit Hilfe des tristen Bildes der DDR den Glanz der Bundesrepublik zu erhöhen.

Wann wäre jemals bei einer der Gedenkreden anläßlich der verschiedenen Jahrestage deutscher Vergehen oder der militärischen Kapitulation 1945 an die Deutschen unter dem SED-Regime in bewegender Form erinnert worden? Der 17. Juni, amtlicher »Tag der deutschen Einheit«, verkam dank der inneren Gleichgültigkeit gegenüber den Deutschen »drüben« zu halbherzig gepflegten Sondersitzungen des Bonner Bundestages und fröhlichem Feiertagsvergnügen der Westdeutschen. Mehr als zwei Jahrzehnte bot der 17. Juni dann nur noch Gelegenheit zu öffentlichen Diskussionen, ob es nicht zweckmäßig sei, ihn gänzlich abzuschaffen.

In dieser Entwicklung drückte sich die Verkommenheit dessen aus, was bei uns als »deutschlandpolitisches Denken« firmierte und was sich nochmals, schon mitten im anhebenden Umsturz, durch die außenpolitische Sprecherin der FDP-Bundestagsfraktion – eine ehemalige Staatsministerin – in einem Unmut äußerte, der nicht vergessen werden sollte. Als das Botschaftsgelände der Bundesrepublik in Prag von Deutschen aus dem Zwangsbereich der SED überfüllt war, verlangte sie von der Regierung Maßnahmen, daß keine »DDR-Bürger mehr in die Vertretung der Bundesrepublik einströmen können«, und sie bezeichnete diese Deutschen, die mehr Charakter und Unbeugsamkeit bewiesen hatten als die meisten von uns, als »Geister, die wir jetzt nicht mehr so schnell loswerden«.

Wohl dem, der sich der Wärme seines Nestes erfreuen kann. Welche unserer baufälligen Altparteien kann heute mit Rückgrat von sich behaupten, daß die bis zur Unerträglichkeit gerühmte »Politik der kleinen Schritte und menschlichen Erleichterungen« keine Politik des Tretens auf der Stelle gewesen wäre? Sie hielt sich an das Motto: Bloß nichts unternehmen, was das Klima verschlechtern könnte! Mit welchen Auflagen wurden die Milliardenkredite in die DDR vergeben? Hatte der frühere US-Sicherheitsberater Zbigniew Brzezinski nicht recht, als er im Frühjahr 1989 darauf hinwies, »daß es westdeutsche Politik ist, die gegenwärtige Regierung in Ostdeutschland zu subventionieren, und daß Westdeutschland eine Menge zur Akzeptanz Ostdeutschlands durch die internationale Gemeinschaft beigetragen hat«? Ob die einen es offen bekannten und die anderen unter dem Deckmantel von Lippenbekenntnissen: Auf »transnationale Kooperation« waren sie allemal eingeschworen, zu Nutz und Frommen des SED-Regimes und zu Lasten der Menschen, die mit »Freiheit und Einheit« nicht mehr und nicht weniger erreichen wollten, als was die Westdeutschen schon so viel früher erreicht hatten.

Wenn aber in der Bundesrepublik tatsächlich an die Menschen und nicht an die Umarmungs-Treffs oder die Jagd mit den Ministerialen drüben gedacht wurde, dann geschah es zumeist im Stil der einschlägig bekannten Illustrierten und Wochenzeitungen, die als politische Wach- und Schließgesellschaften uns regelmäßig und verläßlich anmahnten, ja nicht an der Endgültigkeit der deutschen Teilung zu rütteln, denn »der Verzicht auf die Einheit, die ungeschriebene Geschäftsgrundlage der deutschen Zweistaatlichkeit, bietet zugleich Chancen für eine dauerhafte Entspannung in Europa und für mehr Freiheit in der DDR«.

Wer da vermeinte, nicht richtig gelesen zu haben, wurde 1988 anläßlich des Aufbegehrens junger Menschen in der DDR von einem Chefredakteur belehrt: »Sie demonstrieren nicht für die westliche Lebensart, die bei ihnen längst an Faszination verloren hat. Sie kämpfen auch nicht gegen den SED-Staat generell, weil die DDR ihr Staat ist, den es zu verbessern gilt.« Folianten ließen sich füllen mit den Berichten westdeutscher Analytiker, deren Scharfsicht und politische Erfahrung zu dem Schluß führte, daß im Staat der SED inzwischen alles zum besten stehe, Bürger und Werktätige zufrieden und stolz auf ihre Gemeinwesen seien und niemand mit der Bundesrepublik etwas im Sinn habe. Dies bot ein anderer Chefredakteur folgendermaßen an: »Das Verhältnis zwischen Volk und Obrigkeit ist entspannter als je zuvor. Die Bürger sehen, daß es vorangeht, sie glauben an das, was sie sehen: die Aufbauleistung ringsum, ihren verbesserten Lebensstandard, die Geborgenheit auch, die ihnen der Staat bei allen Kümmerlichkeiten und Kümmernissen bietet, die menschliche Wärme«; dafür sorgte vermutlich der Staatssicherheits-Dienst. Seit unsere Experten der Deutungspolitik – innerhalb und außerhalb der Parteien und Institute – vom Herbst 1989 dem Hohngelächter preisgegeben wurden, verhalten sie sich, wie sich seit alters die kleinen Diebe verhalten: Sie machen sich daran, zu ernten, wo sie nicht gesät haben.

In dieses Tableau fügt sich auch das mediokre Mäkeln darüber, daß bei den Gesprächen über die Wirtschafts-, Währungs- und Sozialunion Ost-Berlin als gleichberechtigter Partner und nicht als dankbarer Empfänger auftrat. Fast durchweg handelt es sich dabei um dieselben Leute, die so viele Jahre über die »Lebenslüge Wiedervereinigung« gespottet hatten und die nunmehr den Willen zur Einheit in Mitteldeutschland herabsetzen als Willen zur D-Mark oder ihn als DM-Nationalismus verpfeifen. Um dieselben Leute notabene, die bei Verhandlungen über neue Tarifverträge mit jedem Pfennig weniger den Zusammenbruch aller sozialen Errungenschaften befürchten und irreparable Risse im sozialen Netz. Da die Bundesrepublik seit Jahr und Tag darauf ausgerichtet war, die Dinge nach ihrem Preis zu taxieren und nicht nach ihrem Wert, kann sie nicht plötzlich mit Normen operieren, die sie selbst niemals zur Kenntnis genommen hatte.

Jenseits aller Spekulationen darüber, was uns Westdeutschen die Einheit »wert« sei, ausgedrückt in Mark und Pfennig, gehören Erwerbsinstinkte des einzelnen Menschen genauso wie die Besitzwünsche zu selbstverständlichen Antrieben seiner Arbeit. Die vielen Millionen in Mitteldeutschland, die insgesamt nicht weniger hart und konsequent gearbeitet hatten wie die Westdeutschen, werden – wenn es ihnen beschieden sein sollte, noch innerhalb angemessener Fristen Köpfen mit Kompetenz die Verhandlungen zu übertragen – mit dem gleichen Selbstbewußtsein die Details der Vereinigung ausarbeiten wie ihre Partner aus Bonn.

Selbst wenn es von der westdeutschen Warte des Lebensstandards noch so häufig herabtönen sollte: Unsere Landsleute haben vier Jahrzehnte lang unter Bedingungen gearbeitet, die den unseren unermeßlich ferne lagen. Sie haben eine politische Standfestigkeit und Härte bewiesen, der wir nichts zur Seite stellen können. Sie haben deshalb mehr als genug Berechtigung, den Zumutungen, die ihnen zweifelsohne von westdeutschen Wirtschaftskreisen beschert werden, nicht nachzugeben; sie sollten auch das Nörgeln ignorieren, das den Einigungsprozeß noch viele Monate begleiten wird. Sie sollen unerbittlich darauf beharren, daß sie in ökonomischer Hinsicht zwangsläufig noch einige Zeit auf Unterstützung angewiesen sind, wir aber – was die revolutionär veränderte politische Landschaft betrifft – ausnahmslos die Dankbaren sein müssen.

Mitteldeutschland wird schneller als erwartet an seine alte Tradition als hochentwickeltes Industrieland anknüpfen und der Erstklassigkeit und Modernität der westdeutschen Industrie in nichts nachstehen. Daß sich die Bonner Konzeptlosigkeit angesichts des Umsturzes, der sich 1989 schon früh abzeichnete, rächen würde, war abzusehen. Daß diejenigen, die dafür verantwortlich sind, davon nicht sonderlich bewegt sind, überrascht ebenfalls niemanden; nicht sie sind die Leidtragenden, sondern die Mitteldeutschen. Daß aber nach den vielen Erfahrungen über Unerträglichkeiten des praktischen Verhaltens gegenüber den Bauern und mittleren Betrieben von Westdeutschland aus die wirtschaftliche Zusammenführung weiterhin in der bekannt ausgewogenen Planlosigkeit arrangiert wird, ist eine Hypothek, die unnötig gewesen wäre und an der wir noch lange tragen werden. Aberhunderttausend Mitteldeutsche lernen soziale Marktwirtschaft zunächst als kapitalistisches Banditentum kennen. Der neu gewählten Regierung ist dabei anzulasten, daß sie ihre Sorgfalts- und Schutzpflicht gegenüber den Schwächeren verletzt, wenn sie dem Wechsel von Plan- zu sozialer Marktwirtschaft ohne Regelung und ordnende Führung freie Hand läßt.

Nach den vielen Jahrzehnten des trennenden Nebeneinanders werden wir durch ein Meer von Fragen unerprobten Daseins hindurch müssen. Kann es angesichts der Neugestaltung deutscher Wirklichkeit etwas Erfreulicheres geben? Unsere Landsleute haben die Mauer des Alten niedergerissen in der Hoffnung auf das Neue und mit dem Willen zum Neuen.

Deshalb gilt für jeden Schritt auf dem Weg zur Einheit, der doch zurückgelegt werden muß, nicht mehr die Trennung von BRD und DDR. Gleichgültig, in welcher Form sich die Wiederherstellung unseres Vaterlandes Deutschland vollzieht: es wird das einige Vaterland unseres einigen Volkes sein.

Natürliche Partner

Ein Gutteil der Verlautbarungen aus Moskau zur deutschen Einheit ist nur mit Nachsicht und Wohlwollen ernst zu nehmen. Die sowjetische Deutschlandpolitik in den Jahrzehnten von Nikita Chruschtschow bis zu Michail Gorbatschow verdient lediglich das Interesse, das Experten den Wellenbewegungen in einem stehenden Wasser entgegenbringen. Chruschtschow hatte noch versucht, Adenauer zu einer Kooperation zu bewegen. Ausgelöst wurde seine Aktivität durch Bonns Botschafter in Moskau, Hans Kroll, der sich entgegen der Politik der Westbindung zum Vorreiter einer neuen Verständigung und Zusammenarbeit »der größten Staaten Europas« auf allen Gebieten machte. Nach langen Gesprächen zwischen Botschafter Kroll und dem sowjetischen Parteiführer wurde nach Weihnachten 1961 in Bonn ein Memorandum aus Moskau überreicht, in dem weitgehend Zusammenarbeit angeboten und auch die Zukunftsperspektive entwickelt wurde: Die Bundesrepublik »könnte sich mit der Sowjetunion in wirtschaftlicher Hinsicht ergänzen. Die sozialistischen Länder stellen einen Ozean für den Absatz an Industriewaren dar, vor allem für die des Maschinenbaus, wo die Deutschen besonders stark sind«.

Chruschtschow überschätzte die Weitsicht des Bundeskanzlers. Am 21. Februar 1962 kam aus Bonn die ablehnende Antwort. Achselzuckend meinte Chruschtschow im Jahr darauf, am 19. August, zu Belgiens Außenminister Paul-Henri Spaak: »Eines Tages werden die Deutschen ein zweites Rapallo wünschen. Dies wird nicht unter Adenauers Nachfolger geschehen, wahrscheinlich auch nicht unter dem Nachfolger des Nachfolgers – aber der Tag wird kommen. Wir haben Zeit, wir können warten.«

Auch die Ostpolitik der Sozialliberalen in den siebziger Jahren bedeutete nichts weiter als eine erneute Welle in dem stehenden Gewässer der sowjetischen Deutschlandpolitik. Wirkliche Strömung setzte erst seit 1985 ein. Die Anfangsphase war noch bestimmt von der eingespielten Haltung aller Nachbarn Deutschlands, nur solange auch unserer Selbstbestimmung das Wort zu reden, solange keine Aussicht bestand, sie von der Ebene des Verbalen auf die Ebene des Realen zu bringen. Seit der Öffnung der ungarischen Grenze nach Westen gab es dann aber auch für den Kreml keine Ungewißheiten mehr, in welche Richtung der Prozeß verlaufen würde. Bei der 40-Jahr-Feier der DDR im Herbst 1989 kam es zu den letzten Brüderküssen zwischen Gorbatschow und Honecker; weder der eine noch der andere versuchte die Frostigkeit vor der Weltöffentlichkeit zu verbergen.

Was seit jenen Tagen von der sowjetischen Führung zu vernehmen war, gehört zum Teil in die Kategorie der Rösselsprünge, zum Teil in die Kategorie des Spitzentanzes. Die Situation für Moskau ist deshalb so schwierig, weil bei der Verwirklichung der deutschen Einheit zu viele Gesichtspunkte eine Rolle spielen: Sowjetrußland ist als Siegermacht an dem abzuschließenden Friedensvertrag beteiligt. Deutschland wiederum ist auf eine ungezwungene Weise, die sich schon allein aus der geographischen Lage inmitten Europas ergibt, der wichtigste Industrie- und Handelspartner der

Sowjetunion. Wenn Gorbatschow auf einem der letzten Parteitage versicherte, daß »die KPdSU die europäische Richtung als eine der wichtigsten in ihrer internationalen Tätigkeit betrachtet«, dann ist der Adressat nicht irgendein verschwommener Gesamtkomplex Europa, sondern allen anderen Staaten voran Deutschland. Diese Konstellation nötigt unsere Nachbarn zu den erdenklichsten Anstrengungen, den sich formierenden Wirtschaftsgiganten Deutschland einzubinden und weitestgehend in ein Kontrollsystem zu fesseln, das auch eine ökonomisch-industrielle Neuorientierung unmöglich macht. Warum sollten unsere Freunde von dem Umstand, daß sich der deutschen Wirtschaft im Osten ungeheure Märkte anbieten und daß sich aus einer deutsch-russischen Zusammenarbeit auf der Grundlage wieder entdeckter Unbefangenheit und Verläßlichkeit eine ganz andere politische Gewichtung ergeben könnte, nicht in Unruhe versetzt werden? Die Unruhe wäre deshalb so verständlich, weil sie nicht von einer »Unberechenbarkeit« der Deutschen ausgelöst würde, sondern von einem durchaus berechenbaren Sachverhalt, dem auch das »Neue Denken« der Sowjetunion entgegenkäme.

Als Gorbatschow erstmals vom »Gemeinsamen Haus Europa« sprach, hatte die Festigkeit der beiden Blöcke noch keine Sprünge. Die Gemeinsamkeit des europäischen Hauses war deshalb nur als ein Überwölben der effektiv friedlichen Koexistenz zu verstehen. Doch je schneller und radikaler sich die sozialpolitischen und gesellschaftlichen Unterschiede zwischen Ost und West in Europa ausglichen, um so schneller folgte dem schon längst gestorbenen Blockdenken auch die Realität der Blocktrennung in den Keller. Legt sich deshalb ausländischen Beobachtern nicht zu Recht ein Gedanke nahe, den in Bonn kein Amtsträger auch nur als Frage zu formulieren wagt: Gibt es in Europa, ja auf dem Erdball für die Sowjetunion einen besseren Partner als Deutschland und umgekehrt auch für Deutschland einen besseren Partner als Rußland?

Die Frage stellt sich außerhalb aller Politik genauso dringlich wie im Ökonomischen, Industriellen, Kulturellen. Der abgenützte Begriff »Neutralität« hat mit der Konstellation der neunziger Jahre nichts mehr zu tun. Das Für und Wider in Sachen Neutralität oder Blockfreiheit besaß nur innerhalb des Ost-West-Konflikts zu Zeiten des Kalten Krieges einen Sinn. Welchen Status werden die früheren Mitglieder des Warschauer Pakts besitzen, wenn sich die Militärallianz endgültig aufgelöst hat? Kreisen die Überlegungen in Europa nicht schon seit langem weit intensiver um ein gesamteuropäisches Sicherheitssystem, so fragwürdig die einzelnen Entwürfe vorerst noch sein mögen? Ob dabei die alten Bündnisse als Geburtshelfer tätig sein werden oder das Sicherheitssystem aufgrund der aktuellen Situation nach der Wiederherstellung Deutschlands und dem Friedensvertrag entsteht, ist zweitrangig. Aber schon in diesem Jahre 1990 verdienen die hektischen Bemühungen der Militärfachleute, wenigstens einen Minimalbestand an greifbarem Sinn der NATO zu retten, mehr Mitleid als sachliche Aufmerksamkeit.

Eine Neuauflage des Vertrages von Rapallo vom April 1922 steht wegen der weltpolitischen Gesamtkonstellation und ihres Beziehungsgeflechts nicht zur Debatte. Wohl aber ist die Wiederbelebung der geistigen Einstellung, die zu Rapallo geführt hat, überfällig. Hierbei liegt die Dringlichkeit und das Gebot der Eile, um nicht den Gorbatschow-Begriff der »Beschleunigung« zu verwenden, allein bei der Kreml-Führung. Im Unterschied zu der Überzeugung Nikita Chruschtschows hat die Sowjetunion keineswegs Zeit; die Lage im Lande verbietet jegliches Warten – insbesondere deshalb, weil die Perspektive der Zusammenarbeit, die Botschafter Kroll und der damalige Kreml-Chef entwickelten, heute dieselbe Gültigkeit besitzt wie vor drei Jahrzehnten.

Die Wiederherstellung Deutschlands wird notwendigerweise auch eine Verlagerung des Brennpunkts mit sich bringen. Das Ende der Politik Westdeutschlands als vornehmliche Westbezogenheit ist bereits abzusehen. Sobald die Schlagseite der Bundesrepublik nach dem Einigungsprozeß berichtigt und Deutschland wieder zur Mitte Europas wird, verliert die Westorientierung ihre Grundlage. Damit fällt auch die – nur selten offen geäußerte – Begründung für die Westbezogenheit der Bundesrepublik: daß ihr nämlich nach der Verschraubung der ersten Leitplanken nicht viel anderes übrigblieb, als sich im westlichen Europa zu arrangieren, so wie es die CDU auf ihrem Wiesbadener Parteitag im Oktober 1972 zugegeben hatte: »Wir haben unsere Zukunft endgültig auf den Vorrang der Politik der Vereinigung des freien Europa gesetzt.«

Was bleibt vom »Westen« übrig, wenn die Staaten Mittel- und Ostmitteleuropas nicht weniger frei sind als die Staaten der EG? Das Industriegefälle und die Unterschiede des Bruttosozialprodukts werden zwar noch mehrere Jahre bestehen, aber sie sind kein Gradmesser für die Schwerkraft, die das neu formierte Europa, das identisch ist mit dem Europa der Geschichte, entwickeln wird. Diese Tatsache bedingt auch, und zwar entgegen anderen Absichten, eine außenpolitische Neuorientierung Deutschlands. Sie wird sich als eine unmerkliche Überprüfung der Prioritäten bei der EG einstellen und eine Richtungskorrektur zur Folge haben. Die wirtschaftliche Intensivierung der Ostbeziehung ist schon deshalb ein festes Element, weil die frühere DDR der bedeutendste Handelspartner der Sowjetunion war. Bonn hat bereits in Moskau garantiert, auch künftig zu den langjährigen Lieferverpflichtungen der mitteldeutschen Wirtschaft zu stehen. Was sollte dagegen sprechen, daß Rußland und Deutschland als natürliche Partner in Zukunft eine Kooperation betreiben, die ohne Rücksicht auf die früheren Mauern der Ideologien eine Erfüllung der Interessen beider Seiten ermöglichen?

Der sonderbare Sonderweg

Zu den bei uns geläufigen Begriffen der Diskreditierung zählt das Wort vom deutschen »Sonderweg«. Es handelt sich um eine Variante des »Irrweges« der deutschen Geschichte: so als hätte sich unsere historische Entwicklung außerhalb einer allgemeinen Verbindlichkeit abgespielt – im Unterschied zu den anderen Völkern. Historische Begriffe sind in der Regel deskriptiver Natur. Der Begriff des »Sonderweges« besitzt jedoch einen injunktiven Charakter. Die Unterstellung ist politischer Art, sie gehört zu der grundsätzlichen und systematisch betriebenen Verunglimpfung Deutschlands und seiner Geschichte. Wegen des Schillerns zwischen Verwerflichkeit und Irrtum wird der Begriff des Sonderweges besonders gern von bundesrepublikanischen Amtsträgern bei Verlautbarungen der mittleren Höhenlage verwendet: Die Nachbarn müßten von keinerlei Sorgen wegen eines deutschen Sonderweges beunruhigt werden, es würde sich auch – mit Rücksicht auf den europäischen Einigungsprozeß – keine »deutsche Sondergeschwindigkeit« einstellen und zu keinen »Alleingängen« kommen.

Einen »Sonderweg« Deutschlands in der europäischen Geschichte gibt es nicht. Es gibt nur eine Reihe politischer Interpretationen der Geschichte Deutschlands als eines Sonderweges. Zu dieser Deutung gehört auch die Fixierung der Deutschen auf eine spezielle »Volksseele« oder Mentalität, die einen Sonderstatus unter den übrigen Völkern des Erdballs zur Folge haben soll. Derartige Festlegungen laufen auf eine Ummauerung unseres Bewußtseins hinaus, mit der es nunmehr endgültig vorbei ist. Allerdings werden in Deutschland selbst nach wie vor die eingefleischten Selbstgeißler rührig sein, die durch keine reale Entwicklung zu beeindrucken sind. Wir werden es deshalb auch in Zukunft mit den Phalangen der Federn zu tun haben, deren Antriebe von der Lust an der Selbstverachtung leben – wohl nicht zuletzt aufgrund des eigenen Spiegelbildes.

Nur in einer Beziehung trifft das Wort vom Sonderweg die konkrete Lage. Deutschland wurde nach 1945 durch die Besetzung seines Hoheitsgebietes, durch die Spaltung und Zerstükkelung auf einen besonderen Weg gezwungen, der sich mit keinem Volk in Europa und auf der Welt vergleichen läßt; auch nicht mit Korea. Die Wiederherstellung Deutschlands bedeutet das Ende dieses Weges. Sie schließt die Nachkriegszeit unwiderruflich ab. Deutschland war freilich zu lange an seine Sonderrolle gebunden, als daß es möglich wäre, sie innerhalb kurzer Frist zu beenden. Am unerfreulichsten sind im Zusammenhang mit der Wiederherstellung der deutschen Einheit die besorgten Stimmen, die sich bei uns selbst zu Wort melden und allen Ernstes vor den drohenden Gefahren warnen, die sich fast als naturgesetzliche Folge aus unserer Einheit ergeben sollten.

Das betrifft in erster Linie sämtliche Vorhaben und Pläne, die Anerkennung der Souveränität Deutschlands auf keinen Fall ohne eine Vorab-Fixierung und Halfterung seines militärischen Potentials zuzugestehen. Bei den Diskussionen darüber erweist sich übrigens erneut, was tatsächlich hinter der so unerquicklich drängelnden und häufig beschworenen »westlichen Wertegemeinschaft« steckt. In einem Gespräch mit

Michail Gorbatschow offenbarte US-Außenminister James Baker: Es sei doch in bestem Sinn der Sowjetunion, wenn das geeinte Deutschland durch seine Mitgliedschaft in der NATO gefesselt sei – so sagte er wörtlich: constrained.

Die Wendung wird keinen der Bonner Amtsträger über die Maßen erregen. Die Bereitschaft der westdeutschen Regierungen, beide Hände nach allen Richtungen auszustrecken, um sich der Aktionsfreiheit berauben zu lassen, läßt sich schwerlich steigern. Offenbar hat Deutschland, soweit es sich rheinisch-regierungsamtlich artikuliert, stets genau jenes Maß an Angst vor sich selbst, das seine Nachbarn äußern. Warum hätte sich sonst in diesem Jahr ein Staatssekretär des Bonner Verteidigungsministeriums zu der Peinlichkeit verleiten lassen, ein militärisch ungebundenes Deutschland als gefährliches Schießwerkzeug zu bezeichnen? Er bekundete damit, daß Deutschland nicht vertrauenswürdig sei und desavouierte damit alles, was das parlamentarisch-amtliche Bonn über viele Jahre hinweg mit Hilfe entsagungsvoller Nachbarschaftspflege als Kapital demokratischer Friedfertigkeit angehäuft hatte.

Deutschland außerhalb der NATO, so war unser Experte überzeugt, »würde ein militärisches Niemandsland in der Mitte Europas werden können. Seine zentrale Position, seine Bevölkerungsmasse, seine wirtschaftliche Größenordnung und auch sein militärisches Potential würden in einem Zustand von Neutralität zwischen West und Ost eine deutsche Balancepolitik zu einem schwer berechenbaren Faktor machen, möglicherweise zu einem Unsicherheitsmoment, zu einer vagabundierenden politischen Größe oder, wie die angelsächsischen Seeleute sagen, zu einer ›loose cannon on deck‹, zu einer aus ihren Halterungen losgerissenen Schiffskanone, die auf hoher See hin und her schlägt und das Schiff in Gefahr bringen kann«. Wobei doch zumindest erst einmal zu klären wäre, welchen Unsicherheitsmomenten wir die militärische Konfrontation der letzten Jahrzehnte zu verdanken hatten und aufgrund welcher Politik von welchen Mächten eine Kriegsgefahr ausging. Zweifellos ließe sich dies leichter beantworten, als stichhaltige Gründe dafür anzugeben, warum von einem souveränen Deutschland unversehens für so viele angeblich tief besorgte Gemüter neue Gefahren ausgehen sollten.

Befinden wir Deutschen uns wirklich in einer normalen Verfassung und bei klarer Vernunft, daß wir uns selbst bescheinigen, wir wären nur dann ein friedfertiges Volk, wenn wir constrained, gefesselt, sind? Wer sich selbst als nicht vertrauenswürdig einschätzt, bleibt ins Gewirr solcher Charakterverformungen verstrickt und ist drauf und dran, das Jahr 1989 und die Revolution im eigenen Haus zu verraten.

Die kommenden Jahre werden noch öfters Gelegenheit dazu bieten. Wenn wir uns bei den Verhandlungen über den Friedensvertrag wiederum erpressen lassen, und sei es auch unter dem Aushängeschild der Freundschaft und Versöhnung, fügen wir uns aus Kleinmut eine unheilbare Selbstverletzung zu. Dies würde die Leistung und die Standfestigkeit, zu der wir uns trotz allem durchgerungen haben, entwerten und die heutige Generation mit einem Makel versehen, der ihr nicht zusteht.

Es mag sein, daß uns die Siegermächte und ihre Partner dazu zwingen, einer Regelung zuzustimmen, die den Bruch des Völkerrechts einschließt. Dies hätte noch unheilvollere Konsequenzen als Versailles. Sollte sich derlei ankündigen, gäbe es nur zwei diskutable Möglichkeiten: 1. Nicht zustimmen. 2. Zustimmen, aber rückhaltlos bekunden, daß unter Druck zugestimmt wurde und die Sieger das Völkerrecht ignorierten. Was dürfen wir auf keinen Fall tun? Im Falle einer Unterschrift dürfen wir das Unrecht nicht als Recht bezeichnen. Sonst verewigen wir die bei uns schon zu weit verbreitete und zu tief eingewurzelte Politik der Doppelzüngigkeit. Die Zukunft bietet sich nie als offenes Buch an. Deshalb muß man bereit sein, mehr Bravour aufzubringen, als es die Tatsachen, über die man verfügt, rechtfertigen.

Die Geschichte unserer Gegenwart ist geprägt von Triumphen der Leistung und des Erfolgs, sie trägt das Kainsmal des Selbstzweifels und des fehlenden Sinns für gelassene Würde, sie ist verschattet von der Dominanz niedriger Instinkte und weitverbreiteter Korruption. Gerade deshalb sind die Entscheidungen und das Verhalten in den kommenden Jahren von so außerordentlichem Gewicht für unser Selbstverständnis. Die Straßen in die Zukunft waren noch niemals beleuchtet, deshalb sind die Meilensteine am Rand nur durch die eigene Aufmerksamkeit zu erkennen.

Auch wegen dieser Tatsache kommt unserem Geschichtsbewußtsein eine so hohe Bedeutung zu. Mehr als vier Jahrzehnte sind genug, in denen uns die deutsche Vergangenheit als Taschentuch zum Ausweinen angeboten wurde. Wir haben in dieser Zeit auch gelernt, daß wir uns nur selbst betrügen, wenn wir uns mit Geschichtslügen hinters Licht führen lassen. Der Wiederherstellung Deutschlands wird ein radikal und verblüffend schnell verändertes Geschichtsbild folgen. Damit wird eine der letzten Mauern fallen, hinter denen wir gefangen waren. Wir werden in Zukunft nicht mehr die Grenzen zwischen Vergangenem und Unvergänglichem verwischen und nicht mehr das eine durch das andere entwerten lassen.

Das Bewußtsein der Historizität wird immer gehalten von Erinnerungen und Träumen, Hoffnungen und Ängsten. Das kann eine gewaltige Belastung darstellen, es kann aber auch erhebliches Beharrungsvermögen vermitteln. Dazwischen bleibt genügend Raum für die Hofnarren der intellektuellen Selbstentäußerung, die nicht begreifen, daß auch der Verzicht auf unsere Geschichte das Vorhandensein dieser Geschichte voraussetzt, so wie die Distanzierung von unserem Volk das Dasein dieses Volkes. Etliche Jahre wird es noch Courage verlangen, sich offen zu dem zu bekennen, was bei uns bis in die dritte Generation verfemt war. Auf diesen Umstand spielte der Argentinier Carlos A. Dufour an, als er sich in einer seiner Publikationen mit respektvoll zarter Ironie derer erinnerte, »die die Tapferkeit wählten und der Geschichte ein erneutes Beispiel des Quijotismus gaben«.

Deutschland – hier ist es

Der Entdecker, Forscher und Grübler weiß so gut wie jeder einzelne von uns: Wer eine Sache finden will, muß wissen, wo er zu suchen hat. Sind wir noch immer in der Lage Schillers, der vor rund zweihundert Jahren sinnierte: »Deutschland? Aber wo liegt es? Ich weiß das Land nicht zu finden, wo das gelehrte beginnt, hört das politische auf.« Heute wissen wir, wo Deutschland liegt. Genauso entdecken wir unser Volk nur dort, wo es sich tatsächlich befindet, nicht dort, wo wir es haben möchten. So wie Gesundheit nicht die Abwesenheit von Irritationen bedeutet – damit hat die moderne Diagnostik aufgeräumt – sondern die Stärke, mit ihnen fertigzuwerden.

Ein Präsident der Bundesrepublik wies einmal die Frage, ob er sein Vaterland Deutschland liebe, mit der Erwiderung ab: »Ich liebe meine Frau.« Das ehrte ihn als Privatmann, nur wurde er nicht nach seiner Ehe gefragt. Gibt es in einem Gemeinwesen, das von seinen Männern verlangt, im äußersten Fall als Soldaten das Höchste zu geben, was ein Mensch besitzt: nämlich sein Leben – gibt es da nichts anderes als den Wohlstand und die Werbung, den Konsum und die Kalorien, die Freizeit und Feigheit? Handelt es sich bei der Bundesrepublik, wenn man sie kritisch mißt, um eine Art Halbstaat, nicht Fisch oder Fleisch? Ist sie nur ein florierendes Handelsgeschäft mit Industrie, keinesfalls aber eine Organisation, bei der Begriffe wie Vaterland oder Deutschland am Platz wären?

Mit welcher Begründung verlangt ein solcher Staatsverband von seinen Männern, für oder gegen etwas todesmutig zu kämpfen, wenn sein oberster Repräsentant aus der Abwehr der gestellten Frage deutlich macht, daß er sein Vaterland, daß er Deutschland nicht liebt? Das riß sogar den sonst so sarkastischen Bonner Beobachter zu einem halben Wutausbruch hin: Der Zustand unserer Gesellschaft lasse in mehrfacher Hinsicht Negatives befürchten, sie und die Politik »haben es sich seit einigen Jahren schon auf dem Rastplatz der Geschichte bequem gemacht. Wir wollen eigentlich gar nichts mehr außer möglichst anstrengungslosen Zuwachsraten«. Ja, er beklagt den Mangel an Ideen – was wiederum nahezu kurios anmutet, da sich die Bonner Republik lauthals von aller Ideengebung losgesagt hat. Doch der Beobachter sorgt sich: »Wie eine Jugend ihre eigene Zukunft soll bewältigen können, der alle Horizonte zugestellt und alle überindividuellen Zwecke lächerlich gemacht werden, ist ganz unerfindlich.« Er bemängelt sogar, daß jeder Enthusiasmus fehle: »Heute gibt es gar keinen mehr. Jede Aufwallung, jede Emotion gilt als verdächtig. Das ist Politik aus dem Bauch! rufen alle diejenigen, die nur ihrem Bauch leben.«

Wie wahr und wie falsch. Richtig ist, daß in Westdeutschland alles Überindividuelle systematisch ausgemerzt zu sein scheint. Falsch ist, daß die Emotionen fehlen würden. Zweimal im letzten Halbjahrhundert konnten die Deutschen quer durch alle Schichten ihrer Tränen nicht Herr werden, am 8. Mai 1945 und am 9. November 1989. Das werden nur jene Menschen niemals begreifen, denen alles ganz und gar begreiflich erscheint. Dieselben Leute verzogen schon säuerlich die Miene, als Ministerpräsident Reinhold Maier am 6. Januar 1955 prophetisch grollte: »Eines Tages wird die schlafende Löwin, die deutsche Einheit, das Haupt emporrecken und zu brüllen anheben, daß die verschlafenen westdeutschen Spießbürger aus ihrer satten Selbstzufriedenheit aufgeschreckt und die protokolltreuen Bürokraten die Augen aufreißen werden.« Gebrüllt hat sie nicht, die Löwin, wohl aber das Haupt emporgereckt.

Solche Diktion ist uns heute fremd. Die Sache bleibt. Wo in früheren Jahren Poesie und Dichtung die sichersten Brücken zu den Träumen waren, sind es heute Begriffe. Wir gebrauchen sie nur selten, nur verhalten – heimlich aber, wenn wir glauben, unbeobachtet zu sein, benützen wir sie als schmale Stege unserer Phantasie. Auch in diesem Fall können wir uns auf den Zuspruch der Geschichte verlassen. Sie bestätigt auf eine fast ergreifende Weise, was jeder Erwachsene schon einmal im Persönlichsten erfahren hat: daß der Mut zum Bekenntnis dem Ausmaß der Liebe entspricht. Die beiden Grafen Stadion der deutschen Erhebung Österreichs und die preußischen Reformer im Zeitalter Napoleons, Männer wie der Freiherr vom Stein, Scharnhorst, Gneisenau, Wilhelm von Humboldt, Fichte, Ernst Moritz Arndt, Clausewitz, und allen voran Preußens Königin Luise: Sie alle haben Deutschland, ihr Vaterland geliebt, und sie haben es ausgesprochen.

Ob es sich heute genauso unbefangen aussprechen läßt, ob wir es aussprechen oder nicht: Die Empfindung ist vorhanden – nicht etwa trotz der Rationalität und Sachlichkeit der Motoren und Computer, sondern gerade wegen ihres Stellenwertes.

Wem die Triumphe der Empfindungen allerdings unbekannt geworden sind oder wer sie nie erfahren hat, der kennt weder den Zauber der flüchtigen Zuneigung noch das große Sehnen jener Liebe, zu deren Substanz die Unerfüllbarkeit gehört. Dergleichen fällt einem weder in den Schoß noch um den Hals. Was man sich nicht erkämpfen muß, das will man doch ernstlich gar nicht besitzen. Dabei spielt es keine Rolle, ob es sich um einen Menschen oder um Deutschland dreht. Ganz nebensächlich ist dabei das Risiko der Blessuren. Denn was wäre das für eine Liebe, die nicht schmerzt.

Personenregister

In Fragen des Staats-, Völker- und Selbstbestimmungsrechts sowie der Rechtsphilosophie bin ich vor allem den Veröffentlichungen folgender Autoren verpflichtet: Friedrich Berber, Dieter Blumenwitz, Felix Ermacora, Friedrich Grimm, August Frhr. v. d. Heydte, Otto Kimminich, Eberhard Menzel, Fritz Münch, Gustav Radbruch, Erich Schwinge, Wolfgang Seiffert und Heinrich Triepel. Zum Teil ließ ich mich mündlich belehren – dafür möchte ich auch an dieser Stelle danken. Für die Formulierungen, soweit es sich nicht um Zitate handelt, bin ich ebenso wie für die Schlußfolgerungen allein verantwortlich. Bei einer Reihe von Zitaten entschloß ich mich zur Wahrung der Anonymität.